U0825201

The Cross-Border E-Commerce

跨境电商SNS营销与商机

阿里巴巴速卖通宝典

速卖通大学 编著

電子工業出版社
Publishing House of Electronics Industry
北京•BEIJING

内 容 简 介

“阿里巴巴速卖通宝典”系列自 2015 年陆续出版以来，累计销量已近 20 万册，受到了跨境电商从业者、高等院校师生的高度好评。此次“阿里巴巴速卖通宝典”是在 2016 年 1 月出版的第 2 版基础上的升级和补充，新增了《跨境电商 SNS 营销与商机》《跨境电商视觉呈现》和《跨境电商运营与管理》3 种图书。

本书重点写“跨境网络社交 SNS”，几乎囊括了所有相关的营销工具和平台，具体包括 Facebook 营销、Twitter 营销、Pinterest 营销、LinkedIn 营销、Instagram 营销、YouTube 营销、VK 营销和行业论坛等。本书第 12 章讲解了世界通用节日及商机，第 13 章讲解了各国家的节日及商机，从而帮助读者将跨境电商的业务与这些节日相结合。

本书凝聚了速卖通大学几十位资深讲师、商家的心血，内容由浅入深，适合跨境电商从业者、外贸人员阅读，也适合作为各类院校的跨境电商教材。

图书在版编目（CIP）数据

跨境电商 SNS 营销与商机 / 速卖通大学编著. —北京：电子工业出版社，2018.1
（阿里巴巴速卖通宝典）
ISBN 978-7-121-32584-7

Ⅰ. ①跨…　Ⅱ. ①速…　Ⅲ. ①电子商务－市场营销学　Ⅳ. ①F713.365.2

中国版本图书馆 CIP 数据核字（2017）第 209672 号

策划编辑：张彦红
责任编辑：葛　娜
印　　刷：北京捷迅佳彩印刷有限公司
装　　订：北京捷迅佳彩印刷有限公司
出版发行：电子工业出版社
　　　　　北京市海淀区万寿路 173 信箱　邮编：100036
开　　本：720×1000　1/16　印张：31.25　字数：574 千字
版　　次：2018 年 1 月第 1 版
印　　次：2021 年 8 月第 8 次印刷
定　　价：89.80 元

凡所购买电子工业出版社图书有缺损问题，请向购买书店调换。若书店售缺，请与本社发行部联系，联系及邮购电话：（010）88254888，88258888。

质量投诉请发邮件至 zlts@phei.com.cn，盗版侵权举报请发邮件至 dbqq@phei.com.cn。

本书咨询联系方式：（010）51260888-819，faq@phei.com.cn。

序言一

在聊这套书之前，我想借用钱穆老先生的一句话来形容当下的外贸形势——过去未去，未来已来。

未去的是，受困于买卖信息不对称、依靠汗水驱动的传统外贸业态，凛冬仍在持续。已来的是，以全球速卖通为代表，受益于互联网技术在全球的蓬勃发展，基于大数据形成的精准式外贸业态已成趋势。特别是在“一带一路”倡议和 EWTP 获得全球强烈响应的背景下，全球速卖通秉承的“中国品牌出海”的春天已来。

纵观人类的文明史我们会发现，早在汉唐时期，我们就通过丝绸之路把优质的商品分享到世界各地，中国也因此光耀东方。我坚信这份属于我们的 DNA，虽历经千年，但从未褪色。能参与到祖国复兴的伟大历史进程中，是我们的荣幸与责任，也是阿里人的义务。

为了保证优质的中国商品走出去，18 年来，阿里不但建设了遍布全球的物流、支付、云计算等电商基础设施，而且在全球收获了数以亿计的海外客户。

这是任何一个以中国品牌出海为核心目的的电商平台都不曾达到的高度。

面对机遇我们从不讳言困难，让中国中小企业扬帆出海，规避全球化交易中的暗流、礁石和风暴是我们的责任，也是我们出版这套书的初衷。

“阿里巴巴速卖通宝典”就是跨境电商领域的航海图和罗盘，也是一本攻略和实操手册。它从不同的维度系统地阐述了我们对跨境电商全链路的理解。同时，它又不局限于讲述跨境电商，而是系统梳理了整个跨境交易的根目录，并给出了基于实战经验的独特观察和思考。书中有我们的经验、教训和成长感悟，所以它也像一封我们写给客户的长长战报。

作为服务于中小企业国际贸易的智能协同网络平台，阿里巴巴 B2B 旗下各大事业部将通过整合阿里巴巴集团的所有资源，为广大中小企业赋能，推动跨境电商国际标准和规则的建立，打造公平公正、适合中小企业发展的国际贸易新秩序。

唯有变化，方能进化。我坚信，阿里成长的底层逻辑是重新梳理了平台与客户之间的商业关系。两者之间从来都不是收割模式，而是麦田与麦子之间的相互依偎。我们相信，客户强则阿里强。

阿里巴巴创始人、合伙人、集团资深副总裁　戴珊

序言二

2017 年 4 月是阿里巴巴速卖通平台 7 周岁的生日，同时也迎来了第 1 亿个海外买家，至此正式开启亿级消费群体新时代。我很荣幸地在 2012 年加入了速卖通，5 年的时间里亲历了平台从 C2C、B2C 到品牌化的发展过程，也很高兴看到身边一批优秀的卖家朋友与平台一同成长，逐步发展起自己的品牌，使全球 1 亿个消费者近距离感受“中国制造”的独特魅力。

作为负责卖家成长和培训的部门，速卖通大学从 2015 年 7 月开始出版阿里巴巴速卖通宝典——跨境电商系列丛书，至今已经是第 3 版。此次是在 2016 年 1 月第 2 版基础上的升级和补充，在第 2 版一套 5 册包含跨境电商物流、客服、美工、营销、数据化管理的基础上新增了《跨境电商 SNS 营销与商机》，在“中国品牌出海”的大背景下推出了升级版的《跨境电商视觉呈现》《跨境电商运营与管理》，助力“中国制造”的转型升级。

本书的编纂工作集结了速卖通大学优秀的师资力量，没有他们的辛勤付出，就没有此书的问世，在此一并感谢！

由于电子商务时时刻刻都在高速进化，本书的内容只对应截稿日的页面、规则、数据和经验之谈。另外，由于笔者水平有限，加之时间仓促，书中难免有不足之处，请各位同行及读者不吝提出宝贵意见和建议。

最后，愿此书能帮助所有从事跨境电商的朋友取得更好的业绩！

速卖通大学　依娜

目　录

第 1 章

网络社交 SNS 基础概念

1.1 火热的 SNS 营销

在今天的互联网行业里，无论是电子商务、内容网站还是移动端 APP，基于 SNS（社交网络服务）的营销管理，都是一个不可或缺，甚至头等重要的话题。

读者朋友一定常常在很多场合听到这样一些与 SNS 相关的关键词：社会化营销、网红、主播、大号、事件、粉丝经济……这些词近几年频繁地出现在媒体、行业圈子中，摆在每个人的面前。

尤其是做电子商务的读者朋友，一定越来越多地感受到做 SNS 营销的急迫性，因为身边的同行、竞争对手都纷纷投入到 SNS 营销中，并且获得了很大的营销成果。

2015 年淘宝平台就在淘宝页面、APP 中加入网红专有资源位，随着 2016 年震撼业界的网红“Papi 酱”天价贴片广告事件，以及知名淘宝店主张大奕创造的新品上架 5000 件在 2 秒内被抢购一空的销售奇迹，SNS 营销就像丢进沉寂已久的电商营销圈的一枚爆竹，很快成为年度头号互联网营销话题。

1.2 SNS 营销与跨境电商

作为中国电商从业者的读者朋友，即使还没有开始 SNS 营销，也一定对这个新兴的营销领域充满了好奇。笔者以前常常会想，是以“90 后”为代表的新一代“互联网原住民”年轻人追求个性的诉求，才导致 SNS 走红的吗？

但作为跨境电商的从业者，我们在看到国内 SNS 营销圈火爆的同时，也看到以 Facebook、Twitter 为先驱代表的国外社交网络服务平台上出现的全球性的 SNS 营销现象。

当我们这样去审视的时候，就会逐渐发现，社交网络和 SNS 营销的火爆并不是偶然事件，而是全球普遍存在的现象。

而参照国内 SNS 营销在国内电商方面发力的火爆程度，B2C 出口跨境电商是否也可以从 SNS 营销中得到同样巨大的助力呢？答案是肯定的，不仅如此，在跨境电商中 SNS 营销的前景更令人兴奋。

本书会通过对海外主流 SNS 平台营销活动的细致讲解，带领各位读者朋友一步步熟悉海外 SNS 平台的营销如何为我们的 B2C 出口跨境电商创造巨大的价值。

1.3 什么是 SNS

1.3.1 SNS 的定义

首先，我们要了解什么是 SNS。

SNS 是 Social Network Service 三个单词的缩写，中文意思是“社交网络服务”。

如何理解这一概念呢？首先，这是一种服务，是供人们使用的；其次，就目前而言，这种服务是由互联网技术实现的，更准确地说，是通过互联网 Web 编程与设计等技术手段，利用网站服务器的计算能力，为用户提供不间断的、全球可访问的服务。

其次，SNS 服务是围绕“社交”这一领域来发挥作用的，也就是说，利用网络信息技术，即 Web 技术，为用户提供一种基于互联网的社交工具或平台。

1.3.2　社交网络的含义

上面我们解释了 SNS 中 Social 和 Service 这两层意思。那么中间字母 N 所代表的 Network 是指什么呢？是指 Social Network，还是 Network Service 呢？从上文的解释来看，应该是指后者吧？笔者身边的很多电商从业朋友，即使是精通网红经济的电商卖家，有时也会这样想当然地误解这一概念。

其实，对 Network 的正确理解是 Social Network，而不是 Network Service。

那么，对 SNS（Social Network Service）这一概念的正确理解可以总结为：利用 Web 技术为用户提供的一种社交网络的服务工具或平台。

这里出现了一个概念——社交网络（Social Network），它是整个 SNS 以及 SNS 营销的核心概念。接下来，我们会用一些篇幅来解释这一重要概念。

1.4　社交与网络社交

1.4.1　社交与需求

在理解社交网络的概念之前，我们首先要了解社交的概念。

人类是社会生活中的生物，在社会中，人与人之间借助语言、工具、媒介等不断进行信息的交流，以完成获取情报、信息交换、信息传播等，使得人们能够实现日常生活、娱乐、学习、商业活动、情感交流、传播观念，甚至自我认知等目的。

人们每天都在社交，如与家人、朋友、生意伙伴、同事、陌生人交换信息，社交渗透到我们的工作、生活、学习、娱乐的每一个角落中，不同的人基于不同的目的来社交。

在马斯洛的需求模型里，人的三个高层次需求——情感和归属、尊重、自我实现，都是通过社交来实现的。这就意味着，在那些具备消费力的群体中，社交是他们满足高层次需求的主要手段。

1.4.2　社交与营销

可以理解的是，在购买力越大的群体中，相比于价格因素、产品因素，基于社交的营销因素将会发挥更大的影响力。也就是说，基于社交的营销，对于购买力较大的群体进行购买决策将起到决定性作用。

在实际的市场营销活动中，这样的观念已经被证实过很多次。例如，在汽车的购买决策中，起到决定性作用的常常是亲友、网上社区对产品的评价和推荐；同样的还有 IT 数码设备、度假酒店等。

关于这一点，我们将在第 2 章中与读者朋友继续探讨。现在，回到社交的问题上来。

1.4.3 网络社交

上文提到，社交需要借助语言、工具、媒介等。语言是社交时传递的内容，工具用于加工内容，媒介是传播内容的通路。三者在一起，是为了使人与人之间顺利地交换信息。历史上，这三者在不断地发展完善，由此也引起了社交形态的不断变化。

19 世纪，电话发明后，产生了“煲电话粥”的社交方式；20 世纪，手机的出现，人们有了短信社交；而今天，互联网应用于社交。利用互联网技术，在过去 20 年里，这个产业为人们提供了即时聊天、电子邮件、BBS、博客、维基等不同形式的社交工具；在最近 10 年里，我们开始使用以 Twitter、Facebook 为代表的全新一代网络社交平台，而 SNS 这一概念，几乎就成为这类全新平台的专用名称。

新一代的 SNS 平台，既是工具又是媒介，我们通过 SNS 平台提供的各类内容编辑工具，如富文本编辑器、照片流、语音聊天等，结合桌面设备、移动设备、车载设备等的输入法、摄像头和麦克风创造丰富的、可被记录和传播的内容，以动态页面作为存储介质。同时，通过 SNS 平台上由关注、转发、@、评论等工具组成的一整套互动体系，形成了一种全新的传播媒介形态。

人们借助这些技术，在网络中模拟现实生活中的社交，同样可以达成满足自己的各类商务、生活、学习需求等目的。而在网络社交中，作为营销人员，也可以通过这种新的方式参与到目标买家的社交中，对受众施加影响。

同时，通过上面提到的几个技术细节，网络社交 SNS 平台上的营销行为，比传统的线下营销多了很多有利的因素。比如：富文本和图片、语音的混合编辑与展示，能够在同一时间完成只有在线下营销的会议现场中才可能出现的文字、语音、图片的组合营销；由于新的社交内容是以动态页面的形式长期存储的，甚至理论上可以做到永久存储，因此这类内容就可以被轻易地复制、备份、二次编辑，大大降低了营销内容的制作和存储成本，而这部分成本正是营销前期最大的成本；通过全新的传播媒介体系，我们所创作的内容能够借助 Web 技术，利用在 SNS 平台上建立的六度人脉网络，在不同用户之间实现指数级的快速传播和覆盖。

借助这些有利因素，随着语言、工具、媒介这三方面的 IT 技术日益发展，出现了 VR 等全新的交互技术，基于网络社交的营销活动因而具有了极其强大的潜力。

1.5　社交网络与六度空间理论

1.5.1　六度空间理论

上面提到在 SNS 平台上已经建立了六度人脉网络，这是什么意思呢？

下面我们就来谈谈著名的六度空间理论。

近年来，凡论及 SNS 或社交网络营销的场合，几乎必定提及六度空间理论，因为六度空间理论是 SNS 及社交网络营销的基础理论。

六度空间理论又称作六度分隔（Six Degrees of Separation）理论。1967 年，哈佛大学的心理学教授斯坦利・米尔格兰姆（Stanley Milgram，1933—1984 年）想要描绘一个联结人与社区的人际联系网，于是做了一次连锁信实验，结果发现了“六度分隔”现象。简单地说，就是“你和任何一个陌生人之间所间隔的人不会超过 5 个，即最多通过 5 个中间人你就能够认识任何一个陌生人”。

就如大家所常说的，“任何人通过 5 个中间人都可以联系上奥巴马”。

这一理论在历史上曾经被几个著名的社会实验论证过。

最早的一个实验，就是 1967 年哈佛大学的社会心理学教授斯坦利・米尔格兰姆对这个问题所做的著名的实验——他从内布拉斯加州和堪萨斯州招募到一批志愿者，随机选出其中的三百多名，请他们邮寄一封信函，信函的最终目标是米尔格兰姆指定的一名住在波士顿的股票经纪人。由于几乎可以肯定的是信函不会直接寄到目标，米尔格兰姆就让志愿者把信函发送给他们认为最有可能与目标建立联系的亲友，并要求每一个转寄信函的人都回发一个信件给米尔格兰姆本人。出人意料的是，有六十多封信函最终到达了目标股票经济人手中，并且这些信函经过的中间人平均只有 5 个。也就是说，陌生人之间建立联系的最远距离是 6 个人。

话说回来，虽然理论上可行，但是六度空间所描述的现象，在现实中未必具备实际意义。社交和传播的效率，会受到每个人个体的影响。说得直白一点，就是即使你可以联系上奥巴马，但是你联系他做什么呢？他为什么要和你联系呢？

作为电商卖家，当然是要向他营销自己的商品或服务。像上面实验中的那样，只是到达了目标，但是能否有效传递信息并且促成最终的商业行为，则在六度空间理论中并没有得到体现。

在现实生活中，通过这种社交的人际关系网络传播是有成本的，没有人会去做没有价值产出的无聊传播，社交传播一定是带有目的性的。而带着目的传播信息，有可能会引起商业行为，也有可能无法引起商业行为，其中的差别在后面章节中会讲到。但这个差别，则会导致我们从社交营销中得到盈利或亏损的结果。

因为社交传播是有成本的。比如在六度空间理论中，通过关系进行信息传播是有代价的，在上述实验中传递的是实物信函，那么信函在邮局之间传递的成本、等待的时间成本，以及“麻烦中途参与人”的成本——类似于我们所说的“欠人情”的成本等，就构成了传播的最基本成本。

如果要提高传播的盈利可能性，首先要考虑的问题就是如何大大降低社交传播的成本。

1.5.2 互联网与六度空间理论

从 20 世纪末开始，互联网的出现为解决上述问题带来了极大的可能性。

由于互联网的出现本身就是信息传播的一个革命性产物，因此人们基于互联网及 Web 技术研发了大量用于信息传播的工具，其中帮助人们进行网络社交的工具在过去 20 年的时间里逐渐成熟，有效地解决了信息传播的成本效率问题。

由于基于互联网的信息的制造成本、存储成本、传播成本以及人们的互动成本都极大地降低了，因此，在六度空间理论中达到营销传播“盈利”的可能性也就极大地提高了。

此后，基于互联网和 Web 技术、以六度空间理论为理论基础的各类社交网络服务蓬勃发展，也就是今天被称之为 SNS（Social Network Service，社交网络服务）的互联网 Web 软件工具。

在成本极大降低的前提下，在 21 世纪的最近 10 年里，六度空间理论也因此从一个并不具备现实商业价值的纸上理论，成为在互联网行业内顶级的行业指导理论之一。

1.6　SNS 的发展历史

1.6.1　国外 SNS 网站的发展

上面提到在过去 20 年里互联网与 Web 技术带来一波 SNS 的爆发，现在我们来回顾一下 SNS 的发展历程，以及其中最具代表性的知名品牌。

图 1-1 中罗列了 1999—2006 年知名的 SNS 网站出现的时间。

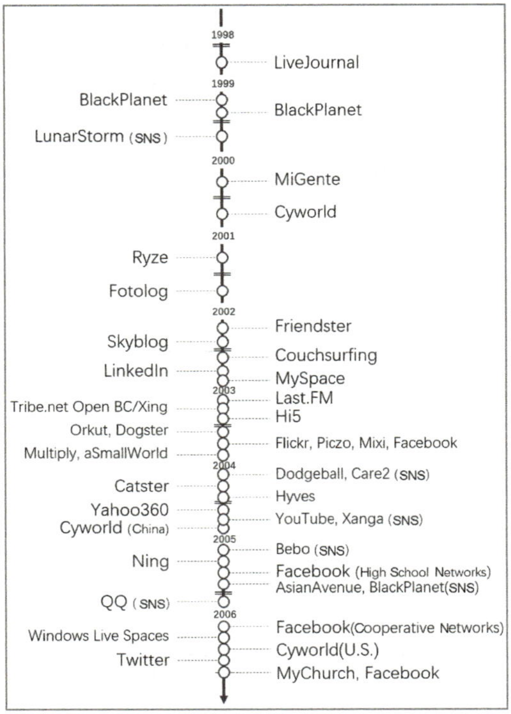

图 1-1

1.6.2 国内 SNS 网站的发展

自 2006 年以后，SNS 社交网站平台逐步走向几家独大的局面，直到今天。

在中国 SNS 方面，我们可以看到国内厂商都紧跟美国 SNS 网站推出的步伐，紧随其后出现相似的网站。

图 1-2 中罗列了中国 SNS 网站的推出时间和代表平台。

在这 20 年的发展历程中，各类 SNS 平台的演进，不仅是因为用户不断提高对网络社交的体验要求，而且也得益于 Web 技术的日益发展，在 Web 编程语言、前端脚本和数据库行业标准，以及以谷歌 Chrome 和火狐 Firefox 为代表的现代浏览器的进化中，SNS 提供的社交实现方式变得越来越人性化、效率越来越高。

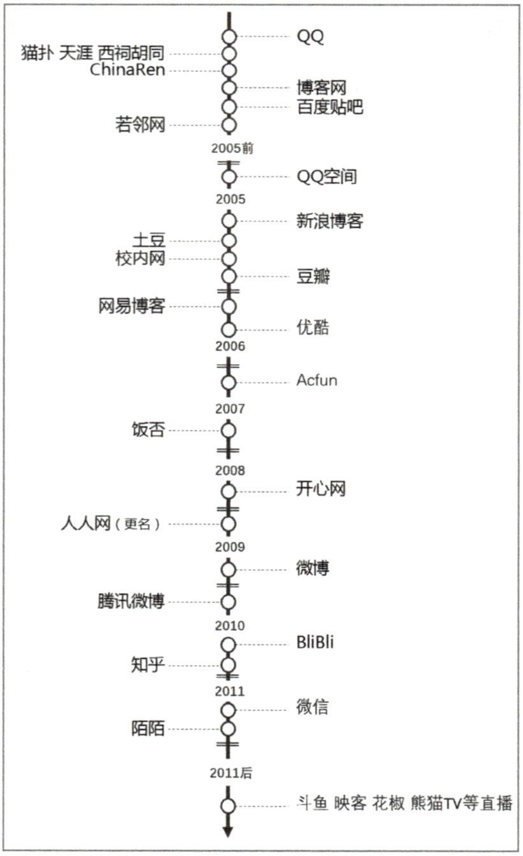

图 1-2

1.7　互联网 SNS 的基本功能

1.7.1　内容的载体

在现代的 SNS 网站中，大部分都会通过“个人主页”（Personal Homepage）的方式来体现社交个体的存在，与个体相关的内容都会集中显示在个人主页上。

而个体创作的单条信息，则以“微博客”（Microblog）的形式来展现。微博客相对于更早的“博客”（Blog）形式，它们在本质上是相同的，都是“日志”（Blog），即由标题、标题图、多媒体正文、发布时间、修改时间、内容关键词、所属类别等属性构成的信息单位；微博客与博客最大的差异在于正文和标题的简化，例如 Twitter 上著名的 140 字的正文字数限制，以及标题的省略等。

SNS 网站之所以普遍采取微博客的形式来表达内容，原因就在于社交与阅读的差异性。我们想象一个社交场合，大部分人的脑海中就会出现一个“叽叽喳喳”的聚会场面；而在 SNS 网站上要体现这种社交的氛围，则必须控制内容的量，即社交的信息交换是高频少量的。一般这样的内容也常常会被称为“碎片化”的内容。

同时，由于图片可以以更少的篇幅来表达更多的含义，因此也很快诞生了一类以图片作为主要内容形式的图片类 SNS，如 Tumblr 和 Instagram。

如果按照同样的原理，那么以视频为载体的视频类 SNS 理应火爆，但是视频的创作难度高，再加上传播和观看都会占用网络带宽和流量，会有额外的成本，因此截至 2016 年的发展阶段，视频类 SNS 的发展仍然不如图文类。已经出现的视频类 SNS 也大多将视频播放时间控制在 13 秒以内，原因在于只有短视频才能保持阅读者的吸引力，创造“叽叽喳喳”的喧闹的社交氛围，一旦视频过长，其效果就相当于从微博客回到了博客，社交的氛围就会被“集中注意力安静阅读”的场景所替代。

按照这样的逻辑，事实上可以认为“社交”和“阅读”是立场相反的两种网络互动行为模式。因此，在 SNS 网站日益火爆的今天，传统的大篇幅阅读的行为反而会在 SNS 的主流群体中不被重视，体现出来的就是在阅读行为上更“浮躁”，如果信息本身的复杂度稍微有所提高，那么就很容易在社交场景中被抛弃，导致社交部分的数据指标下降。关于这部分 SNS 运营工作的内容，我们在后面的章节中会展开叙述。

1.7.2 网络的体现

在 SNS 网站上，一般会通过“跟随”（Follow）这一动作建立人与人之间的联结关系。没有进入跟随状态的，在社交关系上就是陌生人，互相跟随的就形成了熟人关系。

原因在于，当通过跟随建立联结后，就隐性地通过名为“订阅”（Subscribe）的动作，订阅了对方的微博客内容更新，系统会根据平台内置的时间轴，每隔一定的时间去数据库中读取对方最新发布的内容，在个人中心就可以以一种名为“状态”（Status）的形式出现跟随的所有人发布的信息，状态信息的实际载体形式则是上文提到的微博客。同时，使用“状态”一词，本身强调了背后隐藏的系统时间轴的存在，而通过状态的更新，体现出高频。通过这种形式，形成了信息交换，即基于互联网的社交形式。

总结：在网络中体现社交，首先，内容的创作、存储和展现是通过微博客的形式，以及人与人之间的联结关系是通过跟随及其背后的订阅来实现的；其次，社交的整体场景则是通过缩短内容的量，以及利用时间轴和状态来体现频次的；最后，通过这一切的组合，在整个 SNS 网站上模拟出真实世界社交的方方面面。

现代的 SNS 网站如 Facebook、Twitter 的巨大成功，把这一崭新的网络社交形态固化为社交在互联网中的事实标准，越来越多的人慢慢适应了这种新的网络生活形态，由此，人们对真实世界中社交背后的诉求也慢慢地挪移到了网络世界中。

自然而然的，社交背后的商业利益也进入了这个网络社交世界中，并且在这个世界中得到了前所未有的充分表达。

至此，SNS 营销应运而生。

第 2 章

跨境电商 SNS 营销

上一章我们介绍了基于互联网的社交网络工具是如何在网络世界中体现社交概念的，接下来将带领大家认识基于虚拟社交网络的商业营销，特别是跨境电商如何与社交网络营销结合。

2.1 跨境电商与社交网络营销的结合点

第 1 章提到，人们通过社交来获取满足自己生活、工作和自我实现等需求所需的信息，而这里至关重要的一个概念是人们在社交背后隐藏的需求；另一个概念是人们通过社交方式获取的信息，这种信息的目的是满足需求。

简而言之，就是获取信息，满足需求。这是隐藏在人们社交活动背后的目的，网络社交的背后也有着同样的目的，人们通过网络社交更高效地获得信息，在网络上获取知识、交换意见、交流情感、获取物资的情报、获取自我实现所需的信息。

而跨境电商则是跨越国境销售商品或服务，我们销售商品或服务的目的则是满足购买者实现其生活的某种需求。

从这个意义上说，跨境电商和社交网络营销的最终目的都是满足营销对象的需求，二者的结合，通常营销作为购买行为前的信息桥梁，通过营销传递的信息促成购买行为。

因此，SNS 营销常常作为跨境电商一次、二次引流的方式，通过 SNS 传递的信息，将营销的目标受众引导至电商业务，并最终达成购买行为。

作为跨境电商卖家，通常会有意识地去管理和利用目标市场 SNS 营销，本书后面几章讲述的就是这部分内容。

在这里，我们首先把跨境电商卖家 SNS 营销工作提纲挈领地梳理一遍。

如果将整个跨境电商 SNS 营销的过程分解的话，那么大体可以分成如下几个环节。

1. 筹划设计

在这一环节中，首先根据营销的基本原则做一个简单的定位，对 SNS 营销工作的受众做一个基本的肖像认知。

我们可以在 Facebook 或 Twitter 平台上，通过内容关键词、大号（即跟随者较多的账号）、话题等方式进行搜索，然后进行数天的观察，融入并了解这个话题的圈子。

就像新到一个城市，最好去广场、饭店、茶馆等公共场所了解本地人的性格、习惯等，了解所在社区的最基本的精神面貌。

2. 塑造账号个性

接下来是定位自己。只有把自己定位成能够以某种方式与社区融合的个体性格和表现，才能尽快融入社区中。

比如，通常认为东北人比较豪爽、不拘小节，那么如果在东北希望尽快融入当地社区中，则需要尽量表现出自己豪爽的一面。

再比如，通常认为上海人是非常职业化的，那么如果大学生毕业后来到上海工作，则需要尽快树立自己职业化的一面，以便快速融入当地社区中。

在 SNS 运营中，了解了社区的总体面貌后，需要尽快为自己的 SNS 账号塑造一个虚拟的人格。

一般来说，对于账号的人格塑造，业内有很多种方法，但考虑到跨境电商的目标受众是基督教文化最集中的欧美国家，所以可以根据这些国家的人对人格的理解来设置账号人格。

笔者查阅了这些国家的相关资料及书籍，发现了一个非常好的五维塑造结构——BLESS，其中：

- B 是 Body 的缩写，即与虚拟人格的身体相关的，如运动、健康、长相等。
- L 是 Labor 的缩写，即与虚拟人格的工作、职业相关的，如专业知识、职场观点、职业精神等。
- E 是 Emotion 的缩写，即与虚拟人格的情感相关的，包括针对事物的情感表达、自身情感与个性的体现、与社区他人的情感交流等。
- 第一个 S 是 Social 的缩写，即与虚拟人格的社交情况相关的，如表现自己社交关系的、体现在社交中的立场和态度等。
- 第二个 S 是 Spiritual 的缩写，在欧美社区中，人们很重视一个人的精神和灵魂，判断一个人的最终标准是其灵魂品格，这些信息对于中国的跨境电商卖家来说是相对较为陌生的，但是因为受众的缘故也必须考虑在内。

有了 BLESS 这个五维人格塑造结构后，还需要一些实际的参照，将在下文的网红部分进行介绍。

在这里，需要特别提醒的是，在 SNS 账号的人格塑造中，应尽量避免涉及政治、种族等敏感要素，尤其是在多国家文化冲突的语境中。

3. 寻找目标受众

当我们大体了解了目标受众后，还需要将受众分为若干个独立的组，通常按照两个维度来划分。

第一个维度是购买可能性，即用户看到我们发布在 SNS 上的关于产品的内容后，产生购买行为的可能性高低，以此来进行区分。

这种划分方法的优点是比较直接，适合短平快的单价较低的大众商品，即在营销后做出购买决策较快的商品。缺点是一旦按此划分，整个 SNS 营销的目标与基调就定位于促进直接销售行为，这与大部分 SNS 平台自身的富内容的运营逻辑有所违背。

受限于团队 SNS 营销能力不足，以及内容制造能力不足，按此方法给客户分组的中国的跨境电商卖家占大多数；而后文提到中国的跨境电商卖家常常受限于各大 SNS 平台针对商业内容的管制政策，导致“被封号”成为常态。

第二个维度是参与社交互动的活跃度，即当更多地采取互动式、非销售导向的社交互动时，受众参与互动的可能性高低，以此来进行区分。

这种划分方法的优点是注重社交关系的建立，从长远来看，很容易基于某个话题建立若干个运营成功的大号，因为大部分主流的 SNS 社交网站平台，其针对商业营销信息的政策背后的立场，都是鼓励这类通过互动为受众提供长期价值的运营者的。缺点也是显而易见的，为了维护这些账号在受众心目中“纯洁”的形象，通常我们很难在 SNS 运营中插入促销类信息，因为每一次促销导向的信息都会导致受众对互动背后的动机产生质疑。

这样就会导致在 SNS 运营中投入与产出非常不成比例，由于跨境电商卖家的主营收入来源还是商品销售，其团队和资源配置大多偏向于接单销售，而 SNS 营销会要求跨境电商卖家组建一支较为成熟的纯社交互动的运营团队。

组建这样的团队，在人才培养、运营规划、日常运营、风险管控等方面都会有较大的成本，这对于有些卖家几乎是做不到的。

那么，如何才能平衡销售与互动的关系，在 SNS 社交网站平台所允许的尺度下顺利地促进销售呢?

4．建立网络连接

销售与互动的平衡关系，主要靠建立网络连接这个环节来达到。

中国古话说“物以类聚，人以群分”，笔者认为，有区分地建立网络连接，是平衡销售与互动的关键。

销售与社交大部分时候是互相矛盾的，在常见的社交场景中，如果有人突然向对方推销商品，则会显得很突兀，原因在于任何国家的人对金钱都是非常介意的，进而对带着销售目的的社交行为就会存在天然的警惕感。

这里提到的警惕感，并不等同于排斥，在现实生活中，人们面对社交中的推销，常常处于“应该相信他，最好马上买一点”和“好讨厌，快点停止推销”这两个极端之间的某种状态。

那么，这与建立网络连接有什么关系呢？

上文提到，目标受众是分类的，其实笔者更倾向于按照参与社交互动的活跃度来划分。

这个分类维度带来的潜在好处是，如果一个受众倾向于与我们进行社交互动，那么按照“人以群分”的效应，这个受众一定有充分的理由降低了对我们的警惕感和怀疑。

一般而言，有两个理由。第一个理由是志趣相投，就是在某个话题下，受众与我们有共同的认知和价值取向。简而言之，就是我们的社交内容或者在社交中所塑造的账号人格讨他喜欢。第二个理由是权威性，就是我们在受众的心目中具有绝对的权威性，在受众所关心的话题的专业度上征服了他，或者账号个性所体现的品格部分大受认可。

同时，在社交网络中存在好友推荐类的功能，最具代表性的是转发评论功能，其次是在发言中@某人。这两类行为则是借助受众的推荐，将我们推向现有的好友圈外的受众，达到拓展受众范围的目的。

与电商行业概念类比的话，转发评论和@这类他人引荐行为，其作用相当于电商中的引流；而上文提到的塑造社交账号个性，创作专业性、讨人喜欢的内容，则同时起到转化留存和引流素材的作用。

5. 传播信息内容

这一环节，将重点介绍内容的创作及传播。

事实上，在 SNS 营销中，内容可以说是一切工作的重心所在，也是贯穿整个 SNS 营销工作的主线。

内容的创作分为原创、转载和互动三大类，而原创又分为真原创和伪原创。

内容可以通过 SNS 平台内置的社交功能在人群中传播，如@、求转载、#话题等，也可以借助搜索引擎来传播，因为 SNS 平台的内容都可以在搜索引擎中被搜索到，且 SNS 社交内容的搜索权重并不低，尤其是当时热门话题的社交内容，在搜索引擎中更是排名靠前。

对内容的传播也可以借助创造被称为“事件”的方式，通过具有较强的互动引导力的内容，吸引熟人或陌生人参与互动，并在互动中引发人与人之间自发产生新的互动，形成连锁传播。

内容的创作与传播之间有着较强的关联，优质的内容能够得到更快速的传播。

那么如何持续创作优质内容呢？

基于跨境电商的 SNS 营销，其中的内容必然是围绕着商品所在类目的。

在主要内容创作上，一般采用两种方法。

- 一是创新矩阵法。即寻找与话题相关的热门关键词，越多越好，并分为 2~3 组，通过两两连线的方式，将两个或多个关键词连接起来，由内容创作人员围绕这个关键词组合进行填补式创作。
- 二是伪原创法。即大量摘录相关话题的热门 SNS 发言、网络热门内容等，拆解内容，存入素材库中，并对热门发言进行二次组合和填补式创作。

这种伪原创法并不是简单的抄袭组合。事实上，当我们在收集和拆解热门内容时，首先捕捉到的是在网络社区中人们最关心的热点话题，而只有热点话题，才会有注意力；有了注意力，才有可能继续引导至下一个商业目的，引发销售。

所以，伪原创法其实是一种主动融入社区的思路，当有了来自这里的原始素材后，我们才能逐步把握社区的动向，为创新矩阵法准备必要的创新素材。

（1）内容的存储与整理

当我们收集到内容后，很快会出现内容的存储与管理的问题，那么应该用什么方法和工具呢？

从内容的角度而言，这其实是“知识管理”的问题。首先，确定所采用的工具，就是知识管理工具，目前在国内使用比较方便的是网易云笔记、印象笔记 Evernote 这样的笔记类产品，可以分门别类地管理内容素材，也有专门的网页剪辑工具可以方便地将浏览器中的内容快速收集到软件中。

其次，如果需要多人互动，则可以自行安装开源的 wiki 系统。如果公司使用的是一些云端办公自动化软件，其中也会自带 wiki 套件。wiki 的好处是能够分门别类地存储内容，而且内容间可以通过 wiki 内置的链接和目录功能形成一套体系。

无论是云笔记还是 wiki，都能够通过分类、索引、链接等功能，把内容素材管理起来，以便我们查找调用。

（2）关于网红

对于中国的跨境电商卖家而言，大部分人从未融入过其他国家居民的社交圈中，所以新到一个 SNS 平台，面对一个全新的、陌生的社交圈时，如果要快速融入社区中，应该怎样切入伪原创法的流程中呢？

最佳的切入方式就是从最被社区认可的内容中收集基础素材。上文中提到，内容都是由社区成员创作并发布的，所以首先要找到发布这些广受认可的内容的社区成员。

在这里，不得不提到 SNS 中一个最火爆的概念，就是网红（Online Celebrity）。

在中文语境下，网红是网络红人的缩写，也就是在网络社区中很红、很受欢迎或被认可的知名成员。

网红的最大特点就是拥有大量的“粉丝”，也就是跟随者，他们对网红发布的内容感兴趣而单击了“跟随”按钮，订阅了网红发布的内容。

因为跟随的动机是对网红发布的内容感兴趣，也就是在社交层面上有价值，不仅有助于自己的工作生活，还能够满足自己的心理诉求，这个跟随动作背后的动机是价值认同。

如果网红拥有大量的跟随者，则说明网红本身的内容及其意见都符合社区中很多人的认知和喜好。

在这里，我们一定要先回归到客户的需求层面。对于一个产品，客户在使用其服务的时候，产品的用途并不是客户的最终需求，比如一把水果刀，其用途是切水果，如果站在这个角度来理解，则根本无法和客户有深入的互动。

我们审视客户购买水果刀背后的动机、诉求，就会发现，购买水果刀的客户必定是吃水果且有耐心去切水果的，而不是直接咬，那么可以初步判断，该客户很可能在家庭生活中是为家人服务的，这时他的诉求就是家人吃得开心，其乐融融。基于此，就可以开展关于家人一起享用水果的社交活动。

该客户也可能是一个注重健康饮食的人，如果能够判断出客户的性别和年龄，则更好。有时也可以根据产品本身来判断客户的属性，因为我们在定位产品时已经做了客户肖像，比如购买的是带有可爱的卡通图形设计的水果刀，那么该客户很可能是年轻女性，且注重健康饮食，这时则可以开展关于健康饮食或减肥方面的社交活动。

当确定了这两个社交主题方向时，我们就可以通过这方面的关键词来搜索网红，并分别找到网红大号，进而收集并整理内容素材。

既然网红拥有大量的跟随者，那么如果想直接利用网红这方面的资源，该怎么做呢？

（3）与网红互动

与网红互动，首先是让网红转发我们的内容；其次是互相@，即互相提到；最后是找到与产品能够深入融合的点，将产品巧妙地植入到网红所发布的内容中。

对于有经验的内容团队，也可以创作内容后@网红，并吸引网红进行反馈，这时需要判断网红团队当前阶段的主要业绩目标，使我们的内容能够帮助其实现目标。大部分时候，在初期我们可以成为网红的“标杆粉丝”。也就是说，我们所创作的内容，可以由网红引用后成为其想要彰显的账号个性的佐证者。但是这对 SNS 运营团队的技巧、精力、经验的要求较高。

可见，跨境电商 SNS 营销与网红的共同目标都是满足用户的某种需求，因此它们在价值上天然有着相通之处。上文中提到，销售行为与社交行为是相背离的，那么如何把二者结合起来呢？

如果能够寻找到网红中的潜力股，即粉丝数量不是很多，但是已经显现出与产品相关话题的社交潜力，那么这样的网红就很容易进行互动。而对于大号网红，由于其业务繁忙，与之互动的人多，应接不暇，或者我们在其他互动者面前显得价值低，因此无法吸引大号网红进行互动。

如果是潜力股网红，则可以通过各种渠道进行接触，考虑到跨境的原因，我们还是以在 SNS 网站上与其进行内容互动为主，如果能线下见面，效果将大增，但成本较高。

（4）网红的管理

与多位网红开展互动，就需要利用 CRM 来管理和网红的客户关系，跟进与网红的互动进度，记录网红的个人信息，以便有针对性地执行沟通。在国内这类 CRM 软件特别多，笔者比较推荐的是国外的 CRM 套件，如 Salesforce、Zoho、Google 等。

另外，SNS 平台本身也具有一定的粉丝分类、分组功能，例如给粉丝打标签，或者直接将粉丝分组。但它并不提供 CRM 功能，需要我们自己额外配置，一个好的 CRM 管理思路，可以把商业化的 SNS 运营管理做到极致。

（5）网红与人格塑造

除了管理好与网红的关系，在日常工作中，我们可以借鉴网红所发布的内容、语气、常用词等人格要素来丰富账号的虚拟人格。上文中说到的 BLESS 五维结构，更多的是用来定义我们所发布的内容的分类、范围。

除内容的实质之外，还有表现形式的问题，即语气、语法、惯用词、表情的运用等。例如，多用短句，可以显得可爱；用很多感叹号，可以显得个性简单、直接，这些都可以从最受欢迎的网红中寻找参照目标，利用伪原创法收集语气、语法等表达元素，并与内容本身进行组合。

由于大部分网红也是社区的意见领袖和时尚领袖，因此，通过伪原创法模仿网红的语气、语调，将使账号的虚拟人格更快地融入到陌生的社区氛围中，更快地赢得社区成员的喜爱和认同。

6. 售前社交互动

通过前面各个环节，相信已经建立起基本的内容体系、初步的社交关系网络、若干个网红大号的跟随和内容收集，也已经对所在社区中与产品相关的话题有了相当的了解。

在这个基础上，我们和目标受众之间开始产生社交互动行为，而与受众互动时，始终要记住我们的最终目的是推动销售，如果不以此为目的，那么 SNS 运营将会陷入没有方向的迷茫之中，很容易被有其他目的的 SNS 运营所影响。

也就是说，最终导向销售的 SNS 运营是最难的，作为团队中负责 SNS 运营的小组，很可能会在众多的纯内容的 SNS 运营，也就是以“自媒体”为方向的 SNS 运营中迷失方向，逐渐放弃向销售的引导，走向自媒体运营。

那么，自媒体运营与电商 SNS 运营无法兼顾吗？答案是否定的，可以兼顾，但是对团队的要求很高，如果能够运营好电商销售方向的 SNS，那么运营一个自媒体 SNS 就不在话下了。

售前社交互动，除与受众直接进行语言沟通外，还有一些更具有导向性的互动方式，比较常见的有抽奖、比赛、问卷调查、直播、话题事件等。在本书的后面几章中将展开阐述。

在这里，我们首先需要理解一个背景概念，就是为什么这些更具有导向性的互动方式会适合用来做售前社交互动呢？

上文中提到，在社交中人们有多种需求需要被满足，其中与销售相关的需求需要通过购买商品来满足，而从消费者行为学的角度来看，一次消费动机的产生，需要消费者有强烈的购买动机和意愿；否则，很难做出消费决策。

其中很重要的就是沉没成本的问题。简单地说，消费者在产品或服务上已经花费的成本越大，倾向于选购该产品或服务的动机和意愿就越强，因为如果不购买，那么这部分成本就成为了真正的沉没成本，也就是完全浪费掉了。为了避免这样的浪费，消费者就会在参与强互动后，更倾向于选购该产品或服务。

为此，我们需要消费者在进行社交互动时，比单纯地打字发言等基本互动行为多付出一些成本，如时间、脑力、精力、期望等都属于这类成本。而上文中提到的导向性较强、有一定参与规则和参与成本的互动方式，则成为具有销售目的的 SNS 营销最佳的前置营销方式。

如果消费者与我们的互动仅止于几次简单的聊天或转发，那么其沉没成本往往不足以使他们“不舍得放弃”我们，而参与抽奖、调查问卷、问答等方式至少使他们已经付出了时间、脑力、期待等成本，因此在最终实现销售转化时，可以认为这样的消费者已经更有动机和意愿了。

基于此背景，在从正常的社交引导至销售行为前，我们就可以采取上面的社交方式。各大 SNS 平台也都为我们提供了基本功能，在后文中将着重展开介绍如何利用这些平台功能实施制造沉没成本的互动方式。

7. 引导进入电商

从这一环节开始，我们的话题更多的是讨论电子商务领域的各种概念，这也是跨境电商卖家最熟悉的，因为是一种引流渠道。

站在电商引流工作团队的立场，引流渠道往往会很容易区分为免费的和付费的。就 SNS 运营而言，上面所描述的各类基于 SNS 本身的社交互动，最终导向的都是长期的、稳定的、高黏度的粉丝跟随和商业转化。

随着这些工作越做越深入，从 SNS 来的免费流量（自然流量）就会越来越多。除了免费流量，在跨境电商 SNS 运营中还必须考虑付费流量的问题。

在这里，必须提到各大 SNS 平台的官方广告服务。由于 SNS 平台反映的是用户的社交人格和偏好，能够比较翔实地反馈用户的生活属性，因此可以比互联网广告更精准地判断用户。所以说，在 SNS 平台上投放精准广告，是一种性价比较高的广告投放方式。

无论是通过所发布内容中的链接进入的流量，还是通过 SNS 平台的官方广告服务引入的流量，都需要对转化率进行精准测量，在成熟的 SNS 平台上都有很专业的第三方广告效果和转化效果评估工具，如 Facebook Ads Compass、LikeAlyzer、Hootsuite 等。

另外，如果想在一个 SNS 平台长期发展，最好是在完成上面几个环节的基本工作，并开设若干个账号练手后，重新用全新的资料开设若干个核心主力账号，以这些“背景清白”的账号加入 SNS 平台的付费广告客户。

作为 SNS 平台，广告业务是其背后公司主要的商业变现手段，一旦加入 SNS 平台的付费广告客户后，就可以得到来自于平台的更深入、更贴近的关系和服务。而随着广告投入越来越大，客户级别逐步提高，平台官方也会在 SNS 运营的其他方面提供更多有效的建议、规则宽容度，甚至直接的资源支持。

所以，在 SNS 运营入门，且通过若干个账号试水，确定 SNS 运营工作稳定下来后，即可着手采购付费广告了。

8. 促成购买

到这一环节，即进入了电商卖家最熟悉的促销领域，在电商销售平台如速卖通上，可以使用平台提供的大量促销工具，如优惠券、全店铺折扣、红包、满立减等。但这类站内营销工具，往往需要受众对我们的账号人格和产品服务品牌具有一定的认可度后才会有效，在运营初期直接推出优惠促销，常常会起到反作用。

同时，我们也要特别关注一个专门用来将电商销售平台与 SNS 平台衔接的工具：速卖通联盟营销，也就是 Affiliate Marketing 工具。这个工具会为商品的推荐者提供一个唯一的标识符字符串，加入了这个标识符字符串的商品链接，就是该推荐者的专属联盟营销链接。消费者单击该链接进入店铺商品页面并下单购买，订单金额的一定比例就会给到推荐者作为佣金。

这一机制在 SNS 平台上极为有效，我们可以大量运用，发动网红，以联盟营销的方式开展合作。而这种转介绍的方式，天然地抵消了“王婆卖瓜，自卖自夸”这种令人讨厌的人格，因为推荐别人的东西和服务，如果内容匹配度高，则这种行为往往会被视为慷慨的、宽容的、体贴的。

9. 售后社交互动

成交后，我们需要对客户进行售后关怀，这时 SNS 成为沟通渠道之一。如果借助 CRM 和 SNS 发布工具如 Buffer，就可以实现自动化的售后 SNS 反馈，如私信等。

在售后关怀之后，更重要的是口碑维护，即赢得客户二次返回购买，以及客户的转介绍。这时常用的手段是鼓励买家秀，即买家买到商品后，我们通过激励的方式让买家将自己使用商品的场景、感想等以创意内容的形式发布出来。

在买家秀中，常用的是免费试用后给出试用报告形式的买家秀。这部分内容最佳的发布场所就是 SNS 平台，如果遇到有创意的买家，则可以为其提供独特的额外优惠，甚至免费赠送商品换取创意买家秀，这些都是划算的做法。

2.2 结语

SNS 发展异彩纷呈，玩法层出不穷，本书第 1 章和第 2 章所阐述的内容，是从所有 SNS 中抽取的共同点。SNS 运营的方法和技巧，根据背后不同的商业目的、不同的平台而不同。在接下来的几章中，我们将围绕跨境电商出口 B2C，针对海外消费者这一群体，基于常见的国外主流的 SNS 平台展开销售导向的 SNS 营销方法、技巧、策略的介绍。

在此，笔者预祝各位读者借力 SNS 营销，让自己的跨境电商事业更上一层楼。

第 3 章

Facebook 营销

3.1 Facebook 介绍与操作

3.1.1 Facebook 介绍

Facebook（www.facebook.com）是全球最大的社交网站。Facebook 是马克·扎克伯格在 2004 年 2 月创建的，目前全球有超过 22 亿名的用户。

3.1.2 个人页面基础操作

1. 注册账号和编辑资料

（1）注册账号

首先应注册一个 Facebook 账号。注册账号只需要拥有一个可接收短信的手机号或电子邮箱即可。

打开 www.facebook.com，注册页面如图 3-1 所示。

图 3-1

填写注册信息。输入姓名、手机号或电子邮箱地址、登录密码、生日、性别。这些信息在账号注册后都是可更改的，所以不用担心填错。

当所有注册信息都填写准确无误后，单击“注册”按钮，会进入验证手机号页面，如图 3-2 所示。

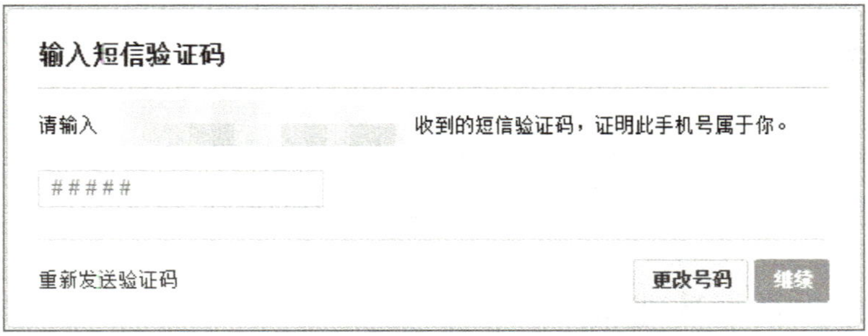

图 3-2

将接收到的短信验证码输入方框内，然后单击“继续”按钮完成手机号验证，即可拥有 Facebook 账号。手机号验证完成后即可进入个人主页，如图 3-3 所示。

如果在注册时选择的是电子邮箱，那么这时会提示进行邮箱验证。登录你的注册邮箱，单击验证邮件中的“点此确认”按钮来完成验证。至此，账号注册成功。

图 3-3

（2）编辑资料

在 Facebook 首页的左上角，在账号名称下面会有一个“编辑资料”链接，如图 3-4 所示，单击该链接，就可进入编辑资料页面。

图 3-4

编辑资料页面如图 3-5 所示，在左侧有多个选项，分别是：

- 概览
- 工作与学历
- 你生活过的地方
- 联系方式和基本信息
- 家庭成员与感情状况
- 你的详细资料
- 大事记

图 3-5

这些资料可以随时修改，可以根据情况填写或不填写。一般建议适当填写一些资料，这样账号看起来不会太空。如果你填写了资料，则 Facebook 会根据所填信息推荐相关好友及推送相关信息给你。

其中用得比较多的应该是大事记，如图 3-6 所示。我们看到很多账号或者公共主页中都有一个时间轴，在每个时间节点记录了一些事件，这就是大事记的功能。

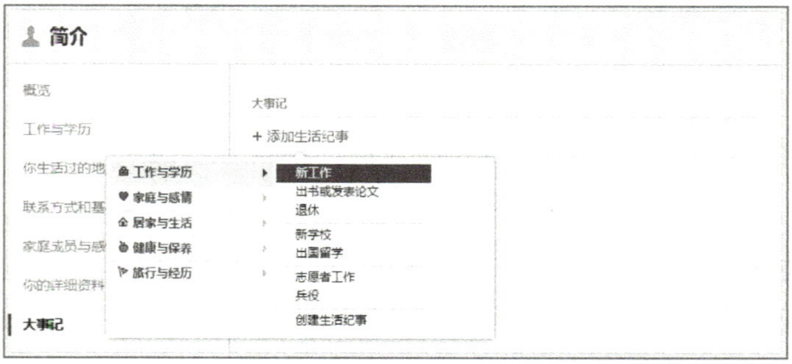

图 3-6

默认大事记为空，单击“添加生活纪事”后会弹出一个列表框，有五大类别供选择，分别是：工作与学历、家庭与感情、居家与生活、健康与保养、旅行与经历。大事记可以选择任意时间节点，也就是说，可以选择早于 Facebook 账号注册的时间节点。

（3）隐私设置

在社交网站中，隐私是非常重要的一个属性，把内容展现给合适的人群是基本需求。我们可能希望不同好友或者不同类型的好友看到不一样的内容，这时候隐私设置就能起到作用。合理的隐私设置既能提高 Facebook 账号的私密性，又不会失去内容和账号的开放性。

在 Facebook 页面顶部的菜单导航条最右侧有一个向下的箭头，单击后会弹出一个下拉菜单，其中有一个“设置”选项，单击后即可进入设置页面，如图 3-7 所示。

图 3-7

在设置页面左侧的列表中有一个“隐私”选项，如图 3-8 所示。

图 3-8

单击“隐私”选项，进入隐私设置和工具页面，如图 3-9 所示。

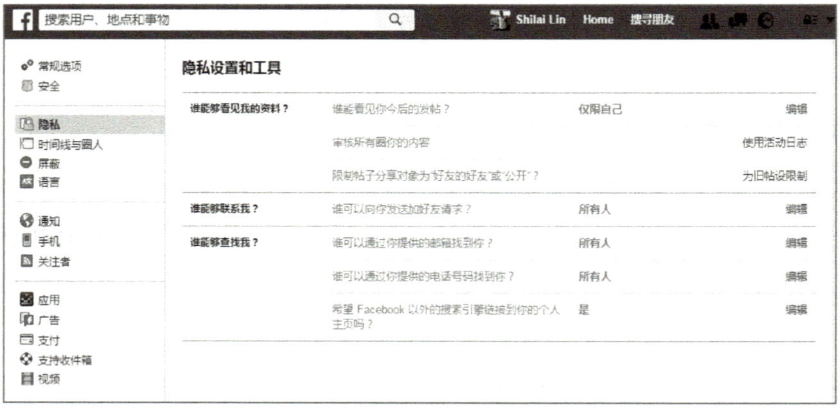

图 3-9

其中有三大部分设置内容。

谁能够看见我的资料？这里主要设置哪些人可以看到之前我们所填写的账号资料以及发布分享的信息。单击"谁能看见你今后的发帖？"右边的"编辑"按钮，会打开如图 3-10 所示的页面。单击"仅限自己"下拉按钮，会出现一个下拉列表，其中有三种仅限类型：公开、好友、仅限自己。"公开"的意思是所有人都可以看到，即使不是好友；"好友"的意思是必须是 Facebook 账号里的好友才能看到；"仅限自己"就是只有自己才能看到，其他任何人都看不到。

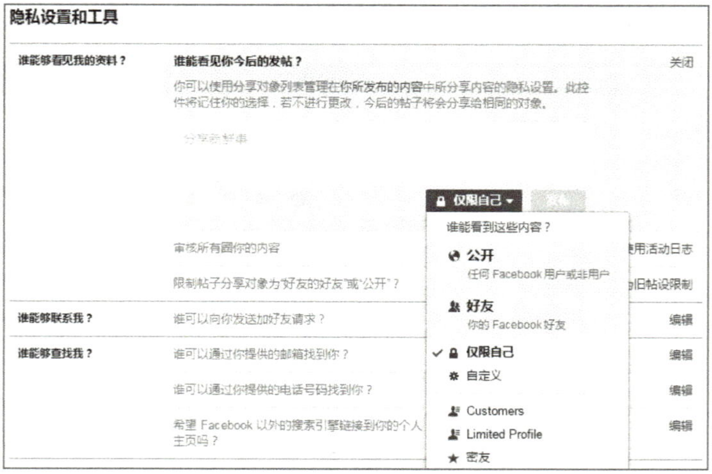

图 3-10

上面所讲的是一般的设置，可能有些情况需要更细致、更具体的设置，比如想指定哪些用户可以看到或不能看到我们的内容，这时自定义功能就派上用场了。单击“自定义”，会弹出如图 3-11 所示的页面。

图 3-11

在该页面中，可以指定哪些用户能看到或不能看到我们的内容。除此之外，还有一种更快捷的方式是选择特定的一些好友，就是使用自定义下面的好友分组。

谁能够联系我？这个功能主要用来设置哪些人可以将我们添加为好友，如图 3-12 所示。目前只有这两种选择，设置允许所有人或者好友的好友将我们添加为好友。

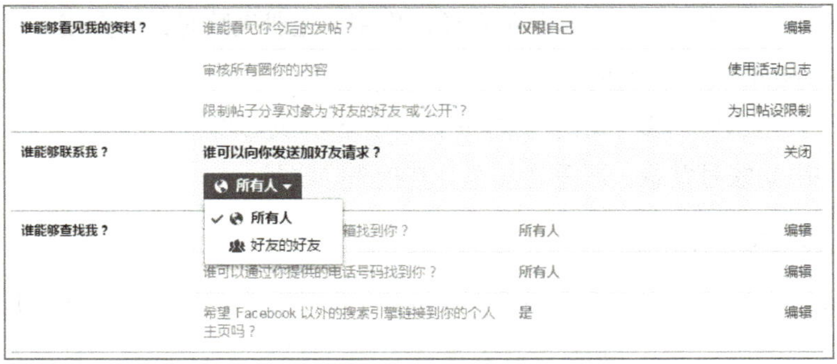

图 3-12

谁能够查找我？这个功能主要用来设置哪些人可以在 Facebook 上通过邮箱或手

机号搜索到我们。有三个选项可供选择，分别是所有人、好友的好友、好友，如图 3-13 所示。

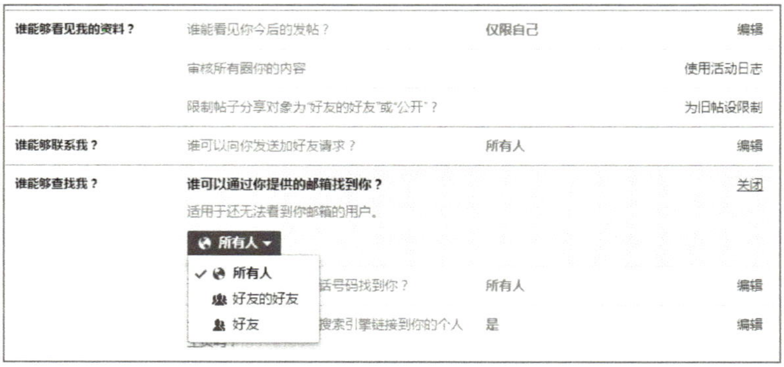

图 3-13

我们还可以设置是否让 Facebook 以外的搜索引擎链接到的个人主页，即是否让 Google 等搜索引擎收录主页地址。如果开启该功能，那么在 Google 中搜索账号信息时，可能会在搜索结果中直接展现我们的 Facebook 账号。需要注意的是，如果之前该功能处于开启状态，我们选择将此功能关闭，那么搜索结果将不再链接到个人主页，但这可能需要一段时间才会生效。当用户搜索你的姓名时，在搜索结果中仍会显示你的个人主页。

（4）注册和登录注意事项

由于 Facebook 严禁一个人注册多个账号，所以大家在注册时要慎重，如果注册不成功，不要一直重复注册，这起不到任何作用。注册失败时，请直接发邮件或打电话联系 Facebook 客服。同时在登录时，同一台电脑不要频繁多次登录不同账号。因为使用同一台电脑注册多个账号或同一个账号经常切换地点登录都会引起 Facebook 账号异常并限制账号登录，严重者甚至会直接删除账号。

2．工具栏和常用功能

Facebook 作为全球最大的社交网站，虽然界面简洁、清晰，但是功能却非常丰富。这些功能也都简单、易用，基本没有太复杂的操作技巧。Facebook 一直投入巨大的人力和财力在用户体验上，所以我们也能够切身感受到，Facebook 的用户体验确实是非常棒的。蓝色的基调让那些重度用户长时间地停留在 Facebook 中也不会觉得视觉疲劳，其简洁、有序的功能排列和各种友好的提示让新手也不会感到束手无策。看似简单、随意的布局和设计，背后往往透露出 Facebook 的良苦用心和工程师们的无数精力，这就是一个平台的功底，这就是 Facebook！

接下来我们慢慢了解 Facebook，看看在 Facebook 的主页上都有哪些功能和快捷链接。进入 Facebook 账号，如图 3-14 所示。

图 3-14

首先介绍最顶部的导航条。导航条的功能从左到右依次如下。

（1）Facebook 主页链接：在这里直接链接 Facebook 首页的地址，不管在什么页面，单击这里都可以马上回到 Facebook 首页。

（2）搜索框：这是 Facebook 最常用的功能之一。就跟我们平时上网要用百度、Google 等搜索引擎一样，Facebook 的搜索功能也是 Facebook 用户平时非常需要的。通过搜索，可以找到 Facebook 的各种类型的资源，包括公共主页、小组、用户、活动等。当你发现账号里没有什么信息可看，或者你的好友数量不多，分享给你的信息有限时，只要通过搜索，就可以获取丰富多彩的信息。这就好比只提供一个浏览器，但是只要有搜索引擎，就会立刻感觉到对接了全球的资源。我们尝试着搜索一个关键词：dress，如图 3-15 所示。

图 3-15

这时，Facebook 会弹出一个下拉列表，给出一些建议的搜索结果，如果在这些搜索结果中有我们感兴趣的内容，则可以直接点击。这里的搜索结果是按照内容类型分组排列的，从图 3-15 中我们看到分成了公共主页、用户、小组和地点 4 个不同的组进行展示。所建议的搜索结果根据不同关键词出现的内容和排列方式会有所不同。如果这里没有我们感兴趣的内容，则可以点击右边的“搜索”按钮进入真正的搜索结果页面中，如图 3-16 所示。

图 3-16

（3）Facebook 个人主页链接：单击这里会到达账号的个人主页。这也是别人看到的页面内容。

（4）Facebook Home 链接：这个链接跟第一个链接一样，是 Facebook 主页链接，方便在其他页面中时迅速回到首页。

（5）搜寻朋友：这个功能是供我们搜索好友用的，其具体内容将在 3.2 节中进行详细介绍。

（6）好友申请通知：这个功能用来即时通知哪些用户要将我们加为好友。在弹出的下拉列表中也可以快速单击“确认”按钮接受请求或单击“删除请求”按钮，如图 3-17 所示。

图 3-17

（7）消息按钮：Facebook 有一个站内信的功能，名叫 Messager，在手机上现在已被 Facebook 当作一个单独的 App 上架。单击这个按钮后会出现一个下拉列表，里面显示了最近的聊天记录，如图 3-18 所示。

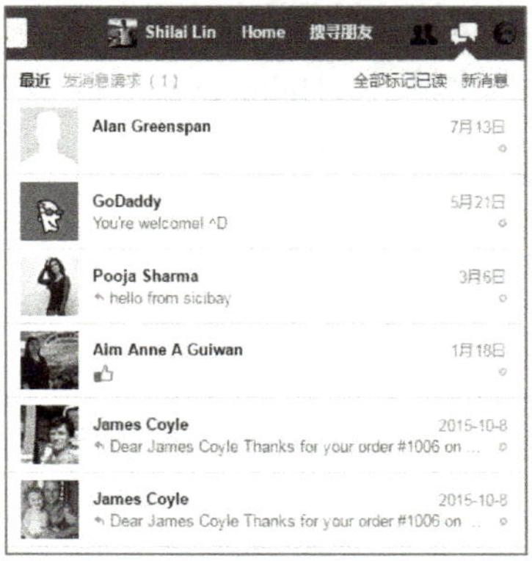

图 3-18

（8）通知按钮：单击这个按钮后会弹出一个下拉列表，里面记录了账号最近相关的活动，比如谁关注了我们的主页，谁赞了我们发的帖子等。如果账号有很多好友，那么通知中的信息量会非常大，经常会有未读信息提示。

（9）隐私设置：用来设置与账号相关的各种隐私。关于隐私设置前面已经介绍过，这里不再展开介绍。

（10）账号相关设置：单击这里会出现一个下拉列表，所有与账号相关的设置都可以在这里找到。

3．如何发布帖子和评论

玩转 Facebook，除了看朋友发布的状态和帖子，我们自己当然也要发些帖子，这样才能和朋友有更多的互动。Facebook 提供了形式丰富的发帖功能，除可以发文字、图片外，还可以发视频，甚至是网页链接。登录到 Facebook 后，在首页中间显示的就是发布帖子和状态的文本框，如图 3-19 所示。

图 3-19

在“发布”按钮的左边有一个选项，可以选择哪些人可见。共有 5 种类型：公开，即所有的 Facebook 用户都可以看到；好友，即自己的好友可见；仅限自己，就是只有自己可见，其他人都看不到；自定义，可以自己选择哪些好友可见，哪些好友不可见；选择好友分组，可以直接快捷选择哪个好友分组可见。我们先来尝试发布一条最简单的纯文字状态，在文本框中输入：Hello, everyone !，然后单击“发布”按钮，显示如图 3-20 所示。

图 3-20

我们再来看看如何发布带有图片的帖子。单击左上角的“照片/视频”，或者“相册”链接，都会弹出选择图片、视频文件对话框，这时我们选择一张图片，然后单击“确定”按钮，显示如图 3-21 所示。我们可以附带添加文字，也可以不添加，然后单击“发布”按钮，就发布成功了。

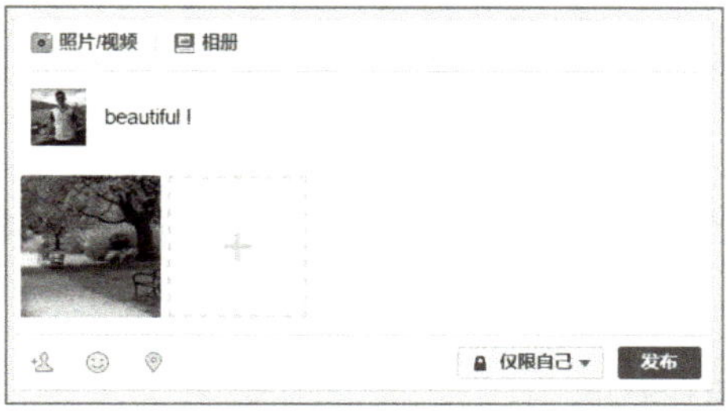

图 3-21

除可以发布文字、图片/视频外，还可以发布带有链接的帖子。以速卖通主页（http://www.aliexpress.com）为例，我们将速卖通的网址复制到发布文本框中，就会自动出现如图 3-22 所示的速卖通内容。

图 3-22

在图片的左上角有一个切换按钮，我们可以随意挑选将作为帖子显示的图片。我们还可以在文本框中继续输入文字，然后单击“发布”按钮，这样一个带有链接的帖子就发布成功了。

在发布文本框的左下角有三个图标，分别如下。

- 提及用户：如果所发的帖子和某个用户有关，或者想提醒某个用户关注这个帖子，则可以@他。
- 添加当前活动的表情和感受：可以添加一些笑脸或感受。
- 签到：如果帖子与某个地理位置有关，则可以在这里添加一个地理位置标签。

在 Facebook 每一个帖子的下面都有一个用于评论的文本框，可以输入文字、图片等内容进行评论。

4．查找、添加好友

一个社交网站，能不能吸引用户长期使用，好友的数量和质量是一个非常重要的衡量指标。Facebook 是目前世界上最大的社交网站，用户数量自不用说，但是如何方便地找到每个用户各自的好友以及有共同兴趣的潜在好友是一个不小的挑战。Facebook 平台一直在投入大量技术，努力提高算法，提升用户体验。目前，在 Facebook 上查找好友其实是非常简单并且高效的。

一般而言，只要填写好相关的账号资料，比如高中信息、大学信息，或者就职过的公司、所在的城市，Facebook 就会自动根据这些资料给我们推荐可能认识的好友。在这一点上 Facebook 做得非常好，我们经常可以看到 Facebook 推荐的好友大部分都是真实的已经认识的朋友。

现在回到 Facebook 首页，在顶部导航条中有两个地方可以到达搜寻朋友的页面，一个就在 Home 链接的旁边，另一个在两个黑色人图标的下拉列表中，如图 3-23 所示，单击即可到达搜索好友页面。

图 3-23

单击导航条中的“搜寻朋友”链接，进入搜索好友页面，如图 3-24 所示。在这个页面中，左侧是其他用户发送的添加好友请求，我们可以单击“确认”按钮接受；也可以单击“删除请求”按钮，拒绝对方申请。左侧下方是 Facebook 平台根据我们所填写的资料和相关兴趣爱好自动推荐的可能认识的好友，每个好友右边都有一个“加为好友”按钮，我们可以直接单击该按钮发送添加好友申请，非常方便。当然，如果不喜欢平台所推荐的好友，则可以直接移除，这样下次就不会再次出现了。

图 3-24

右侧上方有一个通过外部平台账号批量添加好友的功能，如图 3-25 所示。这个功能非常实用，如果我们在其他邮箱上存有联系人列表信息，则可以快速找到哪些好友也在 Facebook 上。其支持的外部平台有：

- Apple iCloud
- Google Gmail
- Outlook.com（Hotmail）
- Yahoo! Mail
- Windows Live Messager
- 其他邮箱

图 3-25

我们以 Apple iCloud 账号为例，说明如何导入外部联系人信息进行好友搜索。首先在文本框中输入 Apple ID 及密码，然后单击“搜索好友”按钮，就会进入添加好友页面，如图 3-26 所示。(注意，这里输入的不是 Facebook 的账号和密码。同时 Facebook 也不会记录外部平台的账号和密码，所以大家不用担心密码泄露问题。)

图 3-26

在该页面中，我们可以看到有 63 位 iCloud 联系人正在使用 Facebook，并且有 8 位 iCloud 朋友已经是 Facebook 好友了，剩下的 55 位联系人也都在下面全部罗列出来。我们可以勾选要添加为好友的头像左边的复选框，然后单击“添加好友”按钮，这样 Facebook 就会帮我们向这些好友发出添加好友申请。接下来会进入如图 3-27 所示的页面。

搜索用户、地点和事物
Shilai Lin
Home
搜寻朋友
成功！我们将向你的朋友发送加好友请求。对方接受请求后，你们即可查看彼此的个人主页。
This person will receive your friend request shortly.
邀请亲朋好友加入 Facebook
这 6 位好友也用好友寻找工具找到了好友。
步骤 1 搜索好友
步骤 2 添加好友
步骤 3 邀请好友
你是否想向已导入的所有联系人发送朋友邀请？
邀请将以中文(简体)发送 [更改]
是
否

图 3-27

在这个页面中显示了 Facebook 已经成功向我们的朋友发送加好友请求。对方接受请求后，我们即可查看彼此的个人主页。除添加已经是 Facebook 用户的好友外，还可以向已导入的联系人列表中不是 Facebook 用户的好友发出邀请，邀请这些朋友加入 Facebook 并成为我们的好友。只要选择“是”，Facebook 就会向这些人发送邮件。这个功能一般比较少用。

需要注意的是，Facebook 将自动以你的身份向每位希望邀请的好友发送一条邀请和最多两条提醒。提醒的内容可能与原来的邀请不同，并可以在邀请和导入的联系人页面（在这里可以管理联系人）中取消。Facebook 会把所提供的电子邮箱作为联系人代为储存，并可能将其用于为你和其他人生成好友推荐。我们可以在删除所有联系人页面中删除所有联系人。Facebook 自动发送的邮件模板如图 3-28 所示。

邀请范例
以下是将发送至邀请对象的邮件范本。邮件将按照所选语言显示。
facebook
Shilai Lin 邀请你加入 Facebook。
Shilai Lin
2016年8月10日
当你加入后，就能够了解 Shilai Lin 和其他朋友们的最新动态、照片以及更多内容……还能分享你自己的精彩！
加入 facebook
确定

图 3-28

回到搜索好友的主页面，在右侧下方还可以根据不同的条件进行筛选搜索好友，如图 3-29 所示。

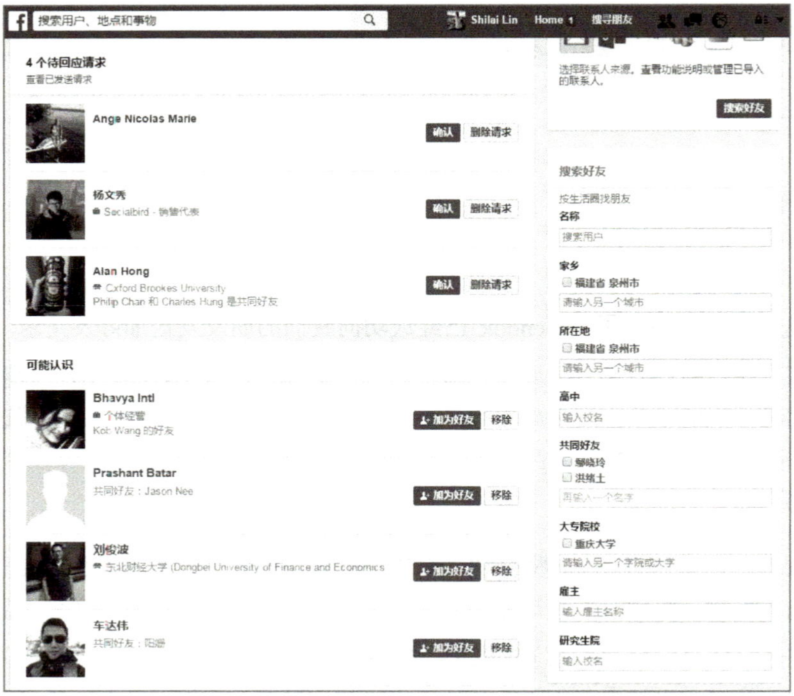

图 3-29

我们可以根据以下几个属性进行筛选。

- 用户名称
- 家乡城市
- 所在地城市（居住地）
- 高中校名
- 共同好友
- 大学名称
- 雇主（就职公司）
- 研究生校名

不同用户账号的筛选条件会有所差异，这与我们之前所填写的账号资料相关。

5. 创建和参加活动

在 Facebook 上除可以发布、分享帖子以外，还可以创建和参加活动。活动是一种可以让好友之间增加互动的功能。比如我们要举办一个周末海边骑行的活动，就可以在 Facebook 上创建一个活动，填上主题、时间以及相关活动内容。创建活动完成后，还可以邀请好友加入并在里面进行讨论。在 Facebook 上既可以创建线下的活动，也可以创建线上的活动，比如创建一个电影观后感的线上讨论活动。

单击 Facebook 首页左侧列表中的活动链接，即可进入如图 3-30 所示的活动页面。

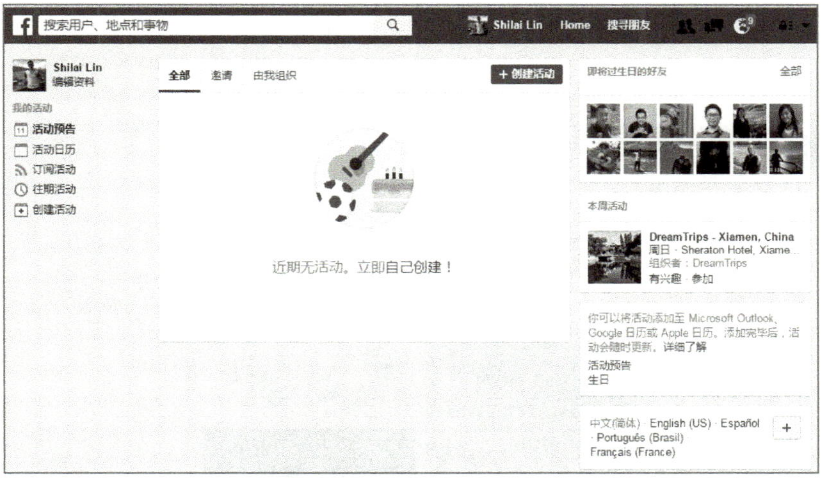

图 3-30

在该页面中的活动列表默认是空的，可以单击“创建活动”按钮，打开创建活动页面，如图 3-31 所示。在该页面的左上角有一个下拉按钮，单击打开下拉列表，可以选择活动类型。

- 创建私人活动：仅对受邀用户可见。
- 创建公开活动：对 Facebook 的所有用户或非用户都可见。

我们可以根据需要进行相应的选择，这里选择“创建私人活动”，需要注意的是，私人活动创建后无法更改为公开活动，这是 Facebook 为了保护用户隐私所做的规定。

选好活动类型后，接下来需要选择一张活动主题照片。有两种途径可以选择活动主题照片，一是直接使用 Facebook 提供的主题中默认的照片，如图 3-32 所示；二是可以从电脑中选择照片上传。

图 3-31

图 3-32

我们选择从自己的电脑中上传一张照片，如图 3-33 所示。然后把其他信息也一并填入，并且选择一个活动地点。需要注意的是，这个地点直接和地图相关，所以在填写时尽量直接选择所弹出的下拉列表中的地点，因为这样创建的活动可以直接在 Facebook 地图中显示。如果只是填入一个实际地址，则不会显示 Facebook 地图。还可以设置这个活动中的用户是否需要邀请他们的好友加入，如果需要就将“宾客可以邀请好友”复选框打勾。填写完成后，需要确认信息是否填写准确，然后单击“创建活动”按钮。这样活动就创建成功了，在活动主页面中会显示我们刚刚创建的活动。

图 3-33

活动创建完成后，我们可以继续编辑活动，也可以直接开始邀请好友加入。在活动主页面中，在刚刚创建的活动那一栏单击“邀请”按钮，打开“邀请”对话框，如图 3-34 所示。勾选我们要邀请的好友，然后单击右下角的“发送邀请”按钮，邀请成功发出，只需等待好友同意加入即可。

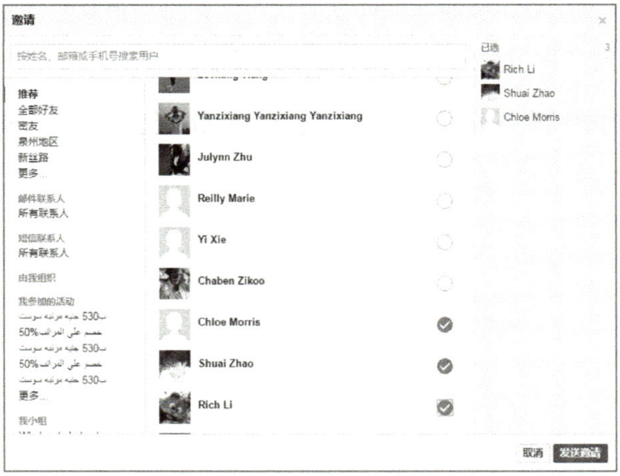

图 3-34

邀请完好友后，在活动主页面中单击刚刚创建的活动，进入该活动的详情页面，如图 3-35 所示。

图 3-35

在这个活动页面中，我们可以像在个人页面中一样发布、分享帖子，已经加入活动的用户也可以发布、分享帖子。在该活动页面的右侧，可以清楚地看到有多少人参加了这次活动，还有多少人可能参加活动，以及有多少人正在接受邀请等待加入活动。作为活动的组织者，还有一个向参加活动的所有用户群发消息的功能。单击“向宾客发消息”，就可以向三种类型的用户分别群发消息。

在活动页面的中间有一个显示地图的链接，单击该链接就能方便地在地图中查看活动地址，如图 3-36 所示。

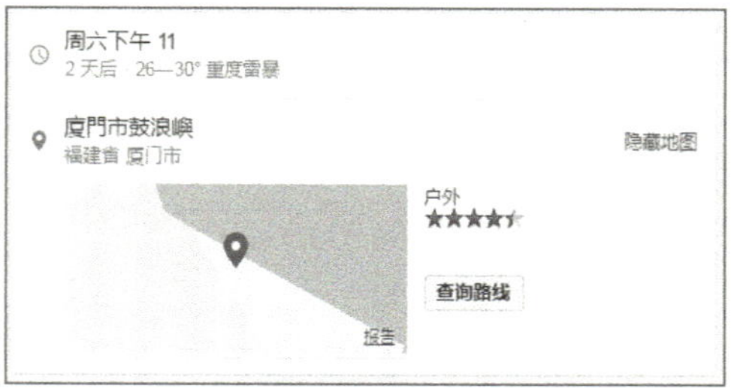

图 3-36

在活动主题照片的右下方，在“编辑”按钮右边有一个三个点的按钮，单击后出现一个下拉列表，各选项如下。

- 复制活动：如果要创建同一种类型的活动，就可以从现有活动中复制，这样大部分活动内容就不需要重新填写了。当然，复制后也可以根据需要对活动内容进行部分修改。
- 导出活动：有时我们需要在手机上、电子邮箱中或其他地方也能够方便地查看活动，这时导出活动功能就非常有用了。可以导出到所支持的电子邮箱中，或者添加到活动日历中。
- 导出宾客名单：这个功能是为了方便线下活动设置的。一般我们组织线下活动时，需要打印一个参加活动的用户名单，有了这个功能，就不需要再一个个手动统计录入名单了，直接下载即可，非常方便、实用。

6. 创建和加入小组

在 Facebook 上用户之间除可以单独相互沟通交流之外，还有一个功能就是小组，即在其他聊天工具中所说的群。大部人都用过 QQ 和微信，QQ 群和微信群是我们平时接触得比较多的，所以“群”这个概念应该比较容易理解，不需要解释太多。Facebook 小组的功能是为了方便有共同兴趣爱好的一群人在里面交流沟通而设置的。在 Facebook 小组中，小组成员可以发布、分享各种信息，包括帖子、照片、视频等。

在 Facebook 主页单击左侧列表中的小组链接进入小组页面，如图 3-37 所示。

图 3-37

整个小组页面的内容比较简洁，在顶部导航条下方有一排小组菜单，这些菜单提供了 Facebook 小组的大部分功能。

- 推荐小组：Facebook 会根据你的兴趣爱好推荐一些小组。不过，如果你加入的小组不够多，或者参加各种小组不是很活跃，可能推荐小组这里会为空。因为 Facebook 没有足够的数据用来分析并推荐你可能感兴趣的小组。如图 3-38 所示，在笔者的账号中推荐小组就是空的。

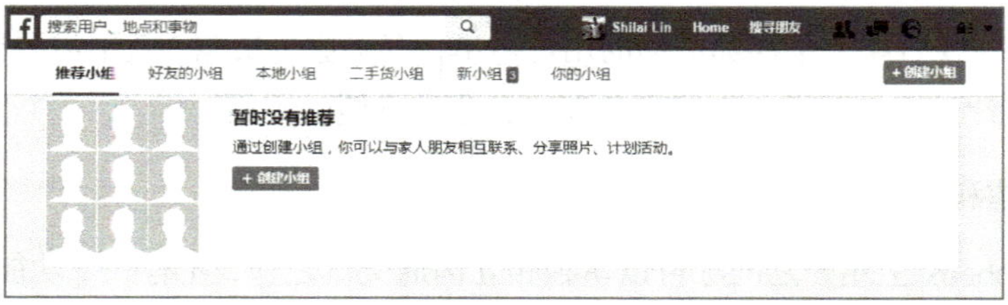

图 3-38

- 好友的小组：在页面中会显示你的好友创建的小组。Facebook 鼓励大家加入好友创建的小组中，在这个页面中可以很方便地加入好友创建的小组中。如图 3-39 所示，每个小组都是哪个好友创建的，小组有多少成员，这些基本信息都会在列表中显示出来，我们可以单击某个小组图片进入小组主页进行查看。

图 3-39

- 本地小组：Facebook 会根据我们所填写资料中的地理位置来显示这个地方的小组。当然，如果你填写的是中国的地址，则可能会没有人创建过跟该地方相关的小组，所以本地小组可能会为空，如图 3-40 所示。

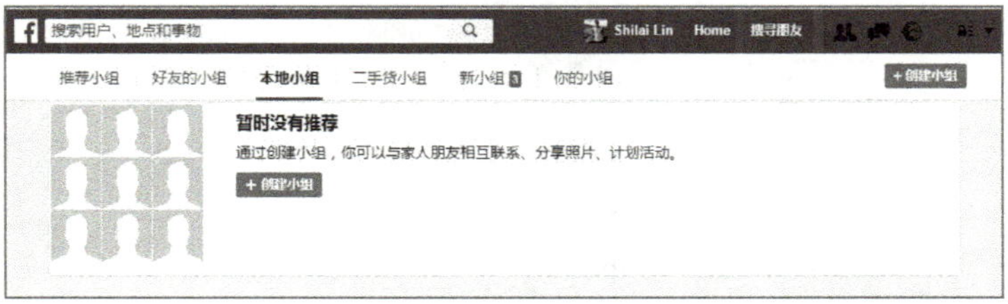

图 3-40

- 二手货小组：有点类似于跳蚤市场，是一个用来交易二手物品的小组。Facebook 专门设置了一个小组类型为二手货，以方便 Facebook 用户之间发现、交易二手物品。如图 3-41 所示，Facebook 推荐了一些我们可能感兴趣的二手货小组。

图 3-41

- 新小组：在这个页面中显示的都是跟账号相关的小组，如图 3-42 所示。在这里可以看到我们已申请加入的小组，以及其他用户将我们加入的小组。在已申请加入的小组中，还可以看到我们发送请求的状态，以及群主是否已经同意我们加入。在其他用户将我们加入的小组列表中，都会显示每个小组的基本信息，包括小组成员数量、小组名称等，同时还有一个“退出小组”按钮。这是 Facebook

为了方便用户退出某些小组而设置的。因为确实有一些用户会滥用这个功能，将其他用户随意拉入各种小组中，导致用户账号展示了很多不相关的信息。

图 3-42

- 你的小组：在这个页面中展示了你管理的小组和全部你加入的小组。你管理的小组包括你创建的或不是你创建的，但是有管理权限的小组，如图 3-43 所示。

图 3-43

在每个小组右边都有一个“加为常用”和一个“设置”按钮。单击“加为常用”

按钮，就可以在 Facebook 主页左侧的列表中优先显示。如果是频繁需要使用的小组，则建议加为常用，这样在 Facebook 账号主页就会有快捷方式可以直接到达该小组。

前面介绍的都是 Facebook 小组的一些常用的基本页面。接下来我们创建一个小组，单击小组菜单最右边的“创建小组”按钮，打开“创建新小组”对话框，如图 3-44 所示。

图 3-44

Facebook 在这个页面中提醒我们，小组是与合适对象沟通、共同完成事情的理想场所。我们可以在这里分享照片和视频、展开对话、制订计划等。在这个提醒的左右两侧各有一个箭头，单击箭头，将会出现 Facebook 为我们推荐的可以创建小组的内容。我们试着选择一个，如图 3-45 所示。

图 3-45

Facebook 默认帮我们选择了小组名称，并且添加了一些用户。当然，如果我们对这些信息不满意，则可以修改，可以重新选择其他用户，也可以删除 Facebook 为我们选好的用户。信息确认完成后，选择隐私设置，单击“封闭小组”会出现一个下拉列表，各选项如下。

- 公开小组：任何用户都能看到小组及组内成员、发布的内容。
- 封闭小组：任何用户都能找到小组并查看组内成员，但只有组内成员能看到发布的内容。
- 私密小组：只有组内成员能找到小组并查看发布的内容。

这三个选项分别代表着不同的权限。不同类型的设置对应的各种权限如表 3-1 所示。

表 3-1

	公开	封闭	私密
谁可以加入	任何人都可以加入，或者经小组成员添加或邀请进入小组	任何人都可以请求加入，或者经小组成员添加或邀请加入小组	任何人都可以加入，但必须经小组成员添加或邀请
谁可以看见小组名称	任何人	任何人	当前和之前的成员
谁可以查看小组成员	任何人	任何人	仅当前成员
谁可以查看小组说明	任何人	任何人	当前和之前的成员
谁可以查看小组标签	任何人	任何人	当前和之前的成员
谁可以查看小组成员在组内发布的内容	任何人	仅当前成员	仅当前成员
谁可以通过搜索找到小组	任何人	任何人	当前和之前的成员
谁可以查看关于 Facebook 小组的动态（例如：在动态消息和搜索结果中）	任何人	仅当前成员	仅当前成员

我们可以根据实际需要来选择，这里选择“封闭小组”。下面还有一个“把小组加入常用功能”的复选框，如果勾选该复选框，那么在 Facebook 账号主页左侧的列表中就会出现一个快捷链接。信息都确认完成后，单击“创建”按钮。创建完成后，Facebook 会跳转到刚刚创建的小组页面，如图 3-46 所示。

图 3-46

3.2　广告营销

3.2.1　创建公共主页以及品牌宣传

Facebook 主页是广告主与目标受众建立联系和互动的一种有效方式，是为商业特别设计的，是企业进行 Facebook 营销推广的主要手段，通过 Facebook 主页可以发布文字、图片、视频等形式的信息，以此来宣传公司理念、品牌形象、产品价值等；Facebook 用户在你的主页上看到这些内容并通过点赞、分享或评论参与互动时，他们的好友可能也会在 Facebook 上发现并关注你的主页，Facebook 主页可以帮助你覆盖更多受众。那么，如何创建 Facebook 主页呢？

1．创建公共主页

（1）打开 Facebook 的“个人主页”，单击“创建主页”按钮（如图 3-47 所示），或者单击右上角的“小三角”标识（如图 3-48 所示）。

（2）单击“创建主页”后会出现 6 种主页类型，即“地方性商家或地点”“公司、组织或机构”“品牌或产品”“艺人、乐队或公众人物”“娱乐”“理念倡议或社区小组”，做产品推广，一般会选择“品牌或产品”（如图 3-49 所示）。

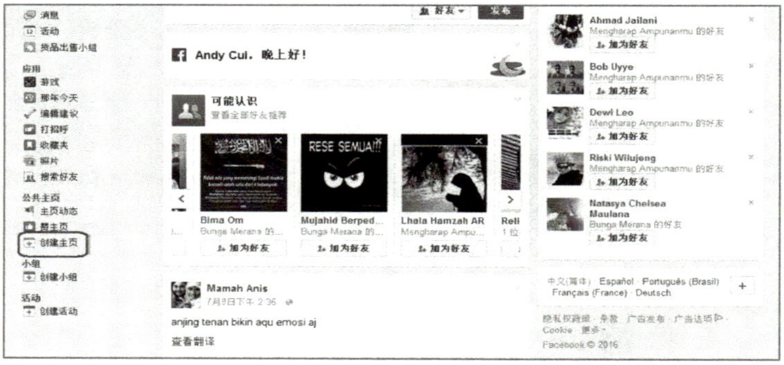

图 3-47

图 3-48

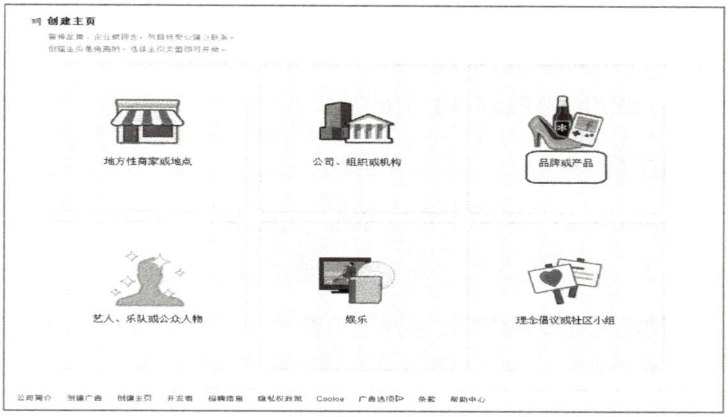

图 3-49

（3）我们以品牌或产品为例，单击“品牌或产品”，选择对应的类别并填写品牌或产品名称（如图 3-50 所示），填写完相关信息后单击“开始创建”按钮。

图 3-50

（4）第一部分填写主页简介（如图 3-51 所示），可以包含产品的关键词（建议不要多次重复），能够提高主页的搜索排名，使用户能够更容易搜索到你的主页，也使访客能够更便捷、清楚地了解你的主页；第二部分添加网址，可以是产品官网地址或店铺链接地址；第三部分设置主页账号，添加主页网址的后缀，可以设置为品牌名称，方便用户快速访问主页，给主页发送信息。单击“保存信息”按钮。

图 3-51

（5）上传主页照片，这是你的主页形象，为访客留下第一印象，可以挑选你想要的照片进行上传（如图 3-52 所示）。单击“保存照片”按钮。

图 3-52

（6）加入常用，可以将主页添加到常用功能中，方便随时访问，减少你的工作时间（如图 3-53 所示）。

图 3-53

（7）填写“首选主页受众”，可以添加适合的国家/地区、年龄、性别、兴趣，可以根据主页类型选择相应的受众，建议将受众范围相对缩小，以便 Facebook 进行精准定位，使受众更容易看见你的主页（如图 3-54 所示）。单击“保存”按钮完成创建。

图 3-54

2. 品牌宣传

公共主页创建完成后，根据所经营的产品精准定位受众群体，根据受众群体的特征对主页进行优化，通过对主页的推广实现对品牌的宣传。

（1）完善公共主页的简介信息。打开公共主页的首页，单击“简介”（如图 3-55 所示），进入简介页面，完善各项信息（如图 3-56 所示）。

- 主页名称可以设置为品牌名称，对品牌进行宣传，也可以包含所经营产品的关键词，以增加 SEO 的权重。
- 通过主页账号，可以自定义专属的 URL 域名，www.facebook.com/*****，星号部分为自定义区域，同样可以定义为品牌名称；自动生成的账号较长，不容易记住，通过自定义简单明了的账号，可以使用户快速找到你的主页；自定义部分也可以包含所经营产品的关键词，使主页更容易被搜索到。
- 简要描述部分，限定在 155 个字符以内，可填写店铺的链接地址，也可以对所经营的产品进行说明。

- 详细说明部分，没有字符限定，可以填写对公司、品牌、团队等的详细描述。

图 3-55

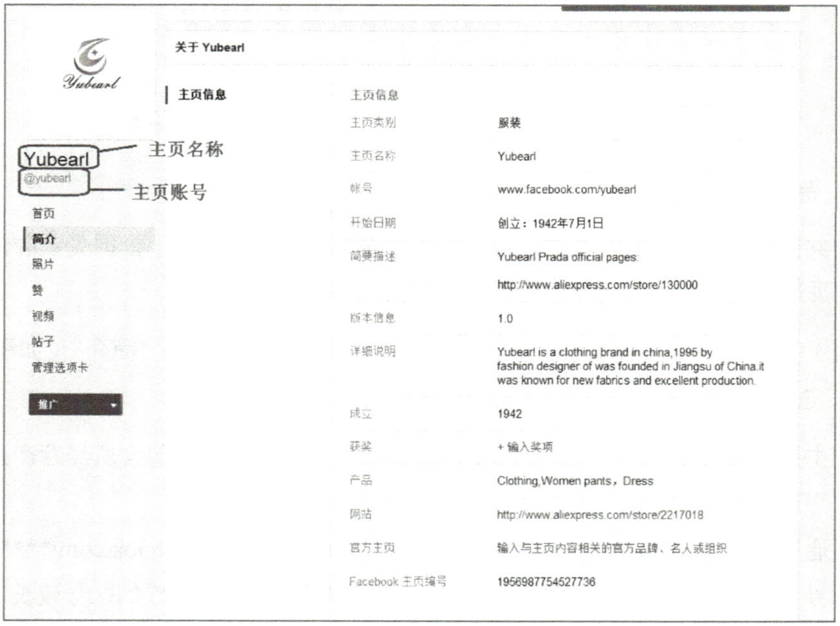

图 3-56

（2）添加行动号召按钮。单击“添加”按钮，在打开的对话框中，在“选择按钮”中选择对应的按钮（如图 3-57 所示），然后输入对应的链接地址，引导用户进入店铺或其他网站，设置应用链接为“是”（如图 3-58 所示）。

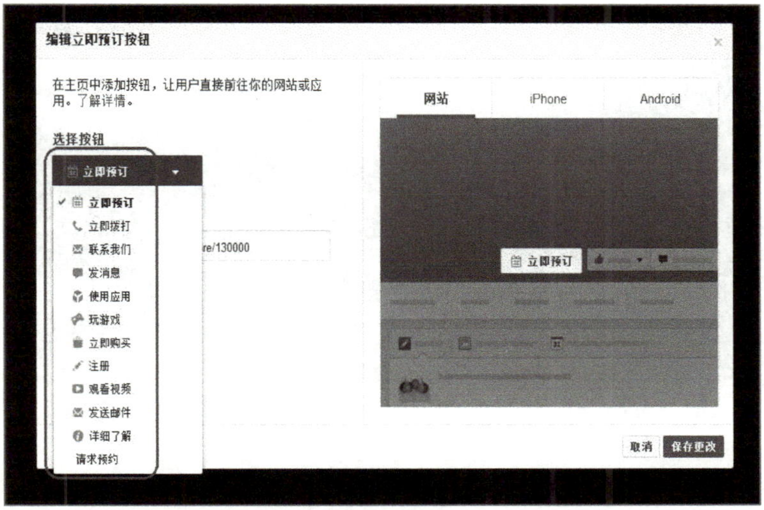

图 3-57

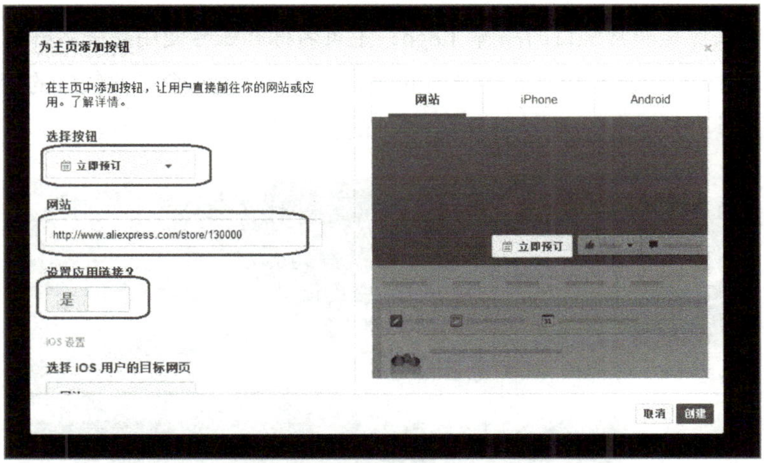

图 3-58

（3）为主页添加封面。封面图片是宣传品牌、推广新品、提供优惠信息等关键的展现位，要充分利用，及时更新封面，并通过封面的设计体现品牌的风格和特点，可以多在 Facebook 上浏览一些知名品牌的封面设计。

公共主页的封面图片大小为 851px×315px，制作好封面后，单击“添加封面”按钮（如图 3-59 所示），选择从“照片中选择”或“上传照片”来添加封面。

图 3-59

接下来以国际知名品牌 Nike 为例来了解如何编辑主页进行品牌宣传。

主页的头像是非常醒目的品牌 Logo；主页名称和账号使用品牌名称；用广告语作为主页的封面，当然也可以用刚推出的新品场景图，这样会有比较好的带入感；主页的按钮选择“去逛逛”，直接链接到 Nike 的官网（如图 3-60 所示）。

图 3-60

主页的简介部分是 Nike 公司的联系方式、工作时间及官方网站的链接（如图 3-61 所示）。

Nike 的 Facebook 主页：https://www.facebook.com/nike

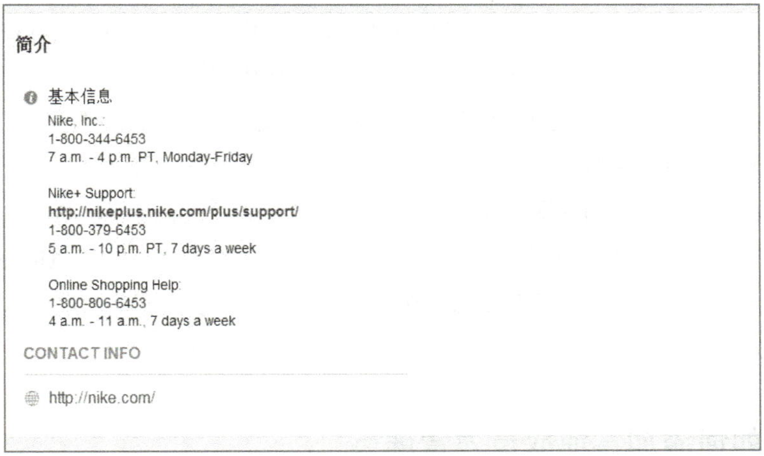

图 3-61

3．如何通过 Facebook 主页扩大品牌的宣传范围

Facebook 作为社交平台的一种宣传方式，更多的是粉丝和人气的积累，因此与粉丝的互动以及对品牌相关产品内容的营销就显得尤为重要，通过定期发布可以吸引用户参与的帖子来增加主页的活跃度。接下来通过几个案例来了解一些宣传技巧和方法。

（1）免费的产品赠送或试用，并通过一些方法提高粉丝的参与度。比如一家网络机构通过每天发两张相似的图片，让用户找到图片的区别，回答正确的用户可以获得赠品或得到试用的名额。这样既可以激励用户参与，又增加了与用户的交流。

（2）定期发布相关产品的一些知识，加强内容方面的营销。比如兰蔻专家服务的 Facebook 主页通过定期发布新产品的全面产品介绍和美容小贴士来不断地吸引粉丝。其他产品同样可以以类似的方式来增加主页的人气，比如经营的是户外产品，则可以定期发布一些户外经常会遇到的问题，以及如何避免或解决类似的问题。

（3）根据自己的产品创造具有人格化的内容，与用户产生共鸣，从而使产品人格化，为产品树立某种形象。比如 Guarana Antarctica 的 Facebook 主页，该品牌发布的内容主要围绕“友谊”，其中有一条为：如果你觉得你和朋友之间是兄弟之情的就转发！通过这种方式不仅赋予产品人格化，同时使品牌在新用户中的曝光率大大增加。在 Facebook 上你的竞争对手并不是其他牌子，而是用户的家人与朋友的照片和视频。你要了解社交网络的本性不是做广告，所以你的帖子不能像广告一样直接。

Facebook的算法是：帖子的互动性越高，到达的用户越多。如果互动性低，系统不会显示你的帖子。同时，Facebook的算法也以视频和直播为重，所以应该多使用视频和直播。视频要短（10~15秒就够了），如果是介绍商品的，则可以做的视频和直播有很多，比如如何使用商品、客服、生活技巧等。除此之外，还要天天监控数据，看看什么样的帖子适合你的观众。在AliExpress官方主页上，最受欢迎的商品是厨房创新、有趣的玩具、波西米亚时尚、家用的小东西等。建议你搜索与“AliExpress”相关的群组，在这些群组中粉丝会发帖问在AliExpress上有没有某些商品。这样对你很有用，因为你会发现某个国家的用户对什么样的产品感兴趣。

3.2.2 如何添加其他成员为管理员

我们首先来了解有哪些不同的主页用户身份，以及各有什么权限。管理主页的身份分为5种类型，创建主页时，你将自动成为主页管理员，这意味着只有你才能更改主页的内容和以主页的身份发布内容。只有管理员才能分配身份和更改其他人的身份。

在表3-2中列出了5种主页用户身份及其权限。

表3-2

	管理员	编辑	版主	广告主管	分析员
管理主页用户身份和设置	✓				
编辑主页和添加应用	✓	✓			
以主页身份创建和删除帖子	✓	✓			
以主页身份发送消息	✓	✓	✓		
回复和删除评论及主页帖子	✓	✓	✓		
从主页移除和禁止用户	✓	✓	✓		
创建广告	✓	✓	✓	✓	
查看成效分析	✓	✓	✓	✓	✓
查看谁以主页身份发布了帖子	✓	✓	✓	✓	✓

如何分配其他人在主页上的身份？首先必须是主页的管理员才能分配其他人在主页上的身份。

（1）单击主页顶部的“设置”（如图3-62所示）。

图 3-62

（2）单击左侧列表中的“主页用户身份”（如图 3-63 所示）。

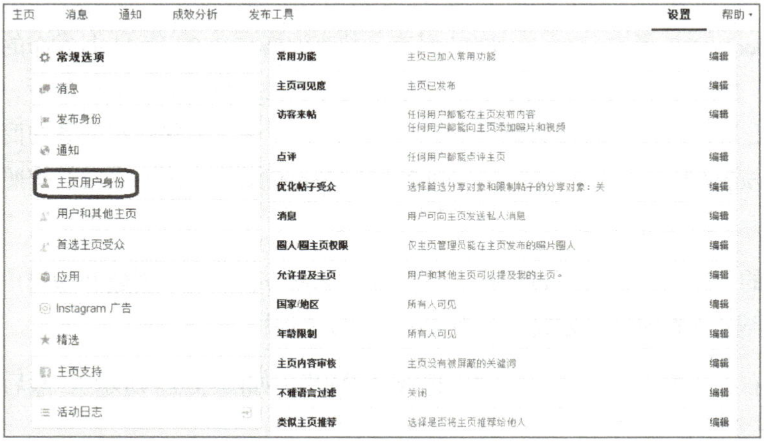

图 3-63

（3）选择要添加的用户。

- 如果该用户是你的好友，则输入他们的姓名，然后从所显示的下拉列表中进行选择。
- 如果该用户不是你的好友，则输入对方 Facebook 账号关联的电子邮箱地址。

（4）单击“编辑”，从下拉列表中选择身份（如图 3-64 所示）。

（5）单击“保存”按钮，并输入密码以确认。

根据相关用户的设置，在你给他们分配身份后会收到通知。

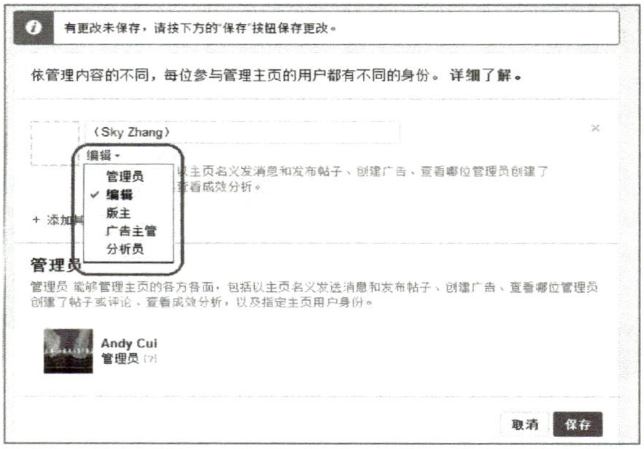

图 3-64

3.2.3 付费营销

Facebook Ads 是 Facebook 创始人马克・扎克伯格在 2007 年 11 月发布的 Facebook 广告计划。Facebook Ads 是通过对社交网络中人与人之间的关系进行分析，将所推广的产品与好友的兴趣爱好和消费行为进行精准匹配，从而实现好友关系的商业化价值的。Facebook Ads 已经逐渐成为社会网络营销的重要媒体。接下来我们按照创建广告的步骤一步步来了解。

付费的广告营销需要通过广告管理工具或 Power Editor 来创建和编辑广告，还需要设置广告账户添加支付方式。下面先来了解如何添加支付方式。

单击右上角的"小三角"标识，选择"设置"（如图 3-65 所示），然后单击"支付"（如图 3-66 所示）。

图 3-65

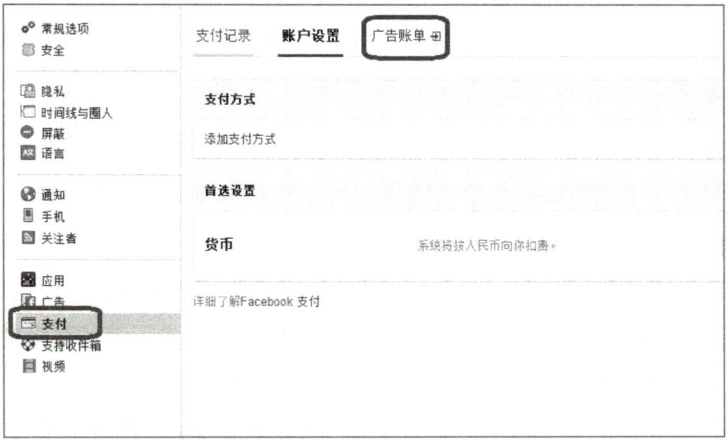

图 3-66

单击“广告账单”，进入账单页面，再单击“编辑支付方式”（如图 3-67 所示），然后可以对支付方式进行编辑。

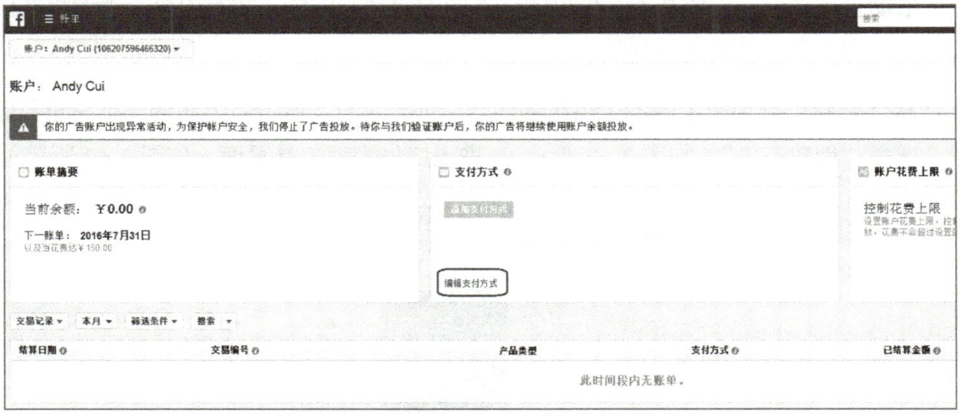

图 3-67

绑定的账户可以是信用卡，也可以是 PayPal 账号。

添加信用卡作为 Facebook 广告的主要支付方式：单击“编辑支付方式”，添加支付方式，选择信用卡，再根据提示输入信用卡的卡号等信息。

添加 PayPal 账号作为 Facebook 广告的主要支付方式：要确保浏览器已启用弹出窗口功能，单击“编辑支付方式”，添加支付方式，选择 PayPal，单击“继续”按钮，系统将弹出一个窗口，提示登录现有 PayPal 账号或注册一个新的 PayPal 账号以关联到广告账户。

Facebook 的广告架构分为三级：广告系列→广告组→广告。

- 广告系列：在创建广告时，首先要选择目标，目标就是通过广告想要达到的目的。例如，吸引更多的用户访问你的网站或安装你的应用等。选择目标后，将创建一个广告系列，即广告架构的第一级，一个广告系列可以创建多个广告组。
- 广告组：在创建广告时，需要定义受众，并选择广告的版位，以及广告预算和排期。这些都属于“广告组”层级。广告组应体现想要覆盖的受众的特定部分，这些受众可按年龄、性别、地区或兴趣进行选择。
- 广告：在广告组中可以包含多个广告。在这里可以通过照片、撰写文案、添加链接等方式确定广告的呈现形式。

通过广告系列架构，可以管理和优化广告，以便达到最佳效果。例如，可以在广告组层级查看广告在哪些受众中引起最佳响应，并将预算转移至响应更高的受众。此外，借助投放多个广告的功能，可以测试不同的照片、广告文案等内容，查看哪些广告针对特定受众能达到更好的效果。

接下来我们分别来了解各个层级的内容。进入主页，单击右上角的“小三角”标识，选择“创建广告”（如图 3-68 所示），进入广告管理工具页面（如图 3-69 所示）。

图 3-68

图 3-69

首先在广告系列中选择市场目标。市场目标分为三大类，分别为：知名度、考量和转化。

- 知名度类，包含：速推帖子、推广主页、提高品牌知名度。
- 考量类，包含：吸引更多网站访客、增加应用安装量、增加活动参与人数、增加视频观看量、为业务吸引潜在客户。
- 转化类，包含：增加网站的转化量、提高应用使用率、吸引用户领取优惠、推广产品目录。

广告组分为三部分：受众、版位、预算和排期。

（1）受众：通过设置广告的目标受众，可以选择广告受众的类型（如图 3-70 所示）。只需添加特质和兴趣即可扩大或缩小受众范围，这取决于你想要覆盖哪些用户。可以通过地区、年龄、性别、语言、兴趣、行为、关系等对受众进行限定。

（2）版位：可以选择希望展示广告的位置。广告展示的位置被称为广告版位。以下是几种广告版位：桌面版动态消息、移动版动态消息、桌面版右边栏、Audience Network 和 Instagram（可以同时选择多个广告版位，如图 3-71 所示）。

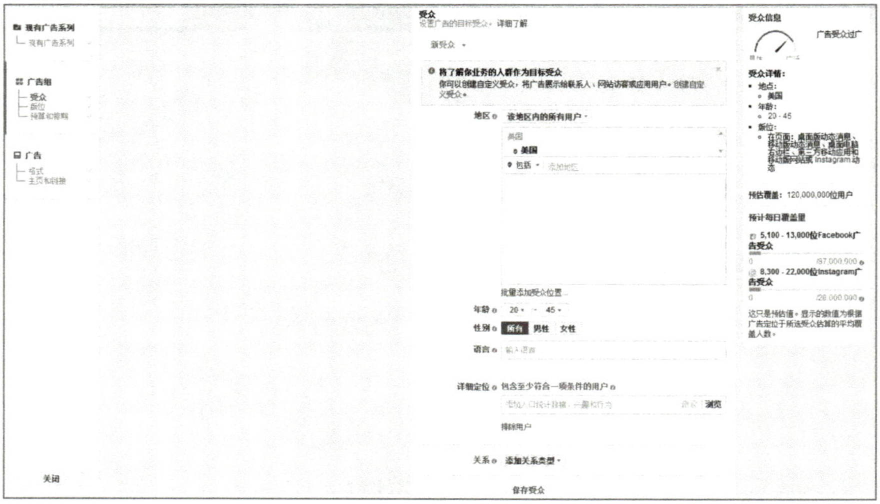

图 3-70

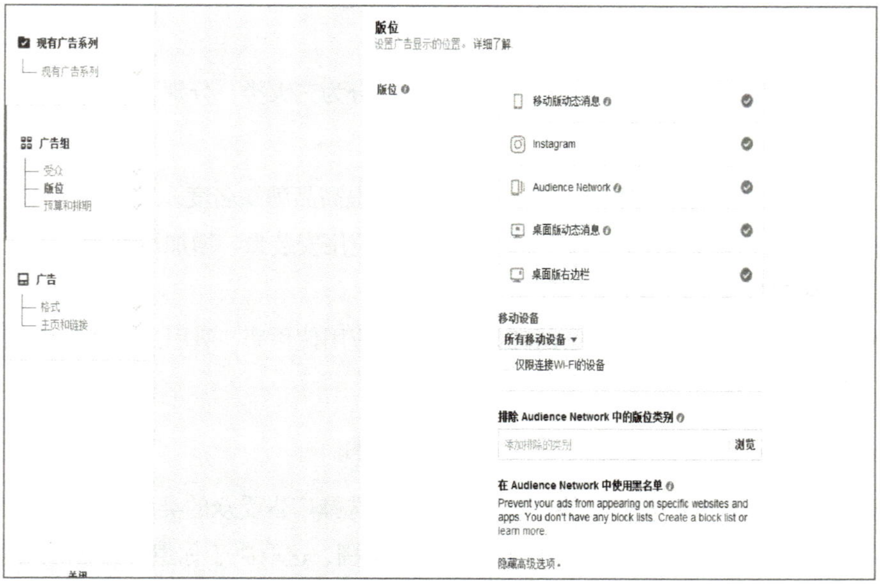

图 3-71

接下来分别介绍各个版位。

Facebook 桌面版和移动版的广告版位，如图 3-72 所示。

图 3-72

Instagram 移动版位，如图 3-73 所示。

Audience Network：使用相同的 Facebook 定位、衡量和投放工具，将 Facebook 营销活动拓展到 Facebook 以外的其他移动应用中。

下面来了解各个版位都包含了哪些广告信息。

移动版动态消息：社交信息、业务名称、文本、图片和视频、行动号召（如图 3-74 所示）。

图 3-73

Jasper's Market
赞助内容
It's fig season! Not sure what to do with figs?
Here's a great dessert recipe to share.
Fig Tart with Almonds
The simplicity of this tart perfectly ac...
了解详情
www.jaspers-market.com
96
4 条评论　14 次分享
赞
评论
分享

图 3-74

桌面版动态消息：社交信息、业务名称、文本、图片和视频、行动号召（如图 3-75 所示）。

Jasper's Market
赞助内容
赞主页
It's fig season! Not sure what to do with figs? Here's a great dessert recipe to share.
Fig Tart with Almonds
The simplicity of this tart perfectly accents ripe figs. If you don't have enough...
WWW.JASPERS-MARKET.COM
了解详情
96次赞 4条评论 14次分享
赞
评论
分享

图 3-75

桌面版右边栏：图片和视频、文本（如图 3-76 所示）。

Instagram：Instagram 头像和用户名、图片和视频、行动号召、文本（如图 3-77 所示）。

Fig Tart with Almonds
www.jaspers-market.com
It's fig season! Not sure what to do with figs?
Here's a great dessert recipe to share.

图 3-76

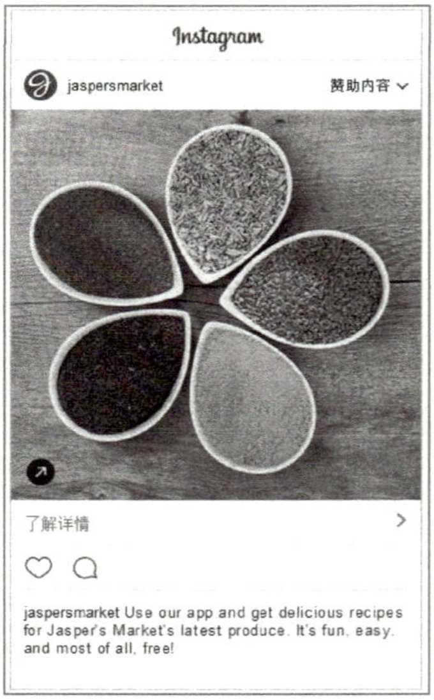
Instagram
jaspersmarket
赞助内容
了解详情
jaspersmarket Use our app and get delicious recipes for Jasper's Market's latest produce. It's fun, easy, and most of all, free!

图 3-77

（3）预算和排期，如图 3-78 所示。

图 3-78

预算：在投放广告期间，你愿意为展示广告组中的广告支付的金额，而非实际花费的金额；所创建的每个广告组都需要设置预算；预算又分单日预算和总预算，单日预算是指你每天愿意为广告组花费的平均金额，总预算是指你在广告组投放期间愿意花费的总金额。

排期：有两种方式，一种是从今天开始长期投放；一种是在你所选择的日期范围内投放。

广告投放优化方式：分为三种，分别为链接点击量、展示次数和单日独立覆盖人数，需要根据广告系列的目的来选择最有效的方式。

竞价金额：分为自动和手动两种方式，可根据具体情况选择并进行调整。

收费方式：分为次数按每千人收费（CPM）和链接点击量（CPC）两种。

投放类型：分为标准和已加速两种方式，建议大多数广告选择标准方式。加速投放方式主要用于推广限时类活动，快速覆盖目标受众。

最后要编辑广告组名称，以便对广告组进行管理。

在每个广告组中都可以创建多个广告，每个广告中都包含格式、主页和链接两部分。

格式分为两种（如图 3-79 所示），其中一种是广告使用单一图片/视频，每个广告只包括一个图片/视频；另一种是同一广告使用多张图片，最多可以同时展示 5 张图片。

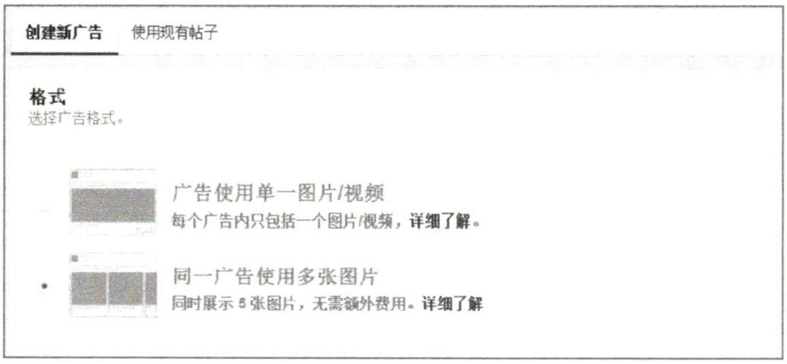

图 3-79

主页和链接：

（1）首先需要关联 Facebook 主页，广告的发布身份是业务对应的主页账号。

（2）添加 Instagram 账户在 Instagram 发布广告，或者以 Facebook 主页代表你的业务在 Instagram 发布广告。

（3）输入文本介绍所推广的广告内容。

（4）图片的展现，一个是自动优先显示成效最佳的图片（此功能目前只适用于动态消息广告）；另一个是把主页照片添加到最后一张图片。两者可自由选择其一，或同时选择。

（5）添加网址链接，引导用户单击进入你的网站。

（6）选择“行动号召”按钮，添加行动号召可以有效地将用户引导至你的网站。

3.2.4　Power Editor

Power Editor 是 Facebook 提供的规模化运营并且可以更精准地控制广告、广告组和广告系列的一款工具。目前 Power Editor 只对 Google Chrome 浏览器兼容。Power Editor 主要有三方面的功能和作用：可以批量创建、编辑广告；集成了批量管理和衡量广告所需的全部功能；可以更精准地定位受众人群。

（1）Power Editor 批量创建、编辑广告的功能

强大的搜索和筛选功能，使用 Power Editor 可以快速搜索广告和查看重要的信息。通过 Power Editor 可以：

- 创建自定义筛选规则来搜索广告。
- 按目标查看投放中的广告或广告系列。
- 自定义表格视图。

快速创建和编辑多个广告，使用 Power Editor 可以更高效地批量创建、编辑和管理广告。通过 Power Editor 可以：

- 同时选择和编辑多个广告，并在各个广告系列中自由移动。
- 可以拆分广告组，以便轻松测试年龄和性别等人口统计数据。
- 可以利用重要的广告系列信息自动创建广告命名规则。

创建、编辑和管理广告的工作空间，可以提供更多的空间来编辑广告或查看广告系列信息。可以在广告系列、广告组、广告之间一键自由移动；可以更清晰地查看所做的修改，并在广告系列架构中轻松导航。

（2）Power Editor 集成批量管理和衡量广告所需的全部功能

广告账户概览：显示所有投放的广告，以便查看各个广告或广告组的表现，把握宏观趋势。

受众：创建和管理所保存的受众，以便在今后的广告系列中轻松地重复使用。

我的图库：方便保存和管理广告图片。

主页帖文：创建和管理主页帖子。

成效报告：根据所关心的一些指标追踪广告成效。

Power Editor 可以按广告的三级架构提供比广告管理工具更详细、全面的广告效果的数据信息，以便及时调整优化。Facebook 的广告算法很简单：广告越受欢迎，价格越便宜。如果你的广告太像广告了，没人会管，但其价格会很高。如果你想花更少的钱获得更多的潜在客户，则要做不像广告的广告。

按照我们的经验，如果目标是品牌化（Branding），则短视频（10~15 秒）的效果最好，CPV 可低至 0.001 美元。也就是说，投入 1000 美元就能获得 100 万个访客。如果要流量的话，最好不要做视频形式的广告。

投放广告时，目标是用户帮你转发，所以你的广告一定要有趣。随着你对 Facebook 环境的了解，广告会越来越有效。

3.2.5 Facebook 如何创建活跃的活动

创建活动后，你将获得一个类似于 Group 的全功能网页，包含了照片、视频、链接等。你可以邀请所有好友，被邀请的好友将收到一个要求 RSVP 的特殊通知。同时，你也可以添加管理员，他们可以邀请全部好友。通过 Facebook Events 管理来宾列表，创建社区；在活动功能中，可以进行问卷投票、产品促销、组织聚会、回应邀请、获悉好友的最新动态等。

首先我们来了解如何创建活动。

单击动态消息左侧列表中的“活动”（如何 3-80 所示），然后单击“创建活动”按钮（如图 3-81 所示）。

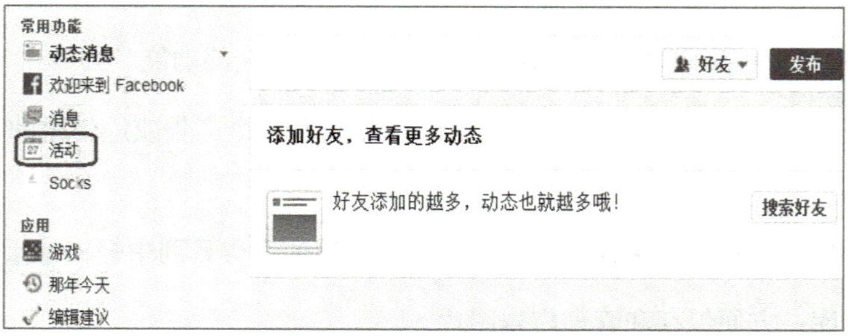

图 3-80

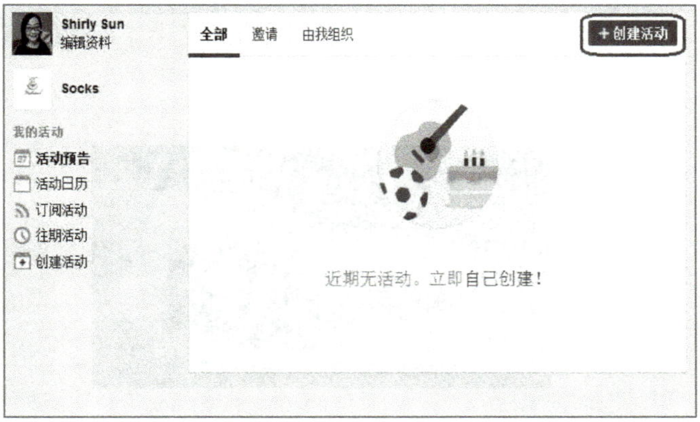

图 3-81

单击“创建私人活动”，选择创建私人活动或公开活动（如图 3-82 所示）。

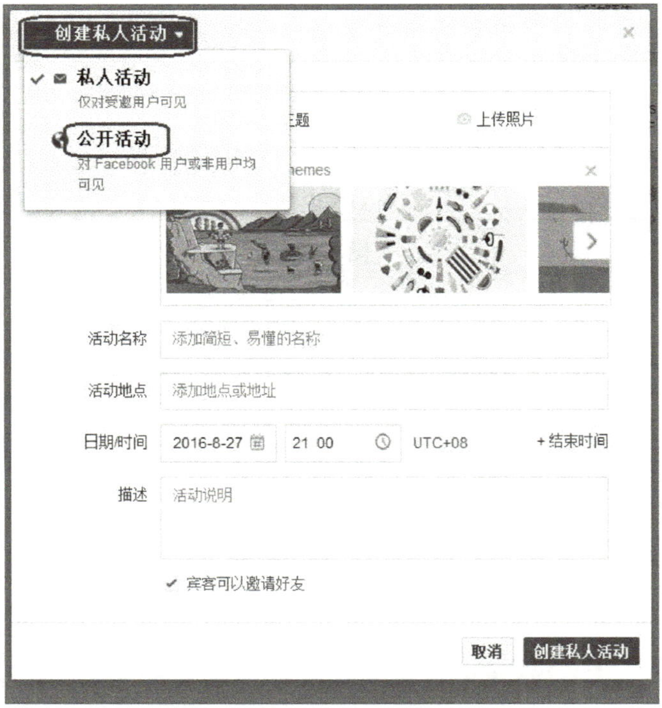

图 3-82

填写活动照片、活动名称、活动地点、时间、描述等信息（如图 3-83 和图 3-84 所示）。

创建公开活动
组织者
Socks
活动照片
WINTER - SOCKS
更改活动照片
获得最佳效果，请使用 1920 X 1080 像素的图片（长宽比 16:9）
活动名称
Autumn Winter New Product Promotion
较长的活动名称可能在某些地方（例如手机）无法完整显示
活动地点
http://www.aliexpress.com/store/2217018
开始
2016-8-27
21 00
UTC+08
结束
2016-8-31
00 00
UTC+08
描述
We launched autumn and winter new product,and we offer the lowest price to detection the style,We look forward to active participation

图 3-83

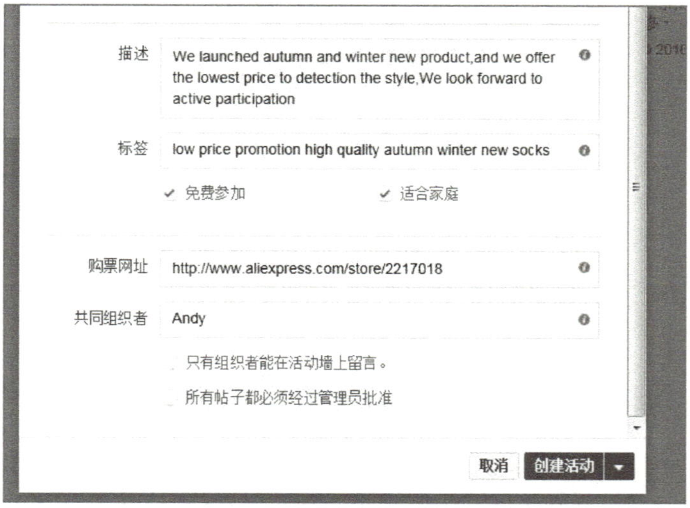

描述
We launched autumn and winter new product,and we offer the lowest price to detection the style,We look forward to active participation
标签
low price promotion high quality autumn winter new socks
免费参加
适合家庭
购票网址
http://www.aliexpress.com/store/2217018
共同组织者
Andy
只有组织者能在活动墙上留言。
所有帖子都必须经过管理员批准
取消
创建活动

图 3-84

填写完活动信息后，单击“创建活动”按钮完成活动创建。

接下来会打开相应的活动页面，可以在这里邀请来宾、上传照片、分享帖子、编辑活动详情等（如图 3-85 所示）。

图 3-85

可以通过不同的方式让用户知道你的活动，包括分享活动、创建广告、分享主页的近期活动。下面了解如何分享活动。

可以通过状态更新或私人消息的形式分享近期活动，在分享前，可以选择帖子的分享对象。分享活动有以下两种。

（1）复制该活动的网址，并将其粘贴到状态更新或消息中（注：无法在状态更新中分享私密活动）。

（2）如果想分享公开活动，则可以前往该活动，单击“邀请”，然后单击“分享活动”即可。

那么如何创建推广活动用的动态消息广告呢？

首先要确保是通过公共主页而不是个人时间线创建的活动，否则就不能推广该活动。如果要在动态消息中推广活动，则

（1）前往活动，然后单击 ··· ，选择“提高活动响应率”（如图 3-86 所示）。

（2）填写广告的详细信息，然后单击“下单”。

（3）也可以通过速推活动，使活动出现在更靠前的位置，提高受众看到活动的机会。

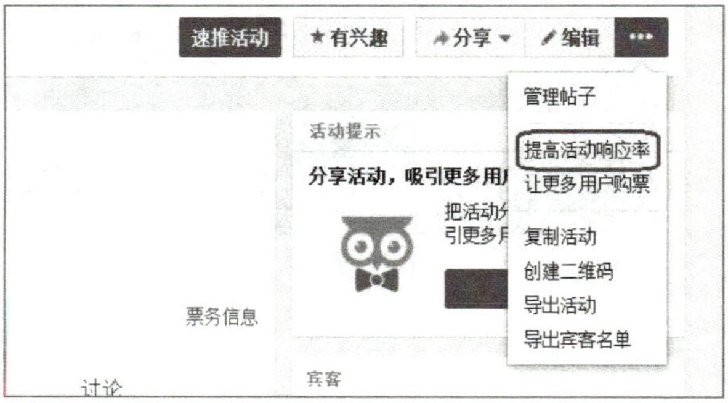

图 3-86

3.2.6 什么样的文案适合 Facebook

首先需要了解不同的广告目的有不同的版位，每一种版位又会有不同的展示效果，对广告文本的字符数也有不同的规定。表 3-3 和表 3-4 总结了在各广告目标下各种版位对文本字符的限定及字符数的建议。

表 3-3

广告目标	版　位	说明文本	标　题	链接描述
应用使用	Facebook 移动应用	90 个字符		
	Instagram 移动应用	建议不超过 125 个字符（最多 2200 个字符）		
	Instagram 移动应用轮播广告	建议不超过 125 个字符（最多 2200 个字符）		
	Facebook 桌面应用	90 个字符		
应用安装量	Facebook 移动应用	90 个字符		
	Instagram 移动应用	建议不超过 125 个字符（最多 2200 个字符）		
	Instagram 移动应用轮播广告	建议不超过 125 个字符（最多 300 个字符）		
	桌面应用	90 个字符		

续表

广告目标	版　位	说明文本	标　题	链接描述
品牌知名度	Facebook 照片	90 个字符	25 个字符	30 个字符
	Facebook 视频	90 个字符	25 个字符	
	Facebook 轮播广告	90 个字符	40 个字符	20 个字符
	Instagram 照片	建议不超过 125 个字符（最多 2200 个字符）		
	Instagram 视频	建议不超过 125 个字符（最多 2200 个字符）		
	Instagram 轮播广告	建议不超过 125 个字符（最多 2200 个字符）		
网站点击量	Facebook 链接	90 个字符	25 个字符	30 个字符
	Instagram 链接	建议不超过 125 个字符（最多 2200 个字符）		
	Facebook 轮播广告	90 个字符	40 个字符	20 个字符
	Instagram 轮播广告	建议不超过 125 个字符（最多 2200 个字符）		
	Facebook Canvas	建议不超过 90 个字符	建议不超过 45 个字符	
主页帖文互动	Facebook 照片	90 个字符		
	Facebook 视频	90 个字符		
	Facebook 文本	500 个字符		
	Instagram	建议不超过 125 个字符		
视频观看量	Facebook 视频	90 个字符		
	Instagram 视频观看量	建议不超过 125 个字符（最多 2200 个字符）		
网站转化量	Facebook 链接	90 个字符	25 个字符	30 个字符
	Instagram 链接	建议不超过 125 个字符		
	轮播广告	90 个字符	40 个字符	20 个字符
	Instagram 轮播广告	建议不超过 125 个字符		
	Canvas	不超过 90 个字符（推荐长度）	不超过 45 个字符（推荐长度）	

表 3-4

广告目标	说明文本	标　　题	动态消息广告说明
活动响应	90 个字符	25 个字符	30 个字符
开发潜在客户	90 个字符	25 个字符	30 个字符
提升本地市场知名度	90 个字符	25 个字符	30 个字符
优惠领取	90 个字符	25 个字符	
主页赞	90 个字符	25 个字符	

通过表 3-3 和表 3-4 我们了解到，不同的版位对字符的限定是不一样的，而同一个广告又无法分别对各种版位的文本进行编辑，所以为了兼顾各种版位的广告都能获得良好的展示效果，以在较小屏幕上最多能够展示的广告文案字符数为准。当然，如果所做的广告只需以某一种版位来展示的话，则可以在表 3-3 和表 3-4 中查看对应的广告目标和版位对文本字符的限定。

Facebook 的广告投放成功与否，广告文案是很重要的一个因素，那么如何写出打动人的 Facebook 帖文，使广告文案更有效，并且与广告的风格、基调保持一致呢？接下来我们就来了解撰写广告文案的一些技巧。

1. 表现风格

首先要考虑广告的表现风格，能够明确反映出业务的特点是幽默风趣的、十分正式严谨的，还是大胆冒险的。每个商家都有自己的品牌个性，其表现得越真实，广告的效果就会越好。在文案中做自己，传达出前后一致的品牌形象。

2. 重点突出

我们要知道，用户翻阅 Facebook 的速度很快，因此他们停下来仔细阅读内容的情况很少。广告要做到重点突出，并且简明扼要，尽量以有限的文字清晰表达出精彩的内容。还可以提出你希望用户采取的特定操作，如访问店铺、请求提供免费报价、访问网站等。

3. 以客户为中心撰写文案

站在客户的角度思考如何谈论一个事物，什么样的内容在情感上对他们有吸引力。不管我们花费多少时间思考如何推广自己的业务，客户也只会关心自己的生活。因此，我们要设身处地地想想“什么原因让我喜欢这家店”。

3.2.7 什么样的图片适合 Facebook

广告图片是被各种版位公用的，不同版位不可以分别进行编辑，所以所使用的图片同样也需要兼顾各种版位。如果希望广告图片能在包括桌面版动态消息、移动版动态消息和桌面版右边栏在内的所有不同版位中正常展示，则需要使用广告目标系统推荐的图片尺寸；如果图片尺寸大于或小于系统指定的尺寸，那么系统会自动将图片调整至合适的尺寸，这有可能影响图片的质量。表 3-5 给出了各广告目标系统推荐的图片尺寸。

表 3-5

	推荐图片尺寸
网站点击量	1200 像素×628 像素
网站转化量	1200 像素×628 像素
主页帖文互动	1200 像素×900 像素
主页赞	1200 像素×444 像素
应用安装量	1200 像素×628 像素
应用使用率	1200 像素×628 像素
提升本地市场知名度	1200 像素×628 像素
活动响应	1200 像素×444 像素
优惠领取	1200 像素×628 像素
视频观看量	1200 像素×675 像素
开发潜在客户	1200 像素×628 像素

注意：对于轮播广告的图片，不论广告目标是什么，推荐的图片尺寸都是 600 像素×600 像素。

用户查看帖子时，第一眼注意到的就是图片，因此我们需要花时间好好选择和设计要展示的广告图片，图片决定了业务在用户眼中的形象。下面介绍图片的设计技巧。

1．挑选有趣的拍摄对象

尽量展示与业务相关的抢眼内容、人物、环境、产品，挑选精彩的图片，可以使用一些搞笑的或者特有内涵的图片作为素材，在受众浏览 Facebook 时吸引他们的眼球。此外，不要发布与自身业务无关的图片。

2. 注重图片质量

注重图片质量，要避免使用低分辨率（会导致低像素）、模糊的图片和剪贴画。尽可能在光线良好的地方。另外，用智能手机拍摄静物，拍照时手不能抖。同时，还需要注意创建广告时所指定的图片尺寸。要注意图片质量，但是不要用太专业的图片，因为专业的图片就像广告一样。图片要自然、有趣。要记得 Facebook 用户不喜欢广告，他们每天浏览这个平台并不是为了看广告。这一点和 Instagram 很不一样，Instagram 的用户更能接受广告。

3. DIY 摄影技巧

使用智能手机也是可以拍出好照片的。花时间布置拍摄场景，确保光线适度，避免取景框内充斥大量无关的事物。尝试使用带有滤镜的照片应用，让普通的照片看起来更专业。另外，要让所有的广告风格保持一致。可以尝试使用 Instagram、VSCO Cam、Snapspeed 或 Mextures 等应用。

3.3 粉丝积累

3.3.1 如何增加 Facebook 主页及专页粉丝

在 Facebook 上不可随意加好友。Facebook 是强关系平台，相互认识才可以加好友。其实，不相互认识也可以加好友，只是对方如果不知道你是谁，则可以举报。如果你收到很多举报，那么你的账号可能会被封掉，所以要小心。举报的习惯各国家有所不同，比如印尼不怎么举报（粉丝有很多不认识的好友），但是在欧美如果他们觉得是广告，则一定会举报。Facebook 是当今唯一在流量上可以和谷歌并驾齐驱的站点，作为跨境从业者，我们不仅要抓住 Google 的流量，同时也不能放弃 Facebook 带来的大流量。

1. 如何增加 Facebook 主页粉丝

增加粉丝有三种方法：①僵尸粉——面子工程，不建议操作；②广告——投入大，公司推广可以做参考；③内容引流——形成强相关性的重要渠道。

如何从 Facebook 为网站带来流量，以下是常用的几种方式。

（1）Facebook 是交流式社区，人们都喜欢寻找自己感兴趣的人或者事。如何写出让人眼前一亮的个性化资料，值得大家深入研究。

（2）在涂鸦墙和照片夹中放置一些比较有趣的、有价值的信息。Facebook 的涂鸦墙很像中国的微博，可以在上面写出自己现在的心情。不建议放一些关于增加产品的信息，广告容易让人厌恶。建议放一些和自己的产品贴近、比较有意思的东西，引导粉丝来关注网站。

（3）建立自己的网络。Facebook 是一个交友式的互动平台，建立自己的友谊圈子，发现对你的网站感兴趣的人群。

（4）保持更新。必须时常保持 Facebook 的各类信息包括博客的文章更新，建议每天更新两次，这样才能持续引来流量。

（5）活跃起来。如何让 Facebook 主页受到更多人的关注，或者给人留下最深的印象？多去参与别人的博客分享，尤其是你的竞争对手和同行账号；多参加各类圈子。

（6）安排好个人主页。Facebook 的应用很灵活，安排好自己所需要的应用，充分利用 RSS 的提交功能。

（7）确定自己所需要的应用。Facebook 的应用众多，挑选自己最擅长和最需要的应用放在首页，例如链接的发布和博客。

（8）使用 Facebook 的广告联盟。Facebook 提供了其网站的内部广告联盟，也可以说是 PPC。此项功能是付费的，可以根据自己的使用情况来规划。

如何正确建立自己的圈子呢？

（1）建立自己的专页，目的是推荐给好友，以及关心你及你的产品的人，同时你的朋友也可以将该专页分享给他们的朋友。

（2）涂鸦墙是一个即时信息发布的工具，可以发布文字、照片、视频及链接，在好友的个人动态里能实时看到你发布的信息。如果你的好友足够多，那么涂鸦墙就是展示你的动态最好的舞台。当然，实时地推广网站的链接也有必要。

（3）加入群组。Facebook 是目前全球最活跃的社区平台，只要是你想得到的群组，就可以在 Facebook 上进行搜索。

（4）建立群组。如果你是做手机壳的英文网站，那么可以建立一个群组，发布比较有吸引力的照片、内容以及视频，到人气比较旺的群组去推荐你的群组。这就好像 QQ 群，很多新群都是进老群拉人的，你就是自己的群组的管理员，广告大权全部在你手中。

（5）增加好友。好友不能盲目增加，要有针对性和目的性。比如你的站点是一个宠物网站，则可以先加入关于宠物的群组中，然后再添加里面的成员作为朋友，因为他们都是对宠物有兴趣的人，这些人才是你应该加的。再比如你的站点是卖包包的，则应该加入和手提包、时尚、年轻女性有关的群组中，因为这里的主体是你的目标客户群。进入相关群组后，在你自己的主页、照片中多放一些大家感兴趣的照片和内容，长期经营即可增加粉丝，获得转化。

2. 如何增加 Facebook 专页粉丝

（1）借势。在其他 SNS 平台上找质量好的图片——符合发帖的一系列标准，幽默搞笑是很好的题材。可将其他 SNS 平台上达到 500 或 1000 个分享的帖子，放入个人专页中。

（2）参与。增加帖子的参与度，比如将帖子翻译成巴西文，联系平日搜集到的一些大 V，放在其专页上，再链接到自己的 Facebook 专页上。也可以分享到相关群组中。需要经常换位思考：我能给他的页面带来什么？

（3）跟进状态。密切观察评论、反馈等，效果好的可及时进行推广加强。

（4）保持整个页面的和谐度。如果页面的广告内容过多，则不利于粉丝的参与。

（5）以提问的形式发帖。题目多以问题的方式出现，能让用户使用 Facebook Tag 功能，即相当于国内的微信、微博的@。

3.3.2 如何免费寻找精准粉丝

1. 为别人制作优质内容

和客座博客一样，在 Facebook 上你也可以借助别人的平台来曝光自己的页面，从而增加粉丝数量。

那么要如何做呢?

（1）搜集 10~20 家和你的产品互补的公司。比如你的公司是卖女性鞋子的，那么你可以搜集卖女性婚纱、女性衣服、女性裤子、女性高跟鞋等互补和差异化的专页。

（2）你要为这些页面写出有用的、高质量的文章。

（3）将文章发送给你搜集到的这些专页，这些页面如果接受了，则会放置一个 credit（相当于原文出处）并且@你的 Facebook 页面。

你可以一个月给所搜集到的这些互补的页面发 2~3 次消息，你的页面曝光越多，粉丝增加得就越快。当然，很重要的一点是，你的内容要和他们的内容相关或者互补（一定不是竞争关系），还能对他们的用户很有用。

2. 寻找交叉推广

交叉推广就是友情互链接。首先搜集 20~30 个和你的产品互补的 Facebook 页面，这些页面在你的页面上进行软文宣传，这对双方都有利。然后你可以按照如图 3-87 所示的指标来追踪合作方。

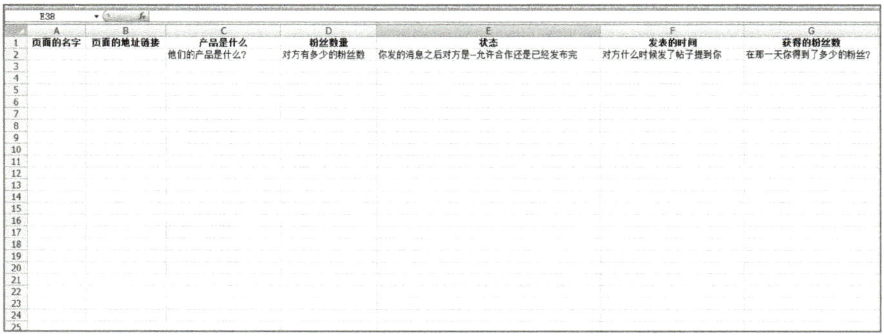

图 3-87

3. 用专家的力量为自己做事

用专家的力量为自己做事，也就是借力打力。Facebook 和微信有很多相似之处，这里以增加自己的微信公众号的关注数量为例来进行介绍。

为了增加微信公众号的关注数量，可以考虑借用专家来给用户答疑解惑，用户对专家的信任度高，久而久之就会对你的平台产生黏性，邀请很多朋友进行关注。

例如，行业是跨境电商，受众对象是外贸从业者，目标是增加微信公众号的关注数量。步骤如下。

（1）邀请行业专家讲解 AliExpress、Amazon、Wish、eBay 等，以增加噱头。

（2）分享&截图到朋友圈。

（3）邀请用户加入群。

完成上述步骤后，你的微信公众号的关注数量便可增加。

4. 案例实操——找目标客户

以手机壳为例，在搜索框中输入“phone case”，不要按回车键，而是用鼠标单击“搜索”按钮，这样才不会只搜索出默认的第一个页面，单击“Pages（页面）”即可看到关于手机壳的 Facebook 专页，如图 3-88 所示。

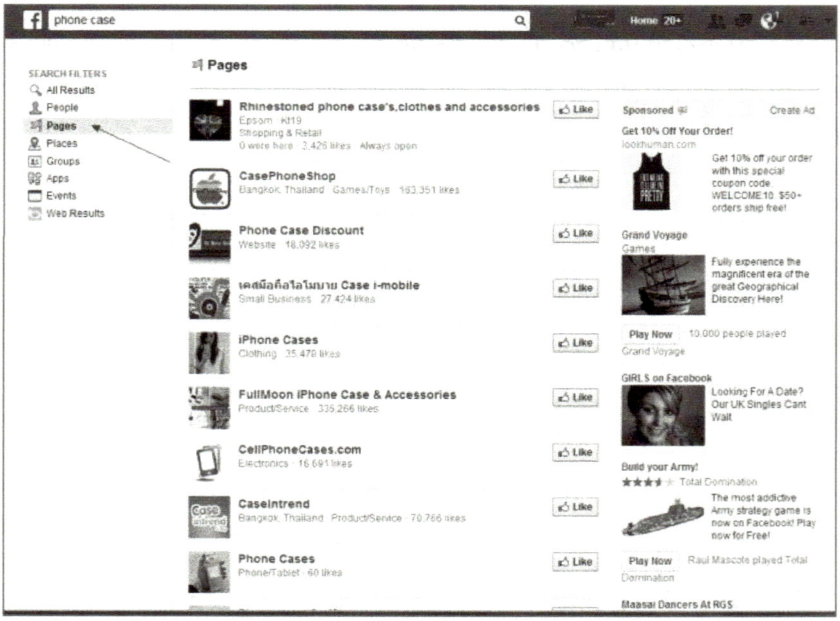

图 3-88

单击“See More Results（查看更多结果）”，如图 3-89 所示，可以发现页面上的标注，例如有多少粉丝（likes），如图 3-90 所示。

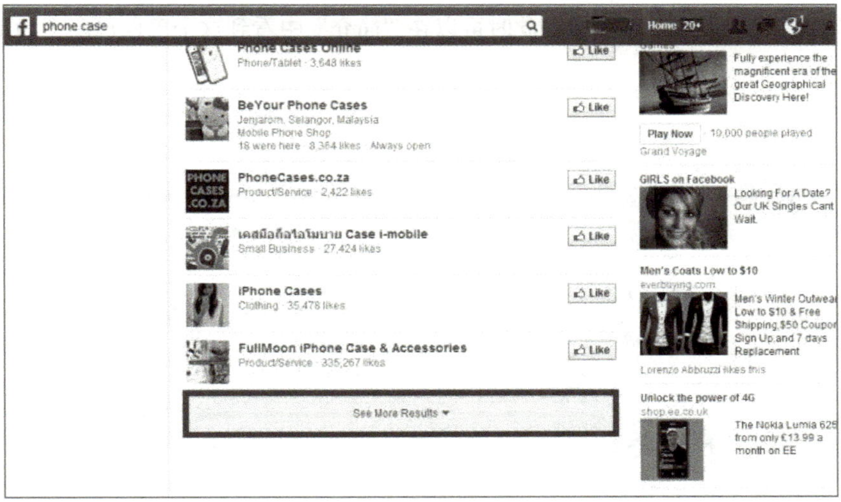
phone case
Home 20+
Phone Cases Online
Phone/Tablet · 3,648 likes
Like
BeYour Phone Cases
Jenjarom, Selangor, Malaysia
Mobile Phone Shop
18 were here · 8,364 likes · Always open
Like
PhoneCases.co.za
Product/Service · 2,422 likes
Like
เคสมือถือไอโมบาย Case i-mobile
Small Business · 27,424 likes
Like
iPhone Cases
Clothing · 35,478 likes
Like
FullMoon iPhone Case & Accessories
Product/Service · 335,267 likes
Like
See More Results
Fully experience the magnificent era of the great Geographical Discovery Here!
Play Now
10,000 people played
Grand Voyage
GIRLS on Facebook
Looking For A Date? Our UK Singles Cant Wait.
Men's Coats Low to $10
everbuying.com
Lorenzo Abbruzzi likes this
Unlock the power of 4G
shop.ee.co.uk
from only £13.99 a month on EE

图 3-89

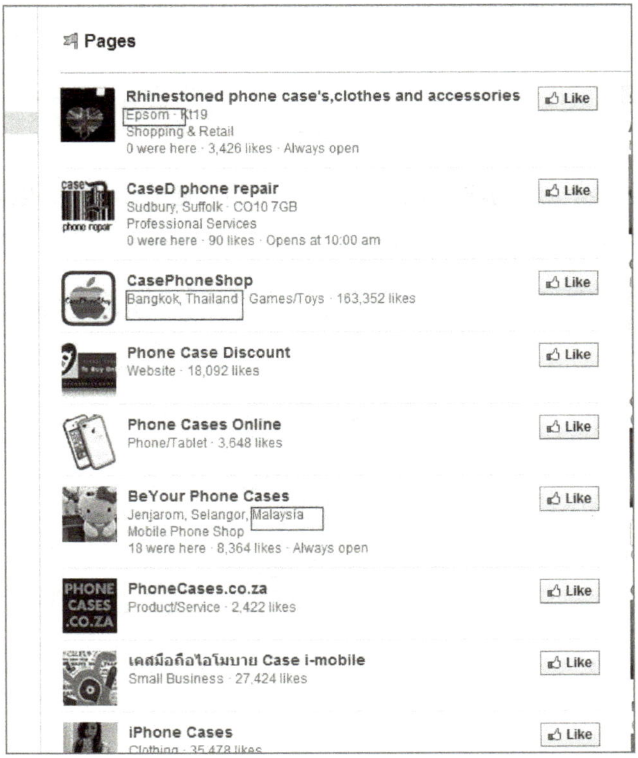
Pages
Rhinestoned phone case's,clothes and accessories
Epsom · Kt19
Shopping & Retail
0 were here · 3,426 likes · Always open
Like
CaseD phone repair
Sudbury, Suffolk · CO10 7GB
Professional Services
0 were here · 90 likes · Opens at 10:00 am
Like
CasePhoneShop
Bangkok, Thailand · Games/Toys · 163,352 likes
Like
Phone Case Discount
Website · 18,092 likes
Like
Phone Cases Online
Phone/Tablet · 3,648 likes
Like
BeYour Phone Cases
Jenjarom, Selangor, Malaysia
Mobile Phone Shop
18 were here · 8,364 likes · Always open
Like
PhoneCases.co.za
Product/Service · 2,422 likes
Like
เคสมือถือไอโมบาย Case i-mobile
Small Business · 27,424 likes
Like
iPhone Cases
Like

图 3-90

单击一个结果进入页面中，此时可以在“简介”中看到这个巴西厂家，如图 3-91 所示。

图 3-91

可以发现这里有关键的联系信息，如电子邮箱、地址、网站、电话、营运时间，还有管理这个页面的主人（你可以加他，建议一天不要超过 3 个），如图 3-92 所示。

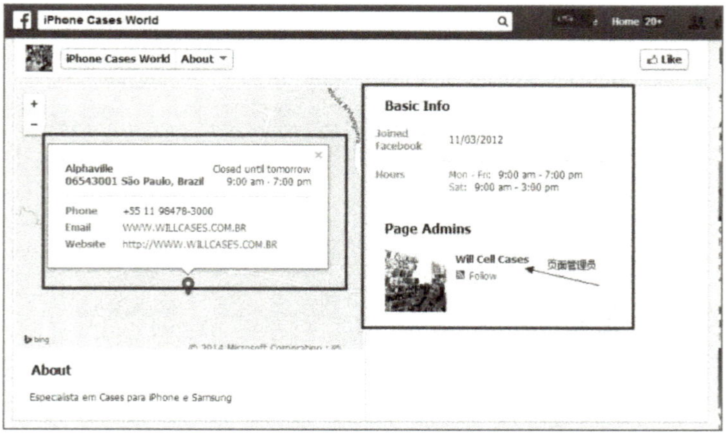

图 3-92

回到首页，单击“Message”按钮，即可给页面主人发信息，如图 3-93 所示。

图 3-93

3.3.3 在 Facebook 上如何做 Giveaways 获得更多的粉丝

在 SNS 平台上大体可以利用两种方式来引流：其中一种是别人圈好人，你再引流过来成为自己的好友，表现为 Facebook Group、红人等，只要掌握技术方法，即可直接利用别人圈好的人来为自己服务；另一种是自己圈人，比如在 Facebook 上建立粉丝页面。

这两种引流方式都围绕着一个核心点——人！所以在 SNS 平台上首先必须专注于人的作用，有人就意味着可以不断地围绕这些人进行营销、推广，而且就像一个水池，里面的水会越聚越多，这种力量不可想象！

首先要理解 Giveaways（免费样品）的意思。Giveaways 不是 freebie（免费赠送的东西），freebie 是来就送，不需要任何条件。比如有 1000 份奖品，只要是前 1000 个人就可以获奖。而 Giveaways 是一种 contest（通常官方页面的粉丝参与者会这样称呼），需要制定游戏规则。

站在 Facebook 用户的角度，如果我想参与一个 Giveaways 活动，最想知道三件事情。

第一，奖品是什么（看是不是吸引我。如果是游戏币之类的，则意义不大）。

第二，奖品有多少（如果奖品很少，竞争太激烈，则意义也不大）。

第三，如何参与（此时需要明确的参赛规则）。

了解了以上三个因素后，便会关注 Giveaways 活动什么时候开始、什么时候结束。

站在 Giveaways 活动策划人员的角度，需要在文案中明确前面所考虑的事情。文案怎么写，具体要与项目相结合。下面以我个人操作过的 Giveaways 活动为例进行讲解。

我的一个项目是床品。床品作为奖品的话是很容易吸引人的，因为这个产品是生活必备的。一般情况下，Winner（胜者）有 10~20 人，这个数量可以吸引人来互动。一般设定的 Giveaways 活动期限是 1 周，时间不能太短，也不能太长，太短会让人紧张，太长则不利于互动。产品有了，Winner 数量有了，期限有了，下面就是规则的制定。

我的目的很明确，就是要粉丝，如果能带来流量则更佳。下面介绍两种参与形式。

第一种：问卷调查。

假定这里有三款想主推的产品，则可以通过问卷调查的形式向顾客提问，如“如果要介绍给你的朋友、同事或者亲戚，你会推荐哪款？”而奖品不必是这三款产品，可以另外提供奖品。这样在文案中可以出现四个产品链接，其中三个是用来查看比较回答问题的，第四个就是奖品的链接。在通常情况下，参与者都会单击这些链接来看，从而可以增加网站流量。那么如何设定 Winner 呢？做活动是希望互动，所以要调动起大家互动的情绪。我一般会这样设定 Winner：首先，让参与者给出答案，要求他用自己的方式拉朋友给自己的回答点赞，点赞越多，越有机会得到奖品；其次，如果 @friends like our page，@越多，得奖的机会也越多。

第二种：结合主题提问。

一般情况下，Giveaways 活动要有一个由头，如 weekly（每周）、monthly（每月），或者最好是根据节日，如父亲节、母亲节、Back to School 等，那么你的问题可以根据活动由头来定。对于 Back to School 的 Giveaways 活动，我的提问可能就是 What is your favorite subject or University?（你最喜欢的项目或者大学？）等，问题要简单、易答，越简单，越能吸引人参与。

这是我目前用得比较多的两种形式，可以把这两种形式看成宣传帖和参与帖，所要达到的目的是一样的，即获得粉丝，最好还有流量。

一般参与者都会点赞帖子、分享帖子，重点是点赞帖子能增加粉丝。Facebook

有一个功能，就是可以 Invite People Who Like This Post to Like Your Page，如图 3-94 所示，这样可以获得更多的粉丝。

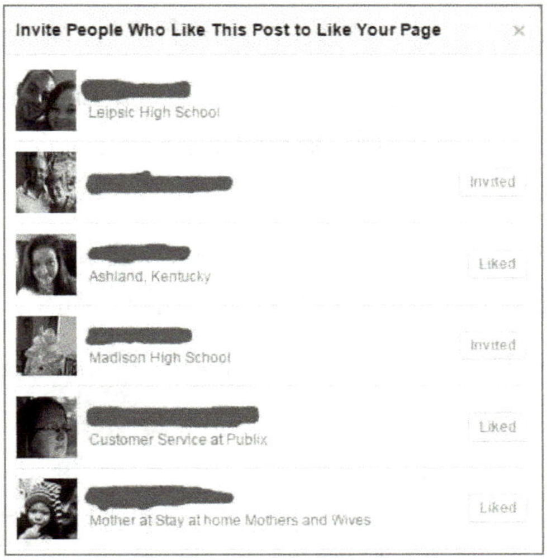

图 3-94

如何操作？做活动，要尽量结合推广方法。下面介绍我个人采用的推广方法。

首先，以免费的不涉及广告为原则。还是以床品为例，可以在做活动的前一天早上发一个帖子，内容是明天活动的奖品的四种颜色。我的帖子就是问大家喜欢哪种颜色，并贴出这个奖品的链接。这时大家就会发表自己的看法，在每个评论下面我都会进行回应，告诉他拥有一套免费的自己喜欢的颜色的床品不是梦，赶紧来参与我们明天的活动吧，并附上链接。

其次，我会给之前所有给我发过信息的粉丝发一条消息，告知他们明天有活动，欢迎参与。还有，文案要写得委婉，尽量让大家不会觉得你在骚扰他们（有一点要注意：Facebook 不允许发送太多的私信，所以要小心）。例如：

Dear XXX，XXX has a weekly free bed sheetgiveaway. If you are interested，please take a look at the post. If not, simply ignore this mail. Thanks for your support. Have a nice day!

还可以在你经常去的群组中进行分享，尽量不要挑太严格的群组，免得被其踢出。

当然，也可以去找一些 Facebook 或者 Google 上的 Giveaways promotioncommunity/ Website，可自己结合搜索引擎进行搜索。

3.3.4 基于共同兴趣定位精准粉丝：使用 Facebook 图谱搜索指令

根据 Facebook 提供的有关图谱搜索的资料得知，图谱搜索使用的是对“自然语言”处理的技术，所以只需使用简单的英语语句进行搜索，就能返回一些想要的结果。

首先，Facebook 的图谱功能需要把默认语言改成 English（US）才可以使用。Facebook 定义了一些特定的搜索命令，需要使用这些搜索命令进行搜索才能返回相关问题的搜索结果。例如：

我们想知道喜欢“Wish”的用户有哪些，则可以搜索“People who like Wish”，在所返回的搜索结果中就能找到很多喜欢 Wish 的用户，如图 3-95 所示。

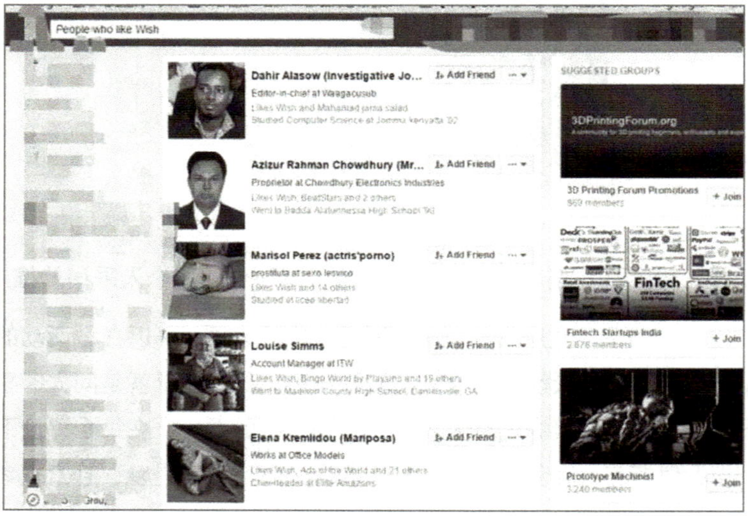

图 3-95

下面介绍一些常用的搜索命令，通过这些命令能够找到精准受众，并且了解他们的日常习惯，有针对性地对他们进行营销。

1. 基于共同兴趣找到相关的群组和主页

基于某种兴趣搜索与业务相关的网页和群组，加入相关的群组进行交互。因为群组内的成员大部分是基于某种兴趣加进来的，所以在群组内发布产品信息或者跟粉丝互动，对产品的宣传还是很不错的。

Facebook 图谱搜索命令：Groups joined by people who like Wish and Wish，如图 3-96 所示。

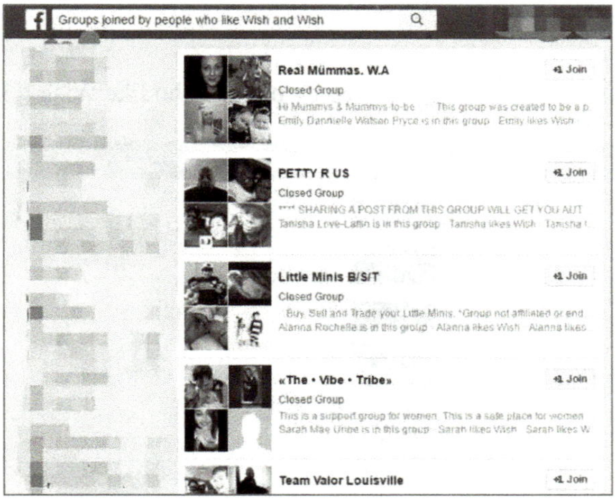

图 3-96

2. 基于兴趣找到相关用户的兴趣

利用如下命令可以详细地了解主页粉丝的兴趣、如果发现有大量的粉丝喜欢吃，那么以后就可以针对“吃”这个话题做相关活动。

Facebook 图谱搜索命令：Interests liked by people who like Wish，如图 3-97 所示。

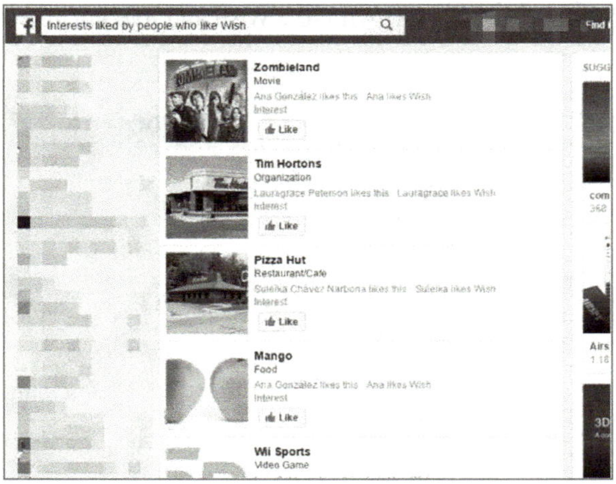

图 3-97

3. 基于兴趣找到用户喜欢的主页

利用如下命令找到粉丝喜欢的主页，了解他们的喜好，然后就可以分享相关的内容跟粉丝互动。

Facebook 图谱搜索命令：Pages liked by people who like Wish，如图 3-98 所示。

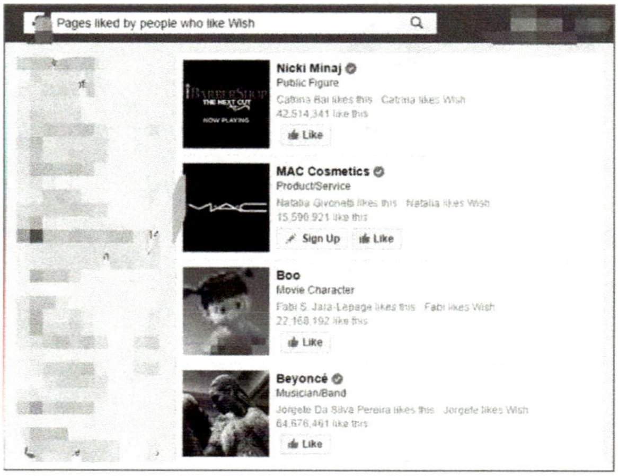

图 3-98

4．基于兴趣和客户所在位置找到相关的用户

如果只针对某个特定国家的用户，则可以使用如下命令搜索相关用户。

Facebook 图谱搜索命令：People who like Wish and live in United States，如图 3-99 所示。

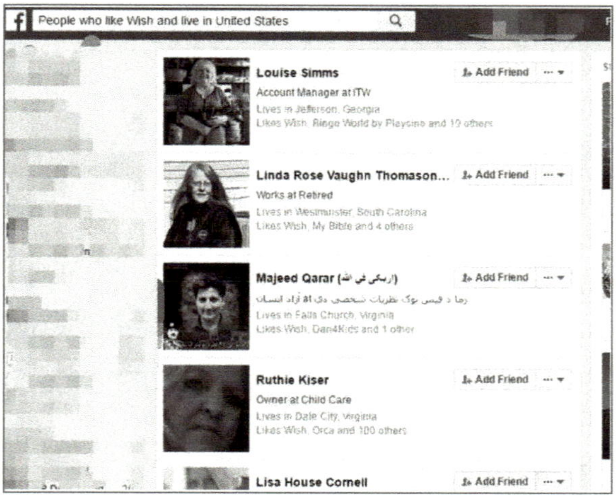

图 3-99

3.3.5 案例解析：深度剖析 Anker 的 Facebook 专页受众数据

很多做营销的朋友一定非常困扰：为什么我非常用心地编辑帖文，但是用户的参与度却一直停滞不前？最大的原因可能是你不够了解自己的用户。下面就介绍如何分析受众数据，提高专页用户的参与度，降低广告费用。利用好 Facebook Insights 这个工具，可以得出很多结论。

Facebook Insights（受众分析）不仅可以帮助营销人员精准投放广告，而且可以帮助营销人员了解自己的用户、目标市场的用户习惯，甚至是分析竞争对手的用户情况。

为什么使用 Anker 作为分析案例呢？因为 Anker 粉丝基本都是真实的，受众会更客观、真实。下面就针对 Anker 粉丝专页进行一次深入的剖析。

进入 Facebook 广告管理后台，在工具中找到 Facebook Insights，在位置中把美国移除，然后在兴趣的更多关键词中输入 Anker，你就可以看到 Anker Official 选项，选择 Anker Official，这时 Anker 粉丝的情况便展示出来。下面会从不同的维度用多图分析粉丝的情况。

（1）性别（见图 3-100）——92%的 Anker 粉丝是男性，而且 58%集中在 25~45 岁之间。但是在 Facebook 平台实际有 56%的用户是男性，从这里可以看出，喜欢 Anker 的产品男性居多，那么对于很多经营 3C 电子类产品的公司，做营销时，25~45 岁的男性就是你们需要攻破的重点。

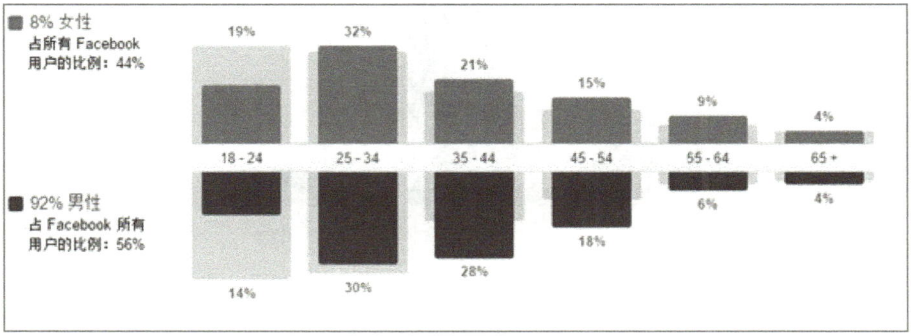

图 3-100

（2）感情状况（见图 3-101）——36%为单身用户，44%为已婚用户，经判断，生活状态比较稳定的人对消费类电子产品的需求更多。例如，如果你的产品是戒指、婚纱等，则需要多关注交往中以及订婚人群。

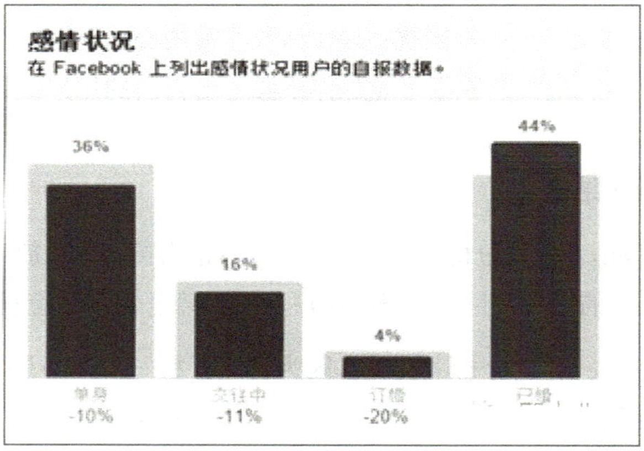

图 3-101

（3）教育程度（见图 3-102）——其中 70%的粉丝是大学生。另外，Anker 粉丝中的研究生比例比 Facebook 平台上总体的研究生用户比例高了 67%，可知研究生更是“数码控”群体。

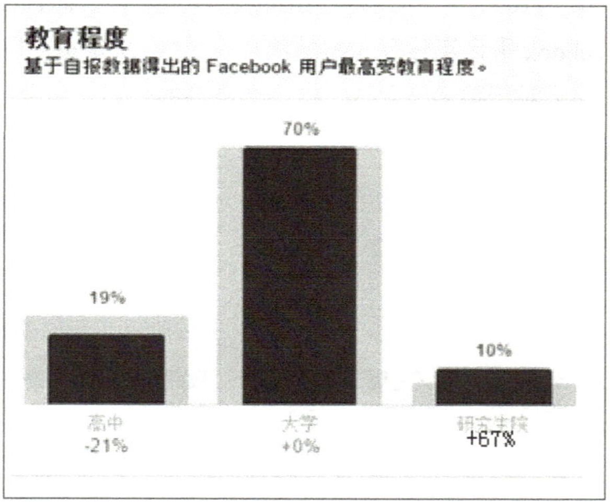

图 3-102

（4）行业（见图 3-103）——美国退伍老兵、军事迷、IT 和技术用户占 Anker 总粉丝数的 44%，分别比 Facebook 平台上这三个指标用户的平均数字高出了 200%、175%和 167%，所以更值得消费类电子产品的大卖家关注。

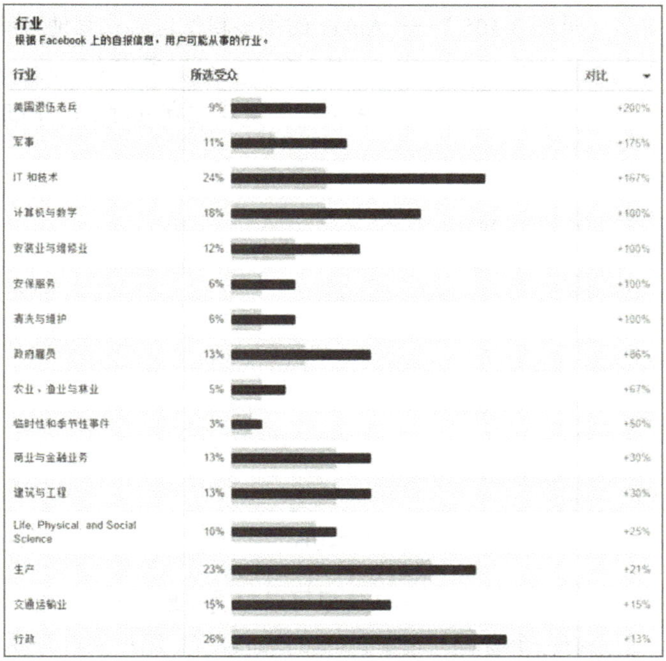

图 3-103

（5）主页赞（见图 3-104）——在这里可以看到与 Anker 比较类似的相关主页。做广告时可以直接把广告投放到这些专页的粉丝中。

主页赞
根据 Facebook 主页获赞的情况，可能与你的受众相关的 Facebook 主页。

主页	相关度	受众	Facebook	喜爱度
Anker Official	1	59.5K	61.3K	285
Amazon.com	3	25.2K	23.3m	3.2x
Samsung Mobile USA	6	16.2K	20.3m	2.3x
I fucking love science	9	14.1K	19.9m	2.1x
Subway Taiwan	14	10.9K	19.8m	1.6x
Target	10	10.9K	19.2m	1.7x
George Takei	5	10.7K	8.4m	3.7x
GoPro	2	10.6K	4.8m	6.5x
Netflix	11	10.3K	6.5m	4.6x
iTunes	13	9.6K	8.3m	3.4x
App Store	7	9.6K	9.5m	3x
eBay Hong Kong	12	9.5K	6.6m	4.2x

图 3-104

（6）类别排名（见图 3-105）——Anker 的很多粉丝也喜欢其他一些类别的专页。举一反三，比如看到演员 George Takei，那么我们就可以考虑去 George Takei 的影迷聚集的地方做 Anker 推广，这样做的效果会比随便找地方进行推广精准多了。

图 3-105

（7）城市排名（见图 3-106）——在这里可以很明显地看到，Anker 在美国的市场好于其他市场。但是有一个有趣的现象，9%的 Facebook 用户来自开罗，而 Anker 的用户只有 1%来自开罗，因此我们就知道 Anker 在非洲市场的推广会弱一些。另外，非洲的消费类电子产品市场比起欧美国家还是小了很多，可能生活用品会更畅销一些。

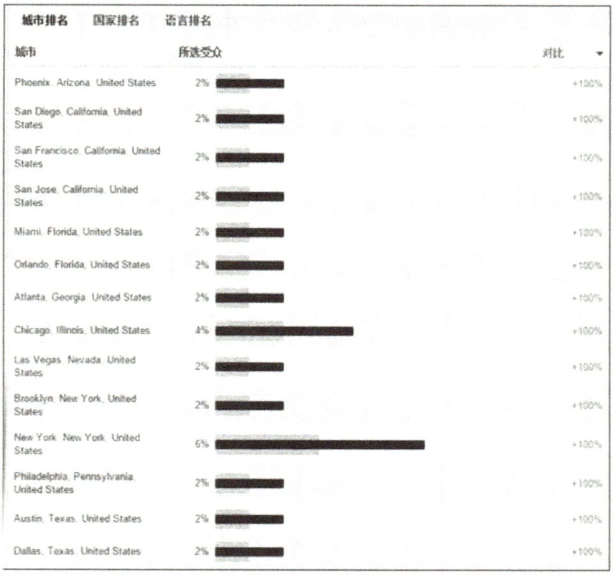

图 3-106

（8）国家排名（见图 3-107）——美国、英国、德国、日本、意大利明显就是 Anker 深耕的 5 个国家了。对于消费能力同样很强的马来西亚、法国、加拿大，其他的消费类电子厂商也可以考虑。

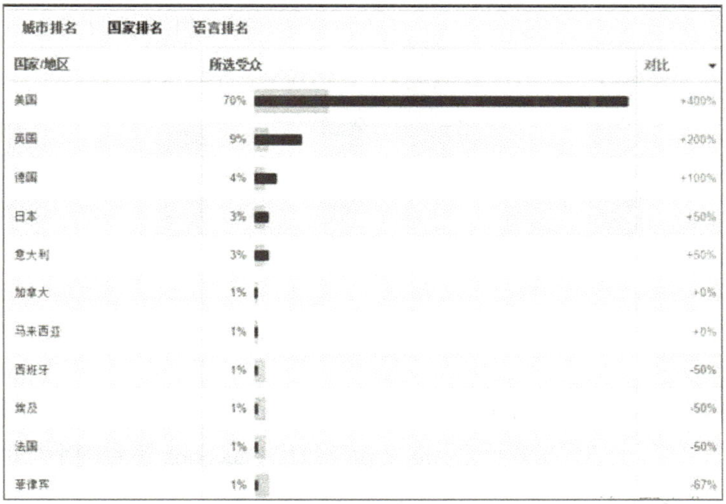

图 3-107

（9）语言排名（见图 3-108）——在 Anker 粉丝中使用英式英语和美式英语作为默认语言的用户占 74%，在广告预算比较有限的情况下，先选择这部分人群投放广告会比较好。

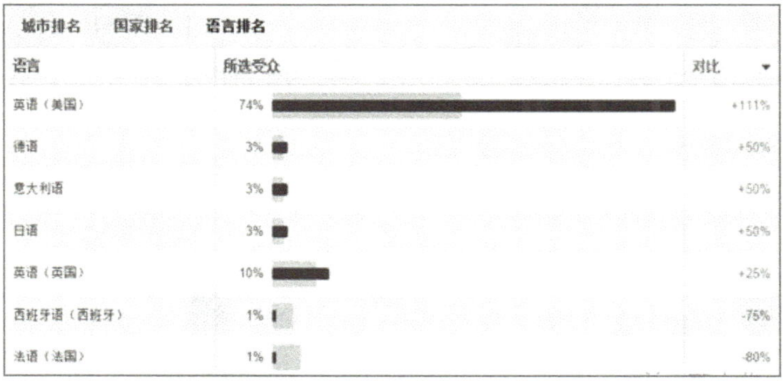

图 3-108

（10）使用 Facebook 的场景（见图 3-109）——83%的用户既会用 PC，也会用移动设备玩 Facebook，这个指标比 Facebook 平台总体的用户数字高出 98%。另外，使用 iPad 和 iPhone 玩 Facebook 的 Anker 粉丝也比 Facebook 平台的平均数字高了很多。

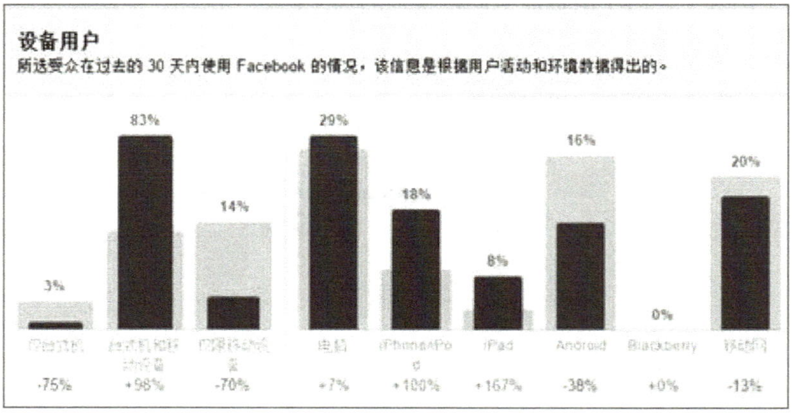

图 3-109

（11）家庭收入（见图 3-110）——这一项统计仅限于美国用户，在美国范围内总的家庭收入在 15 万至 35 万美元的 Anker 粉丝数比 Facebook 平台的平均值稍高一些。总的来说，家庭收入在 5 万至 7.5 万美元的用户数最多。

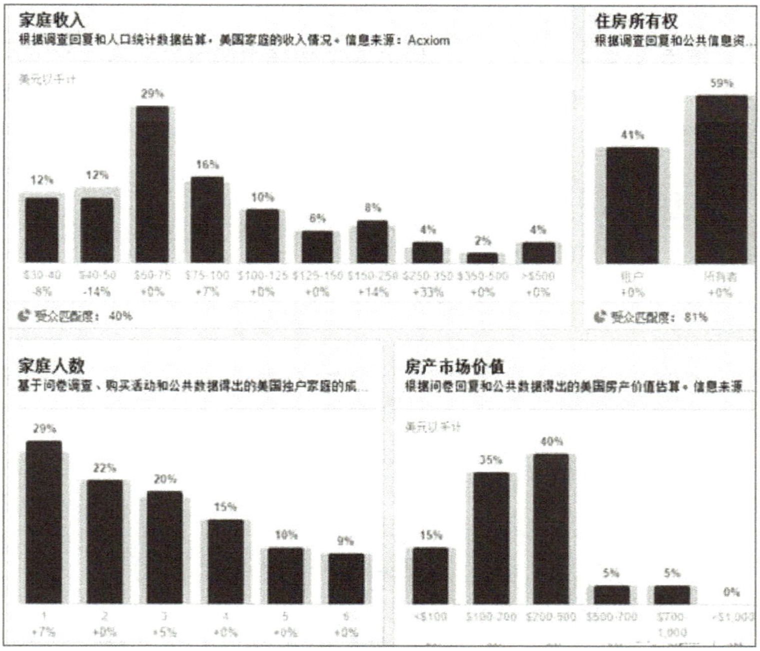

图 3-110

（12）购买行为（见图 3-111）——Anker 粉丝更多的会购买 Business purchases, Home and garden, Clothing, Sports and outdoors 产品，购买 Household products 产品的 Anker 粉丝的比例则偏低一些，说明家庭主妇对电子产品的需求稍低，这是符合市场规律的。

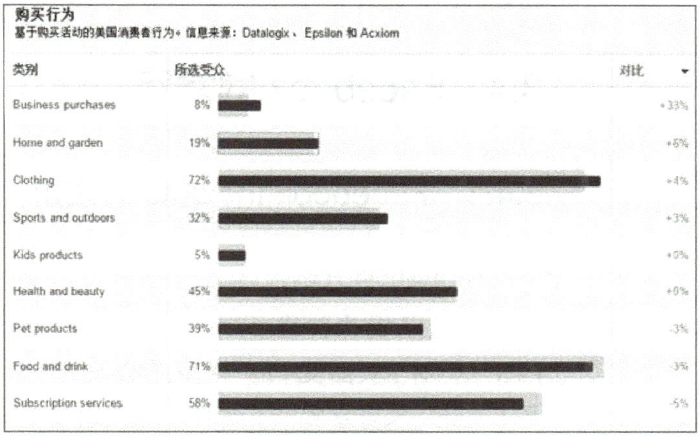

图 3-111

（13）汽车购买情况（见图 3-112）——Facebook 平台的数据不得不说真的很大，Anker 粉丝更喜欢购买混合动力车，而购买 B 级车的人数则低于平均值。

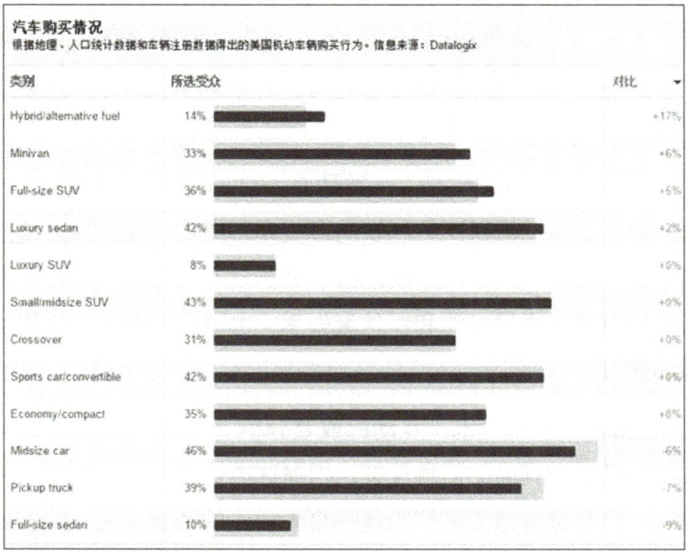

图 3-112

图 3-113

（14）其他因素（见图 3-113）——选择感情状况、兴趣、关系网络、住所、父母、政治等细分的因素能让所有的结果变得更加细化，在精准的粉丝中筛选出更加精准的粉丝群体，这其中的奥秘大家需要下一番工夫才可以参透。

3.4 Facebook 的常用工具

3.4.1 Facebook Insights 的使用

1. Insights 介绍

你已经成功创建了一个 Facebook 粉丝页面（Fan Page），但对于页面发布的一些内容以及页面总体成效如何，是不是还一头雾水呢？不要紧，Facebook Insights Dashboard 将帮助你回答这些问题。

Insights 是 Facebook 内部的一款分析工具。正如 Facebook 所定义的那样，Insights 为 Facebook 页面主人和管理员提供了关于页面内容的一系列指标、数据。通过了解、分析和把握用户增长趋势、群体分布状况、最佳发布时间（一般是本地 9：00—10：00 点和 20：00 点左右）以及用户消费对象等各项数据，页面主人将更好地提高自己的业务水平。

Insights 为用户提供了两类数据。一类是 User Insights（用户的成效分析），包括页面赞数、粉丝数量、每日活跃用户、新的喜欢和不喜欢、外部反向链接、页面浏览量、浏览者的年龄和性别、所在国家或地区、浏览设备等方面的数据。这类数据可以告诉你页面的总体成效、流量来源和粉丝流失率，也可以为选项卡设置、发帖方式等提供一些不错的建议。

另一类是 Interactions Insights（互动的成效分析），包括每日事件的反馈（点赞、评论和分享）和每日活动页面的信息反馈。把握这类偏动态性的数据，可以即时修改即将发布的内容，将其更多地关联到粉丝热衷于讨论的话题。唯一的不足是，你需要不断地手动跟踪和分析这些数据。

2. Insights 操作

下面我们来讲讲 Insights 的具体操作。

首先进入主页，将在页面的最上方看到一个项目栏，如图 3-114 所示。

图 3-114

单击“成效分析”按钮，就可以进入主页数据分析页面。最先看到的将是主页内容与成效的总体分析页面（默认页面），如图 3-115 所示。

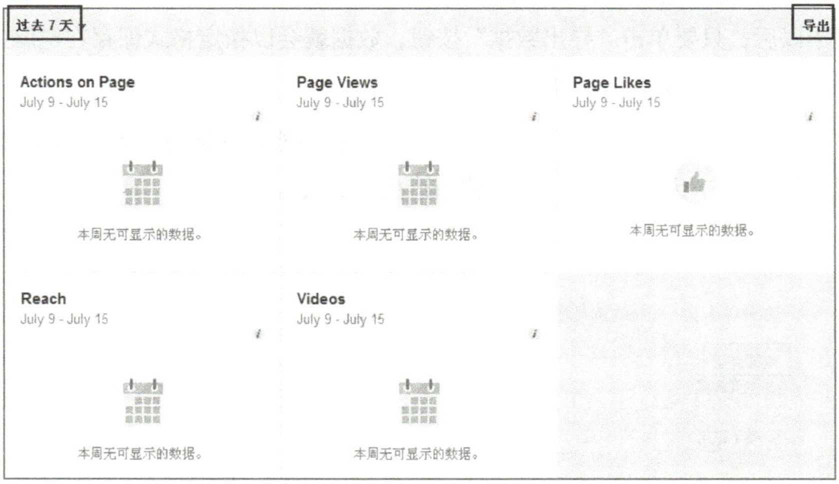

图 3-115

在这里，你可以看到 7 天内主页的“Actions on Page（用户操作次数）”“Page Views（用户浏览次数）”“Page Likes（主页赞）”“Reach（覆盖人数）”和“Videos（视频）”等诸多统计数据。

如果想要进一步查看具体的各项数据，则可以在 Insights 页面左边的侧栏中进行选择，如图 3-116 所示。

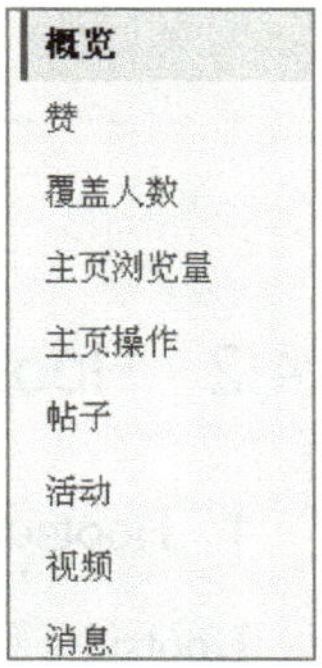

图 3-116

同时，Insights 也为使用者提供了主页内容（帖子）的统计数据，如图 3-117 所示。对于点击率、覆盖人数较为客观的帖子，你也可以适当进行推广，以获得更佳的成效。

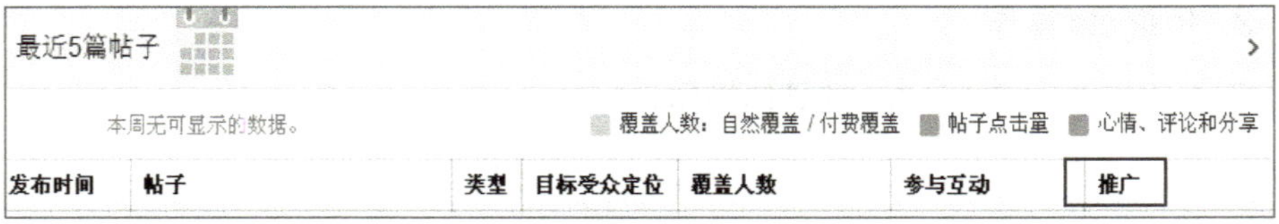

图 3-117

如果想要更改时间线，则可以单击页面左上角的按钮来选择时间，如图 3-115 所示（每日数据的记录以美国西岸太平洋时间为准）。

你也可以单击“导出数据”按钮，将数据导出到自己的电脑上，如图 3-116 所示。在“导出成效分析数据”对话框中，会有关于数据类型、日期范围和文件格式的选项。选择完毕以后，只要单击“导出数据”按钮，数据就会以指定格式保存在电脑上。注意，每次最多只能导出 500 篇帖子。

针对具体的各项数据的分析此处不再详述。如果能好好利用这款 Facebook 自带的数据分析工具，相信各卖家一定能够创造更多的收益！

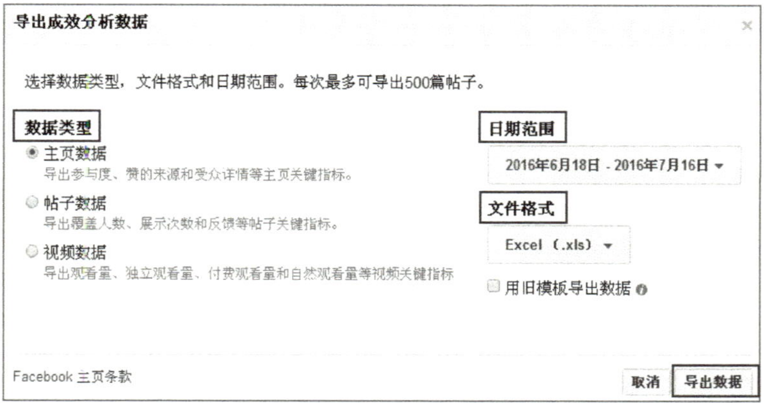

图 3-118

3.4.2 Hootsuite 的使用

1. Hootsuite 介绍

Hootsuite（中文名：互随，Logo 如图 3-119 所示）是国外著名的集用户互联网影响力计算、用户关键词筛选、用户公开档案

图 3-119

信息收集以及多社交网络平台同步等功能于一体的社交媒体管理平台。Hootsuite可以为企业和商户提供国外各大社交渠道上实时产生的一些信息流，以及这些平台使用者公开的信息资料，让人花更少的时间，得到更全面的大数据和分析。

总体来说，Hootsuite的主要功能包括以下几点。

（1）Hootsuite允许用户添加多个社交网络，以便在一个平台内查看、同步和发布不同平台的信息内容。

（2）Hootsuite可以通过采集不同社交网络里的帖子、评论，解析和比较数千份信息中包含的用户情绪，把握各平台总体的兴趣流起伏状态。同时，Hootsuite也能提供竞争对手的一些实时情报，以及一系列有关自己品牌的即时反馈、设计或调整营销活动所需的可操作数据等——这些数据大大方便了企业在掌握市场主流方向、获得竞争情报和粉丝状况、改进自身品牌等方面的工作。

（3）为了能够在最短的时间内收集到最有用的信息，Hootsuite还设计了一种社交影响力指数的计算方式——Klout评分（0~100分）。Klout评分的参考因素包括：某一用户所拥有的活跃关注者、该用户所发布链接的点击次数，以及该用户与其他用户之间的互动情况等数据。通过对这些“软数据”的综合分析，再将不同分数段的用户加以归类，Hootsuite就能按照你的需求为你提供社交影响力（或者说是“价值”）不同的用户群体，你可以借用这些分析数据过滤掉一些价值不高的关注者，或者为自己的产品筛选出更有价值的用户。

（4）此外，HootSuite还支持通过关键词搜索，或者采集某用户在各社交网站的公开档案信息来帮助企业筛选关注者，挖掘潜在用户。

互随团队现已在中国上线了简体中文版本的Hootsuite，并且在其中添加了“人人网”功能。

学会使用Hootsuite工具，企业将会在信息采集、壮大粉丝团和挖掘用户等诸多方面获得巨大收益。

2．Hootsuite基础操作

下面将简单介绍Hootsuite的一些入门操作。

进入Hootsuite官网首页，将会看到它所提供的几大主流社交媒体的账号登录方式：Twitter、Facebook和Google，如图3-120所示。

图 3-120

如果选择用 Facebook 账号进行登录，将会出现一条提示，如图 3-121 所示。可以编辑你提供的信息，禁止 Hootsuite 访问一些你不愿意公开或同步在该平台上的内容。

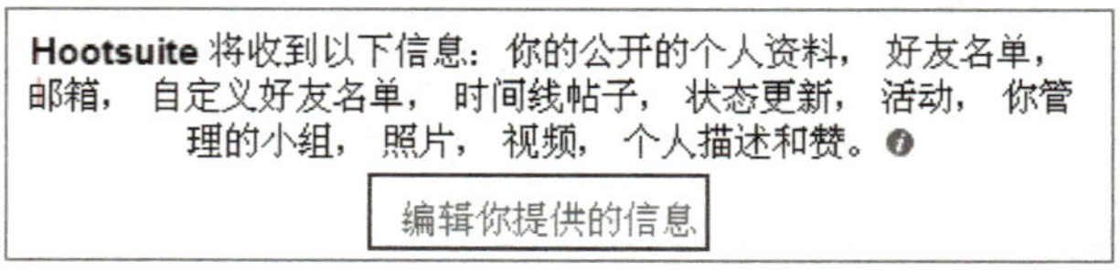

图 3-121

在使用 Facebook 账号登录 Hootsuite 后，你也仍然可以选择添加其他社交媒体或信息流，如图 3-122 所示，这样更便于不同账号间的一体化操作，以及不同平台间的信息采集。

图 3-122

进入页面以后，如果想要更改语言，则可以在左侧工具栏中找到“Settings（设置）”并单击，在打开的列表中选择“Preferences（偏好）”来设置语言，如图 3-123 所示。

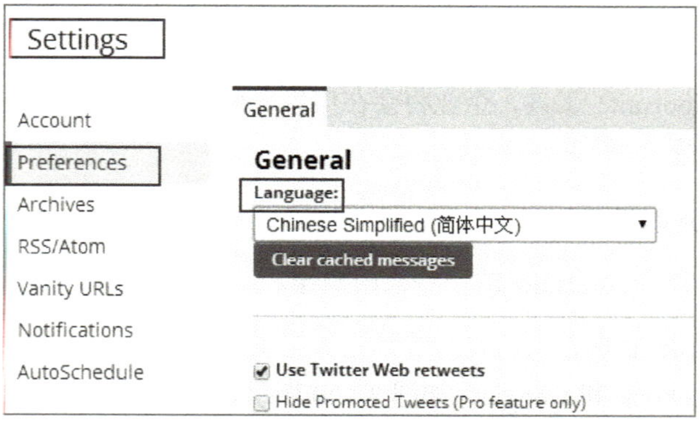

图 3-123

因篇幅所限，Hootsuite 的具体操作与使用技巧此处不再详细说明，读者可以自行尝试。对于有特殊业务需要的用户，若想借助 Hootsuite 工具获得并解析更全面、更精准的数据信息，建议将 Hootsuite 付费升级到 Pro 版本。除此之外，还有几个很简单的发布平台，其中最常用的是 Buffer.com Amplifr.com。大家有兴趣可以尝试一下。

3.4.3　Sprout Social 的使用

1．Sprout Social 介绍

除 Facebook 自带的分析工具 Insights 以外，市场上还有很多提供了详尽数据分析的第三方营销管理平台，Sprout Social 就是其中之一，其 Logo 如图 3-124 所示。

图 3-124

Sprout Social 是一款面向中小型企业的社会化媒体营销管理工具，能够帮助企业管理自己在 Facebook、Twitter、LinkedIn 上的社会关系。同时，Sprout Social 还提供了一款可视化直观分析的工具，用户可以借助该工具进行数据分析，发现潜在用户。

提示：Sprout Social 是一款付费软件，但新用户可以免费获得 30 天的试用期。

2．Sprout Social 的功能与优点

Sprout Social 的主要功能如下。

（1）Sprout Social 可以在一个智能收件箱（Smart Inbox）页面内统一操作多个 Facebook 页面，大大简化了 Facebook 的页面管理。用户还可以通过 Sprout Social 轻松地浏览或回复 Facebook 上的帖子、评论和私信，统一回复自定义的收件箱并实时跟踪邮件的进度，如图 3-125 所示。

（2）在一个 Sprout Social 页面内，可以同步编辑和发布多个平台的帖子。此外，还可以轻松查看、更改或添加活动日志上的内容，自定义帖子的用户访问权限。

（3）在 Sprout Social 中可以搜索与企业服务相关的讨论，帮助企业寻找潜在的用户及附近的消费者。

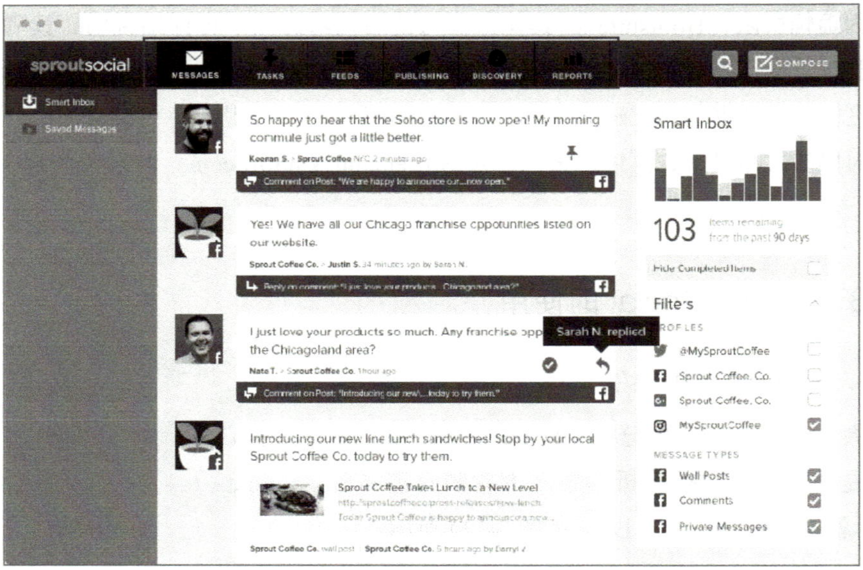

图 3-125

（4）Sprout Social 能够生成自定义的品牌社会化报告，还可以进一步分时段查询评论、@信息、回复等操作的数量，如图 3-126 所示。

图 3-126

（5）Sprout Social 还提供了隐身关注的功能，可以对一些不方便公开关注的账号进行跟踪管理，并做出分组标记。

总体来说，Sprout Social 的最大优点在于整合：一方面，能够降低使用者多账号操作的难度；另一方面，又可以通过跟用户沟通来强化、提升收益。

类似于 Sprout Social 的营销管理工具还有 Simply Measured，其 Logo 如图 3-127 所示，在此不加以详述。

图 3-127

3．Sprout Social 基础操作

首先，你需要注册一个 Sprout Social 账号。在这里，用户可以选择 Deluxe（尊贵版，59 美元/月/用户）、Premium（高级版，99 美元/月/用户）和 Team（团队版，500 美元/月/3 用户）三种类型，每种账户类型都会有 30 天的免费体验机会。

完成账号注册之后，Sprout Social 会默认要求绑定用户的 Twitter 账号，如图 3-128 所示；而其他社交平台的绑定，则会在登录账号之后的页面中出现，如图 3-129 所示。

图 3-128

图 3-129

单击“ADD MORE PROFILES”，就会出现绑定社交账号的界面。用户可以选择绑定 Facebook 账号，如图 3-130 所示，或者根据自己的需要绑定其他平台。

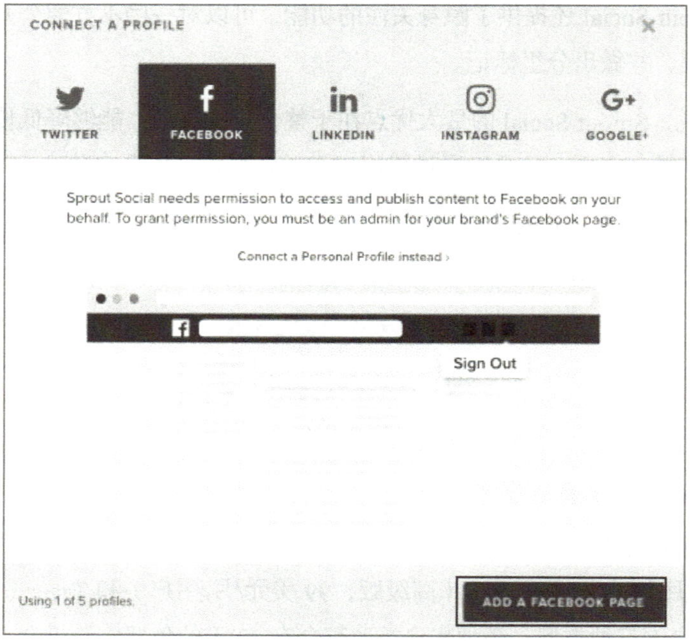

图 3-130

绑定好账号之后，可以在页面上方的操作栏中看到按次序分别标有“MESSAGES（消息）”“TASKS（任务）”“FEEDS（反馈）”“PUBLISHING（发表）”“DISCOVERY（发现）”“REPORTS（报告）”6 个选项，如图 3-131 所示。

图 3-131

（1）MESSAGES。智能收件箱（Smart Inbox）中显示的是从所有社交媒体上收到的全部消息，用户可以在一个界面中阅读、处理多社交平台的消息；在已保存消息（Saved Messages）中，会存有用户标记的重要消息。

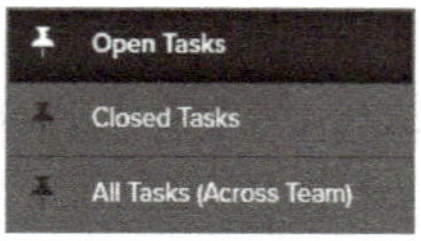

图 3-132

（2）TASKS。任务栏可以帮助用户定时发送通知、提醒，用户可以单击“Open Tasks（开启任务）”“Closed Tasks（关闭任务）”“All Tasks（全部任务）”按钮，如图 3-132 所示，进行自己想要的操作。

（3）PUBLISHING。Sprout Social 的社交媒体发布工具能将用户的计划和消息同时发布到 Facebook、Twitter、Google 和 LinkedIn 等多个窗口中。如图 3-133 所示，用户可以选择发布消息的日期与时间。同时，它还支持用户自定义标签（如图 3-134 所示）和设置可见用户（如图 3-135 所示）。

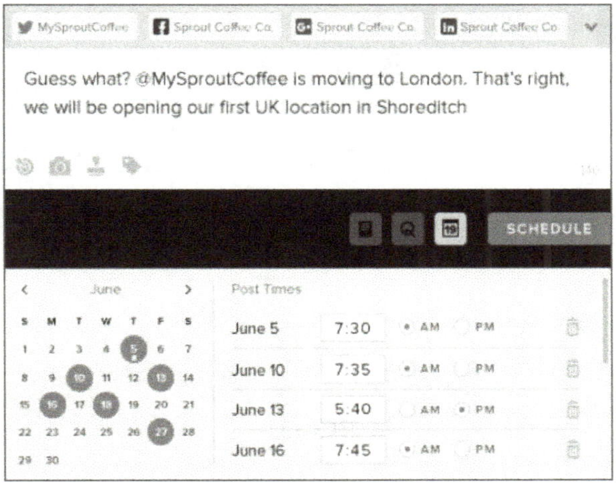

图 3-133

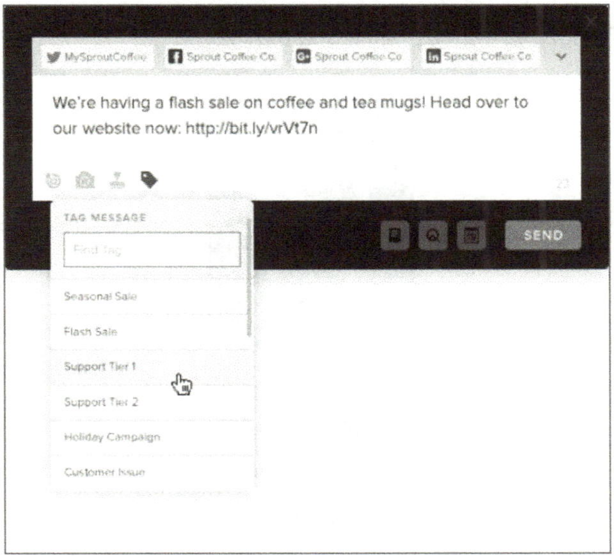

图 3-134

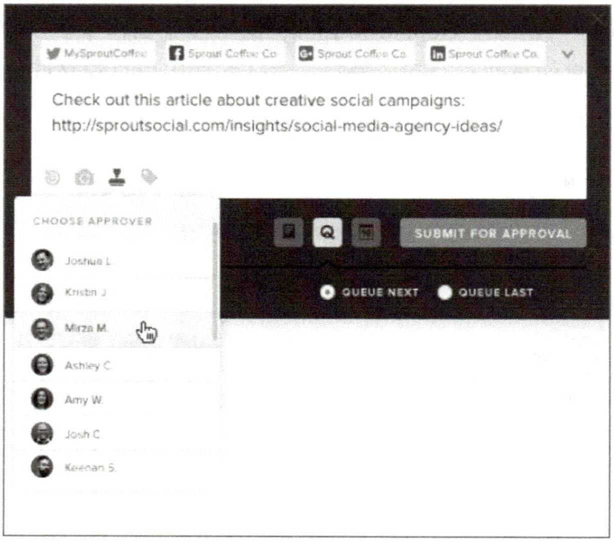

图 3-135

（4）DISCOVERY。在 DISCOVERY 中，Sprout Social 能够提供相关的建议（Suggestions），对一些近期没有活动的 Silent Accounts 或异常用户、不回关用户进行清理，以及提供智能搜索等功能，如图 3-136 所示。

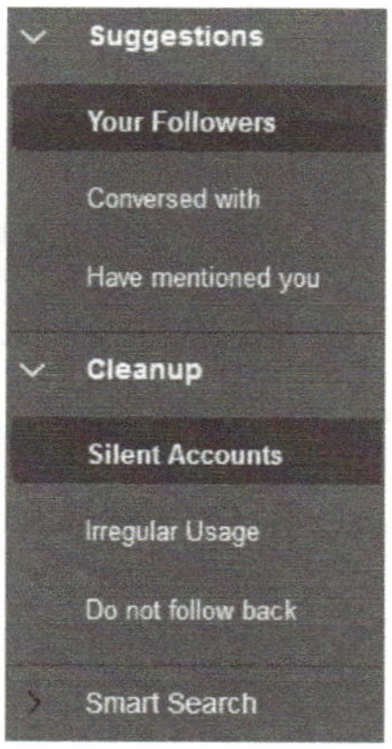

图 3-136

（5）REPORTS。REPORTS 是 Sprout Social 中最重要的一项功能，它为用户提供了一个分析控制面板，专门用于跟踪和分析社交媒体管理活动的实时数据。在这里，你可以看到各类分析报告数据，如图 3-137 和图 3-138 所示。

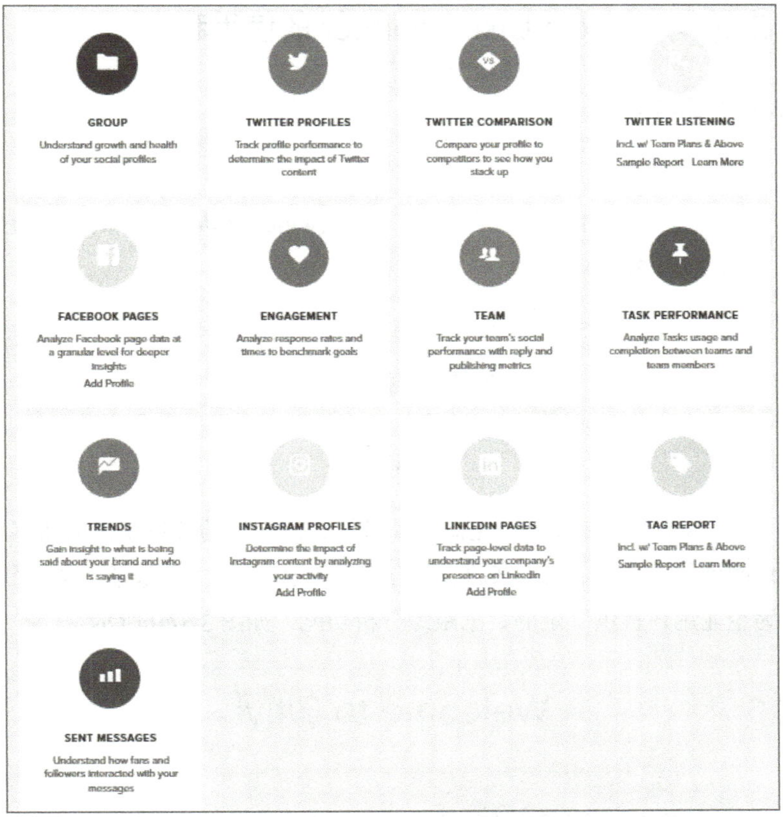
GROUP
Understand growth and health of your social profiles
TWITTER PROFILES
Track profile performance to determine the impact of Twitter content
TWITTER COMPARISON
Compare your profile to competitors to see how you stack up
TWITTER LISTENING
Incl. w/ Team Plans & Above
Sample Report Learn More
FACEBOOK PAGES
Analyze Facebook page data at a granular level for deeper insights
Add Profile
ENGAGEMENT
Analyze response rates and times to benchmark goals
TEAM
Track your team's social performance with reply and publishing metrics
TASK PERFORMANCE
Analyze Tasks usage and completion between teams and team members
TRENDS
Gain insight to what is being said about your brand and who is saying it
INSTAGRAM PROFILES
Determine the impact of Instagram content by analyzing your activity
Add Profile
LINKEDIN PAGES
Track page-level data to understand your company's presence on LinkedIn
Add Profile
TAG REPORT
Incl. w/ Team Plans & Above
Sample Report Learn More
SENT MESSAGES
Understand how fans and followers interacted with your messages

图 3-137

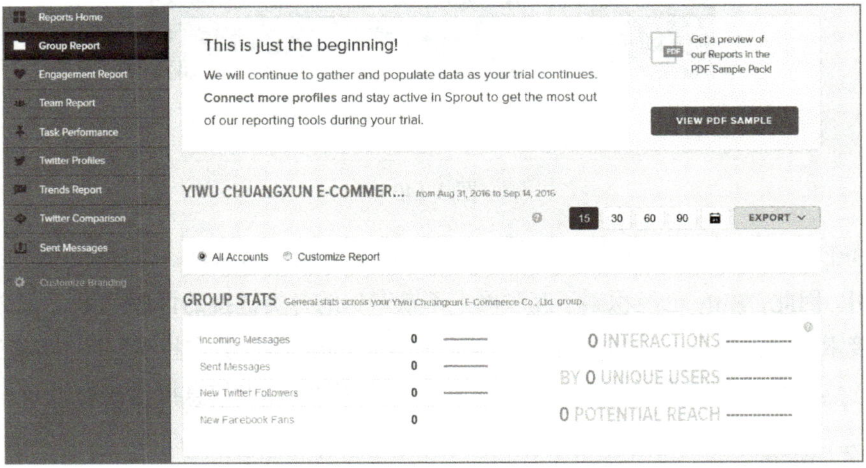
Reports Home
Group Report
Engagement Report
Team Report
Task Performance
Twitter Profiles
Trends Report
Twitter Comparison
Sent Messages
Customize Branding
This is just the beginning!
We will continue to gather and populate data as your trial continues.
Connect more profiles and stay active in Sprout to get the most out of our reporting tools during your trial.
Get a preview of our Reports in the PDF Sample Pack!
VIEW PDF SAMPLE
YIWU CHUANGXUN E-COMMER... from Aug 31, 2016 to Sep 14, 2016
15 30 60 90
EXPORT
All Accounts
Customize Report
GROUP STATS General stats across your Yiwu Chuangxun E-Commerce Co., Ltd. group
Incoming Messages 0
Sent Messages 0
New Twitter Followers 0
New Facebook Fans 0
0 INTERACTIONS
BY 0 UNIQUE USERS
0 POTENTIAL REACH

图 3-138

3.4.4 Bitly与Google URL Shortner的使用和对比

1. Bitly介绍与使用

（1）介绍

Bitly是世界上领先的链接管理平台，也是Twitter默认的一款网址缩短分享服务工具，其Logo如图3-139所示。

图3-139

Bitly 可以帮助用户缩短甚至定制网址链接，使网址的分享变得更加容易；也可以跟踪统计网址的点击量、点击来源、点击者所在地，以及该链接在SNS网站上的传播情况，为企业用户提供一定的数据跟踪分析功能，如图3-140所示。

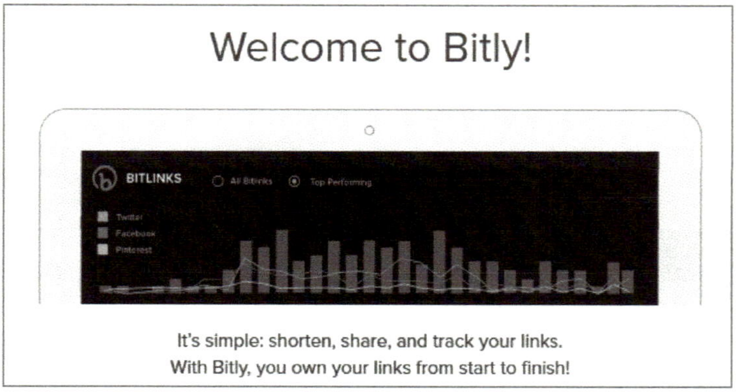
Welcome to Bitly!
BITLINKS
It's simple: shorten, share, and track your links.
With Bitly, you own your links from start to finish!

图3-140

Bitly 每天要缩短成千上万个链接，在缩短每个链接的同时，也建立了链接相应的索引。因此，Bitly已经积累了互联网上不断产生的各类链接的详细数据。通过对这些链接索引中记录下来的相关信息内容进行分析，Bitly便能够在相当程度上掌控互联网上的热点及其发展趋势，从而为用户全方位了解网络热点信息提供便利。

（2）使用

Bitly为世界上所有用户提供了免费的网址缩短服务，只要进入Bitly的官网首页

（网址：https://bitly.com/），在提示栏中输入原来的长链接并单击右侧的“SHORTEN”按钮，你就能马上得到缩短后的链接，如图 3-141 所示。

图 3-141

如果想要进入短链接的数据跟踪页面，那么只要在短链接末尾加上英文状态下的加号（即符号“+”）即可。在数据统计页面，你可以看到总点击量（TOTAL CLICKS）、引流渠道（REFERRING CHANNELS）以及点击者所在地（LOCATIONS），如图 3-142 和图 3-143 所示。

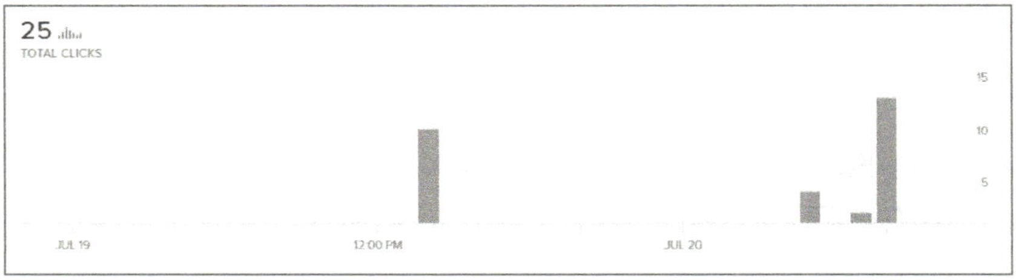

图 3-142

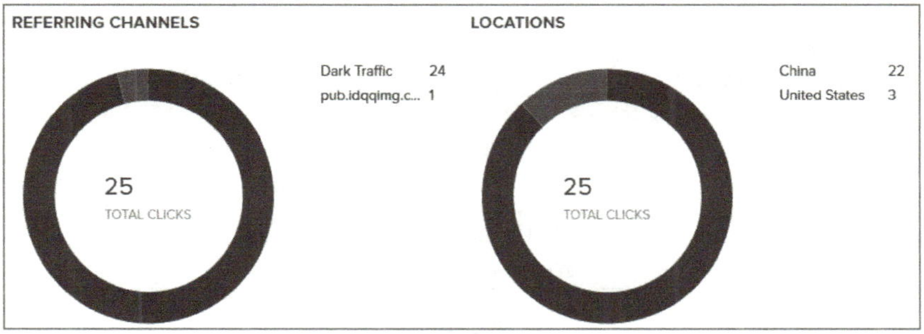

图 3-143

同时，你也可以单击短链接旁边的“EDIT（编辑）”按钮，自定义短链接形式，如图 3-144 所示。

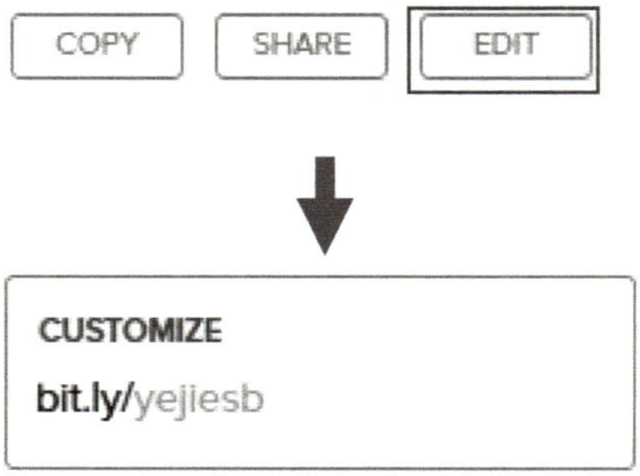

图 3-144

2. Google URL Shortener 介绍

（1）介绍

Google URL Shortener 是谷歌于 2009 年推出的一款 URL 缩短服务工具。除可以缩短网址外，它也和 Bitly 一样提供了一些额外的服务，比如短网址的 QR Code（二维码）及短链接的流量分析。

（2）使用

进入谷歌短网址页面（网址：https://goo.gl/），输入长网址，单击“Shorten（缩短）”按钮，就能在右侧得到缩短后的短网址，如图 3-145 所示。

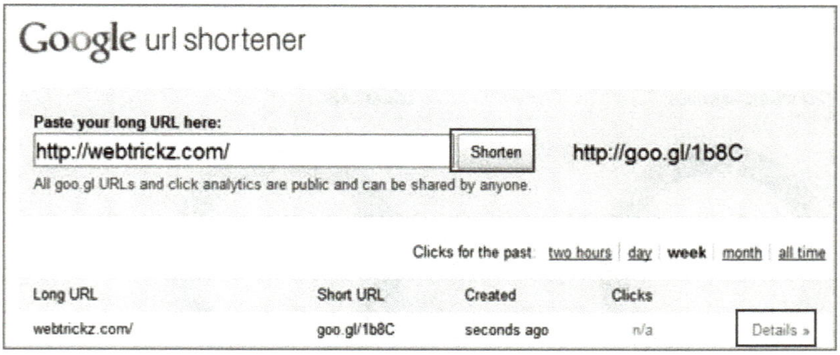

图 3-145

在生成短链接的下方，用户可以直接查看短链接的点击情况。如果想要得到更多的统计数据，则可以单击右侧的“Details（详情）”按钮进入具体数据页面。在统计页面中，Google URL Shortener 为用户展示了 Referrers（访问者的访问来路）、Browsers

（浏览方式）、Countries（所在国家）、Platforms（访问平台）四个方面的数据，如图 3-146 所示。

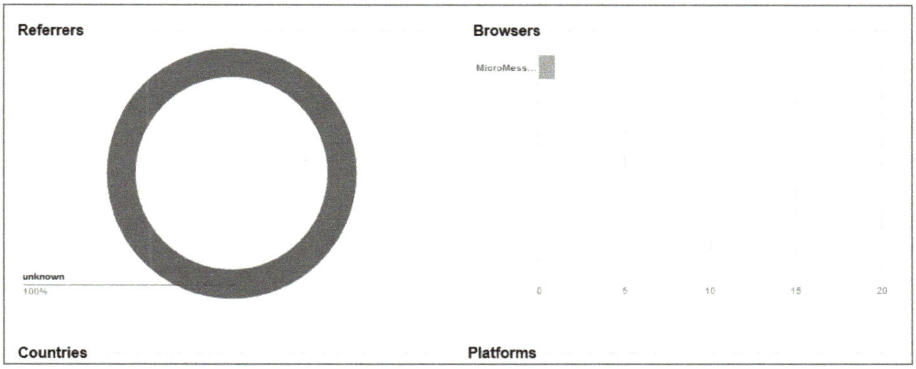

图 3-146

3．Bitly 与 Google URL Shortener 的比较

如果网站的网址过长，或者含有非英文状态下的数字符号，那么就会影响网站在分享过程中的使用，产生很多不便。例如，全球互联网访问量最大的社交网络平台之一——Twitter，就只允许每个帖子中含 140 个字符，如果想在帖子中添加一个长的 URL，那么缩短网址自然是聪明的选择。因此，选择一款适合的短链接生成与分析工具就显得极为重要。

那么，Bitly 与 Google URL Shortener 相比，各自有什么样的优势呢？

首先，在短链接的生成服务方面，二者并无太大区别。但是 Bitly 更人性化地推出了短链接自定义功能，而且还允许用户在链接中表达对内容的个人情绪，如图 3-148 所示；而 Google 的独特之处则在于在生成短链接的同时，还为使用者提供了相应的 QR Code（二维码），方便了移动端用户的点击。

其次，由于链接数据的管理、分析向来是 Bitly 的主营业务之一，因此，在短链接的管理方面，Bitly 自然有一套独特的服务模式。Bitly 的用户不但能通过企业面板在整个互联网中实时跟踪自己的链接，还可以使用 Bitly 的“深度链接”功能（指当用户单击了 Bitly 的一个短链接时，这个链接就可以直接打开相关的 App），让点击者把合适的内容导向合适的设备，最大化移动端受众的价值。

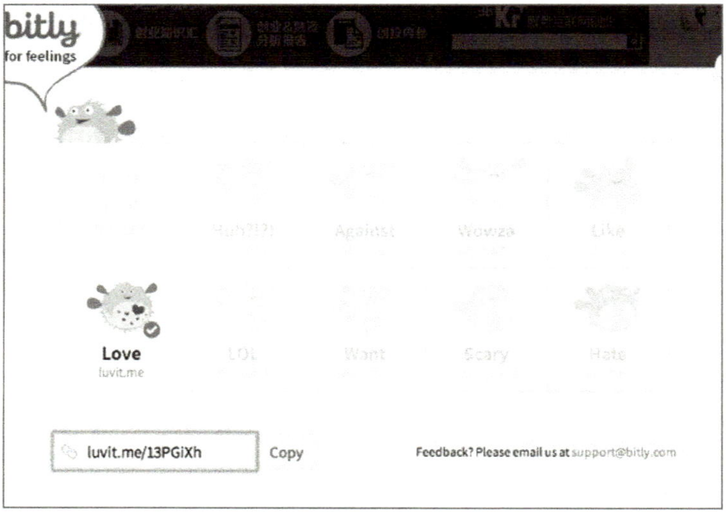

图 3-147

此外，Bitly 还推出了“Bitmark”标签功能。利用 Bitmark，用户能够更容易地将链接（即 Bitmarks）保存到新开发的 Bitmarklet、Chrome 扩展和 iPhone App 中，并通过各个社交网络分享这些链接；用户也可以根据自己的意愿选择 Bitmarks 和文件夹是否公开……Bitly 的标签功能，无疑为用户提供了一个更好的管理平台，如图 3-148 所示。

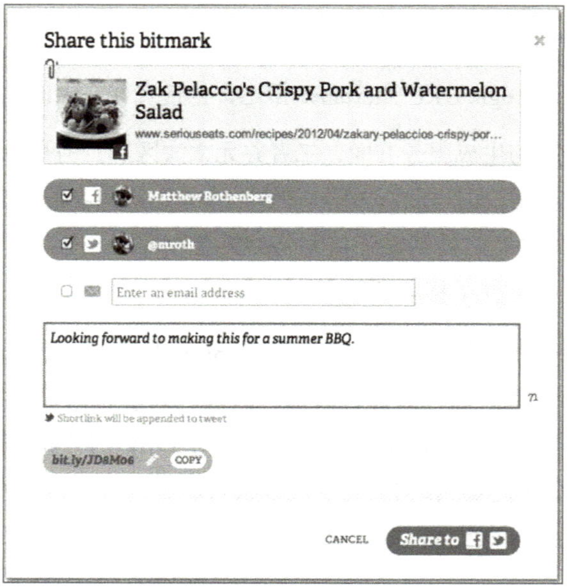

图 3-148

而 Google 的优势在于，它能够提供比 Bitly 更加稳定、安全的服务。一方面，Google 大量的资料中心基础架构为缩短网址提供了最稳定的服务；另一方面，Google 能够自动检测链接的安全性，如果短 URL 指向的是一个可疑的恶意软件，或者钓鱼网站、垃圾网站等，页面则会自动弹出警告消息，防止网络病毒侵入。

此外，在数据的统计、分析方面，Google 也给出了更加具体、详细的说明。Bitly 对于访问者的访问途径（Referring Channels）并没有进行细致的甄别，一些不被它识别的访问渠道（如移动应用程序或其他浏览器的访问等途径）都将被归类为“Dark Traffic”，如图 3-149 所示；而 Google URL Shortener 虽然也不能识别访问者进入网站的一些途径（如图 3-146 所示，Referrers 为 unknown），但它却能为使用者提供有关访问者使用的浏览方式（如图 3-146 所示，Browsers 为 MicroMessenger/微信访问）、浏览平台（如图 3-146 所示，Platforms 为 iPhone）等具体信息，让使用者能够更全面地把握流量来源。

图 3-149

并且，Google URL Shortener 统计短链接点击者的 Location 方式，是以“世界地图”这种图像化形式呈现的，更容易让人直观地看到访问者的分布状况以及集中程度。

通过上述介绍，相信读者对短链接的生成和数据查看已经有了一定的把握。至于是使用 Bitly 还是使用 Google URL Shortener 来完成这方面的工作，就需要大家各持所需，在实际操作过程中选择最适合自己的一款工具。不过要注意的是，这两款缩短网址服务工具所产生的短链接，都还不能在国内网络中使用。

3.4.5 Messenger 的使用

1. 安装 Messenger

Messenger（其 Logo 如图 3-150 所示）是与 Facebook 直接关联的一款桌面窗口聊天客户端软件，可以允许客户发送私密图片、进行群组聊天、分享地理位置、阅读新鲜事，如图 3-151 所示。

Messenger
A faster way to message

图 3-150

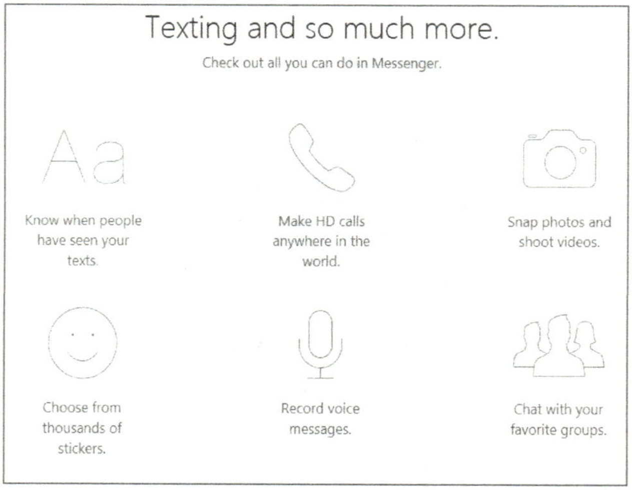
Texting and so much more.
Check out all you can do in Messenger.
Know when people have seen your texts.
Make HD calls anywhere in the world.
Snap photos and shoot videos.
Choose from thousands of stickers.
Record voice messages.
Chat with your favorite groups.

图 3-151

安装 Messenger 会让 Facebook 上的消息收发更加方便、及时。可以在移动端和 PC 端免费安装 Messenger，如图 3-152 所示为移动端的 Messenger 安装示意图，如图 3-153 所示为 Facebook Messenger 在电脑上的直接登录界面。

Messenger 是免费的！
与短信不同，发消息不按每条收费，没有限制。
安装

图 3-152

图 3-153

2. Messenger 界面介绍

Messenger 的界面类似于微信，在页面的左侧是“最近联系人”显示栏，在页面的中间是 Messenger 的聊天输入框。不同的是，在 Messenger 页面的右侧增加了一个选项设置栏，在这里你可以进行编辑联系人昵称、单击进入他的 Facebook 个人主页、设置消息接收方式等一系列操作，如图 3-154 所示。

图 3-154

Messenger 的使用与操作并不难，相信读者一定能够快速上手。

第 4 章

Twitter 营销

4.1 Twitter 介绍

4.1.1 什么是 Twitter

众所周知，Twitter 是国际上数一数二的社交平台。在国外，国家政要、娱乐明星，还有众多的草根群众几乎无人不知这一网络平台，美国前总统奥巴马、NBA 球星奥尼尔、Google、白宫和诸多新闻媒体等也先后在 Twitter 上开设账号。截至 2016 年 3 月 31 日，Twitter 的月平均活跃用户高达 3.10 亿；国内类似的社交平台微博，截至 2016 年 3 月，月平均活跃用户为 2.61 亿。由此 Twitter 平台的宣传推广效益可见一斑。那么到底什么是 Twitter 呢？

Twitter 公司正式成立于 2006 年 3 月 21 日，是一个网络社交微博客服务平台，中文称为“推特”。Twitter 这个名字来源于一种鸟叫声，创始人认为鸟叫是短、频、快的，符合网站的内涵，因此选择了 Twitter 作为网站名称。Twitter 利用无线网络、有线网络、通信技术进行即时通讯，是微博客的典型应用。Twitter 的理念是 Twitter connects everyone to what's happening in the world right now. 即让每个人都能畅通无阻地随时提出和分享想法及资讯。通俗点说，就是在任何时间、任何地点、以任何方式发表任何信息，分享给希望获知这些信息的人，也可以在第一时间获知你所关注的人（或事）的最新进展。基于这种理念，Twitter 的很多使用方法都更加贴近于信息的分享。举个例子，如果你关心哥哥或弟弟最近的生活状态怎么样，有没有更上一层楼，还是遇到了麻烦，那么只需要 Follow 你的哥哥或弟弟，他们的状态更新就会第一时间被你看到。所以，Twitter 也被形容为"互联网的短信服务"。

在 Twitter 网站上非注册用户可以阅读公开的推文（Tweet），而注册用户则可以通过 Twitter 网站、短信或者各种各样的应用软件来发布消息，并且该消息会在第一时间抵达选择关心你的用户那里。也正是因为这样，Twitter 才可以很方便地使用户与周围的朋友保持长期、高效、低成本的联络，所以 Twitter 拥有其他社交平台所不能比拟的信息传播效果。

4.1.2　Twitter 的特点

1. 简洁性

Twitter 被大众所知道的最大特点就是 140 个字符的限制。所有 Tweet 即推文被限制在 140 个字符以内，因此 Twitter 上的每条消息都可以作为一条 SMS 短消息发送给注册用户的朋友或关注者（Follower）。这也在很大程度上保证了 Twitter 上信息传递的便捷性和快速性，这也是 Twitter 的一个迷人之处。

2. 公开性

在 Twitter 上所有知道你的 Twitter ID 的注册用户或者非注册用户都可以读取你发布的消息，而且注册用户在此基础上还可以订阅你的发布主页，即我们俗称的 Follow。成为你的 Follower 之后，就会在第一时间看到你在 Twitter 上发布的动态。这也极大地保证了 Twitter 上信息的传播性，所以很多新闻或者事件在 Twitter 上更容易被传播。比如在美航坠落事件中，目击美航 1549 号航班坠落的 Twitter 用户不断地实时更新 Tweet，而使得此新闻的传播速度击败《纽约时报》。

3. 高效交互

在 Twitter 上使用的是背对脸的交互方式，就像是我们在街头表演，路过的所有人都可以停留观看，无所谓是否认识，是否有所关联，只是针对我们的表演他们可以选择留下欣赏（转发），可以选择给我们投币（关注），也可以轻轻路过（点赞），如果我们的表演足够精彩，还可以吸引其他街上的游客，而我们并不需要主动和路人交流。我们可以点对点地沟通，也可以一对多地沟通，这完全取决于个人兴趣。因此，这种高效的交互模式也直接促成了 Twitter 上信息的病毒式传播效应。

所以 Twitter 更加简单、集中和突出了自身的信息传播效果，只服务于此时此刻的生活，过去的、未来的复杂的生活都不在高效传播的视野之内。对于几乎所有的网络用户来说，高效、简洁地与朋友进行实时动态沟通是不可或缺的，而 Twitter 用非常简洁、实用的方式提供了公众间实施互动的信息沟通平台，从而更加刺激了网络群体的兴奋点。

4.1.3 Twitter 的特色用语

Tweet（推文）：Twitter 用户发布的消息统称为 Tweet，长度小于 140 个字符。内容可以是普通的文本信息，可以添加图片、视频，也可以添加链接、Hashtag（#）、Mention（@）。目前 Twitter 已经放宽了字符数限制，其中 Tweet 中的用户姓名、照片、视频和发起的投票将不再计入 Tweet 字符数中，不会对 140 个字符的长度限制产生影响。这样对 Tweet 的发布就更加灵活了，而 Twitter 也更适合于我们的账号营销推广。

Hashtag：指在单词、短语前面加上一个“#”构成的标签，通常用于表现该 Tweet 的中心话题。并且在搜索“Twitter”关键词时，就会搜索到所有包含“#Twitter”的消息，这在打造话题和提升关键词热度上具有非常好的使用效果。国内微博的“#”话题使用与此同出一辙。

Mention：指在“@”符号后跟用户名，比如“@小明”，该用户即小明将直接看到此消息。俗称艾特某人，在希望得到对方的特别关注时使用。

若发出这样一条消息：“今天@B 跟我吃饭”，那么所有 Follower 都将在 Timeline 中看到此消息。

假设发出这样一条消息：“@B 我们今天去吃饭吧”——它是以“@”符号开头的。那么，除非你的某个 Follower 同时 Follow 了@B；否则在 Timeline 中，他是看不到此消息的。这就是说，该消息相对私密，是“小圈子”内部的讨论。

Follow：指跟随这一动作，Follow 某一用户后能在我们自己的账号主页的 Timeline 中看到被 Follow 者的消息。通常单击对方用户名下方的 Follow，就会自动成为对方的关注者，也就是俗称的粉丝。

Follower（关注者）：指正在 Follow 该用户的人。也就是关注我们的账号的人数。

Following：指该用户正在 Follow 的人。

Follow 数据页面如图 4-1 所示。

图 4-1

Block（简称 B）：类似于加入黑名单，当你 Block @A 后，你们双方均不能在 Timeline 中看到对方的消息，并且不能 Follow。但被 Block 的人仍可以直接查看你的 Twitter 主页（如 http://Twitter.com/zetifree），阅读你的 Tweet。

Direct Message（DM，私信）：指用户间的短信息交流。前提是必须互相 Follow，否则不能发私信。

Retweet（简称 RT，又称回推、锐推、转推）：指转发别人的消息，即通过你的账号转发别人的推文，这样会自动注明原出处。你的所有关注者都可以看到所转发的推文。

Trending Topics（热门标签、热榜）：指热门标签的排序，在这种标题下面列出了一些目前正在推特用户中讨论得火热的话题。一开始在推特中“热点话题”下面列出的是前一周讨论最激烈的话题，但现在的高级程序算法使得“热点话题”的范围更精确了，会列出最近的火热话题。在最近的“热点话题”中，列出的是在整个推特网络上，成千上万人在任意时间点激烈讨论的话题。单击“热点话题”，会出现一列推文，标出每条推文的关注点，在每个热点话题下面都会列出最火爆的推文，这种推文至少有 150 次转发，是最热门的推文。一般可以在主页右侧查看和自己相关的热点话题。

List（列表）：用户可以根据好友的情况，将好友分类为商业好友或私人好友等。比如用户可以把所有的非营利组织和慈善组织分到一个类别中，以方便查看。我们可以 Follow 整个列表。

了解 Twitter 平台的特色用语可以帮助我们更快速地熟悉和使用 Twitter，那么知道 Twitter 的特点之后，我们就可以开始注册属于自己的 Twitter 账号了。

4.2 Twitter 个人主页的创建与维护

4.2.1 创建自己的 Twitter 主页

（1）登录 Twitter.com 官方主页，如图 4-2 所示。目前由于墙的限制，Twitter 的官方主页还不适用于国内的 IP 地址，所以大家需要先换成国外的 IP 地址之后才能打开 Twitter 的官方主页。

图 4-2

注册一个免费账号，输入名称、邮箱地址和密码即可，如图 4-3 所示。对于名称，如果是注册公司账号，则建议使用和公司名称或者公司旗下品牌相关的名称，以方便日后账号营销推广。邮箱地址建议使用国际通用邮箱（比如谷歌邮箱等），因为其适用性更强。

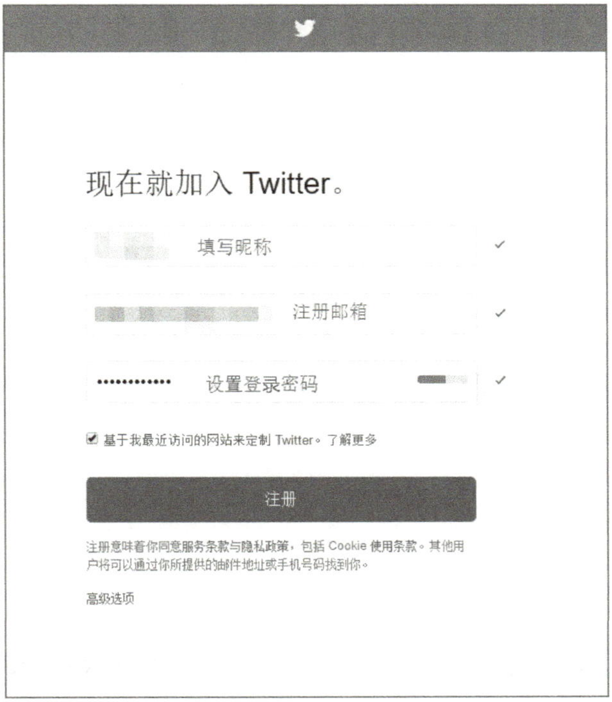
现在就加入 Twitter。
填写昵称
注册邮箱
设置登录密码
基于我最近访问的网站来定制 Twitter。了解更多
注册
注册意味着你同意服务条款与隐私政策，包括 Cookie 使用条款。其他用户将可以通过你所提供的邮件地址或手机号码找到你。
高级选项

图 4-3

（2）进入注册资料确认页面，需要确认名称、邮箱地址和密码，并且阅读同意注册使用条款后单击“创建我的账号”按钮，如图 4-4 所示。

现在就加入 Twitter。
正在为你创建账号...

图 4-4

至此，Twitter 账号就创建完成了。接下来 Twitter 会要求我们填写一些相关信息。

（3）完成手机验证，如图 4-5 所示。Twitter 不像 Facebook 那样强制要求关联手机号码，所以可以选择跳过此步骤。但是如果该账号是用来进行公司宣传的，那么为了保证安全性，还是建议完成手机验证，以方便日后找回密码。

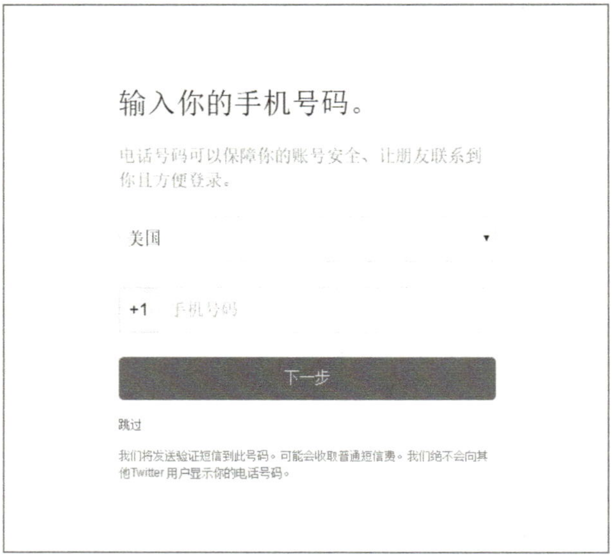
输入你的手机号码。
电话号码可以保障你的账号安全、让朋友联系到你且方便登录。
美国
+1 手机号码
下一步
跳过
我们将发送验证短信到此号码。可能会收取普通短信费。我们绝不会向其他Twitter用户显示你的电话号码。

图 4-5

（4）选择用户名之后，所有注册步骤就结束了，它会显示一个使用向导步骤，单击“我们开始吧”按钮进入，如图 4-6 所示。

很高兴你来到这里，iris liang。
Twitter将持续更新最潮、最重大的新闻、媒体、体育、电视、对话消息等等——全为你量身定制！
告诉我们你喜欢的东西，我们会帮你打点一切。
我们开始吧！

图 4-6

（5）如图 4-7 所示，我们可以选择自己感兴趣的模块。比如，如果是公司账号，公司从事的行业类目是消费电子，那么就可以搜索与消费电子有关的话题加入，这样 Twitter 平台会自动推送与兴趣话题相关的用户和 Tweet，我们可以快速扩大交友圈，并且可以随时关注消费电子圈子里的信息更新。同样的，如果是个人注册账号，还没有确定具体感兴趣的话题，则可以选择跳过，之后再回到账号主页中补充即可。

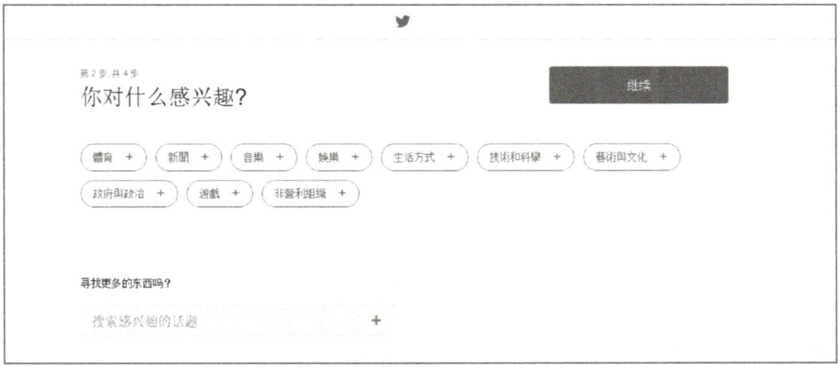
第 2 步, 共 4 步
你对什么感兴趣?
继续
體育
新聞
音樂
娛樂
生活方式
技術和科學
藝術與文化
政府與政治
遊戲
非營利組織
寻找更多的东西吗?
搜索感兴趣的话题

图 4-7

（6）Twitter 会一直提醒我们可以不断地增加好友人数，所以会建议直接导入邮箱内的联系人。这个可以自主选择，可以导入，也可以不导入，如图 4-8 所示。

第 3 步, 共 4 步
想寻找朋友并查看他们关注了谁?
查看你在 Twitter 上已经认识的人。别担心，我们不会在未经你的许可的情况下发送邮件给你的联系人。
导入联系人
不，谢谢
选择以导入联系人
Outlook
Gmail
Outlook
选择一项服务将会打开新窗口，让你安全地登录该服务并导入联系人到 Twitter。你只会看到那些允许通过邮件地址被找到的用户。除非得到你的同意，我们不会给任何人发送邮件，但我们可能使用联系人信息以推荐值得关注的账号给你，你可以随时从 Twitter 上移除你的联系人。

图 4-8

（7）Twitter 会根据我们之前填写的所感兴趣的话题，自动推送 20 个用户，推荐我们进行关注。在这里同样可以选择关注，也可以选择不关注，如图 4-9 所示。

图 4-9

至此，Twitter 账号注册完成，我们拿到了属于自己的 Twitter 账号主页。是不是很简单？下面我们来看看新创建的 Twitter 主页，如图 4-10 所示。

图 4-10

最后，别忘了到注册邮箱中收取激活邮件，单击激活 Twitter 账号。如果没有收到激活邮件，请检查一下订阅邮件、垃圾邮件里有没有。如果还是没有，则可能是延迟或拦截了，推荐使用国外的邮箱注册比较好。

4.2.2 Twitter 主页的维护

从图 4-10 我们可以看到，新注册的账号是没有任何消息的，所以需要设置账号主页，让账号信息更加完整，消息更加吸引人，这样 Twitter 账号才能发挥出更大的作用。下面我们来看看如何维护 Twitter 主页。

1. 完善主页信息介绍

首先，修改 Twitter 头像，如图 4-11 所示。可以单击图像中标注的"+"号，也可以单击"添加照片"按钮。

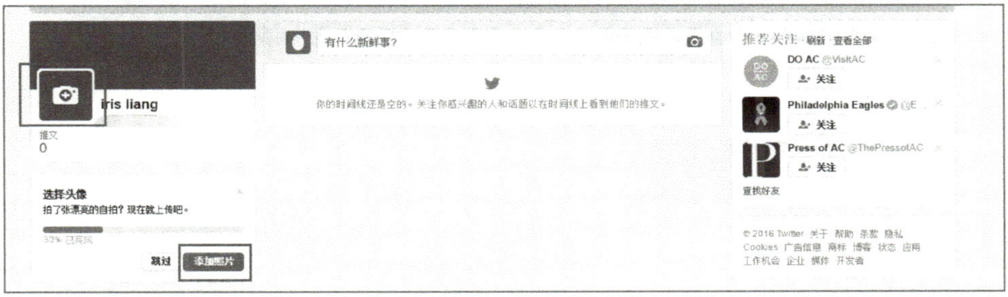

图 4-11

按照要求添加照片，然后单击"应用"按钮，即可上传头像，如图 4-12 所示。

提示：头像照片要合适。照片最好是真实的，如果是企业，用 Logo 也可以；如果是个人，若不愿意用真实的照片，则可以用一些大众的图片，但不要用 PS 过的网上到处流传的美女帅哥图片，否则会降低好感度。

然后，添加完整的信息描述，如图 4-13 所示。在"介绍你自己"的框中填写个人或者公司的介绍。各位速卖通的卖家朋友，如果没有特定的目标市场的语言需求的话，则最好用英文介绍，尽量不要使用中文。

图 4-12

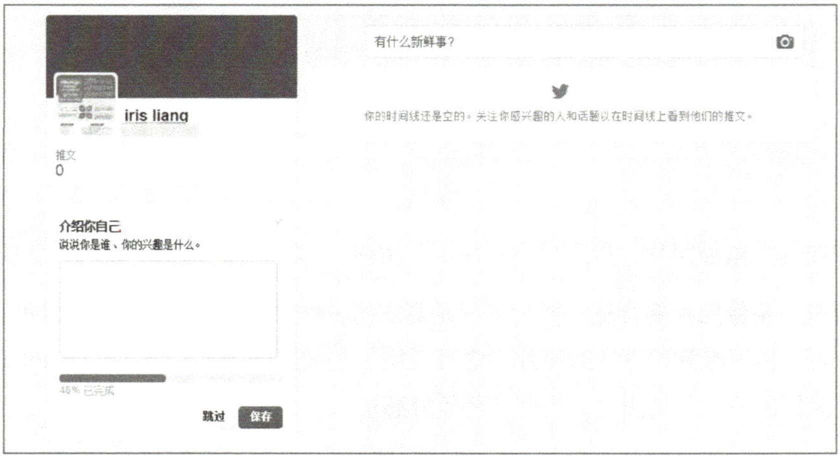

图 4-13

提示：页面信息一定要完整，让别人更加了解你，也能对你更加信任，这样才能更快速、有效地提升 Twitter 账号的流量。

提示：在头像下可以输入全名，这样可以让公司显示出更专业的全名。也可以输入地点，让别人知道我们发布推文的地点。如果需要的话，则可以加入自己的主页或博客的链接地址。

接下来，设置自定义的页面设计，让主页更加专业或者赏心悦目。单击如图 4-13 所示的头像，就可以进入个人信息编辑页面，添加自定义的 Twitter 横幅图片，如图 4-14 和图 4-15 所示。效果展示如图 4-16 所示。

图 4-14

图 4-15

图 4-16

最后，调整主页的文字颜色，与企业文化相匹配就可以了。

提示：如果是作为公司账号进行运营推广的话，则建议附加上有公司文化象征的 Logo 图片，使账号看上去更加专业，公司形象更为鲜明。如果是个人账号的话，也可以使用自己感兴趣的行业或者爱好图片作为背景，让更多同好的圈子朋友们快速了解，提升认同度。

2. 发送属于自己的第一条 Twitter 消息（推文）

设置完账号信息之后，就要开始我们的 Twitter 之旅了。开启 Twitter 之旅的第一步就是发送一条 Twitter 消息，也就是推文。

首先进入 Twitter 账号主页，找到推文发布框，推文发布途径有两条，如图 4-17 所示。

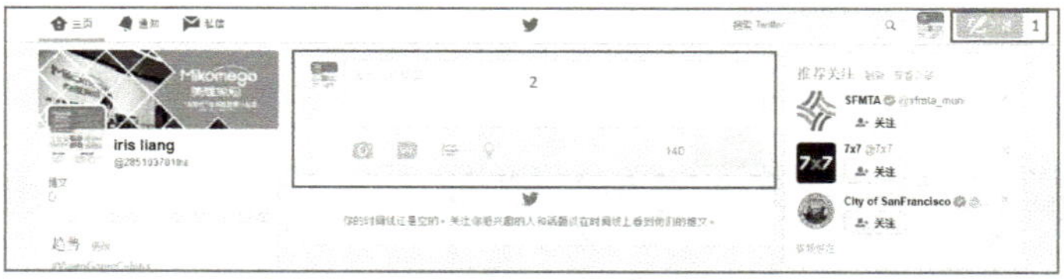

图 4-17

输入相关的文字、链接和图片，如图 4-18 所示。

图 4-18

提示： 在推文中可以使用链接，但是建议链接要与内容相关，否则会被当成垃圾链接看待，效果会大打折扣。同时在推文中尽量使用不同类型的内容，比如链接、图片和文字相结合，内容形式的多样化比较能吸引用户。

输入完成之后，单击“发推”按钮，这样推文就会展示在账号主页的时间线上，如图 4-19 所示。至此，第一条推文就发布成功了。

图 4-19

提示： 每天发布推文至少 3~5 条。这个发布频率是比较适中的，3~5 条推文要分散在一天中的不同时段发送，时不时地冒出来一下，让别人时不时地记起你，这在账号推广初期也是必需的。

提示： 不要过分推销产品，推销产品的内容占总内容的比例为 1:5 即可。过分推销产品，广告味太重；不推销自己，效果又会比较差，所以推销内容要适中。

3. 找到正确的人并成为 Ta 的粉丝

在 Twitter 上，我们可以追随那些在相关行业内很有影响力的人物，从他们那里吸取经验，了解行业动态，最好可以和他们进行话题互动，这样就可以大大提升我们账号的专业性和知名度。在每个行业或领域中，总有一些粉丝数量比较多的人，多跟他们互动会有很好的宣传效果，也就是我们通常所说的“网红效应”。

那么如何找到这样的红人，并且成为粉丝呢？

首先，有三条渠道可以查找相关领域的人或事。第一条渠道是在账户主页上直接搜索 Tweet 话题，查找话题下评论、点赞数多的人；第二条渠道是在账户主页左侧的“趋势”中查找当下最火的话题，然后查找话题下粉丝数量多的人；第三条渠道就是在账户主页右侧的“推荐关注”中查找和我们自己的行业相关的人或事，如图 4-20 所示。

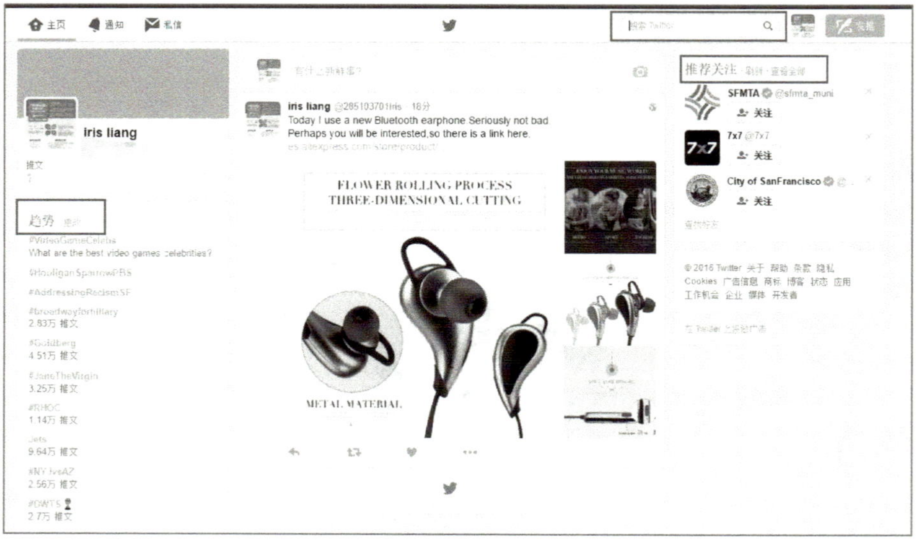

图 4-20

找到粉丝数量比较多的用户之后，单击 Follow，就成为该用户的粉丝，可以了解到该用户的最新动态。

其次，如果觉得一个个 Follow 太过麻烦，则可以 Follow 整个列表，这相当于一键 Follow 多人。当然，还需要找到与我们自己的行业相关的其他用户，比如 A，然后进入用户 A 的个人资料中，单击他的 List 表单，就可以看到他所设置的所有公开列表分类，找到我们希望 Follow 的列表，单击列表上方的 Follow 就可以一键 Follow 整个列表了。这样可以节省很多寻找同好的时间，推荐大家使用。

4．管理自己的 Following 和 Follower

对社交网站的运用和我们正常理解的沟通交流方式不同，我们并不是只能接收到传统媒体或身边的人所告诉的行业情报，事实上我们平时所接收到的所有信息也只是经过一小部分人处理后得出来的结果。而在社交网站上其实还有很多同样热衷于相关行业的用户、账号，甚至是公众媒体，将众多兴趣爱好者的声音汇总起来才能得到我们所需要的更为准确的商业情报。

这样就会要求我们能够通过社交网站接收到更多的信息，看到不同角度的事件或产品描述。但是一旦这样做了，我们就会自然地觉得这样处理多方资讯需要耗费大量的精力。当信息量过多时就会出现信息接收受阻，反而制约了我们对信息的使用效率。使用过 Twitter 账号的卖家朋友可能就会有这样的感觉，当 Twitter 账号中 Following 和 Follower 的数量越来越多时，对账号的使用效果反而会下降。其实就是这样的道理。这时就需要我们熟练运用 Twitter List 的功能，帮助我们建立资讯分组疏通的渠道，使我们的信息在覆盖全面的同时能够更加精准，具有针对性。

那么，什么是 List 呢？List 该如何管理呢？

顾名思义，List 就是列表、分组，可以将我们所关注的所有人进行分类管理，这样就可以有针对性地了解和掌握对应分组的信息更新。比如可以为账号设置两个 List，分别是“Earphone（耳机）”和“News（新闻）”，那么当单击“Earphone”分组时，就只会看到耳机分组下用户分享的信息，如图 4-21 所示。

图 4-21

由此可知，List 就是把过多的资讯分流，按照不同的功能、目的、用途分开。企业用户可以利用这个功能把使用产品 A 和产品 B 的使用者分在不同的群组中，给予不同的服务；个人用户可以根据自己的需求建立朋友清单、科技新闻清单、社会新闻清单等。当用户 Follow 别人的清单时，清单中的推文不会显示在首页的 Timeline 中，可以有效地减少资讯过载的问题。

而且添加 List 并不需要成为 Follower，所以我们可以将不同重要层次的好友（需要关注的程度不同）分为不同的列表，有些好友未必需要 Follow，也可以通过 List 来了解他们的更新。另外，List 也可以用来关注相对聚焦的内容。

那么，List 该如何建立呢？

首先，我们需要找到账号主页的头像，单击下拉列表框中的“列表”，就会进入 List 设置页面，如图 4-22 所示。

图 4-22

创建新 List 的过程非常简单，只要输入列表名称，并且选择“公开”或“私密”即可，如图 4-23 所示。私密的 List，其他人无法看到；而公开的 List，其他 Twitter 用户可以随时跟随整个表单。

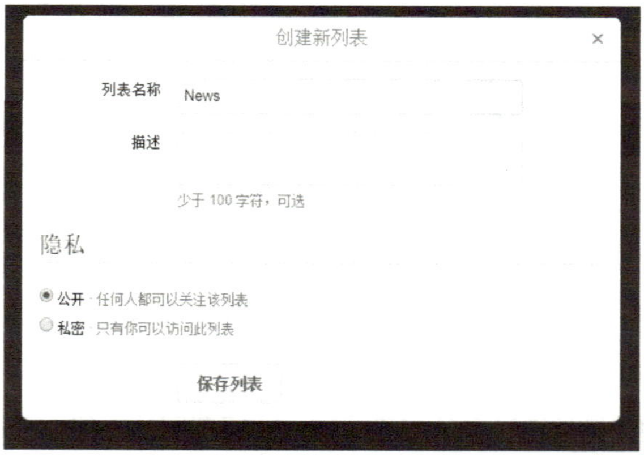

图 4-23

提示：Twitter 官方预设的 List 阅读方式，需要切换页面，对于拥有多个 List 的用户来说不够方便，这时可以利用 Hootsuite 网站来有效阅读多个 Twitter List。

提示：添加 List 并不以添加关注为前提，也就是说，在针对竞争对手的时候，可以将竞争者放入 List 中，这样我们可以随时关注对方的动态，但是对方却不知道。

4.3　Twitter 营销策略

4.3.1　选择自己需要的受众范围

很多卖家在做 Twitter 营销推广的初期都会进入一个认识的误区，就是如果要在 Twitter 上获得大量的访问量，提升个人或企业的声誉，则需要建立庞大的跟随者列表，并大量散布链接。跟随者越多，倾听你的人就越多，也就越容易传播你的信息。当然，并不是说这样的做法是错误的，只是不建议在账号建立初期就以大批量的 Follower 为目标。

因为这样做会存在一个问题，就是我们所获得的都是低价值的跟随者，在短时间获得的粉丝中有很大一部分都是不活跃的或不回应的，甚至有很多是自我推销者、垃圾邮件发送者或自动账户。这些用户实际上可能对我们并不感兴趣，他们唯一的作用就是使 Twitter 账号的粉丝数量看起来不错。虽然很多人都会根据跟随者的数量来判断 Twitter 账号的影响力，但对于企业来说，Twitter 营销的重点不是跟随者数量，而是转化率。在内容传播和获得流量、销售方面，有针对性的 1000 名 Twitter 跟随者可以轻松超越 10000 名不活跃的跟随者。

而且跟进各种各样的 Twitter 用户，并抛出大量千篇一律的链接来吸引买方或读者，这种粗放型的营销方法是远远不能满足企业的营销需求的。那么企业如何通过 Twitter 推广自己的网站和品牌呢？

首先，就是锁定目标群体，选择自己需要的受众范围，有针对性地进行粉丝互动、交流才能有更好的营销转化效果。

其次，不要自动地跟进大批用户，再进行删选，因为这样最终获得的只是对我们不感兴趣或仅有一点点兴趣的用户。最基本的办法就是寻找相关联的 Twitter 用户。Twitter 用户定位可以参考速卖通卖家店铺的客户购买分析。

例如，可以按照国家/地区进行受众人群画像，在速卖通店铺中购买群体集中在东欧、北美国家，购买力在中等以上，这些都可以作为 Twitter 用户群体定位的参考标准。并且在此基础上可以进行适当的拓展，比如可以拓展到北欧、大洋洲并作为重点推广的对象去尝试，则会收到更好的反馈效果。

也可以按照专业度进行受众人群画像，比如公司产品集中在 3C 消费电子类目，那么受众群体就定位在对消费电子产品感兴趣的社群中，尤其是对消费电子产品狂热的人群中。

确定好受众对象之后，再根据受众群体的特点有针对性地设计 Tweet 发布，选择性地添加合适的 List 和社群，进行定向型的话题讨论。

那么，接下来我们能做的营销推广有哪些呢?

4.3.2 创建自己的 Twitter 营销计划

Twitter 营销主要有以下几种操作途径。

（1）利用 Twitter 的搜索功能。Twitter 内部搜索结果是按照时间进行排名的，最近更新的 Tweet 相关关键词排在前面，如果围绕一个关键词不断地更新，该 Tweet 就会排在 Twitter 搜索结果的前列。但是这种类似于刷屏的操作方法会降低 Follower 的好感度，所以要注意控制频率。

另外，Google 搜索结果融入 Twitter 的排名结果。也就是说，如果我们的 Tweet 是最新的且包含相关关键词，那么在别人没有更新之前，该 Tweet 就会在 Twitter 排名结果中排在前面。Google 也会把 Twitter 的实时搜索结果考虑进去，所以在 Google 搜索页面中我们的消息也会排名靠前。

关于 Twitter 搜索排序，还有一点就是搜索关键词的使用技巧。比如销售“Web hosting”产品，一般情况下我们会在 Twitter 的搜索框中搜索此关键词，以查找对此产品有需求的客户，但是搜索结果如图 4-24 所示。

从图 4-24 中我们可以看到，搜索出来的基本上都是相关的销售卖家，而真正需要“Web hosting”产品的买家却寥寥无几，这样的搜索结果对于我们来说是没有帮助的，因为我们不可能将产品卖给竞争对手。所以需要换一种搜索方式，在搜索框中输入“web host recommendations -http -www.”关键词，这样搜索结果如图 4-25 所示。

从图 4-25 我们可以看到，搜索出来的基本上都是对“Web hosting”产品有确定需求的买家，这样的搜索结果对于营销推广来说才是确实有效的。

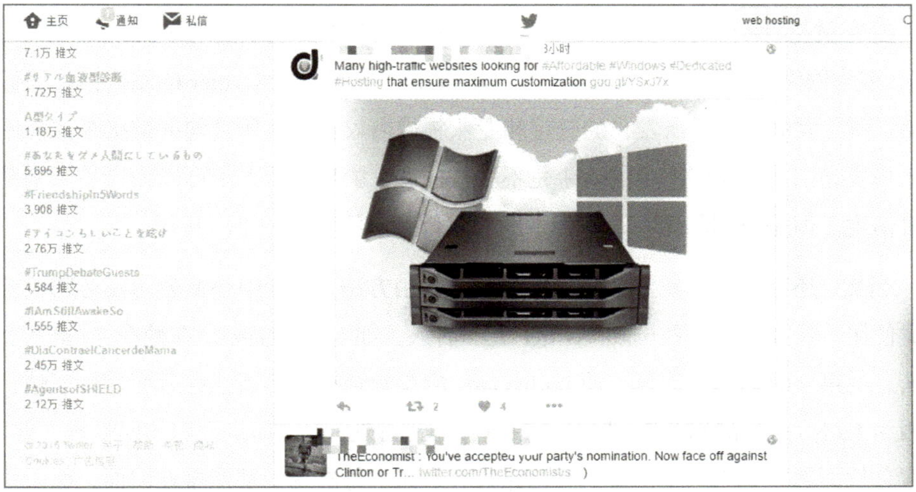
主页
通知
私信
web hosting
7.1万 推文
1.72万 推文
1.18万 推文
5,695 推文
3,908 推文
2.76万 推文
#TrumpDebateGuests
4,584 推文
1,555 推文
2.45万 推文
#AgentsofSHIELD
2.12万 推文
3小时
Many high-traffic websites looking for
that ensure maximum customization
TheEconomist : You've accepted your party's nomination. Now face off against
Clinton or Tr...

图 4-24

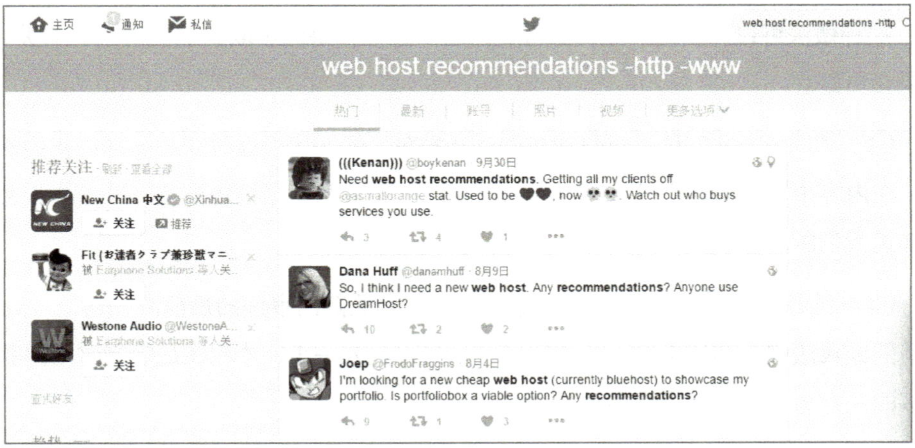
主页
通知
私信
web host recommendations -http
web host recommendations -http -www
推荐关注
New China 中文
关注
推荐
Westone Audio
(((Kenan))) @boykenan 9月30日
Need web host recommendations. Getting all my clients off
stat. Used to be, now. Watch out who buys
services you use.
Dana Huff @danamhuff 8月9日
So, I think I need a new web host. Any recommendations? Anyone use
DreamHost?
Joep @FrodoFraggins 8月4日
I'm looking for a new cheap web host (currently bluehost) to showcase my
portfolio. Is portfoliobox a viable option? Any recommendations?

图 4-25

（2）利用"名人效应"进行推广。刚才在上面的 Twitter 搜索功能里面介绍了可以在 Twitter 的目录上通过关键词来追踪和查找潜在客户，虽然这样做可以简捷、有效地选择优质的潜在用户，但是和每个潜在用户进行互动还是需要大量的时间和精力的。在正常情况下，卖家很难做到单独设立一个岗位做 Twitter 账户的营销推广，这样就遇到了新的问题：如何在短期内以较少的劳动付出来锁定潜在用户并与之进行互动？

答案就是借助“名人效应”。其中一种方法就是通常人们所理解的“网络红人营销”，因为网络红人拥有较为庞大的忠实粉丝群，他们能在 Twitter 的站内推广我们的产品。而且大众追随者所发布的链接和专业领域内权威人士所赞同的链接跟我们用普通账户发布的 Tweet 所产生的效果是不一样的，有影响力的人士可以为产品带来更高的可信度。但是我们需要为这些网络红人支付一定的宣传和推广费用。

当然，还有一种不需要推广费用的红人营销方法，适合中小型公司在初期进行尝试时使用。例如，可以找国外 Twitter 上的名人，如 Lady Gaga，在她在 Twitter 上发布信息的第一时间进行回复，而 Lady Gaga 的粉丝会持续不断地在后面进行回帖，并且因为 Lady Gaga 的知名度，回帖的数量会非常可观，这时如果我们的回帖排在前面，那么自然而然会有人点开看我们的信息内容。如果每次我们都能排在前面，那么就会有更多的人 follow 我们的账户。

这种做法可以同步推广到相关行业内的名人，如果能争取到他们对我们的关注，效果会更好。

（3）利用 Tweet 宣传。可以通过 Tweet 发布广告，比如通过 Tweet 宣传我们的产品，在内容中可以添加产品文字介绍、产品详细图片和产品销售链接。广告会让关注者知道我们的专业领域和所销售的产品类目。

（4）利用“#热门话题”跟踪。始终保持在行业热门事件的最前沿，这是 Twitter 营销的经典法则。类似于红人营销的手段，只有快人一步，才能在最短的时间内获得最多的注意力，从而赢得更多的机会。

（5）通过 Twitter 的活动和粉丝互动。可以设置提问，和大众一起讨论公司发展问题，以及设置一些转发抽奖的小活动来提升关注者的活跃性。加强和粉丝间的互动交流，提供更加人性化的服务，可以大大提升粉丝的活跃性，保证营销效果。

比如故意寻求帮助就是一个非常有效的方法，百事公司就是一个很好的例子。当百事公司刚刚进入 Twitter 时，发现 Twitter 上的用户不仅关注产品本身，而且也乐于同企业探讨有关品牌建设和发展等众多问题。Follower 乐于接受公司的邀请参与各类线上和线下的活动，并主动积极分享自己的各种体验，所以百事公司加大了对 Twitter 平台上用户的营销推广，并且针对这些数据和特点推出了更有针对性的粉丝线上活动和更有效的互动问答。这样做不仅大大提升了产品的推广度，而且使得百事公司获得了更多人的推崇和喜爱。

所以，基于 Twitter 平台的特点，在 Twitter 上进行粉丝互动和开展各种活动会为我们带来诸多意想不到的效果。

4.3.3　发布合适的营销推广信息

上面介绍了 Tweet 的发布操作流程，以及如何利用 Tweet 发布营销推广信息。那么，在发布推文时如何保证我们的营销信息是合理、高效的？都需要注意些什么？下面进行具体介绍。

首先，尽量一条推文发布一个主题信息。不建议合并多条内容，最好不同类别的信息能够分别发送，这样可以提高营销信息推广的有效性。

其次，多样的话题标签可以吸引更多的阅读者。所以，在发布 Tweet 时可以同时放置多个相关联的话题标签，但是最好不要重复关联。使用多个标签可以让更多的搜索相关词语的用户发现我们，提高 Tweet 的曝光度。后面会详细介绍如何使用第三方工具选择优质且关联度高的标签并添加到 Tweet 中。

第三，我们可以在手机上下载 Twitter 移动端，这样可以随时更新状态，并且及时了解行业热门话题的动态。

第四，记得要多多访问可以在 Twitter 上接收信息的网站，尤其是专业的行业论坛，我们在行业论坛上发布专业信息时，可以选择同步到 Twitter 账号上，这样可以构建更大的 Twitter 人际网络，让我们找到更多志同道合的人。

第五，如果想进一步提升 Twitter 账号的营销效果，让更多的人关注我们，则可以尝试寻找一种适合自己行业的 Twitter 账号风格类别，所发布的推文都按照这种类别的风格进行编辑，比如消费电子、时尚等相关主题，这样可以使 Tweet 更加专业，而且更具有趣味性。

最后，Twitter 是一个全球性社交平台，针对特定的类目，在编辑 Tweet 文案时，选择符合受众当地特色的营销方式很重要。比如亚太地区，最具特色的是日本市场，在日本市场 Twitter 的使用率要超过其他平台，日本用户的活跃度相对较高。同时，日本也是游戏大国，非常适合进行与游戏相关商品的推广，所以在日本与游戏相关类目的广告转化率就会比较高。

4.4 Twitter 工具的使用

Twitter 相比于其他平台最大的特点是本体的简化。多年来 Twitter 一直坚持着做专业的社交网站交流平台的理念，没有大量开发其他第三方服务软件。而伴随着 Twitter 的发展，也使得 Twitter 平台衍生出许多优质的第三方服务工具，形成了一个完整的以 Twitter 为核心的服务生态系统。Twitter 也就成为用最小的产品控制力网罗了最多、最优秀并且最持久的产品设计者和支持者的平台。

这些衍生的优质的第三方软件可以帮助我们大大降低 Twitter 营销推广的难度，下面我们就挑选三款不同类型的第三方免费软件做详细介绍。

4.4.1 Hootsuite

在前文 List 部分已经简单提过这款第三方软件，那么该软件到底有哪些好处呢？

Hootsuite 是一个通用性比较强的社交网站管理工具，支持如 Twitter、Facebook 及 LinkedIn 等热门的社交网站，还可以同步管理其他一些带有开放接口的热门平台，包括 Ping.fm、WordPress、MySpace、Foursquare 等。这里只说它在 Twitter 上的使用。

使用 Hootsuite 可以很轻松地管理多个账号，我们可以把不同的产品或品牌分别注册一个与之对应的独立账号，然后统一在 Hootsuite 的平台上进行管理。

因为这个工具不需要下载 App，在网页上就可以同步操作，所以使用流程非常简捷。先登录 Hootsuite，关联 Twitter 账号，然后在“添加信息流”中，将我们之前建立的 Twitter List 加入资讯列表中就可以了。如图 4-26 所示，将三个 List 并列在一起浏览，这样可以同步管理多个账号的多个标签，并且不会出现混乱的情况。

这个工具还具有预发布功能，可以帮助我们预先针对每个账号设置好批量信息，然后设置发布时间，让 Hootsuite 自动在合适的时候发布。同时，Hootsuite 还同步提供了点击统计的功能，可以帮助我们随时跟进信息的点击状况，以便调整自己的营销策略。

可以说 Hootsuite 是一个功能全面、通用性强而且操作简捷的账户管理类工具。

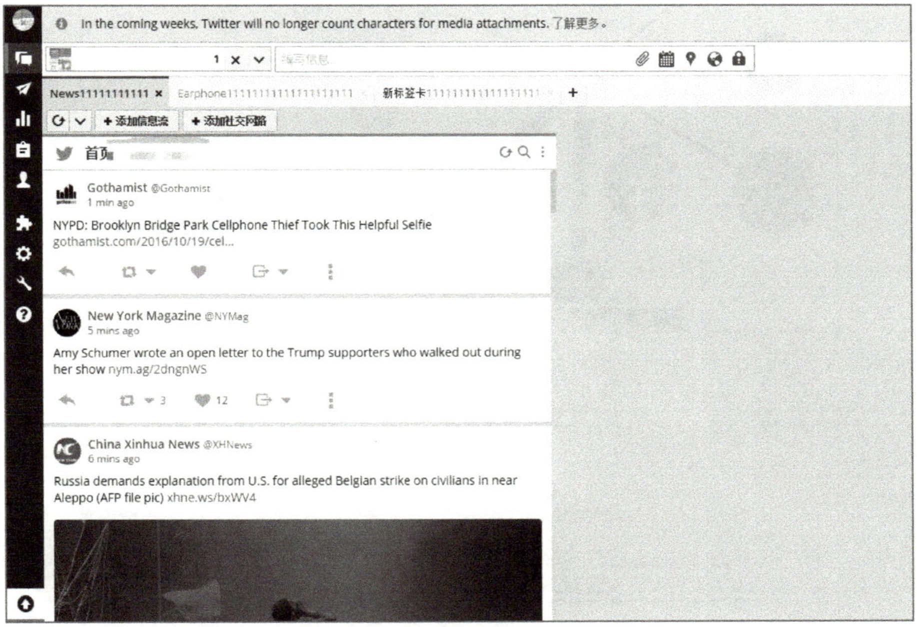
In the coming weeks, Twitter will no longer count characters for media attachments. 了解更多。
News11111111111
Earphone1111111111111111111
新标签卡111111111111111111
+ 添加信息流
+ 添加社交网络
首页
Gothamist @Gothamist
1 min ago
NYPD: Brooklyn Bridge Park Cellphone Thief Took This Helpful Selfie
gothamist.com/2016/10/19/cel...
New York Magazine @NYMag
5 mins ago
Amy Schumer wrote an open letter to the Trump supporters who walked out during her show nym.ag/2dngnWS
China Xinhua News @XHNews
6 mins ago
Russia demands explanation from U.S. for alleged Belgian strike on civilians in near Aleppo (AFP file pic) xhne.ws/bxWV4

图 4-26

4.4.2 Hashtagify

上面在“Twitter 营销策略”中提到，如果要提升 Tweet 的营销效果，可以在一条 Tweet 中添加多个热门标签，也就是跟随多个热门话题。但是要如何找到合适的热门话题来添加呢？这时我们可以通过 Hashtagify 工具来寻找合适的标签

Hashtagify 是一个可以帮助寻找符合要求的标签类工具。只需在 Hashtagify 的搜索栏中输入想要查找的的标签关键词，Hashtagify 就会自动为我们生成符合这个关键词的标签。这里还是以“Earphone”为例，如图 4-27 所示，我们可以在“Basic Mode”中看到自动生成的相关标签。同时，还可以单击“Table Mode”，如图 4-28 所示，这里展示的是各个标签的流行度排行榜，这会更有利于我们判断并选择合适的标签。

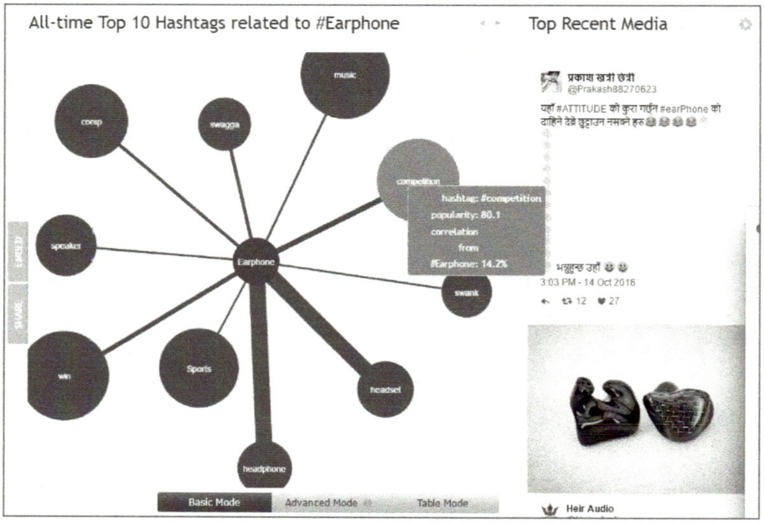

图 4-27

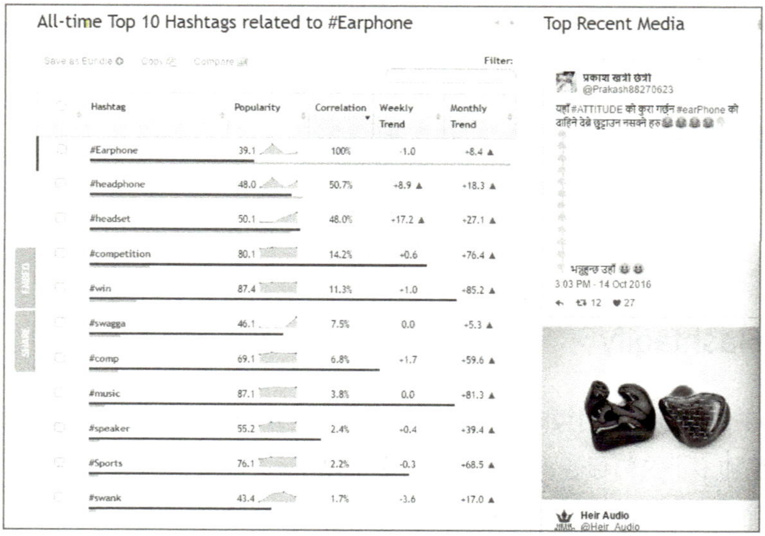

Hashtag	Popularity	Correlation	Weekly Trend	Monthly Trend
#Earphone	39.1	100%	-1.0	+8.4 ▲
#headphone	48.0	50.7%	+8.9 ▲	+18.3 ▲
#headset	50.1	48.0%	+17.2 ▲	+27.1 ▲
#competition	80.1	14.2%	+0.6	+76.4 ▲
#win	87.4	11.3%	+1.0	+85.2 ▲
#swagga	46.1	7.5%	0.0	+5.3 ▲
#comp	69.1	6.8%	+1.7	+59.6 ▲
#music	87.1	3.8%	0.0	+81.3 ▲
#speaker	55.2	2.4%	+0.4	+39.4 ▲
#Sports	76.1	2.2%	-0.3	+68.5 ▲
#swank	43.4	1.7%	-3.6	+17.0 ▲

图 4-28

接下来，根据需要选择我们所要使用的标签就可以了。

4.4.3 RiteTag

RiteTag 是一个检查标签关联性的工具。当选定了某个标签后，我们可以通过使用 RiteTag 工具来检查这个标签与 Twitter 账号的关联性。和上面介绍的 Hashtagify 工具结合使用，就可以得到精准的符合 Twitter 账号的标签，以此加强与粉丝的互动，以及吸引更多的对这些标签内容感兴趣的人。

RiteTag 的操作流程非常简捷，不需要下载相关 App，只需进行网页操作即可。首先进入 RiteTag 中，授权它可以访问相关的 Twitter 账号。然后在网页的“Test your hashtags here”中输入所选择的标签，网页就会自动分析并得出该标签的关联性，如图 4-29 所示。

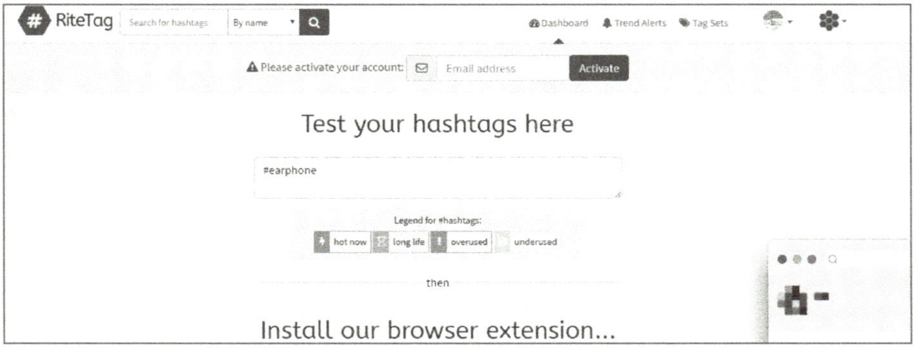

图 4-29

RiteTag 会用颜色来标识关联性的强弱，绿色代表标签关联性强，适合 Twitter 推荐使用；蓝色表示关联性一般，可供选择；而红色表示关联性不佳，不建议使用。我们可以根据这些颜色对标签进行归类，以便进行更精准的选择。而且 RiteTag 可以同步分析多个平台，并不只限于 Twitter 平台。

4.4.4　工具总结

由于 Twitter 平台的特殊性，Twitter 的相关第三方软件也非常庞杂，基本涉及了 Twitter 账号使用的方方面面，在这里不可能列举出全部的第三方软件，更多的软件使用体验还需要各位卖家朋友自己去尝试，然后才能真正找到适合自己的工具。

下面介绍的三款软件也并不是最好的，只是在免费工具中它们的通用性最强、上手最简单，如果只是初步尝试使用 Twitter 平台则足够了。对于付费软件，本章暂不涉及，如果需要购买付费软件，则建议仔细评估之后再做判断。

第 5 章 Pinterest 营销

5.1 Pinterest 简介

5.1.1 什么是 Pinterest

如果说 Google+是“科技男”和“宅男”的乐土，那么 Pinterest 就是家庭妇女和欧美主妇的天堂。Pinterest 是一家以兴趣为基础的社交网站，通过图片墙 Pinboard 发布图片，图片以瀑布流的形式展现，如图 5-1 所示。2011 年，Pinterest 被评为“美国最受欢迎的十大社交网站”，并且以月增长 45%的速度赶超 Google+，成为近年来美国社交网站中的一匹黑马。

Pinterest 是一个创意组合词，由 Pin 和 Interest 组合而成，音标读作['Pintrist]，原义是指把自己喜欢的图片就像拿钉子钉在白板上一样分享。Pinterest 的中文名字叫“拼趣”。“拼趣”一词属于创造性翻译，既保留了原英文品牌的大部分发音，Pinterest 名字由 Pin（拼）+Interest（兴趣）组成，寓意为把自己感兴趣的东西（图片）用图钉钉在钉板（Pinboard）上，让用户不断地发现新图片，又不拘泥于刻板的音译手法，该

名字有“拼之趣图”的另一层深刻的含义，而且朗朗上口，含义丰富，属于上等、高雅之名字。（摘自百度百科）

图 5-1

Pinterest 采用瀑布流的形式展现图片，无需用户翻页，新的图片不断地自动加载在页面底端，让用户不断地发现新图片。Pinterest 堪称图片版的 Twitter，用户可以将感兴趣的图片保存在 Pinterest 上，其他用户可以关注，也可以转发图片。索尼等许多公司都在 Pinterest 上建立了主页，用图片营销旗下的产品和服务。有多家机构称，在移动互联网时代，网民在移动设备上更喜欢观看图片，Pinterest、Snapchat、Instagram 等图片社交平台受到用户的热捧，目前其市场估值也明显高于其他“文本”社交网站。

Pinterest 的 80%用户是女性，并且年龄从 25 岁到 55 岁不等，但是 36~45 岁的女性用户使用 Pinterest 的时间最长。所以，我们的产品除用户群体适合之外，产品图片还得具有视觉冲击效果，对衣服、鞋子、包包等时尚产品，以及首饰、美容化妆等类目而言，Pinterest 就是一片沃土。

5.1.2　Pinterest 大数据

Pinterest 从 2010 年 3 月上线以来，已经积累了 4230 万活跃用户，以女性用户居多，超过 44%的美国女性都在使用 Pinterest，男性用户也在增加，话题不只是蛋糕和指甲艺术。很多网站的用户基数都比 Pinterest 大，但是为什么要关注这个平台呢？因为和其他平台相比，Pinterest 的转化率更高，可以产生不错的营销效果。因为很多人都开始在 Pinterest 上开展营销，所以 Pinterest 就像一个视觉公告板，收藏文章、产品、图片等。

目前，Pinterest 的每月活跃用户已经超过 1 亿，已经有超过 450 亿张图片被上传到 Pinterest 上，网站的估值超过 110 亿美元。

我们看一下 Pinterest 的一些特点。

- 用户每天花在 Pinterest 上的时间平均约为 16 分钟，在社交软件泛滥的今天，这已经相当不错了。
- 50%的 Pinterest 用户都已经有了孩子和成立了家庭（适合做母婴产品）。
- 70%的 Pinterest 用户是女性（时尚女性产品是不错的市场，Pinterest 是女性的帝国）。
- Pinterest 的 Facebook 页面关注者 97%是女性（同样说明 Facebook 也是女性的热爱地）。
- 5.28%的 Pinterest 用户年龄为 35~44 岁，25~34 岁占 27%。由此可知，Pinterest 用户大多数是年轻人，所以做时尚潮流的产品会比较受欢迎。
- Pinterest 的 Like 使用率每天超过 300 万人次。
- Pinterest 在美国最受欢迎的社交网站排名中位居第四（美国市场巨大）。
- Pinterest 给网站带来的流量比 Google+YouTube 和 LinkedIn 等高很多。
- 28.1%的 Pinterest 用户有 10 万美元以上的家庭年收入，这意味着我们可以在 Pinterest 上做客单价高的产品的营销和推广。

Pinterest 以其独特的方式，在竞争白热化的社交网站中脱颖而出，每天有数以千万计的全球用户在 Pinterest 上 Pin 自己喜欢的图片、产品和美食等，同时也有很多用户 Repin 自己喜欢的图片或者明星和达人的图片。越来越多的国际大品牌看到了 Pinterest 的巨大潜力，争相开始在 Pinterest 上 Pin 自己的产品，以吸引更多的粉丝关注，达到更好的品牌宣传效果。接下来介绍如何注册 Pinterest 账号。

5.1.3 注册 Pinterest 账号

幸运的是，不用借助任何工具就可以登录 Pinterest，这一点对于我们以后做营销非常方便。

Pinterest 网站的地址是 www.pinterest.com。如图 5-2 所示是 Pinterest 的 PC 端登录界面。我们看到，可以通过邮箱来注册账号，但是如果有 Facebook 账号，也可以直接用 Facebook 账号进行登录，这样其实更方便我们以后进行营销与 Facebook 的联动。Pinterest 的移动端可以在 Google+和苹果 App Store 中搜索 Pinterest 下载。如图 5-3 所示是移动端 Pinterest 的登录界面，同样也可以用 Facebook 账号和邮箱进行登录。

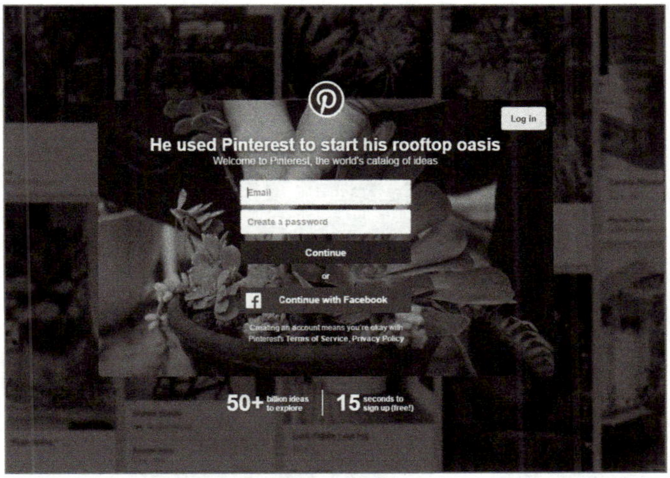
Log in
He used Pinterest to start his rooftop oasis
Welcome to Pinterest, the world's catalog of ideas
Email
Create a password
Continue
or
Continue with Facebook
Creating an account means you're okay with Pinterest's Terms of Service, Privacy Policy
50+ billion ideas to explore
15 seconds to sign up (free!)

图 5-2

既然 Pinterest 是营销天堂，那么它一定有专业的商家入口。在 PC 端界面的底部有一个选项是“Business”，单击之后我们可以看到专门给想在 Pinterest 上做营销的商家准备的页面，开通的账户可以用 Rich Pin 等营销工具来增加曝光和销量，如图 5-4 所示。

Save creative ideas
for any project or interest
Continue with Facebook
Sign up with email
Log in
Terms of Service and Privacy Policy

图 5-3

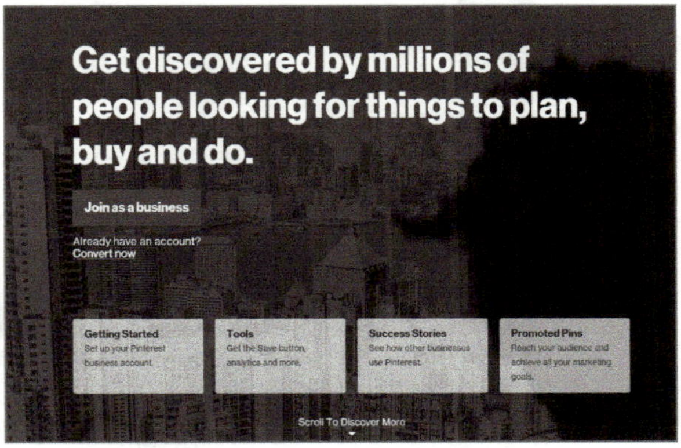
Get discovered by millions of people looking for things to plan, buy and do.
Join as a business
Already have an account?
Convert now
Getting Started
Set up your Pinterest business account.
Tools
Get the Save button, analytics and more.
Success Stories
See how other businesses use Pinterest.
Promoted Pins
Reach your audience and achieve all your marketing goals.
Scroll To Discover More

图 5-4

当然，Pinterest 还将一些曾经在这个平台上做营销非常成功的品牌罗列在“Success Stories”里面，大家可以参考他们的成功思路。以下是 Etsy 的 Pinterest 主页面，如图 5-5 所示。

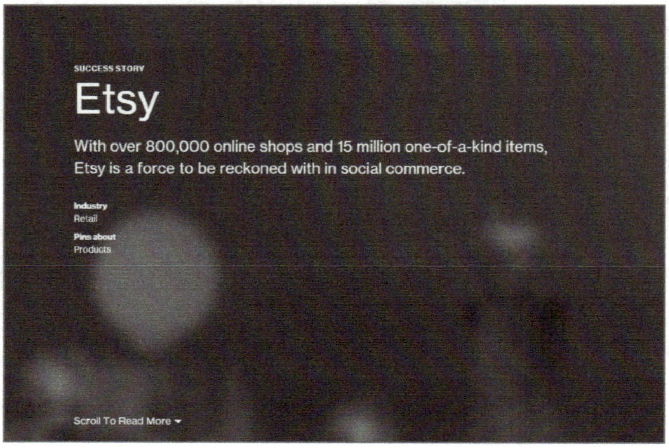

图 5-5

单击“Join as a business”之后会跳出一个页面，其中比较重要的选项是注册这个商业账户的目的，里面有很多项供选择，因为我们是在 Pinterest 上销售产品，所以一般选择“Professional”，如图 5-6 所示。

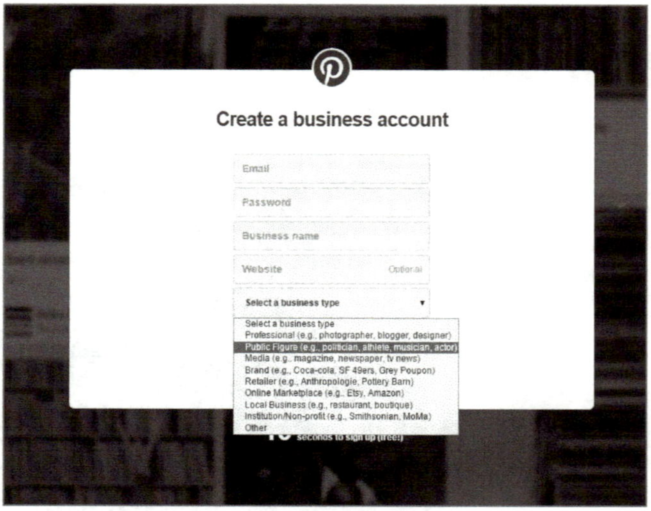

图 5-6

信息填写完成后，接下来选择比较感兴趣的领域，然后系统会自动推送给我们与所选择相关的内容。一般建议选择与销售产品相关的主题，比如是卖女装的，那么就选择 women fashion、women clothing 等这样的主题，这样不仅能看到全球女装的趋势，还能帮助我们选品，如图 5-7 所示。

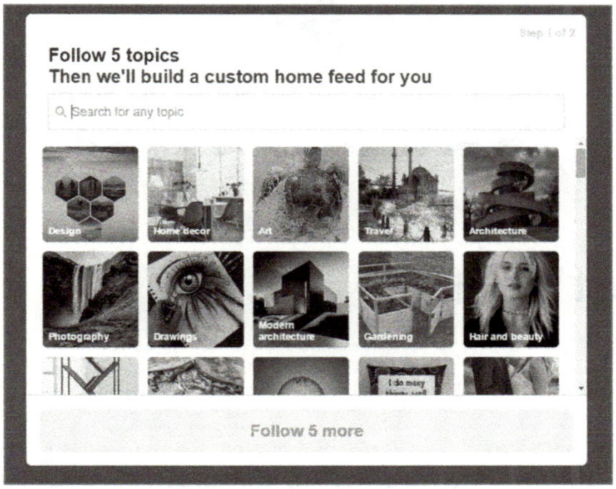

图 5-7

当选择完 5 个主题后，Pinterest 会打开一个官方小工具，叫作 Pinterest browser button，如图 5-8 所示。它的作用是我们可以随时随地看到自己喜欢的图片，一键 Pin 到 Pinboard 上。这个小工具可以被嵌入到谷歌浏览器中，使用起来非常方便。

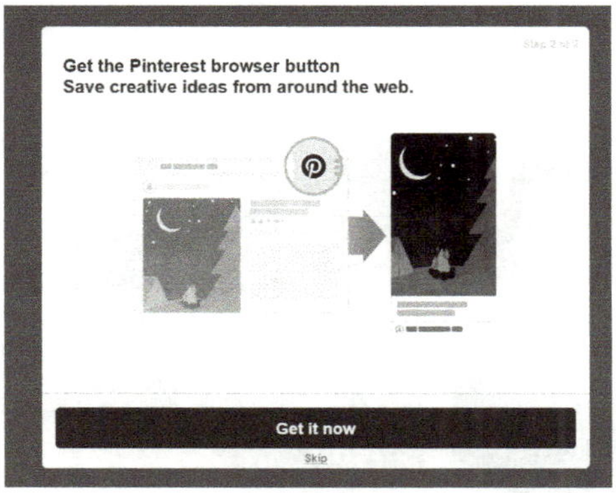

图 5-8

获取小工具以后，系统就会给我们生成账号的 Board，我们要做的是把头像换成品牌 Logo，然后就可以在 Pinterest 上做营销了，如图 5-9 所示。

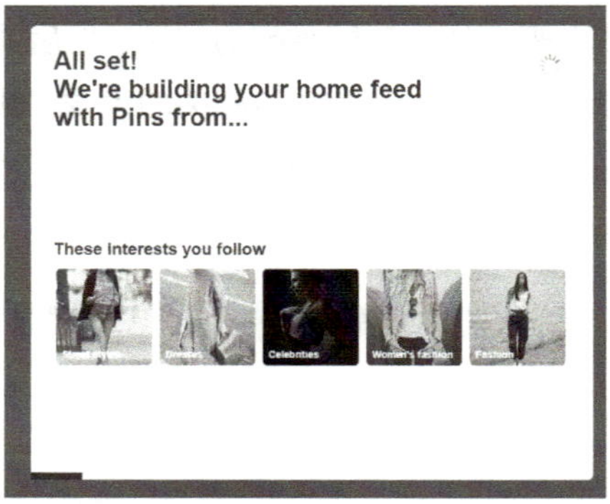

图 5-9

5.2 Pinterest 营销概述

5.2.1 功能介绍

打开 Pinterest 首页，个人用户和商业用户看到的主页面稍有不同，如图 5-10 和图 5-11 所示页面右上角的图标。下面分别进行介绍。

1. 个人用户

个人用户前台页面，如图 5-10 所示。

图 5-10

商业用户前台页面，如图 5-11 所示。

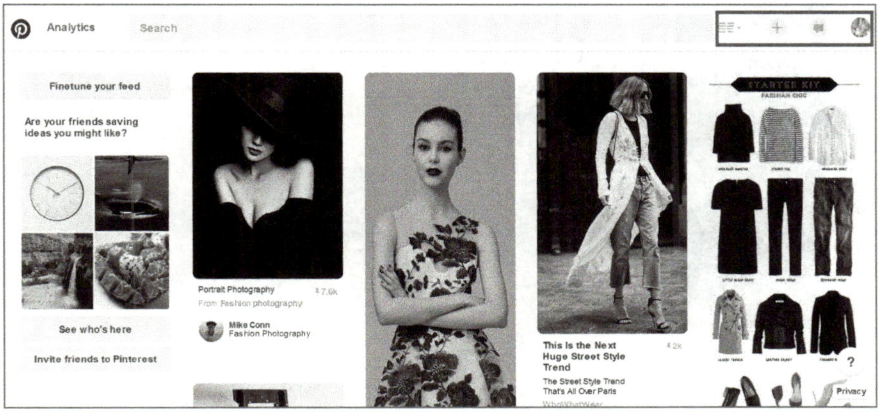

图 5-11

（1）当我们首次使用个人账号打开 Pinterest 时，页面上会出现一块黄色区域，如图 5-12 所示，这是要求我们确认注册邮件的信息。

图 5-12

可以选择重新发送邮件（Resend email）或者更改地址（change your address）。如果在注册邮箱中单击 Pinterest 发送的确认邮件，黄色区域会消失，如图 5-13 所示。如果没有收到确认邮件，则可以单击黄色区域中的重新发送邮件，让系统重新发送一封确认邮件，以此确认注册邮箱的真实性。如果当时填错了邮箱，或者想要改变确认邮件的邮箱，则可以单击更改地址。

图 5-13

（2）如图 5-13 所示页面最上部为 Search 区域，即搜索框，可以通过搜索框对感兴趣的内容进行关键词搜索。

（3）单击搜索框右侧的分类按钮，会出现分类下拉列表，如图 5-14 所示，我们可以通过分类查看具体内容。如果不选择分类的话，则会自动默认显示建立账号时所选择的感兴趣的相关内容。

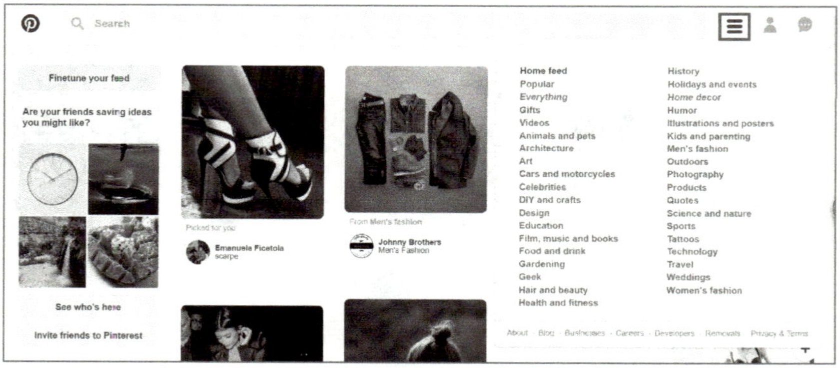

图 5-14

（4）分类按钮旁边的人形图标是个人中心，单击后会到达个人中心页面，如图 5-15 所示。单击铅笔图标，可以编辑完善个人信息，如图 5-16 所示。

第一项是名字，因为是用来进行店铺宣传的，所以建议大家起一个和产品或店铺定位风格相关的名字。如果你有强烈的推广品牌意愿，则使用品牌名称也是一个不错的选择。

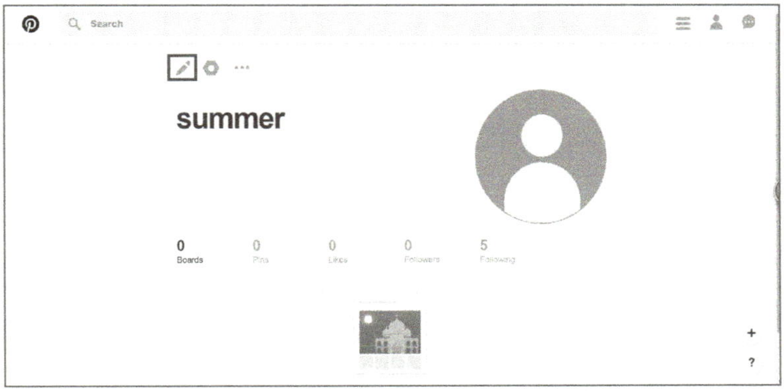

图 5-15

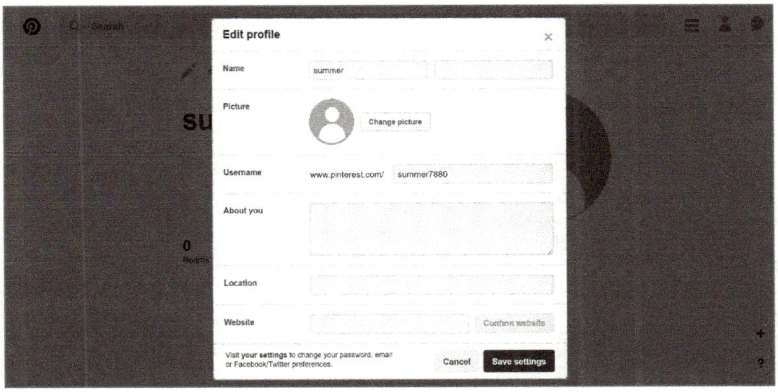

图 5-16

第二项是头像，只能选择使用本机上的照片作为头像。

第三项是 Username，就是属于自己的 Pinterest 域名，我们可以通过编辑后缀来得到一个专属域名。在编辑域名时，建议除简单好记以外，还要尽量和速卖通店铺内容相关，直接用品牌做后缀也是一个很好的选择。

第四项是 About you，是对自己的描述，可以把店铺简介等内容写到这里，这对于店铺被搜索到也是有帮助的。第五项是 Location，就是位置，填写发布地点即可，也可以不填写。最下面的是网址，这个很重要，因为想做店铺推广，所以直接填写速卖通店铺的网址就可以了。填写后，一定要检查一下是否可以正常打开店铺。

（5）单击铅笔图标旁边的螺母形状按钮，可以到达如图 5-17 所示的系统设置页面。

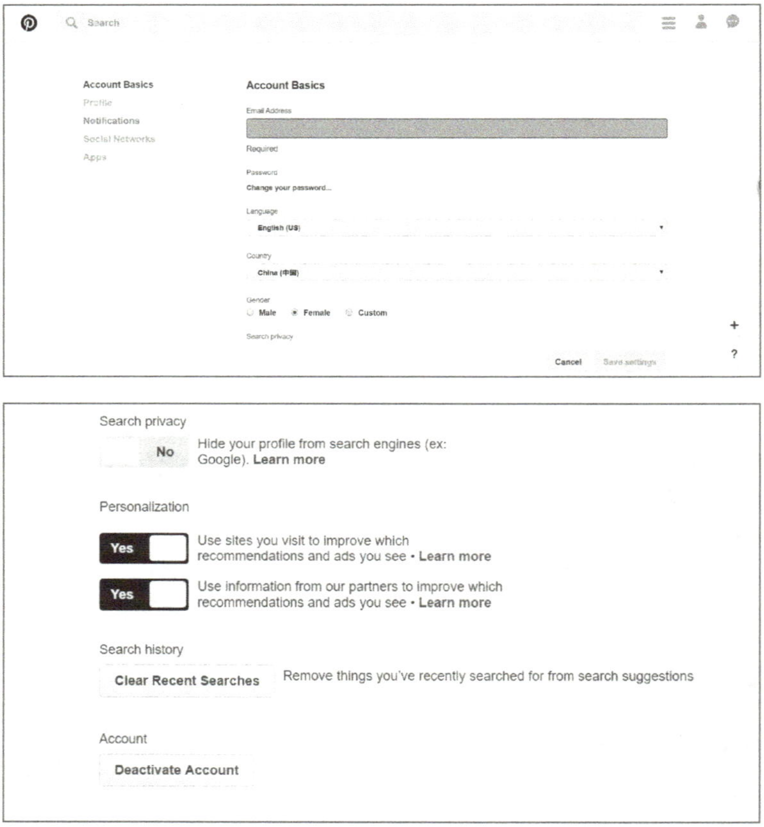

图 5-17

在这里我们可以完成更多的信息填写以及功能选择。在左侧列表中，单击“Account Basics（账户基本信息）”，在所显示的页面中第一项是“Email Address（邮件地址）”，在这里填写可以收到邮件的邮箱地址即可。

第二项是“Change your password”，单击这个按钮可以修改登录 Pinterest 的密码。

第三项是语言，可以选择我们熟悉的语言以方便阅览。

第四项是国家，选择我们所在的国家即可。

第五项是性别，根据实际情况自行选择即可。但是从运营的角度来说，如果是做女性产品的，则建议选择“女”，因为女性更容易被更多的用户关注。

第六项是“Search privacy（搜索隐私）”，这个一定要保持 No 的状态，否则其他用户是搜索不到你的。

第七项是“Personalization（个性设置）”，其中第一个问是否接收 Pinterest 自己的推送信函，包括广告等信息，Yes 表示接收，No 表示不接收，可自行选择；第二个问是否接收 Pinterest 的合作伙伴发给你的邮件，同样 Yes 表示接收，No 表示拒绝。因为我们做 Pin 的目的是要用来推广店铺的，所以建议选择接收，这样我们可以及时知道 Pinterest 和合作伙伴的消息，可借鉴使用，帮助我们更好地进行 Pinterest 的运营。

第八项是“Search history（搜索记录）”，单击“Clear Recent Searches”按钮，可以清除搜索记录；如果不清除搜索记录，系统会对搜索进行默认设置，当我们下次打开软件时，系统会自动推荐显示一些我们曾经搜索过的相关主题内容。如果想通过搜索调研其他用户或者竞争对手发布内容的情况时，则建议先清除搜索记录。

第九项是“Account（账户）”，单击“Deactivate Account”按钮，可以看到如图 5-18 所示的页面。如果想停用账户，则可以单击这个按钮，选择一个原因，然后把账户关闭。账户关闭之后还可以重新启用。账户关闭之后，我们在 Pinterest 上的所有内容任何人都无法看到。

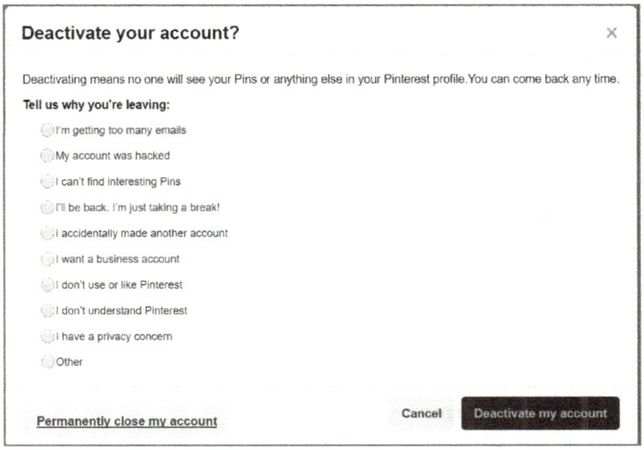
Deactivate your account?
Deactivating means no one will see your Pins or anything else in your Pinterest profile.You can come back any time.
Tell us why you're leaving:
I'm getting too many emails
My account was hacked
I can't find interesting Pins
I'll be back. I'm just taking a break!
I accidentally made another account
I want a business account
I don't use or like Pinterest
I don't understand Pinterest
I have a privacy concern
Other
Permanently close my account
Cancel
Deactivate my account

图 5-18

在左侧列表中，单击“Profile（个人设置）”，所显示页面中的内容和单击铅笔图标后所显示的内容一致（见图 5-16），这里不再重复介绍。

在左侧列表中，单击“Notifications（通知）”，会显示选择通知的页面，在这里我们可以根据需要选择想要及时知道的通知，如图 5-19、图 5-20 和图 5-21 所示。

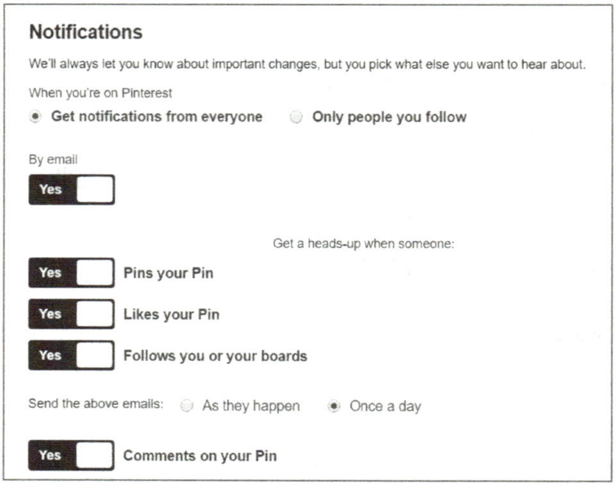

图 5-19

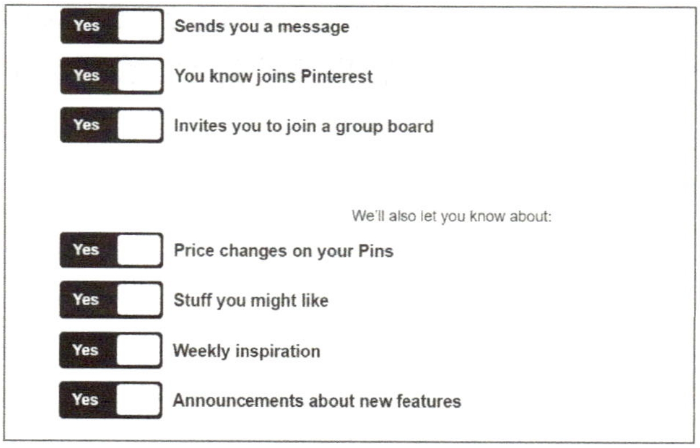

图 5-20

图 5-21

对各选项介绍如下。

- Get notifications from everyone，接收每一个人的通知。
- Only people you follow，只接收跟我们有 Follow 关系的人的通知。
- By email，如果选择 No，则表示关闭所有发到电子邮箱中的通知。这里建议选择 Yes，因为很多 E-mail 通知是我们需要知道的。
- Pins your Pin，选择 Yes 后，如果有人转发了你的 Pin，你就会接到通知。
- Likes your Pin，选择 Yes 后，如果有人对你发布的 Pin 加入了 Like，你就会收到通知。
- Follows you or your boards，选择 Yes 后，如果有人关注了你或者你的 Board，你就会收到通知。
- Send the above emails，这是把上面的状态通过邮件发送给你的选择，其中第一项“As they happen”，表示只要上面选择 Yes 的内容有变化，就会马上通过邮件发送给你；第二项“Once a day”，表示每天只发送一次。
- Comments on your Pin（评论你的 Pin），这个最好不要关闭，评论在账号运营过程中是非常重要的。
- Sends you a message（给你发消息），这个也不要关闭，和关注者互动是非常重要的。
- You know joins Pinterest，通知你谁加入了 Pinterest。例如，你的 Facebook 好友加入了 Pinterest，就会通知你。
- Invites you to join a group board，是否同意邀请你加入 Pinterest 上的一个群组。
- Price changes on your Pins，你的 Pinterest 上的价格发生变化，是否通知你。
- Stuff you might like，是否推荐给你可能喜欢的内容。
- Weekly inspiration，是否推荐给你每周的新创意。
- Announcements about new features，是否通知你系统的新变化。
- Pinterest tips and how-tos，是否通知你 Pinterest 的使用小技巧。
- Invitations to give us feedback，是否通知你我们的反馈信息。
- On your phone，单击“Edit push notification settings”按钮，会打开如图 5-22 所示的页面，我们可以根据实际情况选择哪些变化需要在手机上提示。
- On your desktop，以上哪些消息是否需要在浏览器上通知。

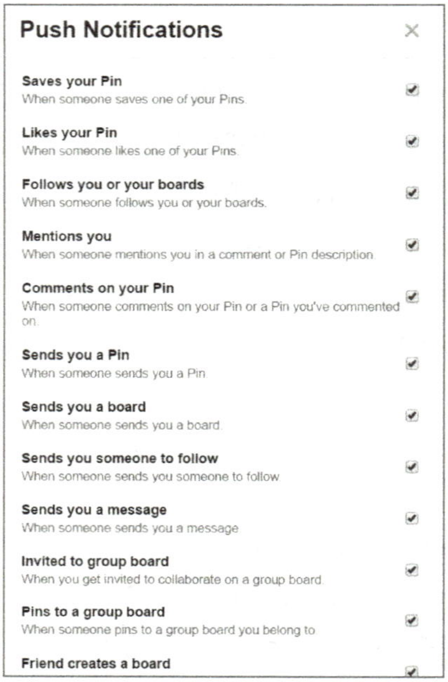

图 5-22

在左侧列表中，单击“Social Networks（社交网络）”，打开如图 5-23 所示的页面。其中第一项问是否同意使用 Facebook 账号登录，如果同意按照操作步骤进行设置即可。从第二项开始问是否同意连接其他社交网络平台，如果同意连接，则可以依次进行设置。

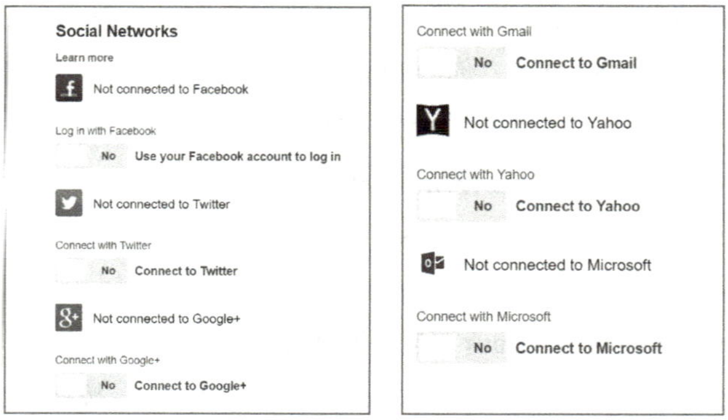

图 5-23

在左侧列表中最后一项是 Apps，如果你使用了第三方软件协助操作 Pinterest，则会在这里显示。

接下来是螺母图标右侧的“…”按钮，如图 5-24 所示，它共有 4 个功能：开通商业账户（Access business tools）、查找好友（Find friends）、得到帮助（Get help）、退出账户（Logout）。

图 5-24

（1）开通商业账户，其流程和我们注册账户的流程是一样的，这里不再重复介绍。

（2）查找好友，如图 5-25 所示是查找好友界面，在这里我们可以通过名字或者 E-mail 来添加好友，也可以添加 Facebook、Google+、Yahoo、Outlook 上的好友。

图 5-25

（3）得到帮助，它有两个选项，如图 5-26 所示。上面选项是帮助中心，我们有不明白的事情可以在帮助中心里查找；下面选项是联系 Pinterest 的专家，同样也用来帮助我们解决 Pinterest 的操作问题。

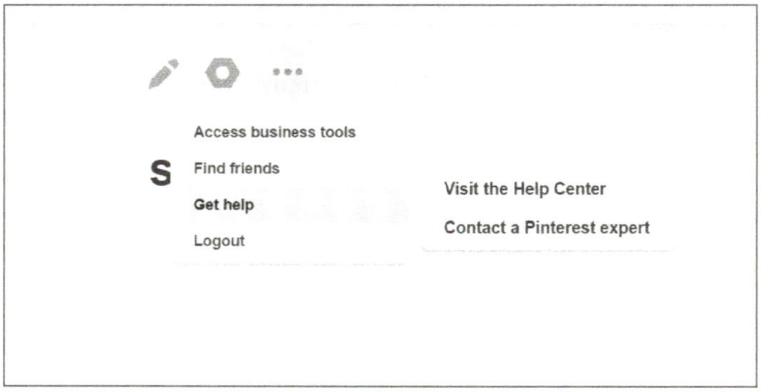

图 5-26

（4）退出账户，单击之后就退出了 Pinterest。

最后就是在个人中心中我们最常用的功能组件了，如图 5-27 所示。

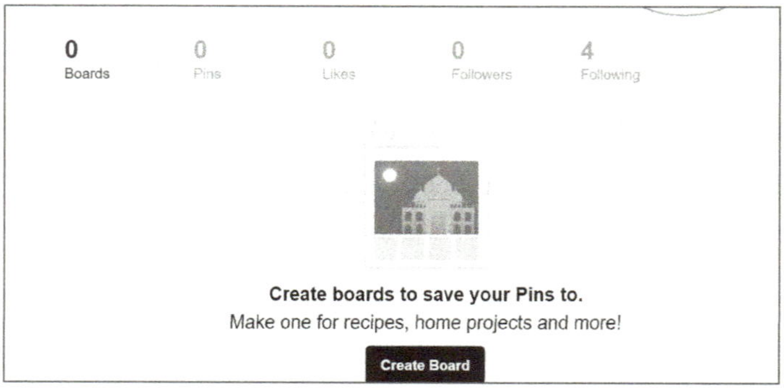

图 5-27

- Boards：可以将其理解成文件夹，我们将图片添加到文件夹中，把 Pins 分类存储在 Board 中。Boards 上的数字显示建立了多少个 Board。
- Pins：可以将其理解成图片，我们发布的图片都在这里显示。Pins 上的数字显示一共发布了多少图片。
- Likes：这个功能很像收藏，只是保存自己喜欢的图片，并不会发布让别人看到。
- Followers：显示你被多少人关注以及什么人关注了你。打开之后可以看到更具体的关注你的用户信息。
- Following：就是关注，打开之后可以看到你关注了哪些人。Following 上的数字显示你关注了多少人。

2. 商业用户

商业用户界面和个人用户界面大体相同，这里只介绍不同之处，如图 5-28 所示。

图 5-28

在商业用户界面中，在顶部多出了一个“Analytics（分析）”，在这里可以通过数据图表帮助我们分析账户运作情况。在 Analytics 的下拉列表中有 3 个选项，分别是 Overview、Profile 和 People you reach。

（1）Overview（概述），如图 5-29 所示。

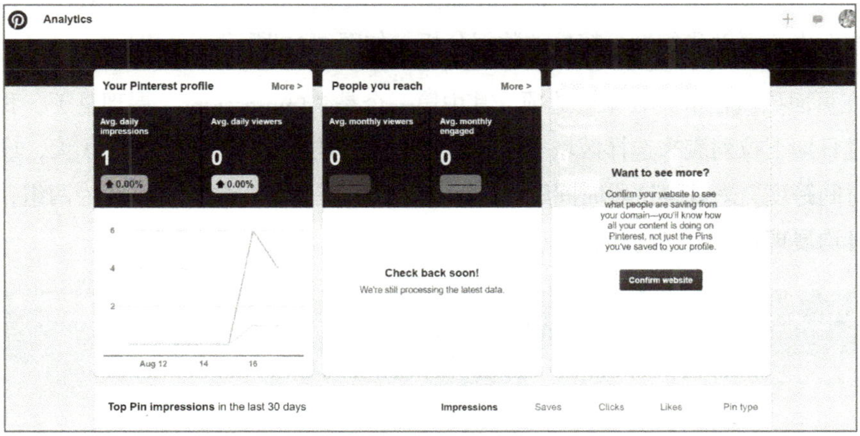

图 5-29

Overview 由三部分组成，第一部分是“Your Pinterest profile”，其中我们可以看到有两组数据，第一组 Avg. daily impressions 是日报，表示平均每日的展现量；第二组是 Avg. daily viewers，表示平均每日的访问量。第二部分是“People you reach”，表示到达多少人，其中第一组 Avg. monthly viewers 是月均访问量；第二组 Avg. monthly engaged 是月均点击量。在第三部分，如果你有独立网站的一级域名，则可以查看更多的信息。我们做速卖通推广，店铺的域名不是一级域名，所以不能查看更多的信息。

在页面下方是 30 天展现的数据，如图 5-30 所示，依次是展现量、保存次数、点击量、收藏量。

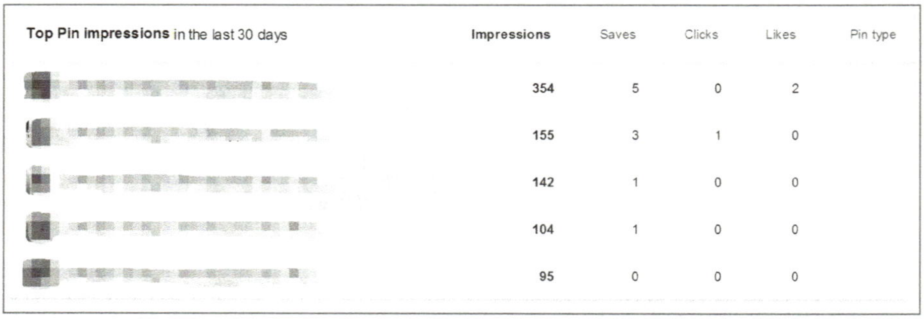

图 5-30

单击“Your Pinterest profile”后面的“More”，可以查看更多的数据，如图 5-31 所示。在页面右上角有两个按钮，第一个是“All apps”，单击之后可以选择数据的来源，如图 5-32 所示；第二个是“Export data”，单击之后可以把数据以 Excel 表格的形式下载下来，帮助我们做更精准的数据分析，如图 5-33 所示。

在页面导航栏中共有 4 个选项，其中第一个是“Impressions（展现量）”，我们可以通过日期下拉列表来选择区域查看。在这里可以选择 7 天、14 天、30 天，或者自定义时间跨度，来观察这段时间账户的运营情况。展现量的数据同样分为两组，上面的是日均展现量，下面的是日均访问量。

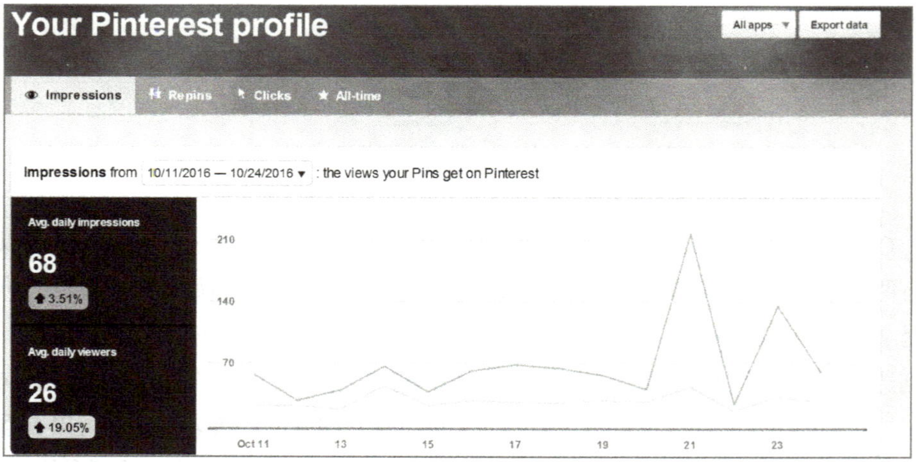

图 5-31

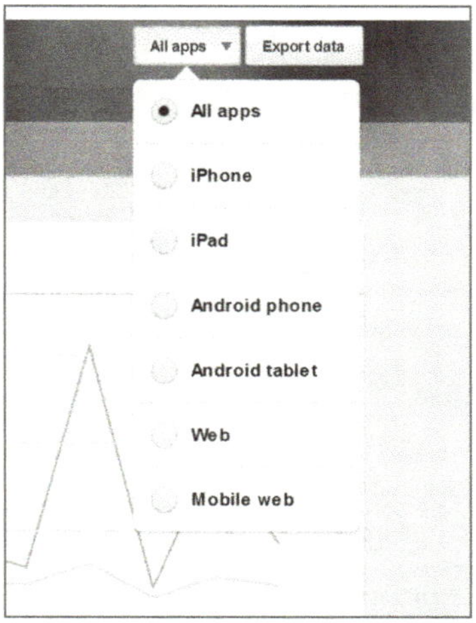

图 5-32

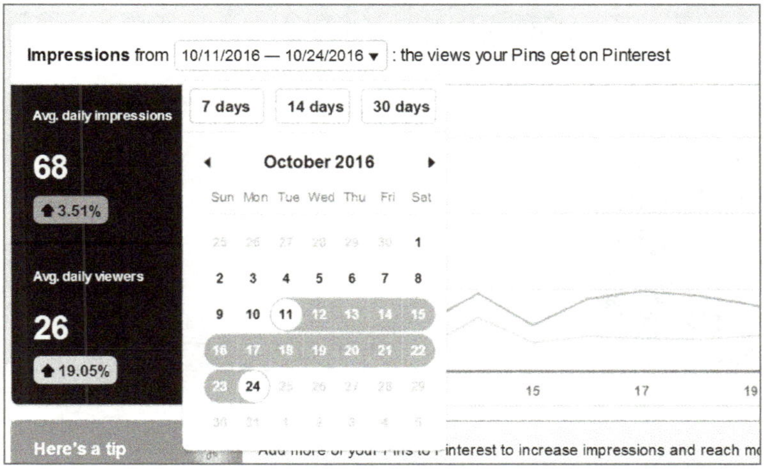

图 5-33

在页面下方展示了两组数据，如图 5-34 所示。上面是关于 Pin 的展现量数据，下面是关于 Board 的展现量数据，具体数据指标的含义前文已经讲过，这里不再重复。在 Pin 数据的下面有一个“Show more”按钮，单击之后可以查看更多的 Pin 的访问情况。

第二个是“Repins”，如图 5-35 所示，显示有多少 Pin 被传播。同样展示了两组数据，上面的是日均保存量，下面是日均保存人数，可以通过日期下拉列表选择时间段进行查看。在页面下方同样显示了两组数据，即 Pin 和 Board，只是这里换成了保存数据，如图 5-36 所示。

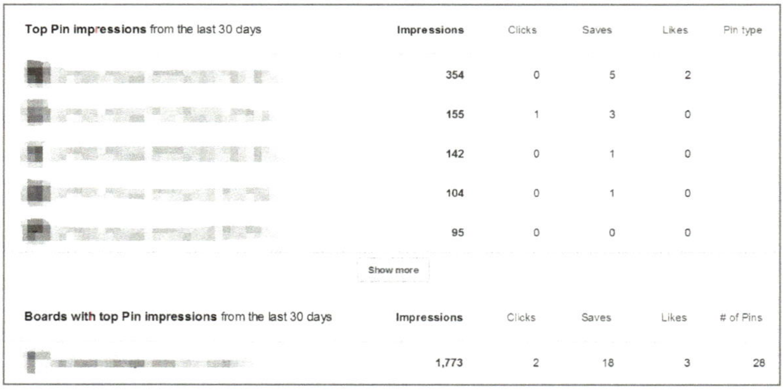

图 5-34

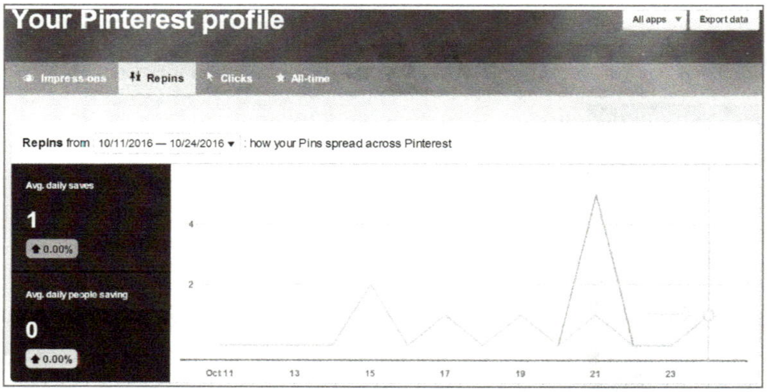

图 5-35

图 5-36

第三个是"Clicks（点击）"，如图 5-37 所示，显示有多少点击访问了我们的网站，也就是速卖通店铺（Pin 的链接一定要是速卖通店铺的产品链接）。这里展示了两组数据，分别为：Avg. daily clicks，日均点击量；Avg. daily visitors，日均访问量。在页面下方显示的是 Pin 和 Board 的点击数据，因为显示形式相同，这里就不做截图展示了。

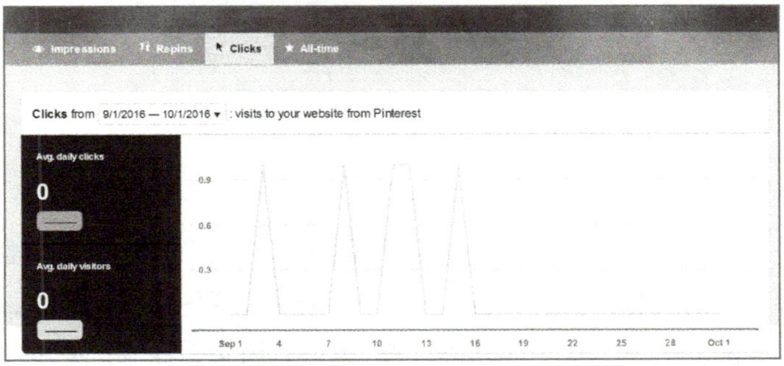

图 5-37

第四个是"All-time"，这里展示了三组数据，其中第一组是"Most saves"，如图 5-38 所示，显示被分享最多的 Pin。单击下方的"Show more"按钮，可以查看更多的数据。

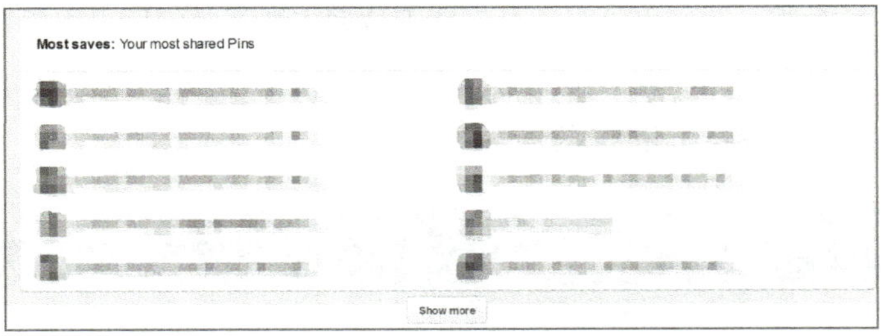

图 5-38

第二组是"Best in search"，如图 5-39 所示，显示搜索排名最高的 Pin。

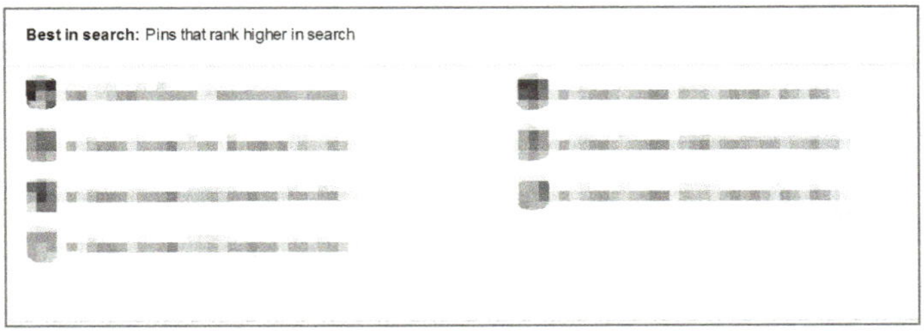

图 5-39

第三组是“Power Pins”，如图 5-40 所示，显示点击量最高的 Pin。

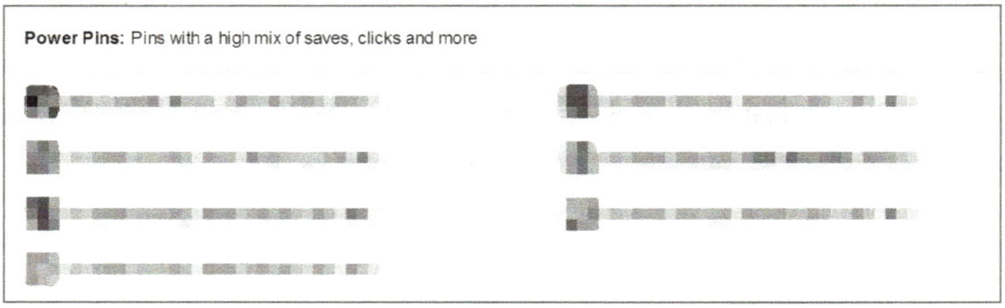

图 5-40

再来看一下单击“People you reach”后面的“More”所显示的内容。如图 5-41 所示为第一屏显示的内容。在页面右上角有三个按钮，第一个是“All apps”，它和前面介绍的 Your Pinterest profile 中的功能一样，单击后用来选择流量来源；第二个是“All audiences”，它有两个选项，其中 All audiences 表示查看所有用户，Your followers 表示只查看自己的关注者，如图 5-42 所示。

在页面导航栏中有两个选项，其中第一个是“Demographics（人数统计）”，这里会根据我们对 All audiences 的选择来展示数据，如果选择的是所有用户，那么下面会显示所有用户的数据。我们也可以通过日期下拉列表选择时间段来查看数据，其中上面的数据是 Avg. monthly viewers，表示月访问人数；下面的数据是 Avg. monthly engaged，表示已经关注我们的人数。

图 5-41

图 5-42

页面中间部分如图 5-43 所示，展示的两组数据分别表示访问者来自于哪些国家（Country），该国家有多少人，以及来自于哪些城市（Metro），该城市有多少人。

Country	Audience	Metro	Audience
United States	181	Los Angeles	14
Germany (Deutschland)	29	Seattle-Tacoma	12
United Kingdom	26	San Francisco-Oak-San Jose	12
China (中国)	24	Chicago	10
Canada	23	Washington, DC (Hagrstwn)	10

图 5-43

最下面的数据是语言（Language）和性别（Gender），如图 5-44 所示。

Language	Audience	Gender	Audience
English	398	Female	451
Spanish	60	Male	98
German	33	Unspecified	42
Russian	22		
French	16		

图 5-44

第二个是“Interests”，如图 5-45 所示，第一屏显示的是我们的访问者还对哪些类目感兴趣。单击“Show more”按钮可以查看更多的数据。

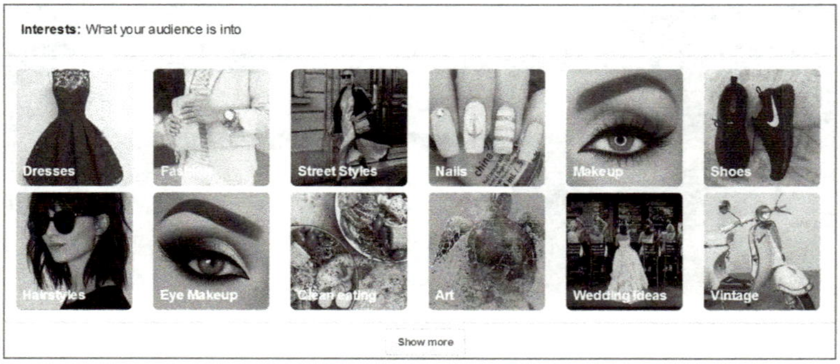

图 5-45

页面中间部分如图 5-46 所示，展示了哪些 Board 中有你的 Pin。

图 5-46

最下面显示的是在访问中有哪些商业用户，如图 5-47 所示。

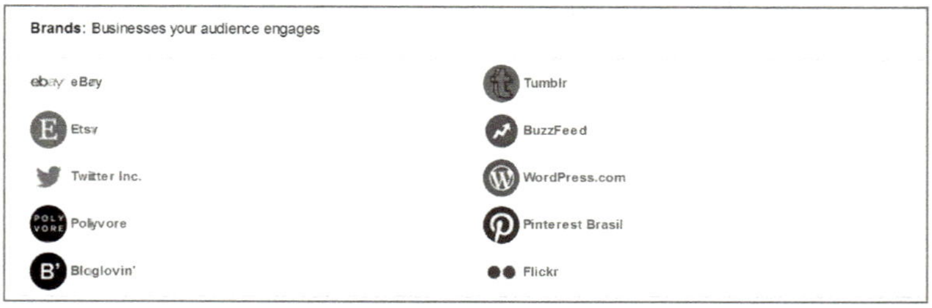

图 5-47

（2）Profile 和 People you reach，它们的功能和我们刚刚介绍的那些页面一样，只是另外的入口而已。

在商业用户界面的顶部，相对个人用户界面多出了一个“+”（加号）按钮，如图 5-48 所示。

图 5-48

在“+”按钮的下拉列表中有两个选项。

（1）Save from a website：可以直接添加网址，导入网址内的图片，选择保存发布，如图 5-49 所示。

图 5-49

（2）Upload an image：可以直接上传本地图片，如图 5-50 所示。

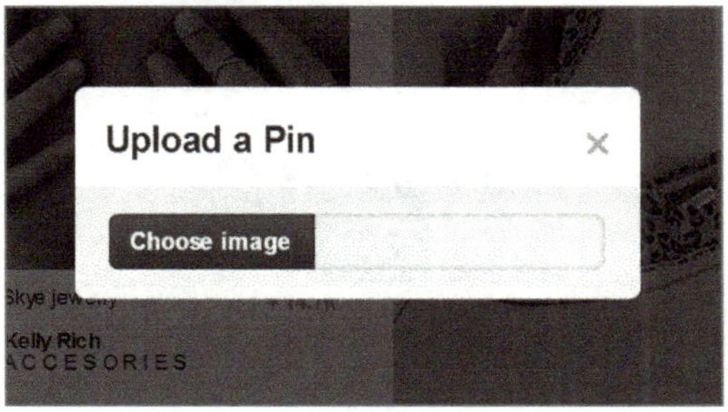

图 5-50

除此之外，商业用户界面的其他功能和个人用户界面基本一致。

3. App 用户界面

App 端的商业用户界面和个人用户界面大体相同，如图 5-51 所示，左侧为商业用户界面，右侧为个人用户界面。

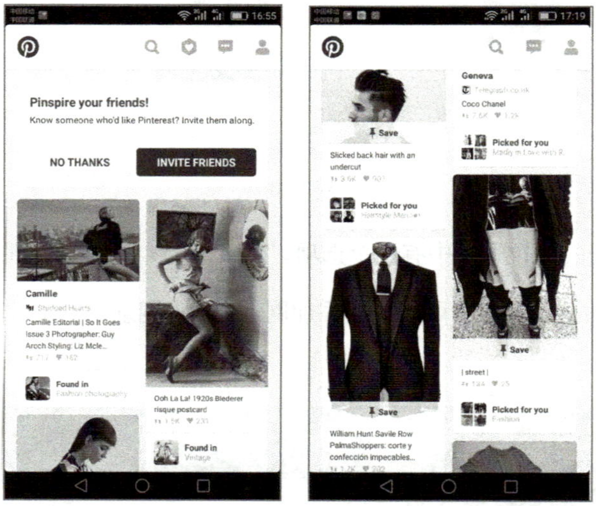

图 5-51

在商业用户界面的顶部功能栏处比个人用户界面多出一个心形按钮，单击之后，可以按照三种类别查询我们感兴趣的内容，如图 5-52 所示。

图 5-52

除此之外，其他功能基本一致。

App 与 PC 端除布局以外，在功能及使用上都一样，因此这里就不做过多介绍了。

4．基础运营技巧

在运营技巧上个人用户和商业用户的方式方法基本一致，因此，下面以商业用户为例来进行介绍。

（1）搜索感兴趣的图片

当拥有了自己的账户后，就要开始运营它了，首先是搜索感兴趣的图片。目的有两个：一是为了做店铺推广，收藏、分享有趣的图片；二是用来调研其他商业用户的运营方式方法，并且查找大 V 以备后用。这里的感兴趣不是指自己本人感兴趣，而应该是大部分客户感兴趣，也就是说，要考虑到用户群体的喜好，通过这种方式增加关注者。

有了搜索目的后，我们可以通过如下方式进行搜索。

- 在页面顶部的搜索栏（Search）中，通过搜索关键词来得到我们想要的图片。
- 通过系统自带的下拉列表来寻找感兴趣的图片，如图 5-53 所示。

图 5-53

（2）Follow 感兴趣的图片发布者及粉丝

当看到感兴趣的图片后，可以通过“分享”按钮直接分享到 Facebook 等其他社交平台，如图 5-54 所示。

也可以单击图片左上角的心形按钮进行收藏，如图 5-55 所示，收藏之后，会出现在个人中心的 Like 里。还可以单击“Save”按钮，保存到 Board 上展示给我们的关注者。

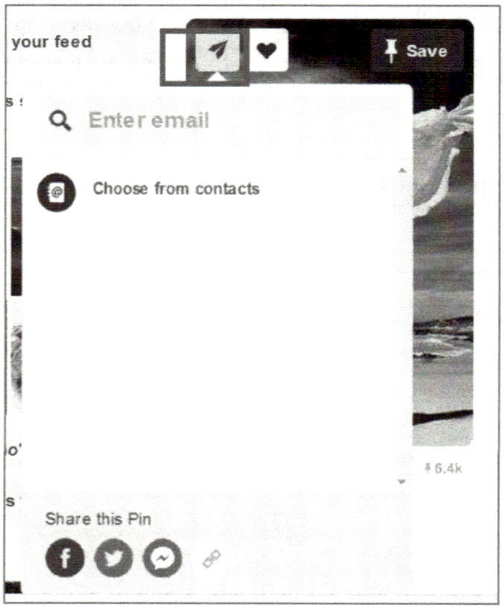

图 5-54

图 5-55

在图 5-55 中，灰色图钉后面的数字显示图片被多少人引用过，单击后可以查看到具体哪些 Board 展示了该图片，如图 5-56 所示。

（3）与图片发布者留言互动

我们可以通过单击发布者头像查看其 Board 内的所有图片，如图 5-57 所示。

我们可以直接单击右上角的“Follow board”按钮来 Follow 这个 Board，也可以通过单击发布者头像到达发布者主页，直接 Follow 这个发布者，如图 5-58 所示。

图 5-56

图 5-57

图 5-58

如果想要给发布者留言互动，则可以单击图片打开详情页，在大图下方可以给发布者留言，如图 5-59 所示。

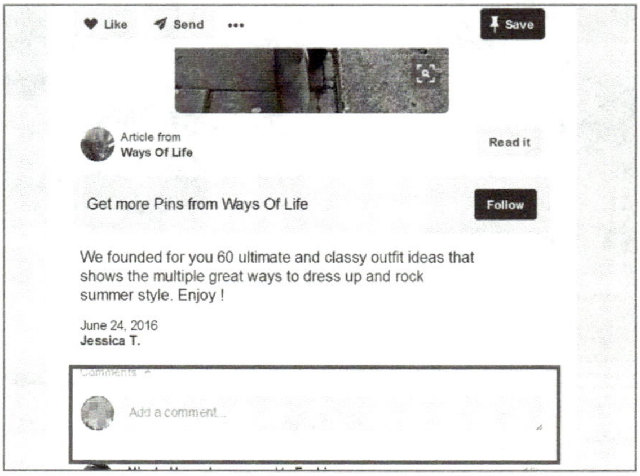

图 5-59

也可以通过“消息”按钮给发布者发送消息，如图 5-60 所示。

图 5-60

（4）创建相册

创建相册（Board）是我们运营 Pinterest 账户非常重要的功能，操作非常简单，进入个人中心，直接单击“Create a board”按钮进行创建，如图 5-61 所示。

图 5-61

打开一个新页面，填写创建信息，如图 5-62 所示。

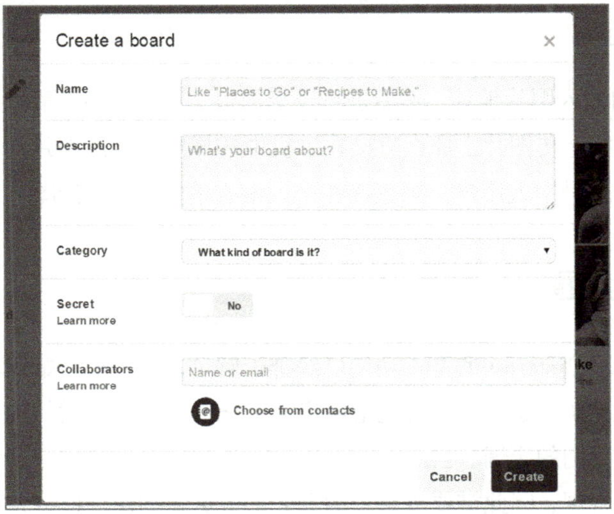

图 5-62

在这里，填写 Name（名字）和 Description（描述）时，考虑到运营层面，需要尽量填写与产品相关的关键词，以便被用户更容易地搜索到。填写 Category（类别）时，要选择与未来发布产品相关的内容。接下来的 Secret（秘密）一定要保持关闭状态，也就是选择 No，否则其他用户无法查看到你发布的图片。最后是 Collaborators（合作者）的填写，如果没有，也可以不填写。单击“Create”按钮进行保存。

5.2.2 发布图片操作

创建好相册后，我们就可以发布图片了。如果是商业用户，则在个人中心单击“+”按钮，如图 5-63 所示。

可以从本机上传图片，也可以从网络上选择图片，如图 5-64 所示。

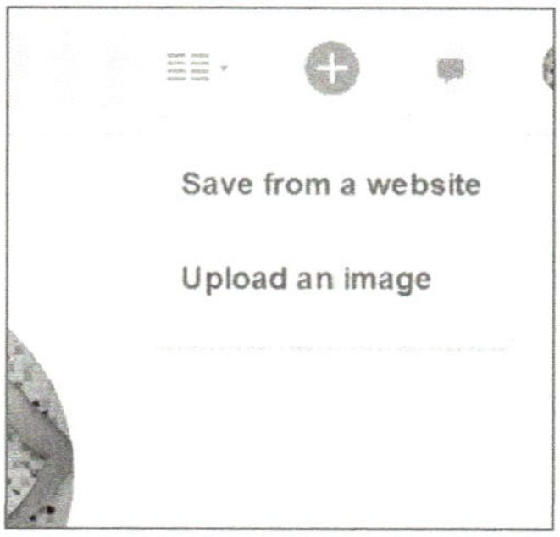

图 5-63

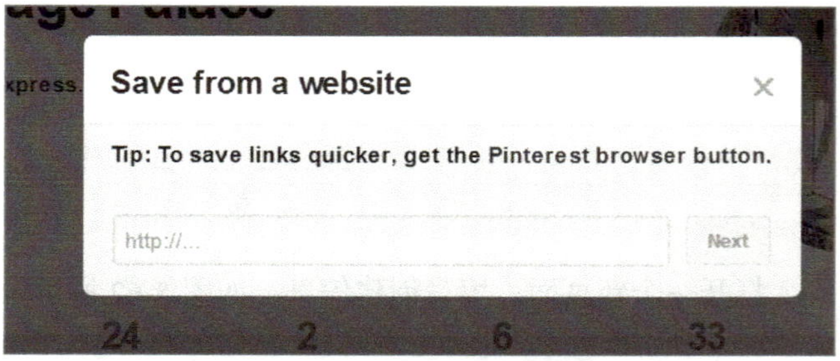

图 5-64

在弹出框内输入图片地址，然后进行选择即可。选择好图片后，要选择相册进行保存。如果从本机上传图片，那么直接在本机中选择要上传的图片，然后选择相册进行保存即可。如果是个人用户，则直接在个人中心单击 Pin 上传图片。

5.2.3 为速卖通产品站外引流

至此，我们对 Pinterest 的基本功能已经都了解了，接下来开始针对速卖通产品通过 Pinterest 引流。顾名思义，引流是指用户从 Pinterest 上发现我们的产品，然后产生兴趣，最终到达我们的店铺。当然，产生购买行为是我们最希望得到的结果。引流的第一步应该是被发现，因此需要有更多的曝光，被更多的用户搜索发现。那么如何获得更多的曝光呢？

1．增加关注者

Pinterest 的排名机制是优先展示已经被关注的用户发布的内容，也就是 Following，因此要想获得曝光，就要先获得更多的关注者。那么如何获得更多的关注者呢？

首先设置一个足够吸引人的头像，而且头像看上去要真实，使其他用户觉得你就是一个真实存在的人，而不像发广告的。例如，很多人喜欢用美女作为头像，于是从网上找了一个网红或者明星的头像使用，这样做效果往往不好，容易给其他人造成欺骗感。如果你是做服装的，直接使用自己固定的模特作为头像也不错。如果你的目的是品牌推广，也可以使用自己的品牌 Logo 作为头像。总之，头像尽量要好看、真实、有相关性。

2．转化老客户

想要快速积累关注者，最佳人选就是店铺里的客户，尤其是重复购买率比较高的客户。虽然这些客户很容易关注我们，但需要注意的是，要先让账户积累一些内容，然后再通知老客户，请求关注。如果账户还没有内容积累，马上就通知老客户，客户来了看不到任何有价值的内容，则很容易流失，而适得其反。也可以通过在 Pinterest 上发放代金券、折扣信息等优惠活动形式促成老客户成为关注者。现在速卖通还不能直接生成优惠券、折扣信息的代码，但是可以生成二维码优惠券，以图片的形式展现在 Pin 上，其他优惠信息也可以做成图片形式，把 Pinterest 作为一个优惠活动的发布平台。

3．Following 其他人

我们先要关注其他人，通过关注其他人可以获得一些回报，即互粉，也就是你 Following 别人，别人很可能 Following 你。但是这个比例相对比较低，往往只有 20%。因此 Following 其他人也不能盲目，避免做过多的无用功。

（1）很多人喜欢加大 V，但是实际上粉丝数非常多的人加你的概率很低。但是可以通过查看大 V 的关注者来加关注，往往关注大 V 的都是普通人。

（2）尽量选择个人用户加关注，有很多头像一看就是公司的 Logo，你加了他意义不大，就算是他也加你，这种关注也没什么太大的意义。

（3）没有头像的就不要加关注，经常玩 Pinterest 的用户一般都会给自己设置一个头像。

（4）尽量选择关注其内容与自己的发布相关的用户。

（5）可以从竞争对手关注的用户中选择进行 Following。

（6）可以通过站内信等渠道联系自己的老客户，和他们进行相互 Following。

5.2.4　发布有效的内容

如果所发布的内容无聊，图片不吸引人，则是没有任何意义的，所以还是要把内容放在第一位。

1．图片一定要漂亮

Pinterest 是一个以图片发布为主的平台，如果图片不漂亮，则很难获得关注。

2．Board 的优化

（1）要多建立几个 Board，不要只有一个 Board，还只是发布产品图片。要有合理的内容分布，让用户觉得你是一个有意思的用户，是一个实实在在的人，而不是发布内容的机器，因此可以按内容多建立几个 Board。例如，一个 Board 用来发布一些有意思、搞笑的图片，一个 Board 用来发布在自己生活中记录下来的真实场景，一个 Board 专门用来发布新品，一个 Board 专门用来展示搭配，还可以设置一个专门用来发布店铺优惠活动信息及优惠券的 Board。总之，通过 Board 组合来增加对关注者的吸引力。

（2）要针对搜索规则对 Board 的编辑进行优化，如果能被更多地搜索到，则被关注的概率就会增加。那么如何才能被用户更容易地搜索到呢？首先，根据 Pinterest 的搜索引擎机制，在搜索时文字匹配优先，所以 Board 的名字和描述一定要包含可能被搜索到的关键词。如果想要获得关注，就尽量使所发布的图片与描述一致；否则，即将被用户搜索到，也会大大降低关注概率。这个和速卖通平台的自然排名相似，如果是新账户，大词很难有竞争力，则可以多使用一些长尾词，这样能更有效地被展现出来。例如，如果是做女装的，就不要把重点描述词放在连衣裙之类的词上，毕竟是新账户，账户热度不够，就算可以被展现出来，也不会在前排被展示。所以，刚开始时可以使用风格特点来进行描述。如果是做品牌推广，那么一定要将品牌词放到描述中。

其次，我们可以为 Board 选择一个分享较多的图片作为封面，因为分享较多的图片权重比较高，也会增加 Board 被搜索到、被关注的概率。

3. 优化 Pin

Board 里的内容就是 Pin，也就是图片，我们同样可以对图片进行编辑，道理是一样的，主要是针对描述中的关键词进行优化，便于通过搜索引擎搜索。因为 Pinterest 的使用者大部分会使用手机浏览，输入过长的词进行搜索的概率相对较低，而作为新用户，所发布的内容在瀑布流中又很难被发现，所以针对描述进行优化就很重要。如果是通过 Pin 发布产品展示的，那么可以在 Pin 的描述中使用产品标题，因为 Pin 的描述可以写得足够长，所以应在描述中加入可能被搜索到的词。因为展示时不会全部显示出来，所以结合搜索权重关系，应该把重点词尽量放到前面，而且尽量考虑匹配度的问题。但是新用户的重点词最好不要使用大词。例如，如果发布的产品是连衣裙，那么作为新用户，最好不要把推广重点放在连衣裙这种大词上，而应尽量选择长袖连衣裙、紧身连衣裙等相对精准度较高的长尾词上。我们可以通过发布很多不同的产品图片，在每个产品的描述中尝试不同的词语组合，这样可以增加被搜索到的概率。

另外，发布产品图片时一定要注意检查所添加的链接地址是否正确，是否可以正常打开。因为链接地址是随意添加的，所以刚开始的时候，也可以通过转发一些热搜图来加上产品链接。需要注意的是，产品要尽量和图片有相关性，这样才能更好地获得关注；否则，即使用户搜索到你的 Pin，也打开了你的产品链接，但是发现和期望相差甚远时，也是不会关注你的。

4. 分享

SNS 的真谛就是分享，如图 5-65 所示是最典型的 SNS 营销漏斗模型，相对于传统营销模式，SNS 的优点是可以产生二次传播，也就是需要用户帮助我们进行推广。我们进行 Pinterest 运营的目的也应该是通过二次传播、分享，从而产生更多的流量及更多的订单。

图 5-65

这里的分享主要包括两部分。一部分是我们自己的分享，就是在发布图片的同时分享到 Pinterest 提供的第三方平台，以及 Facebook、Twitter 等其他平台上。这个分享不单单指分享我们的产品，当我们在网络上发现有意思的事情时也可以进行分享。前面讲过，做 Pinterest，不要只建立一个 Board，也不要所有 Board 都用来发布自己的产品和广告信息。我们可以建立一个专门提供分享内容的 Board，刚开始进行 Pinterest 账号运营时，好玩的、有意思的、被大量转发分享的图片可以帮助我们积累第一批粉丝。在 Pinterest 上有很多人只是转发收集其他图片，也同样获得了很多关注者。如图 5-66 所示就是一个只转发其他人发布的内容的 Pin。

图 5-66

另一部分就是让关注者或者其他用户帮助我们分享，传播我们发布的内容。这也是运营 SNS 账号的重点之一，没有分享传播，就不能产生以点带面的效果。那么如何让关注者帮助我们传播内容呢？大部分人运营账户的套路就是：先注册一个账号，开始疯狂地关注其他人，然后就开始天天发广告，几个月过后，发现没有效果，就不弄了。可以试想一下，如果我们作为一个阅读者，是否愿意转发广告呢？什么样的广告是我们愿意转发的呢？我们更愿意分享的内容是什么？提出这些问题不是说运营账户不能发广告，而是要有技巧地发。Pinterest 是以图片为主的，当然也可以发视频，所以要在图片文案上下工夫。如图 5-67 所示，这是杜蕾斯的产品广告，在国内外很多 SNS 平台上被转发。为什么？因为大家看到后觉得有意思、有创意，这样在无形当中就帮助杜蕾斯建立了品牌效应。

所以说不是不能发广告，而是应该怎么发广告。如果想让其他用户帮助我们传播，最重要的就是内容，无论我们如何做，都要提供给浏览者值得分享的东西。但有时候我们很难做出有创意的内容，怎么办呢？也有一些常规的做法，可以使所发布内容被更多的人知道。下面列举几种方式，供大家参考。

图 5-67

（1）通过老客户。前面讲过老客户是积累关注者非常好的途径，往往和我们已经产生 Following 关系的老客户，也会更愿意帮助进行分享。优惠券、折扣活动信息等内容都是他们愿意帮助传播的，这就像玩微信的时候，如果看到很好的优惠活动，我们也愿意分享给朋友一样。除此之外，新品发布也可以通过奖励的形式让老客户帮助传播。每个品类的特殊性决定了发布内容以及传播的形式。例如做女装的用户，可以通过发布客户的真人秀照片来获得更好的传播，但是在发布之前最好要告知客户，争取客户同意之后再发布，也可以通过折扣等让利形式，鼓励客户在 Pinterest 上发布自己的真人秀照片来宣传我们的产品，这也是一种很好的分享形式。

（2）联系大 V，也就是我们常说的网红。可以通过站内消息的形式和他们谈商务合作，因为他们的粉丝多，往往可以产生很好的效果。也可以在评论下留言互动，实现间接传播。

（3）制造话题，引发讨论。在 Pinterest 上可以针对图片进行评论，往往愿意发表评论的人更愿意做传播者，所以可以有针对性地发布一些图片，在 Pin 的描述中对图片提出可以引发讨论的问题，并积极参与其中进行互动。

（4）开展活动。例如转发有奖活动等，通过奖品、奖金等让利形式让关注者主动进行广泛传播。

总之，大家根据自己的产品特性、店铺定位等因素，可以充分发挥创造力。这里只是给大家提供一些简单、基础的方法，只要把内容做好，时刻从用户角度出发，运营 Pin 还是相对比较简单的。

5.3 Pinterest 营销工具

5.3.1 Pinterest 群工具——PinGroupie

其实 Pinterest 也是有群的，只是这个群不能被搜索到，官方没有提供搜索群的渠道，所以看似 Pinterest 的群不如 Facebook 的小组受到的关注度多。其实 Pinterest 的群还是很有用的，只要加入群，就可以 Pin 图到群里面，那么群成员都可以通过邮件收到某人添加了一张图片到群里的通知（前提是没有关闭群设置）。在个人消息中也可以利用 PinGroupie，根据目录、关键词找到自己想要加入的群。

我们一般是根据 Repin 或者 Like 的人数来选择群的，这两个参数的值越高，代表这个群越活跃。同时这两个参数也是用来找网络红人的好方法。

5.3.2 用 Similarweb 和 Repinned.net 寻找理想的网络红人

毫无疑问，在 Pinterest 上做营销找到适合的红人非常重要，那么怎么能快速地找到呢？

方法一：使用 Similarweb 的付费功能查看竞争对手的 Pinterest 帖子，以及每个帖子占据的流量来源。Similarweb 的功能很强大，每个月的费用是 99 美元。

方法二：使用 Repinned.net 寻找 Pinterest 上的大 Board 和大账号，找到后大家就各显神通吧。

5.3.3 Pinterest 检查工具

Tailwind 是一个 Pinterest 检查工具，地址是 https://www.tailwindapp.com/，可以用 Pinterest 账号直接登录。

使用 Tailwind 可以分析出很多东西，比如有多少个 Board、多少张图片，每个 Board 有多少个跟随者，账号 Follow 的人数及分布，甚至可以预设 Pinterest 的发布时间，还可以和 Instagram 连接使用，功能很强大。而且可以直接在谷歌浏览器上安装插件，以后看到好的图片可以直接预设时间，然后发布。

5.3.4 Pin to button 和 Pinterest Pro

卖家朋友可以在谷歌浏览器上搜索并安装 Pin to button 和 Pinterest Pro 这两个 Pinterest 插件，以后看到好的图片可以直接 Pin。可以把这个功能当成快速收藏工具，在网站上你的图片被 Pin 得越多，Pinterest 给你的网站权重和曝光度就越高。其实这只是 Pinterest 的一个算法，想要提高排名和在 Pinterest 上的曝光度，还有很多维度需要考虑。

（以上工具来自于顾小北的 Pinterest 营销方法）

第 6 章

LinkedIn 营销

6.1 LinkedIn 简介

LinkedIn（http://www.linkedin.com）是一个面向商业客户的社交网络服务（SNS）网站，它是世界上最大的专业人士社交网站，是在 SNS 领域知名度仅次于 Facebook 和 Twitter 的第三大社交网站。说到社交网站，当今社会几乎每个人都会使用至少一到两个社交网站，但是在跨境电商如火如荼的发展大潮中，如果你还不知道怎么使用 LinkedIn 来推广产品（品牌）或企业那么将是一大损失！

目前已经有超过 200 个国家的 500 多家知名企业在使用 LinkedIn，个人注册用户超过 3.47 亿人次，至少有 50%的人都在大力寻求商业合作或者寻找对应行业的就业机会。以 LinkedIn 为代表的社交媒体在专业人士求职方面发展迅速，正逐渐取代传统求职模式，成为商务人士、工程技术人员、白领乃至大学毕业生青睐的对象；同时它在 B2B 与 B2C 领域发展经销商寻找合作伙伴方面更是占据了一席之地。对 LinkedIn 的应用加快了整个销售和合作流程，它在大数据时代下带来的效益是不可忽视的。

LinkedIn 的用户大多是各个领域的专业人士、公司的雇员或老总、自由职业者，而且这些人绝大多数是决策者，与他们建立关系的过程会简短得多，通过与这些人脉的建立联系将会给我们带来意想不到的收获，特别是对于已经在 B2C 领域较为成熟，希望拓展业务至 B2B 领域的企业至关重要。LinkedIn 会为你匹配同行业的各国经销商与企业，如果你是服装类的卖家，那么它将会为你推送一些海外服装经销商或海外知名服装企业，你可以与他们取得联系并介绍自己的产品，同时可以定时发布一些行业类信息吸引同行业的海外经销商关注你的企业或品牌。你也可以通过海外经销商发布的行业动态了解到最全面的行业全球走势，如主流销售国家的流行趋势、购物趋势、消费趋势等。

本节是为了帮助广大跨境电商卖家快速了解 LinkedIn 的价值，并学习如何快速、有效地通过它来实现自己的商业目标，提升销售额。内容涉及个人用户和企业用户两个层面（映射 B2B 和 B2C 两大块业务模式）；通过社交媒体的话题切入，介绍如何通过 linkedIn 快速、有效地获得商业机会，更好地体现企业魅力和品牌价值，以及如何开拓和积累人脉。

想象一下，如果你在一个小镇创办了一家企业，那么你将很快用完这个小镇的所有客户资源，如果想持续发展，只有一条路，那就是搬到一个新的市场。但是通过 LinkedIn，只需要填空资料，然后将产品链接到其他市场就可以完美解决这个问题。

6.2 LinkedIn 在跨境电商领域的适用范围

下面讨论在跨境业务中通过 LinkedIn 可以帮助我们实现哪些业务目标。

6.2.1 品牌

每个公司或个人都希望建立起属于自己的品牌或口碑，这是企业或个人走向成功重要的一个环节，因为一个强大的品牌与良好的个人口碑代表了用户的信任。成功建立品牌将更有利于开拓海外分销渠道，拓展分销业务。

建立品牌通常可以分为三个步骤。

（1）让别人意识到你就是某领域的专家。

如果想在 LinkedIn 上建立品牌，那么所创建的个人资料必须能够反映出你的敬业精神、知识水平和专业技能，这样才有可能在 LinkedIn 上开拓品牌业务渠道。因为

LinkedIn 平台的用户更多的是在寻找一个行业的专家，通常不会去关注普通的专业人士，他们寻找的是在对应领域里的顶尖合作伙伴。

（2）找到正确的人（受众）。

不只你主动与别人建立联系，其他人也会尝试寻找到你，只有找对了人才有希望帮助自己实现目标。校友、同事、同行业的人处于一个群体中，当这些人的目的达成一致时，他们就会帮助你实现目标，同时也达成他们的目标，相互转介是至关重要的。

（3）与好友建立信任关系。

要想与好友建立信任关系，需要你保持与通讯录里所有的好友进行有效的互动，让他们知道你的存在，以及让他们关注到你发出的文章或问题，建立你的专家地位，让你的信誉达到一个思想领袖的地位。在 LinkedIn 中，你的业务伙伴会因为信誉度而降低在支付环节或其他贸易环节的不信任与疑问。

6.2.2 营销

当其他人不知道你的时候，无论你的产品有多好，也不会有人关注成为你的业务伙伴。在现实社会中，贸易的达成需要我们面对面地交谈，但是在 LinkedIn 中，当一个新兴事物被关注之后就会有大量的人参与讨论并传播，这在产品营销的环节至关重要。在后面的章节中会专门介绍如何提高 LinkedIn 营销技巧。

6.2.3 销售

在销售环节 LinkedIn 提供了专门的服务链接，有共同需求的人会被聚集到一起，在业务链上告诉你他们正在寻找什么样的产品或服务，如果你的产品正好可以满足他们的需求，那么他们将会主动与你联系，如果你已经建立了链接，那么你的简介会让他们变得更感兴趣。

6.2.4 招聘

招聘实际上是一个双向的功能，如果是企业，那么可以通过 LinkedIn 寻找到所需要的人才，LinkedIn 也会提供一套专门的招聘工具供企业使用；如果你需要寻找一份工作，那么 LinkedIn 也是一个非常好的平台，它可以通过同样的工具让雇主找到你。在 LinkedIn 平台上不仅可以销售商品，同时也可以推销自己的才华。

6.3 LinkedIn 操作模式

LinkedIn 档案部分可以称为“身份框”，相当于名片，要身份框内可以显示关键信息，如姓名、职位、照片、地址以及所在的行业。无论你是在参与 Group 或 Answer 中的讨论，还是在联系新朋友，只要在 LinkedIn 上，这个信息就会一直跟随着你显示，成为你在 LinkedIn 平台上的名片。因此，身份框中的每个条目都非常重要。有些人永远不会查看别人档案页面中的详细信息，只有当你在 LinkedIn 平台上发布动态活跃的时候才会有人看你的身份框。下面我们来了解身份框的组成部分。

6.3.1 名字

名字的重要性无须多言。在 LinkedIn 上名字最好是全名，不要随意增加额外的字符，除非你有高级学位或认证证书，如 PhD、CPA、MD 等认知度很高的学位。

当然，国内外很多女性在婚后会以丈夫的姓氏称呼自己，而在 LinkedIn 上只能通过原姓氏认出她们，因此在名字的后面加上括号附上她们的原姓氏会非常有用，同时也至关重要。如果不希望在标题中列出原姓氏或者曾用名，则可以单击顶部工具栏中的“Profile”，选择“档案编辑”，然后单击名字旁边的“编辑”按钮，并在“Former/Maiden Name”框中进行填写。曾用名不会被显示出来，但写上以后能让那些用你的其他名字搜索的人找到你。

6.3.2 照片

照片的重要性如何强调都不算过分。照片和推荐信通常是用户实现个人资料 100%完整性的两大难题。绝大多用户都认可照片的重要性，并且认为使用一张由专业人员拍摄的穿职业装、面带微笑的正面头部照片会给自己带来更多的好处，因为照片很好地体现了你的专业度和职业精神，可以更好地谋求合作。

有些人不愿意使用自己真实的照片作为头像，是因为缺乏自信，觉得自己不好看，但是你无法永远躲藏在电脑屏幕后面假装自己有多么职业化。当你在 LinkedIn 上找到客户以后，无法避免与他们进行面对面的交流，即使是视频聊天，所以应该勇敢地去面对，自信才是最美的。

很多时候，人们在记住别人的名字之前会先记住他们的脸。我希望当别人在 LinkedIn 上找到我，并见到我的时候，对我说："嗨，你就是那个胖胖的速卖通卖家，我是你 LinkedIn 上的朋友，你的产品真的很棒！"能够通过照片认出你的人，说明对你的动态关注度是非常高的，这样的人很有可能会成为你的"大客户"。

6.3.3 标题

LinkedIn 上的标题最多只可以使用 120 个字符，但是标题往往是由你所在的公司和所担任的职务组成的，因此必须学会在有限的条件下简要讲述公司与产品的故事。你可以在标题中描述行业经验，体现你的专业度与产品的卖点，并说清楚为什么要选购你的产品，你的产品可以给他们带来怎样的方便，有怎样的实用性。单击当前标题旁边的"编辑"按钮，即可编辑 Professional Headline 框中的信息。

在刚开始使用 LinkedIn 的时候，我们的标题是这样写的："新丝路网络科技有限公司总监，新丝路，与世界联通，做全球生意，兼速卖通大学培训讲师"。"与世界联通，做全球生意"是我们的企业标语，虽然我个人非常喜欢这个标语，但是它无法体现出我们在跨境行业的领先优势。后来我把标题改为："新丝路总监，专注跨境电商研究八年，兼职速卖通大学讲师"，虽然这个标题没有体现出我们的企业标语，但是却把我成功塑造成跨境电商领域的精英。除非是家喻户晓的全球五百强企业，否则不要认为别人看过你的个人档案，就知道你的公司是做什么的，以及业务定位。

我个人更喜欢叙述型的标题，但是流行标题一定要用"丨"隔开关键词。输入"丨"的方法是按下 Shift 键再按反斜杠键。之所以这样做，是因为搜索排列公式更侧重于标题中的关键词。但是由于受到标题 120 个字符的限制，使用"丨"作为分割符可以帮我们节省更多的字符空间。

总之，在创建 LinkedIn 账户时一定要非常关注身份框，因为它将成为你的名片一直伴随左右，同时也一定要确保其完整性和准确度。如果没有一个完整的身份框，那么别人既无法直观地了解到你的优势，也无法了解到你的业务范围。但是按照上述过程建立好身份框后，对于你在后期开展业务是非常有帮助的，同时你也会得到一个完整的个人档案。

6.4　如何在 LinkedIn 上建立群组

对于各行业的专业人士而言，LinkedIn 群组功能是一个非常重要的营销手段，一个群组就可以帮助你建立一个完整的业务链，推销各种产品和服务，并快速让你成为行业领导者。我们可以在 www.linkedin.com/grp 上创建群组。

在此需要填写基本资料，包括：添加 Logo，设置群组名、群组类型、概要、描述和网站，以及群组拥有者的电子邮箱和访问细节。

注意：该功能只能在英文页面中使用。

6.4.1　添加 Logo

如图 6-1 所示，在创建群组时会要求先上传一个群组 Logo，这个 Logo 将会出现在群组的目录以及群组的网页中。Logo 图片仅支持 PNG、GIF 和 JPEG 格式，Logo 的大小要求不超过 100KB，如果图片不符合要求系统将会自动调整。为了更有效、形象地展示小组，请在上传之前把选择好的图片按要求调整好。注意，在上传图片时一定要勾选上传须知。

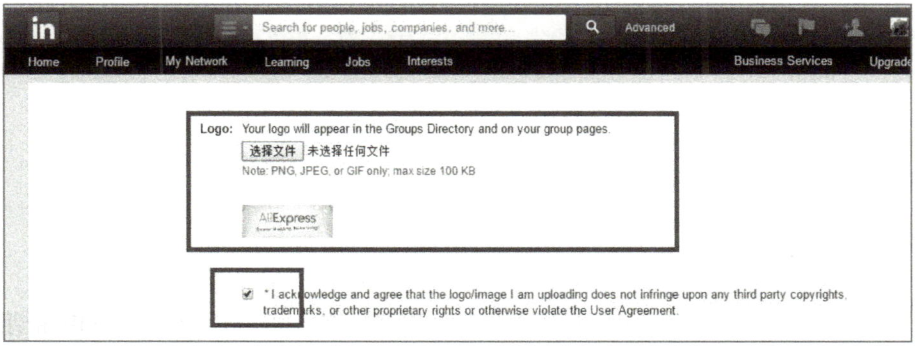
in
Search for people, jobs, companies, and more...
Advanced
Home
Profile
My Network
Learning
Jobs
Interests
Business Services
Logo: Your logo will appear in the Groups Directory and on your group pages.
选择文件 未选择任何文件
Note: PNG, JPEG, or GIF only; max size 100 KB
AliExpress
* I acknowledge and agree that the logo/image I am uploading does not infringe upon any third party copyrights, trademarks, or other proprietary rights or otherwise violate the User Agreement.

图 6-1

6.4.2　群组名

如图 6-2 所示，群组名是一个重要的展示要素，它将直接代表小组参与者的专业性，所以在设置组名时一定要充分考虑有可能被搜索到的所有关键词类型。

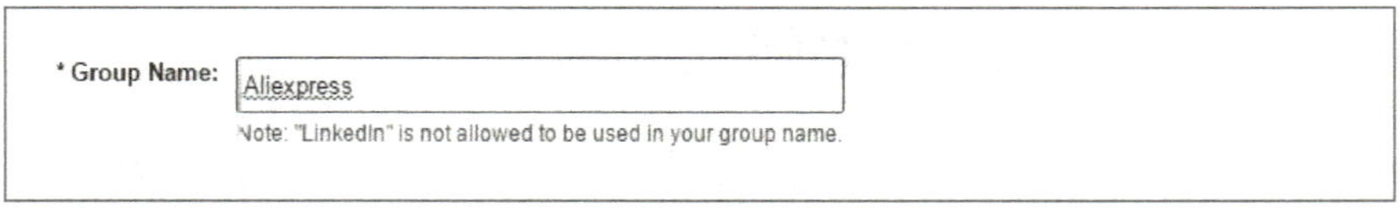
* Group Name:
Aliexpress
Note: "LinkedIn" is not allowed to be used in your group name.

图 6-2

6.4.3 群组类型

群组类型分为：校友群、企业群、会务群、社交群、非盈利群、专业群和其他的群组，可以在下拉列表中选择群组类型。

6.4.4 概要

如图 6-3 所示，填写关于所创建群组的简要概述和目的，需要注意这些内容会出现在群组目录里。概要一定要与建立群组的目的和想达到的目标相关，其他人会通过阅读概要决定是否要加入这个群组。

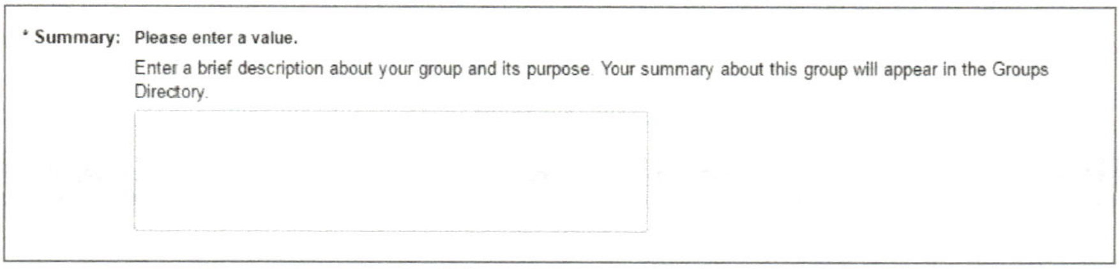
* Summary: Please enter a value.
Enter a brief description about your group and its purpose. Your summary about this group will appear in the Groups Directory.

图 6-3

6.4.5 描述

如图 6-4 所示，LinkedIn 的群组描述就像组名一样，也会在进行 LinkedIn 群组搜索和谷歌搜索时显示出来，因此在填写群组描述时要多使用一些对产品或者服务感兴趣的成员鼓励的话，吸引他们点击，以及让他们意识到加入这个群组的好处。这一点在做拍卖时非常重要，群组的参与度越高，成交价就越高。需要注意的是，群组描述只有 140 个字符，因此此处的文案非常重要，需要多思考。

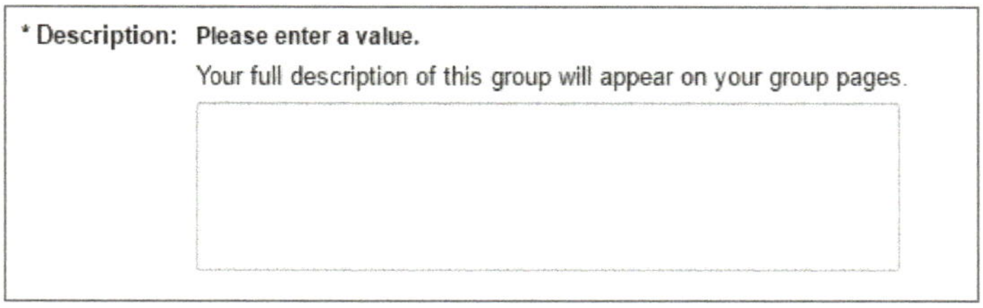

图 6-4

6.4.6　网站（非必填项）

如图 6-5 所示，可以将店铺链接或者企业链接填写到此处，群组所有的成员都会看到这个网站或店铺，并随时可以查看其产品或服务推出的组内优惠，例如亚马逊有汇款和速卖通的定向优惠券。

图 6-5

6.4.7　邮箱

如图 6-6 所示，在这里需要填写你的 LinkedIn 邮箱账户，因为它会将群组成员连接到你的个人资料页面。

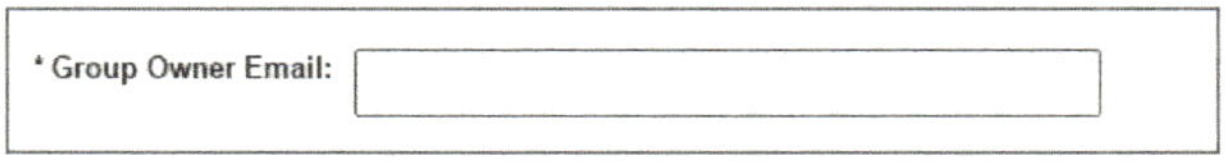

图 6-6

6.4.8　访问

如图 6-7 所示，在这里可以设置会员的加入模式：自动加入或申请加入。如果是自动加入，那么任何 LinkedIn 的会员都可以不经过你的同意而加入该群组，并允许群组成员邀请其他人加入；选择要求加入此群组的用户必须通过审核，同样适用于自动加入选项。

图 6-7

6.4.9 语言

如图 6-8 所示，可以自主选择你希望在群组内使用的语言。

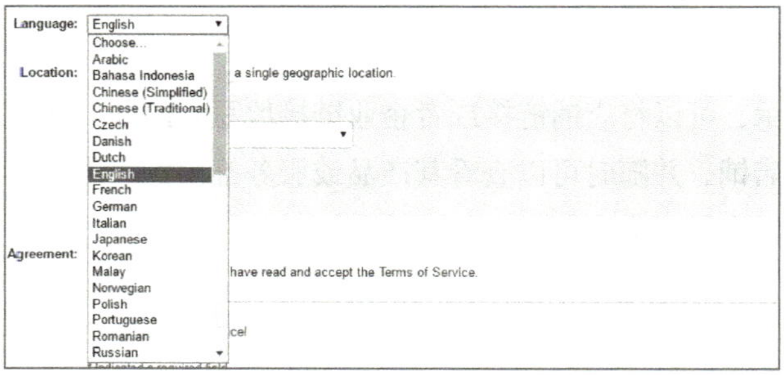

图 6-8

6.4.10 地点

如图 6-9 所示，可以自主选择指定地点。如果想指定一个单一的地点，就选择该群组基于一个单一的地理位置，在下拉列表中选择国家以及邮政编码，这样可以让地理位置更加精确。这个功能适用于一些细分类目准入市场的用户进行选择，比如专门针对美国市场开发的产品。

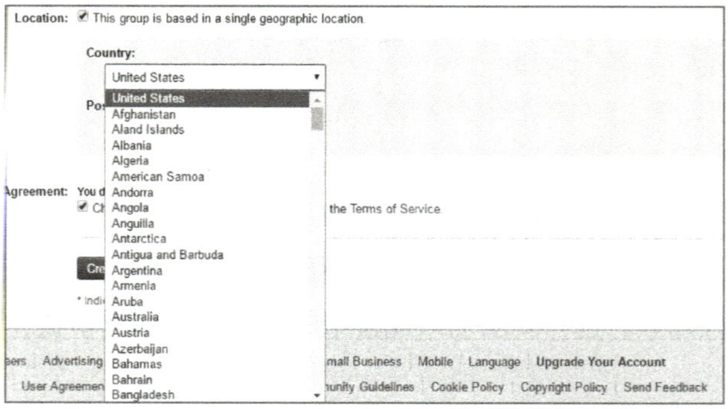

图 6-9

6.4.11　群组面板

成功创建群组后，我们可以查看群组页面，其中包括：讨论、促销、工作、有关页面、搜索和管理选项，通过这些选项可以与组员展开促销讨论或工作讨论。在每个群组中可以建立 20 个子群组，在这些子群组中可以展开更精准的讨论，同时也可以任命某个组员为群组管理员。当不需要该群组时单击删除就可以了。

6.5　如何通过 LinkedIn 投放广告

在 LinkedIn 上投放广告具有自主性，这是为 LinkedIn 用户提供广告解决方案的一种模式，它会在平台突出的页面中创建放置广告的最佳位置。用户看到广告后点击，就可以直接访问广告投放者的页面，并看到其所提供的产品或服务。

在投放广告时，可以通过人口结构来筛选目标受众，从而指定哪些用户可以看到广告，以节约费用。你可以通过以下方式来获得客户。

1. Sponsored Updates

Sponsored Updates 在 LinkedIn 移动端（平板电脑和手机）的广告投放中占有至关重要的地位，你可以自主设定广告投放预算并可以随时停止广告投放，并且可以根据职务、行业、公司规模和资历等条件自由选择投放，使投放效果更精准，试错成本更低。LinkedIn 支持图片、视频和文字模式的所有广告。在设置 LinkedIn 广告之前可以查看一些成功的广告案例，通过分析成功文案可以使自己取得更好的广告投放效果，如图 6-10 所示。

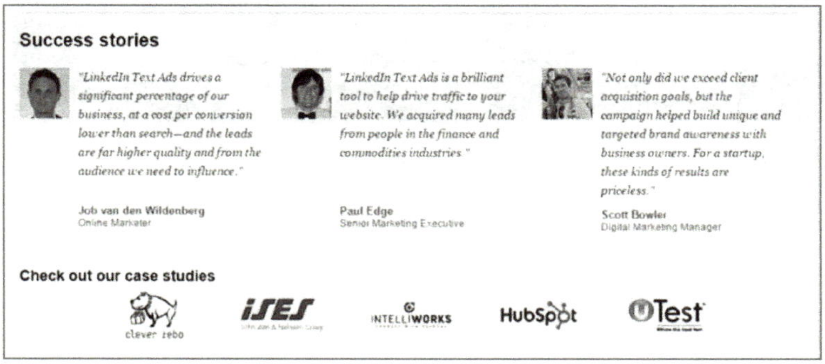
Success stories
"LinkedIn Text Ads drives a significant percentage of our business, at a cost per conversion lower than search—and the leads are far higher quality and from the audience we need to influence."
Job van den Wildenberg
Online Marketer
"LinkedIn Text Ads is a brilliant tool to help drive traffic to your website. We acquired many leads from people in the finance and commodities industries."
Paul Edge
Senior Marketing Executive
"Not only did we exceed client acquisition goals, but the campaign helped build unique and targeted brand awareness with business owners. For a startup, these kinds of results are priceless."
Scott Bowler
Digital Marketing Manager
Check out our case studies
clever zebo
iSES
INTELLIWORKS
HubSpot
uTest

图 6-10

2．寻找合适的受众群体

在投放广告之前一定要先确认好产品受众，进行精准投放，避免不必要的额外支出。通过 LinkedIn 广告页面上的“寻找你的目标群体”，可以让你拥有强大的 B2B 筛选功能，实现节约成本。

也可以通过地域、工作职能、行业类别来选择广告投放覆盖面，如图 6-11 所示。

图 6-11

3．创建 LinkedIn 广告活动

创建 LinkedIn 广告活动的地址是 www.linkedin.com/ads，如图 6-12 所示。

图 6-12

有两种推广选择，你可以根据实际需要来创建广告页面，如图 6-13 所示。

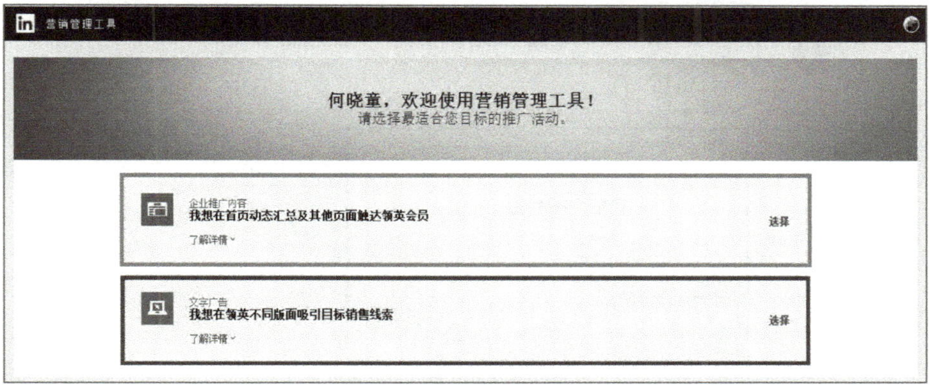

图 6-13

选择好广告形式以后，可以给广告页面命名，如图 6-14 所示。一个好的名字是非常重要的，让你在日后修改时可以快速地从众多的广告推广中找到对应的广告。这个名字只有你自己可以看到，其他 LinkedIn 用户是无法看到的。

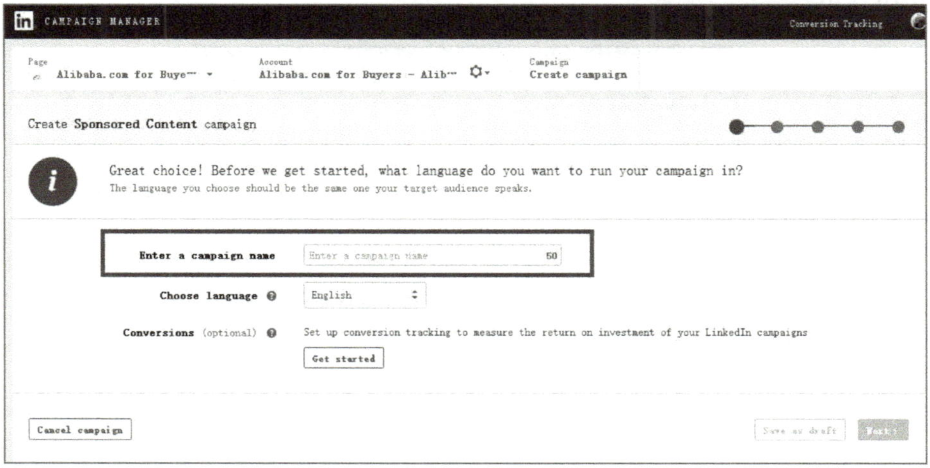

图 6-14

然后选择投放语言，如图 6-15 所示。需要注意的是，语言一旦选定是无法修改的。

还可以设置当别人单击广告链接后被直接导入你的店铺、公司页面或者 LinkedIn 页面中。

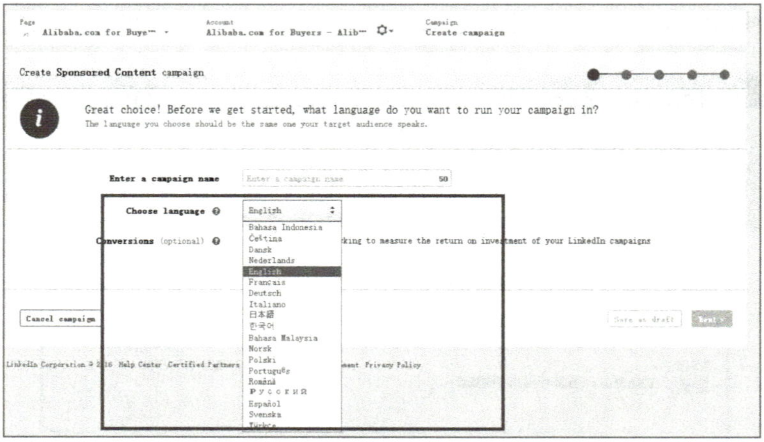

图 6-15

接下来为广告设置标题和图片。在文字部分最好写满 75 个字符，标题的内容一定要抓住目标受众的注意力，并可以满足他们的需求。在广告描述部分一定要详细说明产品的卖点及核心竞争力，最好加上一些煽动性的词汇，比如现在马上订购吧，如图 6-16 所示。

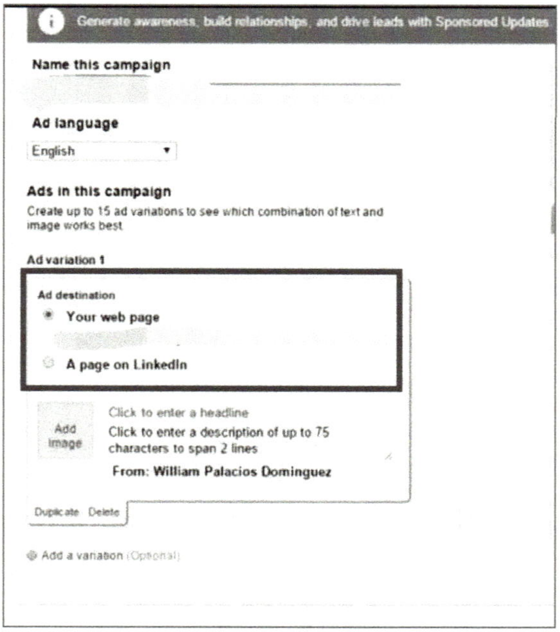

图 6-16

4．广告付费模式

如图 6-17 所示，可以自定义设置广告付费模式。一种是点击收费，类似于速卖通直通车或亚马逊 CPC，还有一种叫作“千次展示扣费”，这两个选项的最低收费都是 2 美元。你需要设置好广告活动的预算，每天的广告花费最少是 10 美元。也可以自定义选择广告投放的时间段。

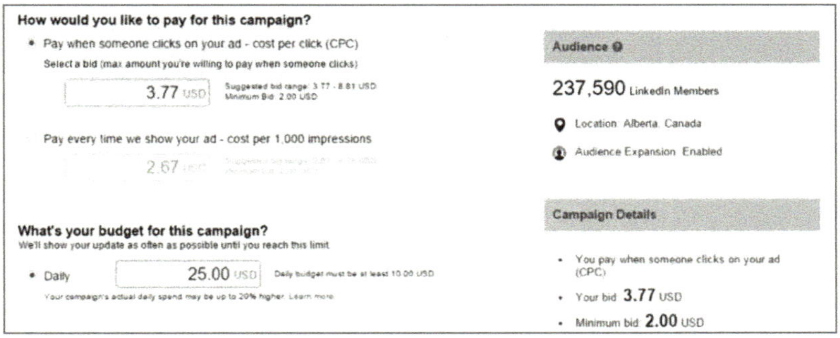

图 6-17

5．结账方式

设置好所有的推广选项后，需要选择结账方式，如图 6-18 所示。

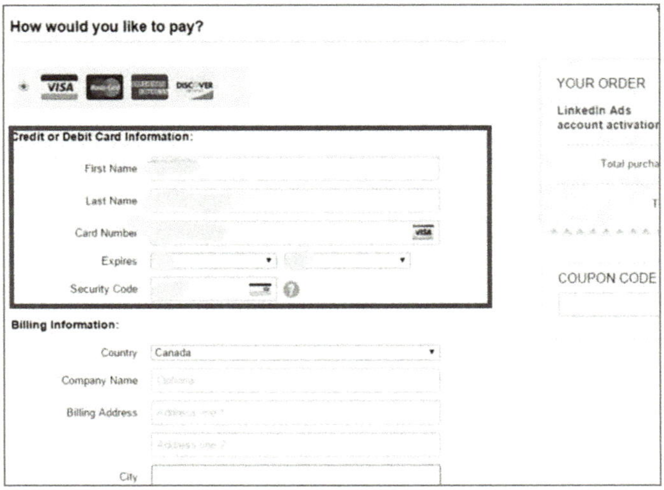

图 6-18

目前 LinkedIn 支持使用 VISA、万事达、美国运通卡和 Discover 支付。LinkedIn 收到付款后你的广告计划就会马上执行，但前提是你的广告没有违反 LinkedIn 广告的服务条款。

如果把 LinkedIn 账户升级到高级版本，就会又多出来四个新的功能，这些功能都可以帮助你高效地锁定目标客户，如图 6-19 所示。

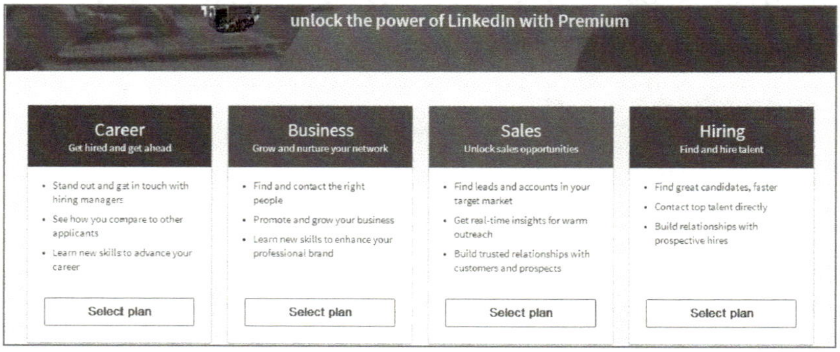
unlock the power of LinkedIn with Premium
Career
Get hired and get ahead
Stand out and get in touch with hiring managers
See how you compare to other applicants
Learn new skills to advance your career
Select plan
Business
Grow and nurture your network
Find and contact the right people
Promote and grow your business
Learn new skills to enhance your professional brand
Select plan
Sales
Unlock sales opportunities
Find leads and accounts in your target market
Get real-time insights for warm outreach
Build trusted relationships with customers and prospects
Select plan
Hiring
Find and hire talent
Find great candidates, faster
Contact top talent directly
Build relationships with prospective hires
Select plan

图 6-19

6. Land your dream job

如图 6-20 所示，在这个功能中，你的简历和其他人比起来会在招聘信息中更为凸显，并可以直接与招聘人员或者是看过你个人资料的人取得联系。你还可以和竞争对手对比自己的优劣在什么地方。有了这些信息以后，你就可以更自信地去申请目标工作了。

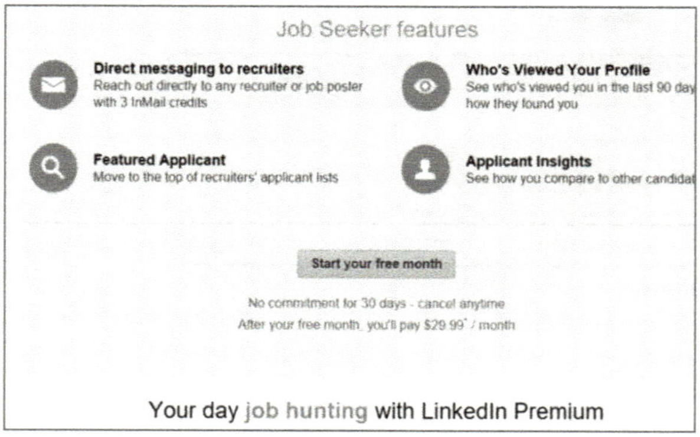
Job Seeker features
Direct messaging to recruiters
Reach out directly to any recruiter or job poster with 3 InMail credits
Who's Viewed Your Profile
See who's viewed you in the last 90 day
how they found you
Featured Applicant
Move to the top of recruiters' applicant lists
Applicant Insights
See how you compare to other candidat
Start your free month
No commitment for 30 days - cancel anytime
After your free month, you'll pay $29.99 / month
Your day job hunting with LinkedIn Premium

图 6-20

7. Grow and nurture your network

好的社交网络环境能够更好地促进你的业务增长，还可以提高你的品牌影响力和你的存在感。如图 6-21 所示，建立网络这个功能可以让你访问 15 条 InMail 信息，以及无限制地搜索你需要的个人资料，还可以知道每天有多少人在关注你的个人信息，对你感兴趣，并且可以查看过去 90 天所有看过你个人资料的人。

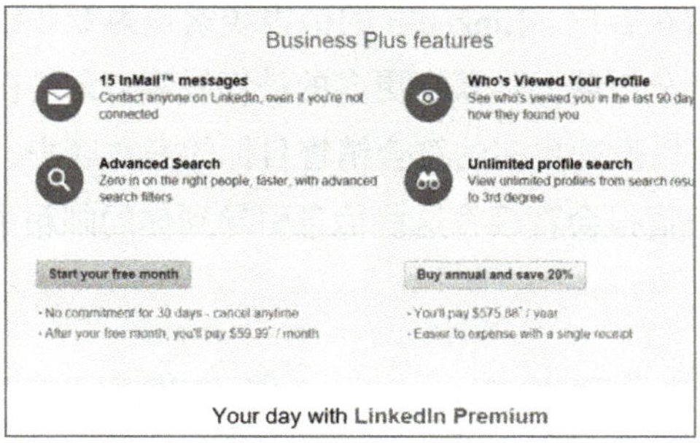
Business Plus features
15 InMail™ messages
Contact anyone on LinkedIn, even if you're not connected
Who's Viewed Your Profile
how they found you
Advanced Search
Zero in on the right people, faster, with advanced search filters
Unlimited profile search
to 3rd degree
Start your free month
Buy annual and save 20%
· No commitment for 30 days - cancel anytime
Your day with LinkedIn Premium

图 6-21

InMail 第一个月是免费的，如果要持续使用就要付费，如图 6-22 所示，可以通过支付宝方便地支付费用。获得这些信息后，你也可以查看他们的个人资料，这样更有利于筛选潜在客户并和他们取得联系。你可以使用 InMail 直接与对你的个人资料或产品感兴趣的客户取得联系，高级搜索过滤器也可以帮助你收集对你的个人资料感兴趣的客户，然后通知你哪些客户可以满足需求。并且升级成为高级账户后，任何 LinkedIn 成员都可以看到你的个人资料，并轻松与你取得联系，这样可以确保你不会错过任何潜在的商机。

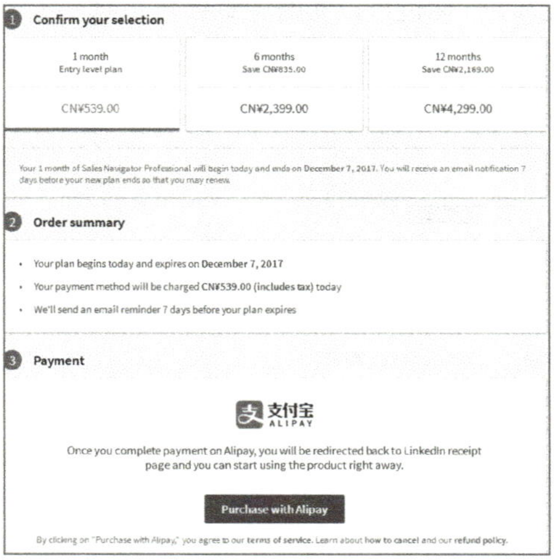
1 Confirm your selection
1 month
Entry level plan
CN¥539.00
6 months
Save CN¥835.00
CN¥2,399.00
12 months
Save CN¥2,169.00
CN¥4,299.00
Your 1 month of Sales Navigator Professional will begin today and ends on December 7, 2017. You will receive an email notification 7 days before your new plan ends so that you may renew.
2 Order summary
Your plan begins today and expires on December 7, 2017
Your payment method will be charged CN¥539.00 (includes tax) today
We'll send an email reminder 7 days before your plan expires
3 Payment
支付宝 ALIPAY
Once you complete payment on Alipay, you will be redirected back to LinkedIn receipt page and you can start using the product right away.
Purchase with Alipay
By clicking on "Purchase with Alipay," you agree to our terms of service. Learn about how to cancel and our refund policy.

图 6-22

8. Unlock sales opportunities

如图 6-23 所示，在这个功能中你可以得到更多的销售线索，其中包括 15 条 InMail 信息、增强版的“谁查看过我的资料”销售线索高级搜索功能、无限制个人资料搜索、潜在客户建议和保存潜在客户。LinkedIn 的销售线索是为专业销售人员设计的，销售导航功能提供了实时的分析帮助你获得更多的销售线索，只要在重要的账户和好友中使用自定义功能，就可以发现更多的符合销售目标的潜在客户，你可以轻松地找到合适的人员和账号，销售情报会直接将这些信息引导到你的邮箱中。

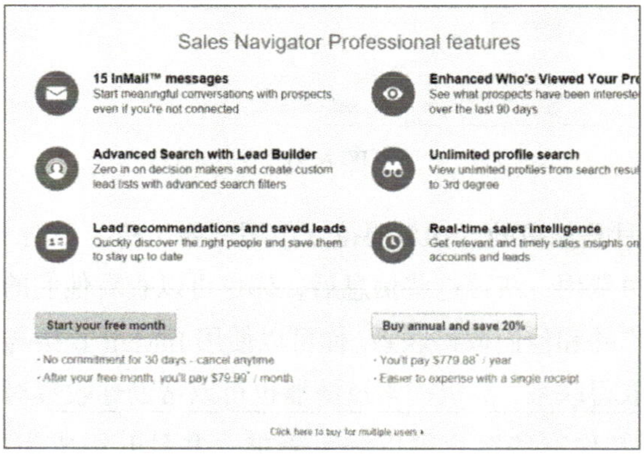
Sales Navigator Professional features
15 InMail™ messages
Start meaningful conversations with prospects even if you're not connected
Enhanced Who's Viewed Your
See what prospects have been
over the last 90 days
Advanced Search with Lead Builder
Zero in on decision makers and create custom lead lists with advanced search filters
Unlimited profile search
View unlimited profiles from search
to 3rd degree
Lead recommendations and saved leads
Quickly discover the right people and save them to stay up to date
Real-time sales intelligence
Get relevant and timely sales insights
accounts and leads
Start your free month
Buy annual and save 20%
· No commitment for 30 days - cancel anytime
· After your free month, you'll pay $79.99* / month
· You'll pay $779.88* / year
· Easier to expense with a single receipt
Click here to buy for multiple users

图 6-23

销售导航功能还可以帮助你创建销售线索列表，你可以通过高级搜索过滤器找到合适的合作目标和潜在客户。你也可以实时追踪销售信息，以及标注账号和记录信息，如图 6-24 所示。

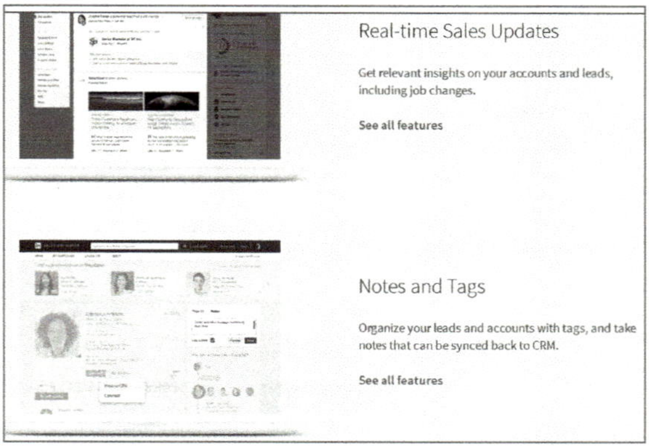
Real-time Sales Updates
Get relevant insights on your accounts and leads, including job changes.
See all features
Notes and Tags
Organize your leads and accounts with tags, and take notes that can be synced back to CRM.
See all features

图 6-24

9. Find and hire talent

如图 6-25 所示，LinkedIn 还有招聘人员精简版功能，可以通过这个功能来寻找和聘请个人。在这个功能中包含了 30 个 InMail 信息模板，可以自动追踪我们感兴趣的应聘者等。

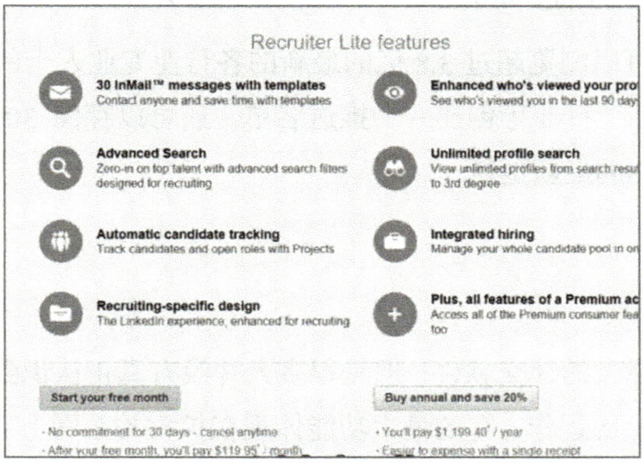
Recruiter Lite features
30 InMail™ messages with templates
Contact anyone and save time with templates
Enhanced who's viewed your
See who's viewed you in the last 90
Advanced Search
Zero-in on top talent with advanced search filters designed for recruiting
Unlimited profile search
View unlimited profiles from search
to 3rd degree
Automatic candidate tracking
Track candidates and open roles with Projects
Integrated hiring
Manage your whole candidate pool in
Recruiting-specific design
The LinkedIn experience, enhanced for recruiting
Plus, all features of a Premium
Access all of the Premium consumer
too
Start your free month
Buy annual and save 20%
· No commitment for 30 days - cancel anytime
· After your free month, you'll pay $119.95* / month
· You'll pay $1 199.40* / year
· Easier to expense with a single receipt

图 6-25

6.6　LinkedIn 必备的应用和工具

为了做好 LinkedIn，更好地开拓业务范围，下面介绍几个实用的 LinkedIn 工具。

6.6.1　Box.net files

Box.net files 可以让我们在档案中发布 PDF、Excel 和 Word 文档，访客可以自由下载。通过这个功能可以提高可信度，同时也能体现出乐于助人的精神。访客一旦下载我们所发布的一些专业文章或者方案，我们就能得到很好的宣传，因为我们的内容给访客带来了价值。同时这些专业文章或方案也充分体现出我们的专业度，这样会更便于后期建立讨论小组，在发布新内容的时候也更容易调动别人参与的积极性。

6.6.2　Sales Navigator（PC 端）

Sales Navigator 是 LinkedIn 上一个强大的销售工具，它让我们寻找销售目标、发现客户群的过程变得更简单。在 LinkedIn 先进的计算模式下，Sales Navigator 可以帮助我们快速地找到目标客户。这个工具可以根据所设定的线索进行推荐，我们可以保存推送的目标客户并持续更新达成转化，还可以通过 Sales Navigator 为产品定制推荐目标。可以到 business.linkedin.com/sales-solutions 网站购买服务。作为卖家，可以根据潜在客户的搜索历史和偏好进行精确导航。该软件目前只有团队版和专业版。Advanced Search with Lead Builder 是该软件的一项重要功能，需要重视。

通过这个软件可以浏览超过 3.8 亿的最新的各行业专业人士的简介，然后通过过滤功能根据公司规模、行业等创建一个推送名单。还可以存储 3000 个优质的潜在客户，并时刻关注他们的最新更新。

6.6.3 Events

Events 是一个强大的社交软件，但是很多人并没有真正认识到它存在的价值，对于我们在 LinkedIn 上的运作，它的最大功能体现在扩大关系网上面。它是在 LinkedIn 平台上公布新项目最好的方式和手段，我们可以通过活动或者标签中的关键词，以及参与活动的人员来进行搜索，也可以通过 RAVP 功能与参与活动的人员进行联系。如果客户表明要参加活动，那么就会显示在他的个人资料中，并在其所有联系人的网络上更新，这对于宣传企业或提高品牌知名度是非常重要的。

6.6.4 LinkedIn Pulse

通过 LinkedIn Pulse 工具可以链接到你的所有社交网络，你可以非常容易地看到社交网络上的更新内容。它是众多的获奖工具之一，有非常高的实用价值，通过它可以保存和分享感兴趣的文章或内容，也可以浏览别人的作品，以及与你的业务相关的书籍。

LinkedIn Pulse 会给你发送需要知道的新消息，因此可以为你节省许多不必要的搜索和筛选的时间。它会根据你的喜好自动过滤信息，并从你感兴趣的相应行业中获取新闻或资讯。LinkedIn Pulse 是一个非常重要的 App，通过它可以帮助学习专业知识，同时也可以帮助找到感兴趣的话题，还可以根据类定义提炼新闻要素，比如商业、摄影等。你也可以通过它分享文章到其他社交媒体上，比如 Twitter 或 Facebook 等。通过 LinkedIn Pulse 还可以将新闻提要同步到设备上并保存下来，如 Evernote、Instapaper

和 Pocket 等。

6.6.5　Sales Navigator（App 端）

在维护潜在客户和账号方面，Sales Navigator 是最好的 App 之一。这个 App 对销售人员非常有用，但是它仅仅适用于那些付费账户，它可以帮助卖家轻松地与买家沟通并跟踪潜在客户动向。这个 App 可以为卖家提供需要了解的所在领域的销售信息。

6.6.6　Slide Share

我们可以使用 Slide Share 创建和浏览演示文稿，通过这个 App 可以过滤数以百万计的演示文稿，或者快速创建一个演示文稿；可以根据类别来共享演示文稿，比如教育、商业、设计、科学等；可以通过社交媒体平台共享信息，如 Facebook、LinkedIn 和 Twitter 等；可以下载我们关注的信息，在离线的时候阅读。这些功能对于长期更新 LinkedIn 页面的行业新消息和动态是非常重要的。

6.7　做好 LinkedIn 的十要素

6.7.1　创建有质量的个人资料

在 LinkedIn 上用一种非常有创意和吸引力的方式创建个人资料和描述业务，应该是展示产品最好的方式。为了让 LinkedIn 用户对你的网站感兴趣，应该创建完整的个人资料并保持定期更新，并且每次更新的内容要确保相关性和具体性，不要分散目标观众；详细说明你是做什么的并正确描述业务，以获得高质量的流量。

6.7.2　个性化邀请

人们通常喜欢一些个性化、别出心裁的邀请，个性化邀请对于创建强大、积极的企业形象，从而获得目标受众有巨大的帮助。个性化邀请是企业在 LinkedIn 上的无形资产。个性化邀请不容易被系统默认为垃圾邮件而无法推送，在适当的时候加入个人信息并提供一些互惠政策，会使我们的邀请取得最好的效果。

6.7.3 及时更新相关信息

就像大多数社交媒体那样，你需要不停地维护、更新自己的账户，这有利于加强你与受众之间的联系。这一点很关键。

当你所发布的业务重要信息更新时，更新内容必须是相关的，且是有意义的和有区别的。如果所更新的内容不相关，则很有可能会被受众忽略，从而减少与你的互动。

不要过度发布，否则可能会误判冻结你的个人资料账户。

6.7.4 公开个人资料

如果将个人资料设置为私人模式，那么除了你自己没有人可以查看到它。只有公开个人资料才会更容易地被别人搜索到并查看，你的目标客户会通过各种搜索引擎查找他们需要的资料。

你可以管理公开个人资料的设置，单击编辑个人资料，然后在管理公开信息设置中公开个人资料。这会帮助你获得适当的流量，提高销售利润。

从长远来看，这也是增加粉丝量的机会。

6.7.5 充分利用 LinkedIn 广告

LinkedIn 会通过张贴广告的形式来帮助你促进业务增长，对于产品或服务，发布广告将有助于推送订阅用户给你。虽然这些都是付费广告，但是可以帮助你获得目标客户。

LinkedIn 的广告功能非常有用，通过它可以制作 15 种不同的广告并定向发布给目标客户，同时 LinkedIn 还提供了一个功能用于追踪广告成果。

6.7.6 及时回复信息

很多人忽略了 LinkedIn 的信息，然而它们与客户电话和电子邮件同样重要，及时回复信息可以增加你的客户列表。

在 LinkedIn 平台上站内信跟日常的电子邮件一样重要，一定要在 1~2 天内回复。

对于客户而言，及时回复信息也会给他们一种被关心的感觉，并且让他们感受到互动。

6.7.7　专业

LinkedIn 最适合用作专业用途，而不仅仅作为一个社交平台用来表达个人兴趣。你的个人资料一定要十分专业并且有效，这样才可以为你树立良好的口碑。

LinkedIn 资料同样可以帮助你与粉丝进行互动，推出自己的品牌，并且专业的个人资料可以有效地帮助你实现销售目标。

6.7.8　充分利用社会关系

为了增加你的目标联系人名单，可以通过其他社交平台导入联系人，以提高销售利润。通过社会关系可以为你的业务更轻松地获取更多的转介粉丝。

你也可以分享联系人列表，这样他们也可以为你的业务带来更多的关注与粉丝，从而更快地建立自己的业务品牌。

6.7.9　有质量的社交网络

每个人都希望有一个优质的大型社交圈，圈子里的人可以快速促进自己的业务成长。你需要有一批对自己的业务有帮助的联系人，但是为了得到有质量的联系人，你必须意识到要先付出才能有回报。

大多数有潜力的客户都会深入了解你的业务和你的个人资料，从而判断你的企业以及你所拥有的客户群体的质量与数量，然后再决定是否要展开更深层次的合作。

6.7.10　参与讨论

保持活跃度，针对你的个人资料发布更新或者开展讨论，以得到更优质的链接流量；学会并尝试将你的评论和业务关联在一起；与他人互动，加入讨论并分享你的专业知识，从而使你的业务资料页面获得高质量的流量。不要在同一个时间点过多地参与不同讨论组的讨论，这样会分散你的注意力。

你可以按上述要点提高自己在 LinkedIn 上的品牌知名度，并将目标流量吸引到自己的业务上。请记住上述各点，并开始自己在 LinkedIn 上的发展之路。

6.8 LinkedIn 成功案例分享

6.8.1 AICPA

如图 6-26 所示，AICPA（美国注册会计师协会）是世界上最大的注册会计师会员协会，为了使成员之间加强交流会计相关知识和资源，他们意识到引人入胜的社区建设工具是重要的一环。AICPA 的目标是建立一个在线社区，以促进自由交流。该社区除使会计专业人士之间可以相关交流专业知识外，它还可以为在线会员提供社交媒体技能，这非常有价值且有必要。

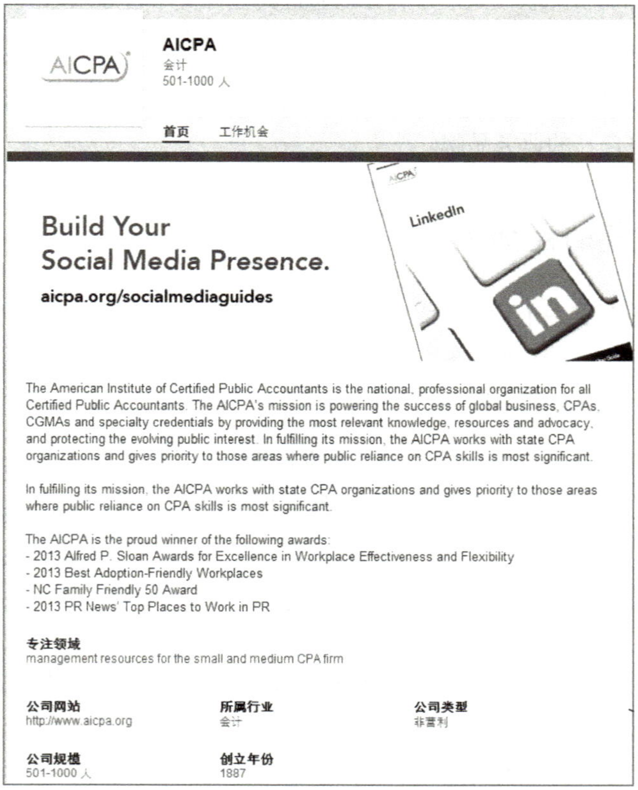
AICPA
会计
501-1000 人
首页
工作机会
Build Your
Social Media Presence.
aicpa.org/socialmediaguides
LinkedIn
The American Institute of Certified Public Accountants is the national, professional organization for all Certified Public Accountants. The AICPA's mission is powering the success of global business, CPAs, CGMAs and specialty credentials by providing the most relevant knowledge, resources and advocacy, and protecting the evolving public interest. In fulfilling its mission, the AICPA works with state CPA organizations and gives priority to those areas where public reliance on CPA skills is most significant.
In fulfilling its mission, the AICPA works with state CPA organizations and gives priority to those areas where public reliance on CPA skills is most significant.
The AICPA is the proud winner of the following awards:
- 2013 Alfred P. Sloan Awards for Excellence in Workplace Effectiveness and Flexibility
- 2013 Best Adoption-Friendly Workplaces
- NC Family Friendly 50 Award
- 2013 PR News' Top Places to Work in PR
专注领域
management resources for the small and medium CPA firm
公司网站
http://www.aicpa.org
所属行业
会计
公司类型
非营利
公司规模
501-1000 人
创立年份
1887

图 6-26

AICPA 在 LinkedIn 上建立了一个会员制组和一个子组，并通过 LinkedIn 多媒体广告和 AICPA 的社交媒体渠道来促进各个小组的能动性。目前其已经拥有 6 万多个成员，并定期持续地参与 LinkedIn 上的讨论。在 AICPA 网站的主要流量驱动，以及发展组织成员、提升品牌知名度上，LinkedIn 发挥着至关重要的作用。

6.8.2 ADP

即使经过 60 年的经验积累，在提供业务外包解决方案上，ADP 也仍然面临着一个独特的问题——在大多数情况下，ADP 被看作一个“资本公司”。ADP 希望提高其品牌形象，并强调它的专长是在人力资本管理服务上，通过加强其在线存在感，ADP 重新推出了 LinkedIn 公司页面，清楚地展示它代表什么，给有明确定义的粉丝群体发布有针对性的状态更新，这一举措改变了 ADP 之前面临的局面。在短短一年时间内，ADP 重新推出的公司页面的粉丝量增加了一倍，非会员粉丝量增长了 70%。如今 ADP 已经成为 LinkedIn 的头号社交推荐，如图 6-27 所示。

Linked in 领英
搜索会员、职位、公司及更多内容
首页
个人资料
人脉
职位
发现
ADP
人力资源
超过 10,001 人
首页
工作机会
Payroll. Tax. HR. Time. Benefits.
Happy together.
We give companies of every size the tools to help their people thrive. From payroll, benefits and regulatory compliance to talent management and analytics, we help our clients succeed. As one of the world's largest and most experienced HR providers, ADP offers you recruit-to-retire services and solutions that help you build the team that will take you into the future. What we deliver isn't just a better HR system; it's a better workforce. ADP.com
专注领域
Human Capital Management, HR BPO, Payroll and Tax Services, PEO, Retirement, Talent Management, Human Resource Management, Tax and Compliance, Benefits Administration, Payment Solutions, Time and Attendance, Health Care Reform, ACA Affordable Care Act
公司网站
http://bit.ly/Pksk9R
所属行业
人力资源
公司类型
上市公司
总部地址
美国 07068 New Jersey Roseland, 1 ADP Blvd 美国 New Jersey Roseland, 1 ADP Blvd 07068
公司规模
超过 10,001 人
创立年份
1949
收起

图 6-27

6.8.3 BI WORLDWIDE

如图 6-28 所示，BI WORLDWIDE 在参与领域是全球领先的专家之一。

Linked in 领英
搜索会员、职位、公司及更多内容
首页
个人资料
人脉
职位
发现
BI WORLDWIDE
市场营销与广告
501-1000 人
首页
工作机会
发送图片到手机
GOALQUEST
signature
WAREHOUSE
WINDFALL
BI WORLDWIDE is a global engagement agency that uses the principles of behavioral economics to produce measurable results for our clients by driving and sustaining engagement with their employees, sales channel partners and customers. We bring global reach and resources with offices in the U.S., Canada, Latin America, Australia, China, India, the United Kingdom and Singapore. Visit http://www.biworldwide.com.
Give your employees more than a paycheck - get a world of difference in productivity and retention. Rally the troops at visionary team meetings. Enhance their skills with timely, targeted learning opportunities. Keep them balanced and productive with wellness programs. Motivate them with effective incentives. And celebrate their loyalty with service anniversary awards.
Give your sales channel the tools they need to succeed - get the world's most passionate ambassadors for your brand. Inspire them with unforgettable events. Prepare them with intelligent training technology. Arm them with well-qualified leads. Support them with attention-getting product launches. Reward them with compelling incentives.
Give your consumers what they want and need. Get a world of trust and loyalty that lasts a lifetime. Attract their attention with experiential marketing. Influence their behavior with enticing offers. Speak to their interests with timely, targeted messages on multiple media. Influence their buying behaviors with interactive promotions. And reinforce their loyalty with amazing rewards.
专注领域
Employee Recognition, Employee Rewards, eLearning, Employee Engagement, Travel Incentives, Sales Incentives, Coalition Marketing, Loyalty Marketing, Corporate Meetings and Events, Product Launches,

图 6-28

BI WORLDWIDE 希望通过将相关内容与目标客户分享来增加客户的参与感，从而产生质变，LinkedIn 的准确定位广告和内容共享功能提供了最佳解决方案。BI WORLDWIDE 利用多媒体广告、公司网页、粉丝口碑传播，以及粉丝赞助的 InMail 在 LinkedIn 上完成了知名度建设，公司主页的粉丝量从 2000 增加到 14000。单从多媒体广告方面来说，就拥有超过 26%的新的高品质潜在客户。

6.8.4 惠普

从在一个租来的不起眼的车库里开始，1939 年 HP 已经成长为一个领先的技术型公司。对于惠普来说，2010 年是显著崛起的一年，其推出了 LinkedIn 上的公司页面，如图 6-29 所示。为了达成转化，提高成本效益，惠普一直尝试在产品质量和服务上吸引潜在客户，为此他们始终保持公司网页的活跃度，并同步运用 LinkedIn 的推荐广告。惠普公司页面曾经在两周内创建了超过 2000 条的产品建议，并成功增加了 2 万个粉丝。简单地说，惠普的一场活动所引起的用户反馈，带动了超过 50 万条的 LinkedIn 更新，并驱动数以倍计的流量到他们的产品和服务页面。

Linked in 领英
搜索会员、职位、公司及更多内容
首页
个人资料
人脉
职位
发现
HP
信息技术和服务
超过 10,001 人
首页
工作机会
Made for the most critical missions in the universe
NASA is sending 120 HP ZBook Workstations to the International Space Station to help push the boundaries of science and discovery.
Engineering experiences that amaze. We create technology with a purpose: to make life better for everyone, everywhere. Keep Reinventing.
公司网站
http://www.hp.com
所属行业
信息技术和服务
公司类型
上市公司
总部地址
美国 94304 CA Palo Alto, 1501 Page Mill Road 美国 CA Palo Alto, 1501 Page Mill Road 94304
公司规模
超过 10,001 人

图 6-29

6.8.5 Cetera 金融集团

Cetera 金融集团是一家服务型企业，为独立金融专家领域的各金融机构提供理财、咨询以及投资建议。因此，它需要不断地提高企业在金融专家领域的曝光率。但是 Cetera 想更进一步，希望扩大其服务范围来获得更多的目标客户，并通过个性化的社交渠道提升客户的参与度。

如图 6-30 所示，Cetera 运用大量的 LinkedIn 多媒体广告，随着 LinkedIn 不断精确的目标范围，根据匿名业务的人口统计数据，其广告只会被金融专业人士看到。Cetera 制定的目标活动推出 3 个月后，其网站就获得多达 900 个精准新访客，在业务量方面仅仅通过 LinkedIn 的营销就增加了大约 100 万美元。

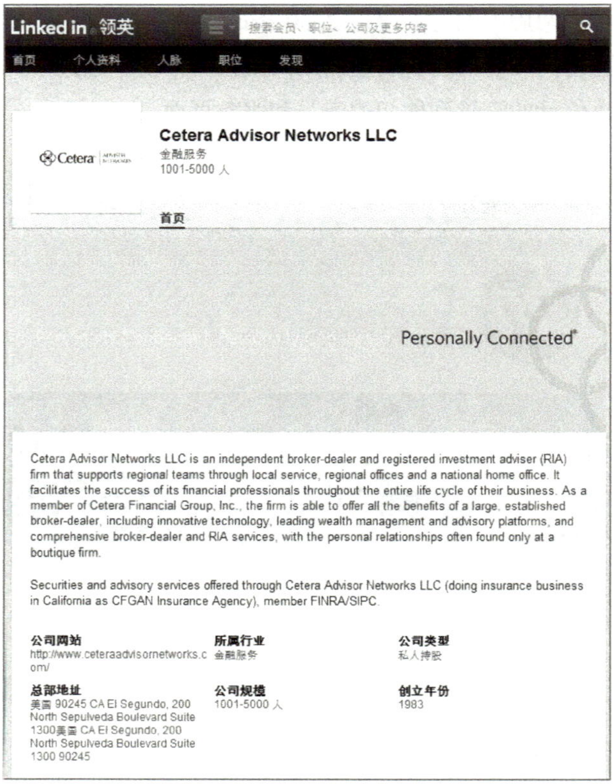
Linked in 领英
搜索会员、职位、公司及更多内容
首页
个人资料
人脉
职位
发现
Cetera
Cetera Advisor Networks LLC
金融服务
1001-5000 人
首页
Personally Connected
Cetera Advisor Networks LLC is an independent broker-dealer and registered investment adviser (RIA) firm that supports regional teams through local service, regional offices and a national home office. It facilitates the success of its financial professionals throughout the entire life cycle of their business. As a member of Cetera Financial Group, Inc., the firm is able to offer all the benefits of a large, established broker-dealer, including innovative technology, leading wealth management and advisory platforms, and comprehensive broker-dealer and RIA services, with the personal relationships often found only at a boutique firm.
Securities and advisory services offered through Cetera Advisor Networks LLC (doing insurance business in California as CFGAN Insurance Agency), member FINRA/SIPC.
公司网站
http://www.ceteraadvisornetworks.com/
所属行业
金融服务
公司类型
私人持股
总部地址
美国 90245 CA El Segundo, 200 North Sepulveda Boulevard Suite 1300美国 CA El Segundo, 200 North Sepulveda Boulevard Suite 1300 90245
公司规模
1001-5000 人
创立年份
1983

图 6-30

6.8.6 Autopilot HQ

如图 6-31 所示，Autopilot HQ 公司以 BislrInc 名义成立于 2012 年，它提供多渠道技术及解决方案帮助企业实现自动化，公司的营销团队必须实施有效的方法，以打造出高质量的行业领导者，提高品牌知名度。LinkedIn 上的活动更新是实现这个目的的理想渠道，这些更新促使 Autopilot HQ 将具有一定高度的专业内容提供给客户。这项活动不但成本低，还取得了非常好的成绩，如点击转化率增加了将近 3 倍，使品牌更贴近消费者，同时也大大刺激了消费者的购买欲望。

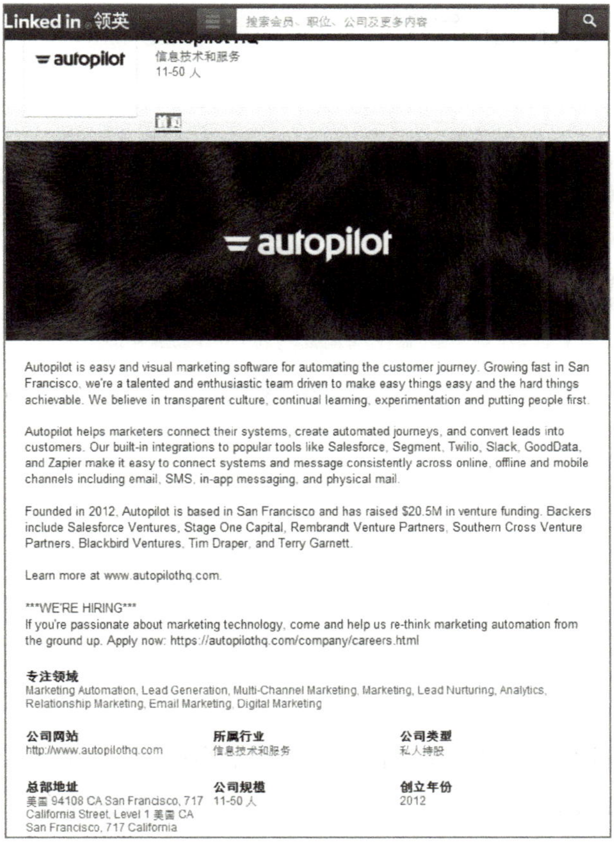
Linked in 领英
搜索会员、职位、公司及更多内容
autopilot
信息技术和服务
11-50 人
autopilot
Autopilot is easy and visual marketing software for automating the customer journey. Growing fast in San Francisco, we're a talented and enthusiastic team driven to make easy things easy and the hard things achievable. We believe in transparent culture, continual learning, experimentation and putting people first.
Autopilot helps marketers connect their systems, create automated journeys, and convert leads into customers. Our built-in integrations to popular tools like Salesforce, Segment, Twilio, Slack, GoodData, and Zapier make it easy to connect systems and message consistently across online, offline and mobile channels including email, SMS, in-app messaging, and physical mail.
Founded in 2012, Autopilot is based in San Francisco and has raised $20.5M in venture funding. Backers include Salesforce Ventures, Stage One Capital, Rembrandt Venture Partners, Southern Cross Venture Partners, Blackbird Ventures, Tim Draper, and Terry Garnett.
Learn more at www.autopilothq.com.
WE'RE HIRING
If you're passionate about marketing technology, come and help us re-think marketing automation from the ground up. Apply now: https://autopilothq.com/company/careers.html
专注领域
Marketing Automation, Lead Generation, Multi-Channel Marketing, Marketing, Lead Nurturing, Analytics, Relationship Marketing, Email Marketing, Digital Marketing
公司网站
http://www.autopilothq.com
所属行业
信息技术和服务
公司类型
私人持股
总部地址
美国 94108 CA San Francisco, 717 California Street, Level 1 美国 CA San Francisco, 717 California
公司规模
11-50 人
创立年份
2012

图 6-31

6.8.7　eCornell

如图 6-32 所示，eCornell 是 Corell University 的网上学习子公司，提供了超过 30 个的专业认证计划，通过 eCornell 途径带给世界最好的理想教育。eCornell 网站接收到很多贸易请求，但是确定网上认证计划是一个漫长的过程。eCornell 在加速实施其计划的过程中需要更好地经营他们的潜在客户，LinkedIn 的领导加速器完美地解决了这个难题。

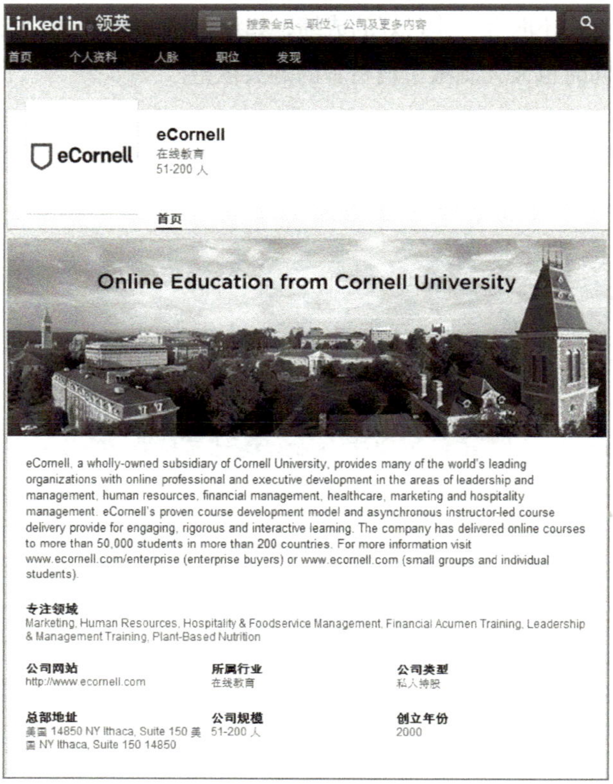
Linked in 领英
搜索会员、职位、公司及更多内容
首页
个人资料
人脉
职位
发现
eCornell
eCornell
在线教育
51-200 人
首页
Online Education from Cornell University
eCornell, a wholly-owned subsidiary of Cornell University, provides many of the world's leading organizations with online professional and executive development in the areas of leadership and management, human resources, financial management, healthcare, marketing and hospitality management. eCornell's proven course development model and asynchronous instructor-led course delivery provide for engaging, rigorous and interactive learning. The company has delivered online courses to more than 50,000 students in more than 200 countries. For more information visit www.ecornell.com/enterprise (enterprise buyers) or www.ecornell.com (small groups and individual students).
专注领域
Marketing, Human Resources, Hospitality & Foodservice Management, Financial Acumen Training, Leadership & Management Training, Plant-Based Nutrition
公司网站
http://www.ecornell.com
所属行业
在线教育
公司类型
私人持股
总部地址
美国 14850 NY Ithaca, Suite 150 美国 NY Ithaca, Suite 150 14850
公司规模
51-200 人
创立年份
2000

图 6-32

当具有潜力的客户访问 eCornell 网站时，他们会被 eCornell 的一系列行政领导计划所引导，通过 LinkedIn 的媒体广告使自己的登录页面转化率翻倍，并使转型成本降低超过 3 倍。

6.8.8 DocuSign

DocuSign 是一家全球标准的数字化事务管理企业，DocuSign 在交易业务中取消了纸跟笔；但是众多用户对电子签名存在质疑，使企业进行漏斗营销，并把他们转化为客户，这对于 DocuSign 来说是一项巨大的挑战。

如图 6-33 所示，DocuSign 的运营团队决定充分利用 LinkedIn 的 InMail 鼓励报名参与圆桌会议及网络研讨会，打造出一个销售大师共同体，其目的是使得拥有超过 500 位员工的美国公司与销售经理建立关系，最终他们成功建立了一个超过 350 人的团队，创造了大量的管道机会。使用 LinkedIn 社交媒体登录后，只针对圆桌会员报名就实现了注册用户超过 25%的增长。

Linked in 领英
搜索会员、职位、公司及更多内容
首页
个人资料
人脉
职位
发现
DocuSign
计算机软件
1001-5000 人
首页
工作机会
发送图片到手机
DocuSign and Go
DocuSign is changing the way we live and do business. That's because DocuSign is the fastest, most secure way to sign and approve just about anything from any mobile device—anywhere in the world. DocuSign is so simple to learn and easy to use, it will transform the way your customers do business with you.
More than 100,000 companies and over 50 million users in 188 countries use DocuSign to sign Organizations of all sizes and industries are accelerating contracts, approvals, and workflows with DocuSign's Digital Transaction Management (DTM) platform and eSignature solution. DocuSign keeps life and business moving forward.
For behind the scenes, follow @DocuSign on Twitter, Instagram, Snapchat or Facebook and subscribe to the DocuSign blog for product updates and announcements.
Have questions? Visit www.docusign.com/support or call (866) 219-4318.
专注领域
Digital Transaction Management, Workflow Automation, Electronic Signature Solutions
公司网站
http://www.docusign.com
所属行业
计算机软件
公司类型
私人持股
总部地址
美国 94105 CA San Francisco, 221
公司规模
1001-5000 人
创立年份
2003

图 6-33

6.8.9 PostcardMania

如图 6-34 所示，尽管 PostcardMania 是小本生意，但是它在 LinkedIn 上的成功是巨大的。它采用一种既简单又有效的方法，分享与自己的产品相关度很高的一些特别内容，从而吸引客户与其建立连接。PostcardMania 从 LinkedIn 上获得了超过 600 位潜在的大客户与实际业务，收益达到 7200 美元。

Linked in 领英
搜索会员、职位、公司及更多内容
首页
个人资料
人脉
职位
发现
PostcardMania
市场营销与广告
51-200 人
首页
PostcardMania is a full-service postcard direct mail marketing company and the leader in innovation in the postcard marketing industry. The company's services include graphic design, printing, mailing list acquisition and mailing services. Added to our menu of products and services are landing pages (a specific web page for capturing leads), websites, e-mail marketing, PPC, video production (specifically for websites) and we continue to add products and services that enhance the return on investment for our postcard marketing clients. Additionally, PostcardMania is widely recognized through numerous awards for its highly effective marketing advice offered on its website www.postcardmania.com.
专注领域
marketing, full-color printing, mail lists, postcard samples, marketing collateral, postcard marketing, marketing campaigns, bulk mailing, design services, mailing services, turn-key, joy gendusa, in500, websites, PPC, Direct Mail 2.0, e-mail marketing
公司网站
http://www.postcardmania.com
所属行业
市场营销与广告
公司类型
私人持股
总部地址
美国 33756 FL Clearwater, 2145 Sunnydale Blvd. 美国 FL Clearwater, 2145 Sunnydale Blvd. 33756
公司规模
51-200 人
创立年份
1998

图 6-34

6.9 LinkedIn 营销注意事项

LinkedIn 是众多商业社交网站中增长最快的一个，因此，为了给企业带来更多的潜力客户，我们在 LinkedIn 上做营销时需要遵循如下原则。

6.9.1 不要发送垃圾邮件

绝大多数客户都不喜欢在其个人资料页面中收到过多的营销邮件，所以不要在这个地方给客户发送垃圾邮件，因为这会让他们感到很恼火。其实有很多其他途径让

LinkedIn 变成我们的商业战场，所以一定要避免给可能会关注我们的客户发送垃圾邮件。因为别人可以屏蔽我们的账号，这样我们就会失去潜在客户。一定要避免被别人屏蔽，因为这可能会损害到我们的声誉。

6.9.2 不要像社交网站一样频繁地发布消息

在 Facebook 和 Twitter 上用户可以随意地发布内容，但是在 LinkedIn 上应禁止出现这种情况，每天发布 1~2 个帖子就足够了。在商业活动中 LinkedIn 是一个可靠、实用的社交媒体平台，但是它不是可以随意发布大量内容的地方，要尽量避免一天重复发布信息。只有发布相关度高的帖子才能取得更好的营销效果，因为这样的帖子不会分散用户的注意力。

6.9.3 不要为自己的帖子"刷赞"

每个企业和个人都希望在自己的网页上有更多的流量和赞，赞是粉丝对你的企业和产品的认可，但是假赞一旦被发现，就会极大地损害品牌形象，用户可能会对你失去信任。假赞对一个企业没有任何帮助，真实的点赞才能有效提升品牌认可度和声誉，并可以直接帮助企业实现增长销售额。

6.9.4 不要把个人资料设置为保密状态

LinkedIn 是专业人士最重要的资源之一，在 LinkedIn 上可以直接增加销售力度，提升品牌认可度。将个人资料设置为保密状态是不明智的，应该把个人资料设置为对所有不需要登录 LinkedIn 的用户可见，确保他们可以看到所有的细节。个人资料是代表企业公信力和品牌知名度的重要因素之一，即使在公开状态下，也可以设置个人资料的哪些内容显示在搜索结果页面中，并保持定期更新个人资料。

6.9.5 不要强迫评价

在 LinkedIn 上评价可以很好地帮助我们建立关系网，但是不要指望所有的陌生人在浏览了你的信息后都进行评价（暗示访客留评）。强迫评价是用户在访问你的页面后选择离开的重要因素之一，因为这种做法表现出来的目的性过强。不断在页面上强调让别人留下评价，会严重损害你的品牌形象。

6.9.6 不要选择大众营销

LinkedIn 是一个专业的营销工具，但是有些用户把它当成一款免费的邮件服务软件。千万不要用 LinkedIn 给客户群发邮件，否则可能会被客户加入黑名单或屏蔽。这会严重影响我们使用电子邮件和客户进行联系，久而久之我们的邮件就会被视为垃圾邮件，最终被全部删除。很多用户会使用安全保护功能和垃圾邮件过滤器，这些工具会自动拦截垃圾邮件和他们不需要的电子邮件。

6.9.7 不要忽略别人的留言

很多时候访客的留言对我们是非常有用的，特别是客户或者专业人士的留言或评价，所以不要忽略别人的留言。这是访客发布内容的区域，知道你的人可以发布相关的帖子，别人可以积极或消极地进行评价，正面的内容可以提升我们的影响力，负面的内容则是我们改进的动力，可以帮助我们意识到自己暂时还未发现的问题。对于这些留言都要大方谦虚地接受，这对于提升我们的公信力是至关重要的。

6.9.8 不要加入太多的群组

LinkedIn 是一个具有商业针对性的平台，用户可以在 LinkedIn 上创建群组，这些小组往往由许多同行业的成员组成，积极参加讨论是提升品牌价值非常有用的渠道之一，并且可以帮助我们实现多个业务目标。我们可以共享信息给所有的组员，但是不要加入太多的群组，因为我们不可能在同一时间参与所有小组的讨论。我们可以在任何时间发表评论，了解如何通过小组来拓展业务。另外，一定要选择与我们的行业或产品相关性高的小组参与讨论。

6.9.9 不要重复发布或复制别人的内容发布

尽量避免发布相同的内容，也千万不要复制别人发布的内容放到自己的发布区，可以在原创内容上多花些时间。因为内容质量对用户来说是至关重要的，好的内容有利于企业宣传与发展，代表专业度，并可以帮助有效增加流量。

6.9.10 不要编辑或删除客户的帖子

我们可以联系那些所发布的内容造成负面影响的客户，做好售后工作，但是不要编辑或删除客户的帖子；因为这些评论可以帮助企业提高能力，改进产品的不足，同时也是呈现给客户的最真实的一面。因此，当遇到这种情况时，努力沟通、解决客户的问题才是最重要的。

6.10 Snapchat

6.10.1 Snapchat 简介

相对于 Facebook、Twitter 和 LinkedIn 这样的大家耳熟能详的社交网站，Snapchat 这个社交网站似乎并不被太多的国内用户所知道，下面就简单介绍一下 Snapchat 的发展历史，以及它在 SNS 领域的重要作用。

Snapchat 的传播速度就像病毒一样，迅速将绝大多数人感染成它的用户，现在大部分海外买家的手机上都安装了 Snapchat。

Snapchat 软件是由鲍比·墨菲和埃文开发的，2011 年 9 月正式在苹果的 App Store 上发布。Snapchat 是一款可以在 iOS 和 Android 系统上运行的阅读即焚社交软件，它还可以在 iPad、iPod Touch 和 iPad mini 上运行。使用 Snapchat 可以将有纪念意义的照片或视频分享给你的家人或朋友，在分享结束后的一定时间里，Snapchat 会从服务器上删除这些文件资料。Snapchat 最受欢迎的功能是其独有的“捕捉式聊天”，目前很多海外用户已经养成了每天必刷 Snapchat 的习惯，就像我们每天至少要刷一两次朋友圈一样。

6.10.2 为什么跨境电商卖家需要使用 Snapchat

智能手机和社交媒体扩大了我们的社交圈。我们可以比以往任何时候更快地与别人建立联系。——丹尼尔·戈尔曼

Snapchat 最大的优势在于你可以在照片被销毁的 10 秒前与客户互动，使用它的群体远比 LinkedIn 上的用户年轻得多，这大大契合了绝大多数跨境电商卖家的客户群体。这个群体会在 Snapchat 上发布一些容易阅读和搞笑的照片，通过这些照片我们可以快速发现海外的流行趋势，以及年轻群体的喜好，这对于开发新产品起到了至关重要的作用。

绘图功能可以让我们在照片上随意书写，比如写好产品的卖点，做成一个简短的系列轮播图，将是一种最好的免费的宣传手段。

视频功能可以很好地让我们跟客户保持沟通，并且动态视频是激发人们购物冲动的重要途径之一。通过视频功能我们可以更好地跟消费者取得联系，做好售后工作，同时也让网上购物变得更有趣，让网购不再是对着屏幕通过图片来挑选所需要的产品。

人性化服务——在电视广告和商场横幅广告的不断轰炸下，用户已经有了自己的广告防线，使用 Snapchat 的最好方法是将广告宣传变成一种风度翩翩的休闲。就像 Twitter 和 Instagram 一样，你可以在 Snapchat 上建立一个追随者基地。

据估计，在美国在 Snapchat 上每天有超过 7 亿次的发送数量。另外，每天都会有超过 500 万个“故事”在 Snapchat 上发生，并且它拥有超过 30 万的用户。

如果不使用 Snapchat，那么将会是你未来营销中的巨大损失。

在 Snapchat 上进行饥饿营销的效果是非常好的，因为如果用户想要得到我们发布的大额度定向优惠，那么他们就不得不等待并时刻关注，因为 10 秒后我们发布的视频或图片就会被销毁。

Snapchat 可以利用的功能还有很多，虽然大多数 Snapchat 用户是青少年，但是在很多情况下，Snapchat 是非常有效的 B2C 营销手段。如果你的主要客户是青少年群体，那么一定不要错过 Snapchat 这个正在崛起的社交网络平台。

6.10.3 Snapchat 的使用

（1）在手机上下载 Snapchat App，如图 6-35 所示。

（2）使用 VPN 登录 Snapchat。如果不使用 VPN 登录，则会导致大多数功能无法正常使用。

（3）添加好友，如图 6-36 所示。

图 6-35

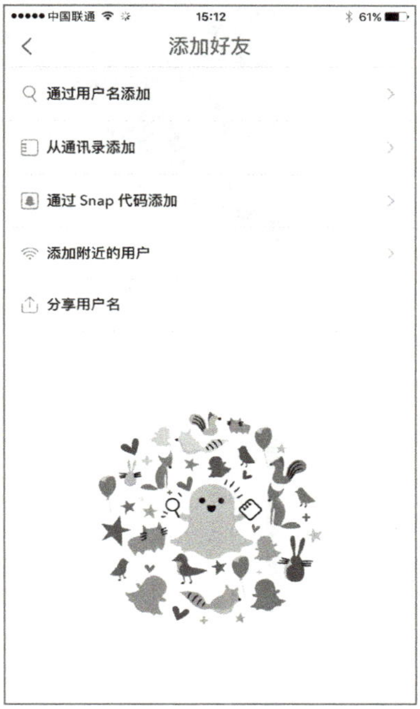

图 6-36

一般通过用户名直接添加好友。国内许多用户的用户名都处于保密状态，但是绝大多数欧美地区的用户的用户名是公开的，可以搜索一些与经营品类相关的明星或者行业领先者的账号，通过他们分享的内容可以很容易地掌握海外第一手的流行风向。因为 Snapchat 是一款随拍型手机 App，所以它的使用率非常高。

也可以把我们的 Snapchat 账号发布到 Facebook、Twitter 等社交网站上，让已经关注我们的 Facebook 好友同时成为 Snapchat 好友，增加与好友之间的联动性和互动性。如图 6-37 所示，单击 Snapchat 首页图标就可以进入账号页面中，类似于微信的二维码功能，别人也可以通过我们的用户名直接进行搜索添加。

图 6-37

添加好友后，单击右下角的三条线按钮，就可以查阅关注的好友发的 Snapchat。注意：Snapchat 只会保留 24 小时，具有阅后即焚的特性，如果错过就再也看不到了。

（4）Snapchat 故事功能，如图 6-38 所示。

图 6-38

在故事功能页面中我们看到：①可以根据自己的兴趣爱好自由选择想观看的公共内容（美食、体育、旅游等）；②直播内容；③好友上传更新的 Snapchat 内容。

同样地，我们可以把宣传视频或生活视频上传到公共类目区域，这样别人在兴趣搜索中也会看到我们的视频内容。该项功能每天的阅读量非常巨大。

（5）Snapchat 视频录制功能，如图 6-39 所示。

Snapchat 最主要的功能就是录制小视频，时长最多为 10 秒，可以录制动态影像，也可以拍张照片，设置时长变成小视频。

图 6-39

在 Snapchat 主页面中按住圆形按钮不松手就可以进行视频录制，也可以手动设置具体需要多少时长的视频，可以自主设置为 1~10 秒。

在视频录制完成后，可以对视频进行编辑加工，在屏幕上左右滑动就可以直接添加滤镜等功能。

视频制作完成后，单击加号按钮进行上传。

在主页面中点击一次圆形按钮就变成拍照功能，用来拍摄照片，拍摄完成后可以自由添加图片特效，例如彩虹糖、外星人、Dog Face 等特效非常有趣，受到年轻人的追捧。

（6）文字、插图功能。录制完视频后，点击画圈的按钮（就是贴纸），可以添加各种贴纸，如图 6-40 和图 6-41 所示。

图 6-40

图 6-41

同时，制作完成后，点击“T”按钮可以在图片上添加文字，比如在做宣传时可以添加上店铺名称或者企业名称等。文字有 3 种效果，可以在输入文字后点击“T”按钮切换文字版式（拖曳文字可移动位置）。

有时候直接输入文字会显得过去生硬，这时候可以使用画笔功能，在选择好颜色后可以在图片上随意涂鸦，最后再加上滤镜效果。这样做出来的宣传效果更符合年轻人不拘一格的性格特征，更容易被海外客户所接受。

（7）在使用 Snapchat 时最好配合使用 Bitmoji，这样会让内容变得更加有趣，如图 6-42 所示。

图 6-42

下面分享一些成功案例。

- 麦当劳、Taco Bell、Sourpatch Kids 和美国通用电气公司等知名企业都是 Snapchat 营销的直接受益者。
- UsTrendy 是一家可在线定制的服装企业，在使用 Snapchat 营销后实现了年增长达 300%。该企业让所有对他们进行关注的 Snapchat 用户变成了营销推动者，这是非常值得学习的地方。

6.10.4 Snapchat 营销注意事项

（1）明确受众定位。我们需要根据不同行业的特性确定营销受众人群，例如 Fashion 行业的女装类目，产品是针对年轻人的，那么营销图文就要俏皮、时尚，吸引眼球，可以利用丑化等特殊的营销手段。

（2）准确抓住潜在客户。任何一个品牌在初创期对潜在客户的积累都是至关重要的，潜在客户可以在品牌有一定的知名度后快速帮助扩大销售范围。

（3）及时掌握行业最新资讯，更新到自己的 Snapchat 上。有超过 35%的用户之所以持续使用 Snapchat，就是因为可以通过 Snapchat 及时了解到他们需要知道的资讯。

（4）利用心理因素促使更多的用户关注。我们可以在 Snapchat 上不定期发布一些限时的力度较大的优惠信息，促使客户经常刷新我们的 Snapchat 页面，甚至一天多次刷新页面，日积月累，当这些客户刷新 Snapchat 页面变成一种习惯时，也就是我们成功的时候。

（5）引领创新风向标。现在人们的审美越来越特殊化、个性化，慢慢脱离了以前的大众化，因此我们在做营销文案时一定要别出心裁，包括产品也一定要经常更新，尽可能避免出现“随大流”的情况。

（6）提高品牌曝光率。如图 6-43 所示，我们可以通过加入 Discover 板块来达到这一目标，具不完全统计，有 73%的用户会乐于接受已知品牌主动推送给他们的营销视频，46%的用户表示也可以接受未知品牌的营销推送。

图 6-43

6.10.5 Snapchat 营销方式

当我们确定要使用 Snapchat 做营销的时候，首先需要明确如下几点。

- Snapchat 的主要用户是年轻人。根据 comScore 的分析，Snapchat 的 45%的用户年龄在 18~24 岁之间，26%的用户年龄在 25~34 岁之间。
- Snapchat 是区别于 Facebook、Twitter 等老牌社交网站的新型社交媒体，在这个媒体上营销的核心要素就是“另类和前卫”。

（1）创建内容。我们都知道，电视台、广播电台甚至一些社交媒体建立的必要条件就是创建频道等内容，对于任何一个媒体工具，如果在上面无法找到自己感兴趣的点，那么就不会过多地去关注它，在我们的营销过程中也是如此。

（2）建立观众群。在与客户进行交流时，我们一定要及时准确地收集客户的反馈信息，对产品或服务加以改进，尽可能满足他们的需求。当然，在改进的同时我们会失去一些已有客户，但是请相信，新客户量一定会远远超过客户流失量。

（3）Snapcash。Snapcash 允许用户链接自己的借记卡到他们的 Snapchat 账户，并寄钱给其他人。当产品在 Snapchat 上有了固定的受众群体后，我们可以通过 Snapcash 直接给客户发送美元，对现金的任何抵抗力都是有限的，我们现有的任何一场 Snapcash 活动所取得的效果都是非常好的。当店铺购买之后，将会随机得到一串编码，收到货物后，只要客户收到正确的编码，我们就会通过 Snapcash 给他付款。

（4）协作。当我们的 Snapchat 拥有大量追随者的时候，那么就可以很容易地与 Snapchat 上的红人或者知名企业取得合作，相互的宣传引导对精准流量的提升非常大。当然，想要做到这一步是比较困难的，这需要我们在 Snapchat 平台上付出很大的努力，并要一直保持良好的口碑和信誉。

（5）流媒体广告。Snapchat 最大的赚钱工具无疑是 Discover，这一功能允许用户浏览他们所关注的各大媒体的兴趣要点，如 ESPN、CNN、喜剧中心、雅虎新闻等。Snapchat 将 Discover 描述为“提供全方位的最华丽的照片、视频广告”。因为 Snapchat 所有的有趣的资讯都会在 24 小时后删除，所以这些有趣的内容迫使 Snapchat 用户不得不一天刷新内容多次，每天多次刷新内容已经成为 Snapchat 用户的习惯。

第 7 章

Instagram 营销

7.1 Instagram 概论

7.1.1 什么是 Instagram

Instagram这个名字源自于Instamatic，它是柯达从1963年便开始销售的一个低价、便携傻瓜相机的系列名。这个系列是如此的受欢迎，直至 1988 年其最后一款型号仍在销售。Instagram 取名灵感也是来自于这款柯达非常成功的相机，主要突出了产品的方便、便携、随时随地可以记录生活，并且操作简单。Instagram 是一款支持 iOS、Android 平台的移动应用，允许用户在任何环境下抓拍下自己的生活记忆，选择图片的滤镜样式（Lomo、Nashville 等多种胶圈效果），一键分享至 Instagram、Facebook、Twitter、Flickr 等社交平台上。不仅仅是拍照，作为一款轻量级但十分有趣的 App，Instagram 融入了很多社会化元素，包括好友关系的建立、回复、分享和收藏等，这是 Instagram 作为服务而非应用存在的最大价值。不管是百度云图的上线还是 Pinterest 网站流量的爆发式增长，都说明了读图时代的来临！而随着移动设备的不断普及和 App 应用的推广，社交平台用户逐渐从 PC 端向移动端迁移，在移动互联网时代，深受年轻人追捧的图片分享移动应用 Instagram 对于各大零售商和品牌来说其中的意义不言而喻。Instagram 深受美洲以及欧洲的年轻人喜欢，很多年轻人都愿意在 Instagram 上分享自己的兴趣爱好、自己喜欢的品牌、旅行的见闻以及时尚潮流产品等。与此同时，由于 Instagram 强大的影响力以及超高的用户参与度，很多国际奢侈品牌都纷纷加入 Instagram 来传递品牌价值和进行品牌营销。如图 7-1 所示是 Instagram 的 App Logo。

图 7-1

7.1.2　Instagram 的特点

Instagram 增长如此之快和影响力如此之大，取决于 Instagram 的以下几个特点。

- 拥有 100%免费的自定义设计的过滤器和边框，例如 XPro-II、Earlybird、Rise、Amaro、Hudson、Lo-fi、Sutro、Toaster、Brannan、Inkwell、Walden、Hefe、Nashville、1977 等。
- 用户可以随时随地将图片和视频上传到平台上，界面简单，传输迅速。
- Instagram 几乎包含了各个领域的明星和网络红人，并且粉丝的参与度和黏性极高。
- 很多国际知名品牌愿意在 Instagram 上分享品牌故事和进行营销，吸引了全世界的粉丝来参与。
- Instagram 用户的参与度是所有平台中最高的。
- 可以实时分享到 Facebook、Twitter、Flickr、Tumblr 和 Foursquare。
- 平行和放射状移轴模糊特效可以提供额外的景深效果，上传不受限，即拍即传即分享。
- 通过接收、发送赞和评论与朋友互动。
- 全面支持 iOS 和 Android 手机的前置和后置摄像头。

7.1.3 Instagram 的“恐怖数据”

2012 年被 Facebook 以 10 亿美元收购时，照片共享应用 Instagram 仅有约 3000 万用户。2013 年 2 月 27 日，Instagram 在软件发行两年半时宣布活跃用户数超过 1 亿。同年 9 月 9 日，活跃用户数超过 1.5 亿。而 Instagram 在 2016 年 6 月宣布其用户数量已突破 5 亿，其中日活跃用户数也已超过 3 亿。

2011 年 7 月，Instagram 宣布其用户上传至服务器的照片数已超过 1 亿张。同年 8 月，这个数字上升至 1.5 亿。到 2012 年 5 月，平均每秒就有 58 张照片上传，照片数已超过 10 亿。2016 年 3 月，Instagram 宣布其用户每天分享的照片数量超过 8000 万张和有 35 亿次点赞。这些数据成就了 Instagram 成为一个完美的广告平台。

2016 年 5 月 12 日，Instagram 宣布对应用进行升级，放弃了复古相机样式的应用图标，并引入了更简洁的用户界面。2016 年 8 月，Instagram 宣布其在 Google Play 商店的装机量已突破 10 亿大关。Instagram 成为 Google Play 商店中第 19 个装机量突破 10 亿的应用，仅次于 Facebook 移动端、Google Map、WhatsApp 和 YouTube 等。

2016 年 3 月，Instagram 在 Windows 10 平台发布正式版本的官方应用程序。目前 Instagram 的平均日访问量为 2410 万，全球排名第 15 位，视频类网站排名第 6 位。据 eMarketer 最新数据显示，2014 年 Instagram 的美国用户数量增加了近 60%，预计到 2018 年将达到 1.062 亿用户。Instagram 的增长速度快于预期，超越 Twitter 成为美国第二大社交网站，仅次于 Facebook。Instagram 深受年轻人的喜爱，据了解，美国 53% 的年轻人在使用 Instagram，年龄主要分布在 18~29 岁之间，其中女性使用 Instagram 的时间更多。此外，Instagram 的国家流量目前覆盖到 226 个国家。图 7-2 显示了 Instagram 的用户特点和年龄段等。图 7-3 显示了 Instagram 的增速，以及随着时间的推移，用户对它的喜爱程度。我们可以看到，只有 Facebook 排在它的前面。

由此可见，Instagram 的覆盖面和影响是世界级的，而且有更多的用户和企业在关注 Instagram 平台。目前，Instagram 还在持续的快速增长中。

Instagram users

Among online adults, the % who use Instagram

	2013	2014
All internet users	*17%*	*26%**
Men	15	22*
Women	20	29*
White, Non-Hispanic	12	21*
Black, Non-Hispanic	34	38
Hispanic	23	34*
18-29	37	53*
30-49	18	25*
50-64	6	11*
65+	1	6*
High school grad or less	16	23*
Some college	21	31*
College+ (n= 685)	15	24*
Less than $30,000/yr	18	28*
$30,000-$49,999	20	23
$50,000-$74,999	15	26*
$75,000+	16	26*
Urban	22	28
Suburban	18	26*
Rural	6	19*

图 7-2

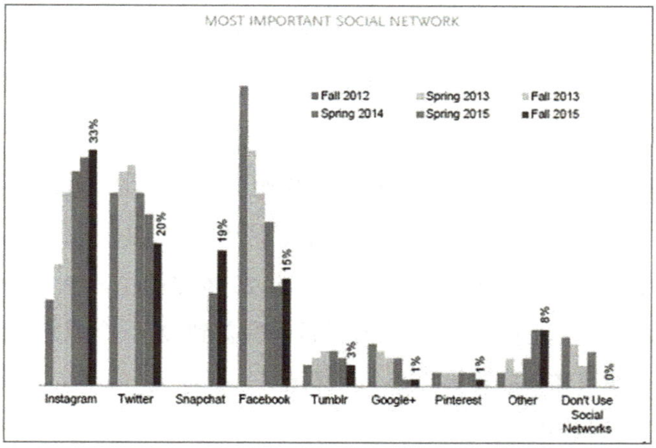

图 7-3

7.1.4 为什么要在 Instagram 上做营销

1. 超高的访问量

Instagram 的每日访问量超过 2400 万，月活跃用户数突破 3 亿，超过 Twitter，用户对其的喜爱程度不言而喻。近年来很多社交网络平台已经显示出颓势，但是 Instagram 依然在强势增长，所以更多的商家和品牌选择在 Instagram 上做营销。Instagram 已经成为美国第二大移动社交平台。

2. 庞大的照片库

每天有 8000 万张照片被上传到 Instagram 上，并且有 35 亿次点赞。对于品牌和商家来说，越多的曝光机，会给品牌带来更多的新用户和提升品牌认知度，可以更好地吸引粉丝和增加粉丝的黏性。如此庞大的数据，很容易让品牌脱颖而出，成为全球用户喜欢的品牌。

3. 有 57%的用户每天都会登录 Instagram

Instagram 凭借其出色的用户体验、不断顺应潮流的更新，以及有趣的互动内容，吸引了很多用户关注。每天有 57%的用户会登录 Instagram 平台，看看朋友的照片和动向、自己喜欢的品牌的更新，以及明星的动向等，所以 Instagram 有非常好的用户黏性，值得我们关注和推广。

4. 超高的用户参与度

在 Instagram 上用户的参与度比 Facebook 高 15%，比 Twitter 高 20%。社交网络平台都会使用很多营销手段和相关内容来吸引用户和平台互动，比如 Facebook 的 Events、Give away 等。任何大型的社交网络平台都会使用名目繁多的活动来吸引用户，但是根据数据统计，这种活动和营销的成功几率很低，一旦失败就容易遭到用户的反感，从而失去对平台的信任。根据数据分析，多数用户是非常反感 Facebook、Twitter 的广告和营销的，但是 Instagram 的多数用户却不排斥平台的广告和营销，因为 Instagram 的营销形式和内容并不烦琐、复杂，而且是通过精美的视频、幻灯片和照片来传递的，并且通过大数据来进行精准推送。也就是说，用户看到的广告也许就是他最近关注最多的品牌的广告，这样一来，用户就不会对 Instagram 的广告和营销有排斥，从而提升了用户的参与度。

5. 有 86%的国际知名品牌商已经在 Instagram 上开设了营销账号

随着 Instagram 的强势发展，其庞大的用户数量吸引了很多国际知名品牌的关注，很多品牌都在 Instagram 上开设了账号，并且愿意投入大量资金进行推广和营销。很多品牌在 Instagram 上有着非常成功的营销案例，比如 CHANEL、RebBull 和耐克等。

这样很多客户都可以随时随地很方便地 Follow 自己喜欢的品牌的动态，从而提升对品牌的认知度。

6．有 73%的品牌在 Instagram 上每周至少发一张照片或者一个视频

众所周知，Instagram 每天的更新频率非常高，每天有 8000 多万张照片会被发到平台上，那么如果知名品牌长时间不更新内容，就会很容易失去客户和降低客户对其品牌的黏性。所以，有 73%的品牌不论大小都会至少每周发一张照片或者一个视频到平台上和粉丝互动，甚至有的品牌会征询粉丝的意见来开发产品，得到粉丝支持最多的意见将会被采纳，然后做出粉丝喜欢的产品。因此，很多品牌都非常重视 Instagram，而且还会经常和粉丝互动来提升自己的形象。

7．视觉营销优于文字营销

有研究表明，大脑处理视觉内容的速度比文字内容快 60000 倍，40%的人反映视觉营销比纯文本更有用。很多客户不愿意看冗长的文字营销，即使是相对优秀的文字营销，也很难给客户留下深刻的印象，很容易遗忘。但是用一个有趣的、令人深思的图片或者视频来传递营销信息，就会给客户留下更深的印象和起到更好的营销效果。这就是为什么很多品牌青睐 Instagram 的原因。

8．移动端互联网大势所趋

随着移动端 App 和智能手机的普及，越来越多的人更青睐用手机和移动终端来工作。2016 年全球的智能手机用户达到 20 亿，中国的智能手机用户突破 5 亿，美国的智能手机用户突破 2 亿，东南亚、南美以及欧洲地区的智能手机用户也在飙升。智能手机将是未来社交网络的主要平台和战场，所以 Instagram 作为移动社交网络平台的领军者，势必将成为更多品牌和企业青睐的渠道与平台。

7.1.5 注册 Instagram 账号和了解 Instagram 后台

1．如何注册账号

首先，在国内登录 Instagram 的 PC 端和移动端都需要“翻墙”软件的支持，在这里笔者不多加以介绍，大家可以用百度或者谷歌进行搜索，有很多软件可以供我们使用。建议大家购买付费的软件，这样会更加稳定和安全。Instagram 的网址是 www.instagram.com，如图 7-4 所示是 Instagram 的 PC 端登录界面。

图 7-4

我们可以看到，Instagram 是支持中文界面的，并且可以用 Facebook 账号直接登录。如果卖家没有 Facebook 账号，则需要注册一个 Instagram 账号，用任意的邮箱都可以注册新账号。在登录界面的下方可以看到，苹果手机用户可以通过 App Store 下载 Instagram 的移动端 App，安卓手机用户可以通过 Google Play 来下载。如图 7-5 所示是移动端登录界面。

图 7-5

当我们用 PC 端登录 Instagram 后，可以看到 Instagram 的后台还是非常简洁的，如图 7-6 所示。其中标注的第一项是添加头像，建议速卖通卖家用自己的品牌 Logo 作为头像，一是可以增加客户对品牌的认知度；二是可以更多地宣传品牌。当然，这不是强制性的，大家也可以选择非常有个性的头像来吸引客户点击。单击标注的第二项，可以编辑自己的资料。

图 7-6

在图 7-7 中，“姓名”是呈现给客户的名字，建议用品牌名字或者店铺名字来命名。“账号”是登录 Instagram 的名字，所以一定要记牢。在这里填写网站这一栏非常关键，这个是引流量的关键，因为 Instagram 不支持帖子中可点击的链接，在这个地方也可以根据推广不同的帖子进行换链接，比如某一个爆款链接或者整个网页的链接。“个人简介”就是介绍自己的品牌，比如可以放 Slogan，信息不能太多，越简洁越好。“隐私信息”则不会公开给关注者和粉丝，我们只要按照真实信息填写就好。

当以上信息填写好以后，Instagram 账号就注册好了，现在可以开始营销了。

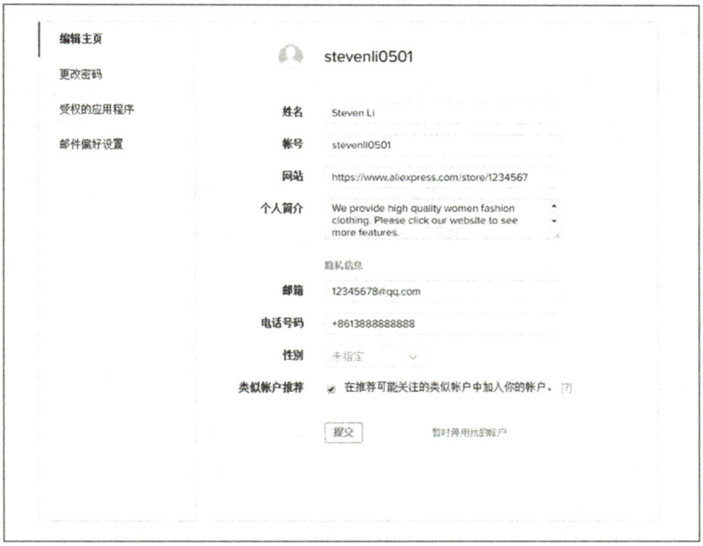

图 7-7

如图 7-8 所示，在“邮件偏好设置”中有四个复选框，建议全部勾选。这样当 Instagram 账号有新的关注和 Follower 时都会以邮件的形式提醒我们，或者当 Instagram 有新的功能时也会通过邮件通知我们，对营销帮助很大。

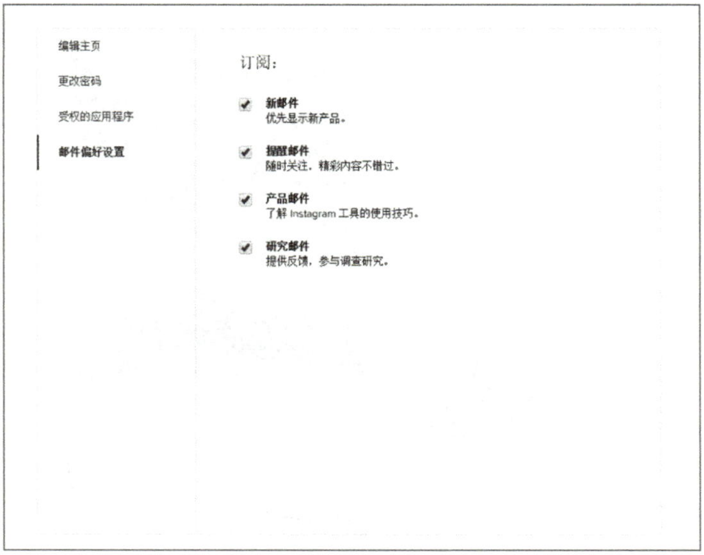

图 7-8

2．如何注册 Instagram 企业账号

Instagram 作为流量第二大的移动端社交网络平台，专门为企业开通了企业账号，这样更方便企业和用户进行互动，同时也方便用户做营销。那么如何开通企业账号呢？

首先打开 Instagram 的个人界面，单击右上角的齿轮按钮，会显示一个切换为商家主页的选项。单击该选项，会跳转到 Instagram 企业工具选项页面，其中提到如果要开通 Instagram 的企业账号，必须要与 Facebook 的企业主页绑定。关于 Facebook 企业账号的创建，本书前面已经介绍过了，此处不再赘述。

Instagram 官方表示，过去曾有企业在经营品牌账号时遇到过一些问题，例如，客户在帖子下面留言询问时常常得不到回应，却不得不改用电子邮件联络；企业希望有更好的方式能得知企业账号的经营成效，并希望借由 Instagram 发掘更多的客户。针对以上问题，促成了为企业账号设计 Instagram 企业工具（Instagram Business Tool）。那么升级 Instagram 的企业账号有什么优势呢？

首先，企业账号的档案页面按钮在链接下面，单击后可以选择拨打电话、发送电子邮件、传送 Instagram Direction 等方式直接联系企业，提供了更加方便的沟通管道。如图 7-9 所示，单击“Contact”按钮，我们可以看到“Call”“Send Email”“Get Directions”等联系方式。这是企业账号的第一个优势。

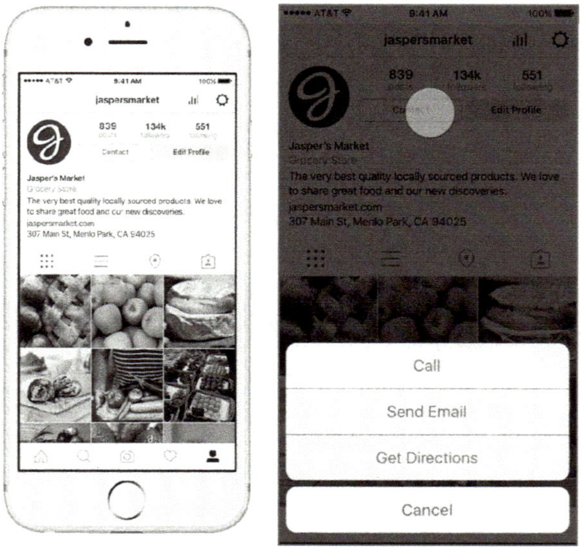

图 7-9

其次，通过企业账号上传的图片或视频，是为了与粉丝沟通并建立深度关系，传递品牌形象。除了公开的赞数、留言数、视频观看次数，通过分析工具可以了解到哪些文章被看过、哪些文案引发了粉丝的热烈回应等。企业账号中的 Insights 能让我们看到帖子的 impression，如每天参与互动的人数、粉丝分布、链接点击数等，如图 7-10 所示。企业可以通过大数据来进行分析，制定更贴近客户的营销策略。

最后，为了发掘更多的客户，Instagram 的企业账号提供了 Promote 功能，将之前发布的并且获得一致好评的帖子内容转换为广告，用来吸引更多的粉丝，如图 7-11 所示。其操作非常简单，选一条你认为不错的帖子，然后加一个 Action Button，这样这条帖子就会以广告的形式进行推广，你可以选择推广的时间。企业可以自己选择目标客户群体，Instagram 也会帮助企业自动锁定群体。

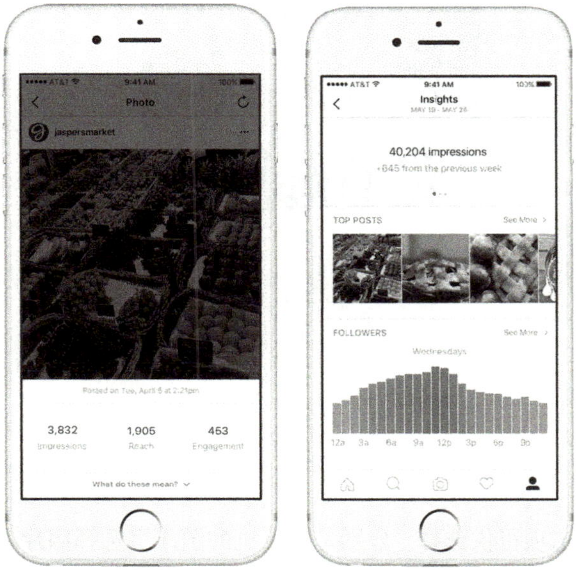

图 7-10

图 7-11

总结：升级 Instagram 的企业账号可以让品牌得到更好的展示，可以更方便地和客户进行互动、沟通，同时也可以监控账号的数据流量以及粉丝参与度，还可以达到广告推广的目的，让更多的 Instagram 用户看到我们的产品和品牌。所以，如果卖家有品牌的 Facebook 企业主页，则建议开通 Instagram 的企业账号。

7.2 关于 Instagram 的图片

7.2.1 如何高质量地发布一条 Instagram 帖子

如果账号已经注册好了，那么就可以开始在 Instagram 上发布帖子和产品了。Instagram 的后台非常简单，只要单击“相机”图标，就可以发布照片和视频，如图 7-12 所示。

图 7-12

（1）单击“相机”图标，有 3 种选项可供选择，分别是从手机的图库里选择照片、即时拍照和视频。

（2）如果手机里有事先拍好的照片，则可以选择该照片。

（3）如果手机里没有照片，则可以现场拍摄一张照片。

（4）Instagram 支持拍摄最长 1 分钟的视频。同样地，Instagram 为视频也准备了很多滤镜和特效。

（5）照片选好以后，Instagram 提供了非常丰富的滤镜和编辑功能，选择一个适合产品的滤镜。

（6）进入最后的发布环节。首先要写上说明，主要用于描述产品、营销文案以及最重要的 Hashtag。Hashtag 的格式是“#+关键词”，关于 Hashtag 的撰写后面会进行专门介绍）。然后可以圈人，这个类似于@的功能，就是提醒某些人来看我们的帖子。接下来可以添加发布地点，这个可选可不选，大家根据自己的需要来决定。最后，这个帖子可以分享到 Facebook、Twitter、Tumblr 和 Flickr 等，如图 7-13 所示。

图 7-13

这样我们就成功发布了一张照片或一段视频。

7.2.2　如何拍出 Instagramer 喜欢的照片

众所周知，Instagram 是一个图片和视频的分享平台，一张图片的好坏直接影响到帖子的曝光率以及点击率。精美的图片很容易让我们的产品脱颖而出，成为平台上用户都喜欢和纷纷点赞的热门帖子，所以拍出唯美的照片非常关键。因为 Instagram

是一个移动端平台，所以大多数照片都是通过手机来拍摄的。幸运的是，目前普及的智能手机的大多数摄像头的像素都在 800 万以上，这样的像素足够应付 Instagram 了。当然，我们可以用专业的单反相机来拍摄照片，进行后期处理后再通过电脑上传到 Instagram 平台，这样效果会更好。但是拍照是需要技巧的，有些人拿着高端机器也拍不出好的作品，而有些人用手机就可以拍出非常好看的照片。

这里讲一讲滤镜的易用性和随意性。人们一开始对 Instagram 提供的滤镜效果并不认可，认为这些滤镜让图片显得过于花哨，缺乏想象力和艺术感。但不容忽视的是，手机作为非专业的拍照设备，即便像素再高，其成像效果也无法与同像素的专业相机相提并论，一味地坚持手机成像效果的原汁原味反倒毫无实际意义。相反，Instagram 将滤镜的易用性和随意性发挥到极致，人们在拍照时不需要进行场景设置、感光度调节等，照片随手即得，而应用自带的滤镜效果，在后期处理时会遮盖掉过度曝光产生的噪点或者其他小瑕疵，同时也能使所生成的图片趣味盎然。

Instagram 的自身定位是图片分享应用，强调的是以图片为内容的社交网络，而非用于展示拍摄技巧的图片处理工具。当然，如果只局限于拍照和简单的图片处理，Instagram 还不足以达到今天的成就。与其他类似的应用相比，Instagram 最核心的竞争力来自于利用图片构建而成的社交网络。在描述 Instagram 的这一特性时，PCWorld 以 Twitter 为例，比较了图片与文字在描述事物上的差异。诚然，在叙述事情原委、刻画人物细节上，文字远胜于图片，不过在 Twitter 上文字被压缩为 140 个字符，在易于传播的同时，也就失去了精于叙事的优势。相比之下，图片在呈现事物特性上有其得天独厚的优势——效果更加鲜明、直观；在美食、风景、人物这些于文字而言极费笔墨的事物，图片所具有的上述优点体现得尤为明显。归根结底，文字描述的最终目的也是希望能够激起读者的画面感，而图片越过了这一步，将事物直接呈现出来，干脆而直接。

在信息快速传播的时代，越来越多的人选择篇幅较小的轻量级阅读以及更为直观的图片，“一图胜千言”，诚如斯言。Instagram 很好地把握住了图片在信息传播上独有的优势，并将其发挥得淋漓尽致。也正因为对信息传播载体的恰当选择，加之对自身发展的准确定位，Instagram 在 iOS 平台上的辉煌才得以在 Android 平台上延续。而 Instagram 的经历，也为那些在 iOS 和 Android 平台徘徊、左右摇摆的开发商提供了一个富有价值的参考案例。至于退出 Android 平台的 Battleheart，抱怨不如求变，一味地苛责平台缺陷远不如推陈出新来得切实可行。

一张漂亮的图片具备很多因素，包括构图、色彩、光线等。因为各卖家也不是专业的摄影师，所以我们只要稍微懂一些关于照片的基础知识点就好。这里简单介绍照片的 10 个基础知识点以及使用 Instagram 拍照的相关技巧。

（1）纵深——拍照手机不具备与专业相机相同的控制景深的能力，所以必须自己在照片中创造出这种效果。使用线条、重叠及前后景空间可以做到这一点。你可以使用 Instagram 里的“移轴”效果让照片具有纵深感。

（2）光线——拍摄普通照片需要注意光线，对拍照手机来说就更为重要了，因为光线可以决定一张照片的成败。尽量在柔和的光线下拍摄，保证画面中的高光和阴影都有细节。在 Instagram 中就有很多选择来编辑照片，将其提高一个档次。

（3）角度——你需要发挥拍照手机最大的能力，所以一定要从不同寻常的角度去拍摄。从下面拍，把被摄体当作前景进行虚化，你能找到更有创意的角度，使照片更加吸引人。

（4）观察——观察正方形的世界，在使用 Instagram 拍摄时，要时刻记住裁剪问题。想想老式的宝丽来照片，Instagram 得到的也是类似的风格。如果你拍出一张精彩的照片，却发现它无法适应 Instagram 1×1 的画面比例，那会多么令人伤心啊。

（5）边框——Instagram 有很多非常酷的边框，可以应用在照片中。从画笔刷到复古风，从白到黑，这些边框可以给任何照片增加讨喜的艺术感。

（6）风光——在风光照片中，光线是最重要的元素。如果你能在场景中找到美丽的高光和阴影，那么一张好照片自然就诞生了——别忘了加入一些“移轴”特效。

（7）人像——你甚至可以用 Instagram 拍出值得挂在卧室墙上的人像照片。同样，找到柔和均匀的光线就是成功的秘诀。好看的或者搞怪的自怕，都可以让照片变得生动，从而提升粉丝对我们的喜爱程度。

（8）细节——使用 Instagram 拍出的照片可以把产品和图片细节体现得淋漓尽致。好的光线和构图能创作出精彩的照片，所以尽量用相机拍出一些有趣的细节，比如孩子吃了蛋糕的小嘴、夕阳西下的拱桥等都是非常精美的照片。

（9）瞬间——Instagram 最吸引人的地方之一就是可以自由地拍摄。不需要什么重大事件，日常生活中的每一个瞬间都拥有明亮的色彩、有趣的质感和美丽的故事，这些都能成为艺术。我们可以在咖啡馆里、街道上、办公楼中甚至地铁上捕捉和记录生活的美好。

（10）捕捉美丽——Instagram 适合所有人。在这个人人都会带手机的时代，没有什么比随时随地捕捉眼前的美丽更有趣的了。在散步时、工作中、喝咖啡时间、旅途中……Instagram 让你也能进行艺术创作。不一定每一条帖子都是产品图片，适当发一些美丽的瞬间，也会陶冶情操和提升账号的格调。

7.2.3 如何为产品拍出精美的照片

国际品牌在 Instagram 上做营销，都会请专业的摄影师来拍摄最佳的产品图片。像 Apple 这样的大公司，他们请的摄影师都是按照一帧一帧来收费的，效果特别好，但是价格昂贵。虽然中小卖家做不到这样的投入，但是在做营销时也要尽可能拍出有格调、能突显出品牌价值的照片。以下几个小技巧供各卖家参考，产品和类目不同，拍照的方式也不同。

1. 如何拍摄包包和小物件产品

同色系的小物品，放在浅色的桌子或地毯上水平高度拍，而且要稍微用点侧面的光，这样会让物品看起来更有立体轮廓感。以图 7-14 为例，加上了侧面的光，白色的物品在同样是白色的衬底下仍然能看得到轮廓。这样的照片生活气息很浓，但是又不失文艺性，也不是硬生生的广告。

图 7-14

2．如何拍摄服饰类产品

对于服饰类产品，建议用专业的单反相机来拍摄，并且最好是模特图，因为其效果要远远好于衣服摆拍的效果。但是不建议用棚拍的白底图片，最好是贴近生活的户外照，因为 Instagram 毕竟是一个生活类的图片分享平台，图片越接地气越好。用大光圈和长焦距的镜头拍摄景深比较深的照片，效果会非常好，既有质感，又容易吸引粉丝的眼光，如图 7-15 所示。

图 7-15

3．如何拍摄家居类和运动类产品

拍摄家居类产品，一定要用暖色调和有家的感觉的场景，这样容易突显产品给人带来的一种温馨的感觉。一般都采用摆拍+装饰搭配的方式，这样的图片不突兀，看着相对比较自然。如果是运动类产品，那么图片一定要突出这个产品的作用以及产品核心的特点，最好是用场景还原的方式来拍摄。比如跑鞋，最好拍摄出运动员穿着跑鞋的场景，突显跑鞋能给运动带来的好处。一般 Instagram 的运动品牌营销都是采用视频形式来展示的，这样更容易体现体育精神和产品特点，强烈建议卖家用高清视频记录的方式来展现产品，如图 7-16 所示。

图 7-16

4. 如何拍摄 3C 电子类产品

对于 3C 电子类产品，一般用两种方式来展示。一种是产品的摆拍方式，配合一些合适的滤镜，突显产品的格调，比如 ANker。但是在文字上要多下工夫，要多介绍一些关于这个产品的独特功能和用途。另一种方式就是视频，因为有些高精尖的科技产品光靠图片是没有办法完整展示的，所以要尽量拍出 1 分钟的短片，再配合优美的滤镜来展示产品，比如 GoPro，如图 7-17 所示。

图 7-17

总结：以上只是针对一些类目提出的建议和案例参考。就像我们之前谈到的，类目和产品不同，宣传手法是完全不同的。各卖家还是要根据自己产品的特色来进行拍摄和宣传，拍出精美的、与众不同的图片和视频，才是做好 Instagram 营销的关键。

7.3　Instagram 营销概述

如今，我们对品牌在社会化媒体方面的期望越来越高，这使得品牌不得不从传统媒体方面分配出更多的力量来赢得更多的消费者参与和互动。在众多方法当中，多如牛毛的信息分享成为大家的首选。相比于纯文本似的信息呈现，40%的人对可视化信息有良好的反馈。由此可见，品牌争相使用 Instagram 这样的图片分享应用就不足为奇了。当然，也有很多品牌并不仅限于开发 Instagram 在传统活动和社交网络中带来的乐趣，同时也在创造身临其境、富有创新精神的活动。不得不强调的是，在 Instagram 上丰富的挑战和竞争很容易让品牌迷失方向，不知从哪一点寻找突破。当然，也正因为一直在持续成长、成熟，Instagram 变成了品牌的必争之地，大家都在学习如何将营销技术与艺术相结合使自己脱颖而出。创造品牌效应的真谛不只是在受众中大肆渲染这么简单，我们需要鼓励消费者主动探索并最终大受启发。使用社会化媒体来做广告只是其中一步，品牌必须致力成为一个能够整合内容、吸引粉丝广泛参与的活动推广者。本节我们将介绍 4 个融合参与、互动的 Instagram 活动，超越了单一的线上互动，带给用户无比真实又独一无二的享受。

7.3.1　如何利用 Instagram 做品牌

梅赛德斯奔驰自行开发了一款名为#Untamed 的社会化媒体工具，其理念与它的一款 CLA 级新车的设计理念相映成趣。公司将该应用的处女秀设在巴黎，并在 Instagram 上通过晒照片进行了大肆宣传，由此获得巨大成功。打破常规又野性十足的奔驰 CLA 引领粉丝写下了他们对 Untamed 的独特理解。它的目标绝对不是运用仿真图片随意创造一个平庸的活动，而是通过整合真实的照片来构建一个独立的数字式图像，让一群来自于世界各地的艺术狂热爱好者能够欣赏到这些位于市区中心的精心打造的展示，在这里，充满生机、绚烂缤纷的 Instagram 图片组成了独具匠心的生活空间，供人们欣赏、享受。这项数字活动成为一个讲述打破常规、融合营销、社会化媒体以及艺术方向是如何帮助品牌提升产品形象的典型案例。

Nike 作为运动行业的老大又给大家带来了惊喜，用户可以在 Instagram 上创造自己的新鞋子，这种方式既通过个性化定制来招揽顾客，同时也让大家体验了一把当设计师的感觉，一举两得。在这次 NikeiD 的新活动中，他们主打社交牌，粉丝们有机会互相鼓励和启发，与整个社交群体分享他们的设计和点子。只需轻轻一点，用户就能选择他们最喜爱的照片作为 Nike Air 的背景，然后就可以根据照片的颜色进行个性化定制了。这项 Nike PHOTOiD 服务不仅能让用户自己设计球鞋，更能浏览他人的设计理念，购买自己的定制产品并在 Instagram、Facebook、Twitter 上进行分享。对于个人之于社会化媒体的意义来讲，这次活动赋予了它新的含义。

红牛作为具有前瞻性思考的品牌，它不只在内容营销上居于领先地位，在智能销售方面也绝不示弱。这次，一个名为“Instagram Your Inspiration”（传递你的灵感）的协作项目带给大家红牛般的乐趣享受。通过 Instagram 的视角，红牛鼓励英国的粉丝们上传带有明显红色、蓝色、银色（这些颜色都是红牛最新口味饮料的主题颜色）并给人以启发的照片，照片需标上#rededitionplease（#请选择红色）、#silvereditionplease（#请选择银色）和 #blueeditionplease（#请选择蓝色）这样的字样。最有趣的是，入围的照片都被制作成了展板，随后在英国的 5 个不同的城市进行了展出。创造一个真实的协作项目与粉丝互动，并让他们有机会在自己最爱的城市中大展拳脚，这样的理念与以往的 Instagram 活动有很大的不同。或者，如果你愿意的话，为粉丝们的创意插上翅膀也是一个不错的选择。

食品制造品牌 Kellogg's 有一个很好的主意，他们把 Instagram 的图片变成了一种货币。在斯德哥尔摩，这家 Kellogg's 专卖店摇身一变成了 Instagram 图片商店（Instashop），在这里，拍下商品照片并上传到 Instagram 上就可以换取一盒免费的谷物食品。这招简单有效，Kellogg's 的方法成为推销新产品、促进销售的首选途径。在很久以前，Kellogg's 就已经发现了 Instagram 的巨大力量，它在瑞典是最受欢迎的社交渠道之一，因此，这次 Kellogg's 选择 Instagram 绝对胸有成竹。据 Kellogg's 方面回应，这次麦片粥的免费赠送绝对物超所值，随着人们在 Instagram 上的分享，一大批新订单和粉丝热情参与的社会化互动接踵而至。

最后，自 Instagram 开始有付费广告之后，轻奢品牌迈克高仕（Michael Kors）成为首个在 Instagram 平台投放付费广告的“吃螃蟹者”，打破了单品、超模及美食在 Instagram 上的往常模式，目前拥有 520 万粉丝。虽然该广告惨遭群嘲，但数据显示，广告实际上收效明显。当时发布之初，它置身于你的照片流里并无特别。仔细瞧瞧，确实如此吗？如图 7-18 所示，画面左边是一杯茶，稍远处的盘子里放着几块马卡龙，色彩缤纷，近处右侧是一张巴黎圣母院的照片，以上三个配角组成了虚化失焦的背景，衬托中间的华丽金表。假如你面不改色，眼也不眨，那就证明你要么是广场酒店的下午茶常客，要么对 Instagram 付费广告的到来毫无所感。但 Michael Kors 立下了创举，自此品牌皆可付费享尊荣，根据用户以往照片推断，将照片推送给可能感兴趣的目标群体。研究发现，广告投放 18 小时后，Michael Kors 的 Instagram"粉丝"增加了 33000 个（是其平均增速的 16 倍），该条广告获得的"赞"数也比 Michael Kors 上的 5 张图片多出了 370%。

图 7-18

以上是在 Instagram 上做营销非常成功的国际大品牌，因为这些品牌已经有非常多的粉丝和 Follower，只要营销得体，他们就可以获得非常成功的推广效果。

但是以上营销方式并不适合我们的卖家去做，因为各卖家并没有那样好的积累和品牌沉淀。所以我们的品牌需要用更原始的方式来进行营销。下面是几点建议。

（1）对于做营销的卖家来说，如何了解流量的来源是非常重要的。但是到目前为止，所有的第三方销售平台如 eBay、Amazon 等都无法跟踪流量的来源，Google Analytics 也追踪不到 Instagram 的流量来源，所以这里给大家推荐一个工具 bitly.com，把链接放到你的个人资料中，以后就可以查看到流量了。

（2）简介这里是有字数限制的，怎么用好这个位置是至关重要的。很多大品牌都没有把这里真正地用好，但是不用担心，作为小品牌的我们可以把这里用好。每次更新帖子之后，都把简介里面的地址换成登录页面的地址，这样用户就可以顺利地找到你，获得更多的网站订阅，或者为 Giveaway 做一个入口等也可以。

（3）多找一些机会跟其他的品牌做交叉推广。举个例子，如果你是开啤酒厂的，那么就可以跟一些酒吧做交叉推广，试着去联系跟你的等级差不多的账号，人多力量大；如果你是做手机配件的，那么可以去找一些手机厂商做交叉推广，效果非常明显。

（4）加 Hashtag 越多不代表越好，找一些跟你的品牌和产品相关的热度比较高的 Hashtag 加到帖文中。在 top-hashtags.com、tagforlikes.com 上可以查到最热的 Hashtag。

（5）把客户带到你的销售漏斗里。Get more likes 只是你开始玩 Instagram 的第一步，之后怎么对这些 Follow 的粉丝进行转化才是至关重要的。获得粉丝的邮箱就是一个很有效的手段。

下面介绍如何获得粉丝的邮箱。首先制作一个登录页面，对所有订阅网站的粉丝进行 Contest 或者 Giveaway，然后制作一个链接，把登录页面的链接放到 Instagram 的简介里，最后是做一个帖子，告诉你的粉丝从简介里可以找到某产品的 Giveaway。这个过程怎么玩就完全看自己了，玩法不一，充分发挥你的想象力吧。

（6）把图片和小视频混合起来发。能自己制作视频最好，如果不会做视频，也可以到网上去找跟品牌、产品相关的视频，然后给视频打上你的网址发到 Instagram 专页上。也可以多收集一些粉丝的视频，这一点可以参照 GoPro 的产品，所发的内容不要总是围绕产品，围绕粉丝用心制作一些内容可能会获得一些意想不到的效果。

（7）Instagram 广告。现在移动支付变得越来越方便，我们可以把广告打到 Instagram 上。Instagram 广告和 Facebook 广告一样可以选择受众，而且总的来说，Instagram 的广告效果比 Facebook 要好一些。

（8）找一些广告大号帮你发帖。找红人发帖可以说是在 Instagram 上最便宜的方式，Instagram 根据不同的 Niche 搜索都可以找到很多不同的大号，而且很多大号的拥有者是同一个人。目前，在 Instagram 上发的帖子都能被粉丝看到，采用这种方式发帖一定比网站的 CPM 广告便宜很多。提供这种服务的账号有很多，只有找到最适合的才能有效地帮助我们推广。

在做这些工作之前，首先要保证你的账号有一些吸引人的内容，然后就可以开始找红人了。当你发现了相关的账号并 Follow 之后，Instagram 就会给你推荐一些类似的账号，一般愿意做广告的账号都会放一个 E-mail 地址在简介里，直接发邮件给他们很快就会回复你。当你打算跟一个账号合作的时候，应仔细观察其过去的帖子，根据发布的时间和图片，看看哪些帖子获得的赞最多，你就可以考虑怎么给他图片，以及要求他什么时候发布。直接让用户 Follow 你的 Instagram 页面，而不要把网址放到帖文中，因为在 Instagram 上用户是不能在帖文中直接单击网址进入页面的。

（9）开通 Instagram 的企业账号。使用企业账号可以更好地进行推广，但前提是一定要有 Facebook 的企业主页，这样就可以通过 Facebook 实现与 Instagram 的联动，从而使流浪叠加，更大程度地曝光我们的产品和品牌，如图 7-19 所示。

图 7-19

如图 7-20 所示是 LEVIS 的营销页面。我们如何分辨是 Instagram 的广告帖呢？如果在图片的右上方看到一个 Sponsored 标签，就代表这是 Instagram 推广的帖子，用户可以点赞，也可以留言。如果有些用户不喜欢这样的帖子，那么可以选择“Hide photo or video”来隐藏。

总而言之，利用 Instagram 来做品牌需要在各种细节上花很多心思，包括图片的拍摄、文案的撰写、Tag 的使用以及粉丝的互动等。没有最好的营销，只有最适合自己品牌的营销，所以各卖家一定要在 Instagram 上多多摸索，才能做出真正有效和转换率高的营销。

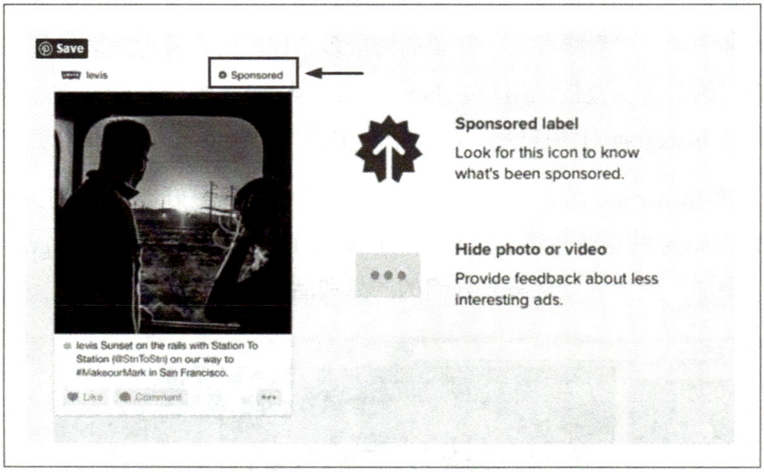
Save
levis
Sponsored
Sponsored label
Look for this icon to know what's been sponsored.
Hide photo or video
Provide feedback about less interesting ads.
levis Sunset on the rails with Station To Station (@StnToStn) on our way to #MakeourMark in San Francisco.

图 7-20

7.3.2 如何写出高质量的 Hashtag

我们之前在介绍发布图片时提到过一个叫作 Hashtag 的东西。那么这个标签到底是用来做什么的呢？下面我们来揭开它的神秘面纱。首先来看两张图片，如图 7-21 和图 7-22 所示。

glamfashionglitz
关注
783 次赞
glamfashionglitz Lovin' her style!
glamfashionglitz
#fashionista #stylish #fashionable
#fashiongram #fashionpost
#womensfashion #womenswear
#fashiondaily #fashionistas
#styleoftheday #fashionmodel
#fashionlovers #styleinspiration
#fashionista #fashionph #stylegram
#womenfashion #womenstyle
#styleinspo #fashionlook #womensstyle
#womensclothing #instafashionista
#fashionphoto #womanstyle
#fashionporn #instafashionist
#womanswear #fashionpic
#fashionistagram
theffinery Pretty cool :)
mileyandmolly_ We love this!!!
retailtherapyla love the the clothes !
flamenco_clothing #instadaily

图 7-21

图 7-22

我们可以清楚地看到，这个账号的两个帖子的点赞数量和粉丝数量都很多。同时也可以看到这两个帖子使用了大量的 Hashtag 来做引流，最大化帖子的曝光量。那么 Hashtag 应该怎么写呢？其格式就是“#+关键词”，非常简单。理论上，Hashtag 写得越多，帖子被看到的几率越大。但是有几点要非常注意。

（1）Hashtag 是引流工具，比如我们是卖女装的，那么就很希望被那些搜索 women fashion、women dress 的人看到，这时可以使用#womenfashion、#womendress、#womenclothing 这样的标签。注意：这些标签是直接写到帖子文案中的，并且一个标签的各个词之间不能有空格，如图 7-23 和图 7-24 所示。

图 7-23

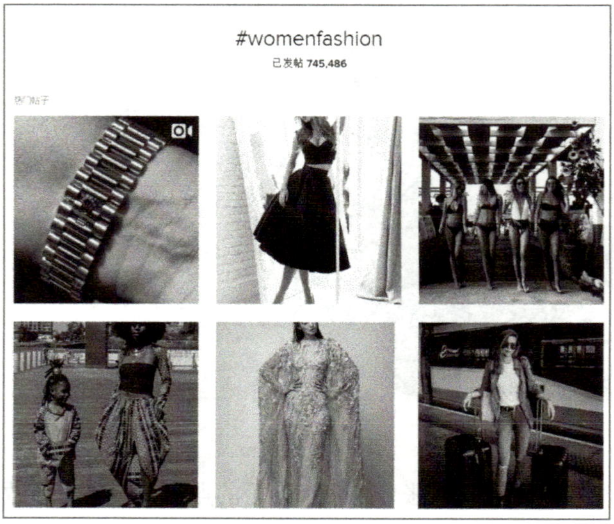

图 7-24

我们可以看到，当输入#womenfashion 时，会显示出将近 75 万个帖子，如果我们的帖子使用了这个标签，那么就有一定的几率显示出来。当然，这和点赞数及粉丝数息息相关。

（2）要使用精准的和产品接近的标签来引流，盲目地使用标签带来的效果往往非常差。比如我们是卖手机和电子产品的，但是在文案中使用了#womenfashion 这样流量非常大的词，那么当想要看女装时尚的用户通过标签看到的全部都是电子产品的文章时，她们一定不愿意多加停留，所以一定要用符合产品的标签。比如换成#technology、#electronics 等效果会好很多。

（3）不要使用太多的标签。如果大量地使用标签，会导致用户的浏览体验不好，他们本来想看产品和图片的详细描述，结果却看到了密密麻麻的标签，这样也会增加跳失率。笔者个人认为 10 个标签足以让对我们的产品和内容感兴趣的人进来浏览，建议用 5 个大关键词和 5 个精准词。如图 7-25 所示是在 Instagram 上使用最多的一些标签，大家可以参考一下。

（4）对于如何优选 Hashtag，这里给大家推荐两个网站，分别是 top-hashtags.com 和 tagforlikes.com，在它们上面可以查看到最热的 Hashtag，然后选择最适合自己的标签放到文案中就可以了。

1	#love	26	#swag	50	#instago	75	#colorful
2	#instagood	27	#amazing	51	#all_shots	76	#fitness
3	#me	28	#tflers	52	#cool	77	#throwback
4	#tbt	29	#follow4follow	53	#instafollow	78	#instasize
5	#cute	30	#bestoftheday	54	#funny	79	#instacollage
6	#follow	31	#instamood	55	#art	80	#black
7	#followme	32	#style	56	#eyes	81	#day
8	#photooftheday	33	#likeforlike	57	#followback	82	#blue
9	#happy	34	#wcw	58	#mcm	83	#makeup
10	#tagsforlikes	35	#lol	59	#girls	84	#vscocam
11	#beautiful	36	#family	60	#repost	85	#iphonesia
12	#girl	37	#l4l	61	#party	86	#dog
13	#selfie	38	#nofilter	62	#nice	87	#photo
14	#like	39	#life	63	#look	88	#onedirection
15	#picoftheday	40	#f4f	64	#night	89	#christmas
16	#summer	41	#followforfollow	65	#music	90	#new
17	#fun	42	#pretty	66	#nature	91	#good
18	#smile	43	#my	67	#beach	92	#instalove
19	#friends	44	#hair	68	#beauty	93	#awesome
20	#like4like	45	#sun	69	#sky	94	#best
21	#instadaily	46	#webstagram	70	#shoutout	95	#تصويري
22	#fashion	47	#iphoneonly	71	#hot	96	#harrystyles
23	#igers	48	#tweegram	72	#pink	97	#boyfriend
24	#instalike	49	#bored	73	#baby	98	#likes
25	#food	50	#instacool	74	#20likes	99	#sweet

图 7-25

（5）在 Instagram 的文案中还有一个@功能，意思就是提醒某些人看我们的帖子，我们可以@+朋友的 ID，也可以@+某品牌的 ID，可以起到让他们关注我们的目的。比如我们是做苹果手机壳的，那么可以发布一个手机壳的帖子尝试@比较大的苹果评测机构、IT 红人等，如果有幸他们也喜欢该产品，那么也会点赞和帮助我们转发，这样帖子的曝光速度就会非常快。

总结：Hashtag 在 Instagram 营销中起着非常重要的作用，每当有用户用 Hashtag 搜索到我们的产品标签，并且喜欢我们的产品时，他们就可以为我们点赞和成为我们的粉丝。

7.3.3　如何提升 Instagram 的 Follower 和 Likes

在 Instagram 上获得粉丝不是很难，但是需要一些时间和精力。下面深入地探讨在 Instagram 上增加粉丝的方法。

1. 分享可以链接到的图片

如果查看大多数 Instagram 账号，你会发现他们的所有图片都可以链接到。这些图片是个人的、独特的，并且原创的。通过分享这样的图片与用户建立连接，这是吸引用户连接账号的最好方式。简而言之，要确保 Instagram 账号是真实的、原始的，这就需要你能够与他人建立连接。

2．在正确的时间发布内容

在 Instagram 上发布任何内容之前，应该考虑一下大多数用户会在哪个时间区域活动，什么时候查看自己的 Instagram 账号。因为具有流动性，所以 Instagram 用户没有一个特别喜欢的时间段——参与者一般在周三下午 5：00 点至 6：00 点高度活跃，很多人在周二发布照片。大多数流动的 Instagram 用户在其有多余时间的时候登录，比如在他们上下班、上下学的路上，或者在周日。

3．使用流行且相关的主题标签

无论是谷歌还是 Webstagram 都会使用最流行的主题标签来分类图片。我们可以给图片使用一些与行业相关的主题标签来获得更多的关注，产生更多的互动。比如，排名前十位的主题标签是：#love、#instagood、#me、#like、#follow、#cute、#photooftheday、#tbt、#followme 和#tagsforlikes。主题标签是吸引新粉丝的一个重要方面，但是也不能走极端，不能发布一张图片都用主题标签，尝试每张图片选择 10 个标签。

4．关注他人

除了发布图片，希望别人来关注你之外，你也必须主动出击，找到分享你的兴趣点和内容的用户及品牌，喜欢并且分享他们的照片。比如在 Instagram 上关注明星和有影响力的人，与他们接触，努力地进行交流。你可以寻找一些标签，包括#shoutout、#TagsForLikes、#ilovemyfollowers 和#follow。你接触得越多，越能得到更多的展现。

5．举行比赛

增加接触并且收获新的粉丝，有效的方法之一是举行比赛。这在社交媒体上是一种有效的策略。由于 Instagram 很流行，所以它将成为一个很好的举行比赛的平台。比赛活动很容易被创造、启动和运行，比如以一张吸引人的图片加上一些文字来提醒用户这里正在进行一场比赛。同时，可以使用主题标签来确保你的比赛很容易被找到。也可以在其他社交平台上分享你的比赛，比如 Facebook。

6．完善介绍

你的介绍可以像一个指令、主题标签和网络连接，处理 Instagram 用户的需求。

用户可以在这里通过了解你或者你的品牌来选择是否需要关注你。

7．在图片说明中提问

为了让更多的人注意到你的图片，一种简单、有效的方式是在图片说明中问一些问题。这不仅能够增加关注度，还可以增加讨论。我们提到很多次，接触是在 Instagram 上增加粉丝的最好途径。

8．记住为什么用 Instagram & 有一个行动指令

在 Instagram 上发布内容之前，先想想自己为什么加入 Instagram——为什么需要更多的粉丝？是想提升自我，还是想让自己的图片得到更多的展现和反馈？是想用 Instagram 作为业务的推广工具吗？明白为什么加入 Instagram 可以帮助自己获得更多的粉丝，因为你知道目标受众。这意味着你可以被搜索到并且有针对性地与他人互动，而不是广撒网。还有一种有效策略是创造一个行动指令。通过一个明确的 CTA，例如“双击点赞”，用户更可能与你发布的内容产生互动，因为他们意识到你想要什么。同时，当产生更多的互动时，你可以得到更多的展现。同样，也给了你获得更多 Instagram 粉丝的机会。

9．有规律地发布内容，但不要太频繁

如果你想保持粉丝或者吸引新的粉丝，该如何让他们持续对你的内容感兴趣呢？最容易的方法就是在一个基础上发布相关的并且吸引人的照片；通常每天发布几张照片还是很好的。如果你有几百张照片想分享，则应平均在几天内发布。如果你在短时间内发布海量的内容，这样虽然不会失去粉丝，但是对新的粉丝来说没有任何吸引力。

10．使用过滤器和应用程序

如何让自己发布到 Instagram 上的照片独特且吸引人呢？使用过滤器，它为用户提供了一个使图片个性化的机会。并且，如果你的照片是原创的且吸引人，那么人们就愿意分享并且关注你的账户。Instagram 在应用程序中装了 20 个过滤器，在 Instagram 上分享照片之前，你可以用这些过滤器编辑照片。

7.3.4　如何提升粉丝的参与度

有些企业采取各种吸引粉丝参与的方法和措施，比如 Twitst Image 公司，该公司早早预感到会发生数字营销变革，公司数字营销代理总裁 Mitch Joel 发表了以《社交

媒体转换率的终结》为题的博文，在文中他表述道，品牌推广者发布越来越糟糕的品牌信息，粉丝们对这些信息的兴趣也越来越低，品牌商通过社交媒体实现高用户转换率的可能性不大。但是品牌商可以选择将产品文化融入到广告中去，粉丝、用户可以很容易在社交媒体上感受到产品文化。

比如极限运动专用相机 GoPro 在社交媒体营销上做得很好，为用户和粉丝不仅提供了品牌产品的宣传信息，而且为他们营造了更激发想象力的空间，以更独特的方式激发其兴趣，对营销的概念具有更深刻的理解。GoPro 是一个很好的例子，其很机智地采取更契合现在用户心理的措施，在不知不觉中使品牌中所蕴含的企业文化、产品文化为用户所接受，有效地留住了粉丝，增加了粉丝的参与度，为转化成付费用户做了铺垫。

Instagram 是一个用户年龄相对年轻的平台，年轻人会积极、活跃地和一些自己喜欢的网红及品牌互动，所以提高这些用户的积极性会极大地增强用户黏性，提升品牌宣传效果。有数据表明，Facebook 有 68%的用户会非常讨厌广告推广，而 Instagram 只有 32%的用户会比较厌烦推广，有 68%的用户还是相对比较拥护品牌推广的，如图 7-26 所示。这么好的营销环境，决定了做营销一定要让更多的人参与进来，才能达到预期的效果。以下建议是笔者做营销的经验之谈。

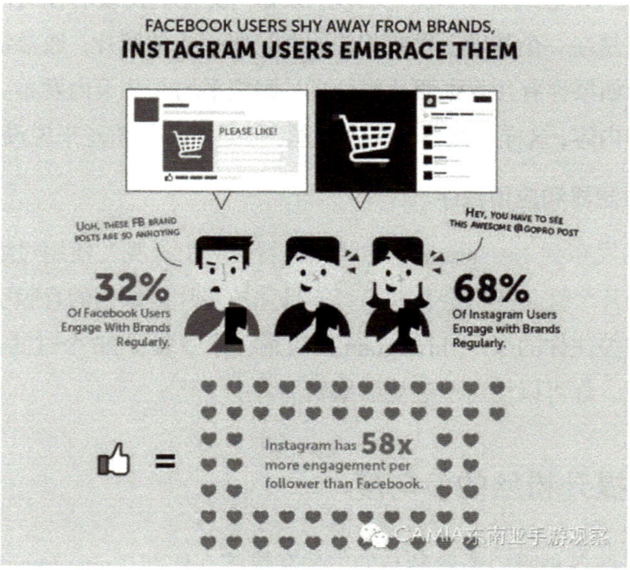
FACEBOOK USERS SHY AWAY FROM BRANDS,
INSTAGRAM USERS EMBRACE THEM
PLEASE LIKE!
UGH, THESE FB BRAND POSTS ARE SO ANNOYING
HEY, YOU HAVE TO SEE THIS AWESOME @GOPRO POST
32%
Of Facebook Users Engage With Brands Regularly.
68%
Of Instagram Users Engage with Brands Regularly.
=
Instagram has 58x more engagement per follower than Facebook.
CAMIA东南亚手游观察

图 7-26

1. 经常更新高质量的图片和视频

满足用户的虚荣心是鼓励用户与品牌互动的最易做法之一。比如，贝玲妃化妆品公司（Benefit）在 Instagram 上收集使用“以假乱真”系列睫毛膏（they’re real!）的用户图片。用户以#realsies 作为关键词在 Instagram 上上传了 11900 多张自拍图片，贝玲妃以此制作了一个照片合集，放在其微官网上，并附上“以假乱真”系列睫毛膏产品链接，如图 7-27 所示。

benefit
#realsies
SHOW US THEY'RE REAL!

图 7-27

2. 在开发产品前多去询问粉丝的意见。

在美国，有很多潮牌在发布新一季的产品之前，都会让设计师把草稿先在 Instagram 上发出来，让粉丝讨论，到底哪个方案才是大家最喜欢的。然后该品牌会根据粉丝的点赞数和评论数来决定研发哪款产品。这样做的好处是客户体验会非常好。客户会觉得该品牌是在为他们服务，为他们设计产品，这样无疑会提升客户的忠诚度和参与度。

3. 举办比赛

图片大赛是增强品牌在 Instagram 上曝光度的绝佳方式。采用包含比赛名称的关键词能帮助品牌收集粉丝的图片。Olapic 最近的一项调查显示，兰蔻以#bareselfie 为关键词举办的素颜美女活动为其新推出的 Dreamtone 淡斑美白精华液增加了 50%的销售额。在活动启动后的两个月里，用户上传了 500 多张以#bareselfie 为关键词的图片，在兰蔻官网发布的用户自拍照片集为 Dreamtone 淡斑美白精华液增加了 4%的销售额，如图 7-28 所示。

Project #bareselfie
This is for you & your skin

图 7-28

4．分享得福利

还可以举办分享得福利这样的营销活动，让更多的客户去展示我们的产品，吸引更多的人关注。只要达到我们设定的条件，比如 3 天内收集 100 个赞，就可以免费给客户试用新产品或者赠送精美的礼物。很多客户很喜欢这种方式，只需要抬抬手，就可能免费拿到一些产品和礼物，何乐而不为呢？其实最大的受益者是品牌方。

以上 4 点是目前使用比较多的 Instagram 营销方式。随着科技的进步，会有更多的营销玩法出现，这样就需要各位做个有心人，多多去发掘，玩法越独特，越容易收获客户的心。

7.3.5 Instagram 与其他社交平台的联动

如图 7-29 所示，Instagram 可以和很多平台联动，特别是在 Facebook 上甚至有 Instagram 的链接（因为它们是同一家公司的），这样做的好处是一劳永逸。在发布一个 Instagram 帖子的同时，可以直接同步到 Facebook、Twitter、Tumblr、Flickr 等。然后我们会发现，会有不同的流量从不同的入口进入 Instagram，让帖子最大化曝光，并且吸引不同层级的用户。所以建议注册这些平台的账号，对将来做营销帮助非常大。

图 7-29

7.4　Instagram 的常用工具介绍

7.4.1　Flipgram

Flipgram 允许大家把许多照片拼凑起来制作成一个 Instagram 小视频。如果你推出了一个新的产品系列，则可以用一个小视频把这些产品收集起来，这样比手动一张张去看效率要提高很多。比如 Reformation 就很擅长利用 Flipgram 向其粉丝介绍最新的产品。

7.4.2　like2buy

有调查表明，有 78%的客户会因为品牌的社交媒体营销而选择购物。我们都知道可以在 Instagram 的简介中加入网站或者 Blog 地址，但是 like2buy 帮助做了更进一步的工作，它把你的产品变成了一个小型的画廊放在其网站上，之后会给你一个 like2buy 特有的链接放在你的简介中，单击这个链接就可以看到你发布的所有产品，单击产品就可以链接到你的网站。如果是进行多账号操作，则主账号可以挂上网站的地址，副账号可以挂一个 like2buy 的地址，依此类推。如果你有很多个账号同时操作，那么就可以多做一些类似于 like2buy 的登录页面，最后跳转到你的购物页面。有很多大品牌如 NastyGal 和 Forever 21 都把 like2buy 玩得很好

7.4.3 Layout

Layout 是 Instagram 公司开发的一款简易的图片处理 App，它允许你把 2~9 张图片拼凑成一张图片。总的来说，Layout 的功能比起国内的一些图片处理软件也不算很强大，不过是 Instagram 开发的软件，其实用性应该还是比较强的。

7.4.4 ScheduGram

利用 ScheduGram 可以预先设置好 Instagram 帖文的内容和发布时间，即可按时自动帮你发送帖子。ScheduGram 也支持多账号操作，可以用一个账号登录 ScheduGram，同时操作多个账号，也可以多人同时操作一个 Instagram 账号。有了 ScheduGram 之后，营销人员就可以预先把后面几天的帖子编辑好，排好日程，也不用担心哪天忘记发送消息了。

7.4.5 Inconosquare

Iconosquare 是市面上最好的 Instagram 分析工具之一，可以帮助营销人员清楚地分析出自己账号的 Comments、Likes、Follows 和 Messages。利用 Inconosquare 可以看到近期有谁 Unfollow 你，你可以选择给这些用户发消息询问他们 Unfollow 你的原因，有时候效果会很不赖。还可以帮助分析出你的哪些帖子最受欢迎，这样下次你在编写帖子时就更有针对性和方向性了。

7.4.6 Over

使用 Over 可以对 Instagram 图片添加任意字体的内容，其中的很多字体都是外国用户比较喜欢的，对于专心做内容的卖家来说，利用好 Over 真的可以给内容加分不少。使用 Over 不仅可以给图片加上一些文字，而且可以给图片加上一些艺术渲染效果，让内容的档次瞬间得到不少提升。目前市面上有很多这样的工具，好用的工具也有不少，所以选出最适合自己的 Instagram 工具进行营销非常重要。

7.5　Instagram 总结

Instagram 平台的特点是流量大、信息传播快、注册用户的活跃度高和用户的参与度高。但是随着大家对 Instagram 的关注度越来越高，在上面做营销的企业和卖家也逐渐多了起来，同时竞争也激烈了。想要让我们的品牌和账号脱颖而出，需要精美的图片、优美的文案、合适的引流标签、多种多样的活动以及平台的 Promotion 来包装和运营，不同类目和产品的运营思路也不一样，具体的方法还需要卖家在真正的实践中去摸索和研究。

第 8 章

YouTube 营销

8.1 YouTube 简介

8.1.1 YouTube 的诞生

YouTube 成立于 2005 年 2 月，由查德·贺利（Chad Hurley）、陈士骏（Steve Chen）、贾德·卡林姆（Jawed Karim）这三名 PayPal 前雇员创办（从左到右），如图 8-1 所示。

图 8-1

YouTube 是一个视频分享网站，其口号为"Broadcast Yourself"（表现你自己），是为了方便朋友之间分享录像片段。2005 年 4 月 23 日，卡林姆上传了第一部影片，片长 19 秒，标题为《我在动物园》（Me at the zoo）。在影片中，卡林姆站在加州圣地亚哥动物园的大象前说："这些家伙有好长好长好长的，呃，鼻子。好酷"。目前该视频仍可在网站上观看，链接地址为 https://www.youtube.com/watch?v=jNQXAC9IVRw，如图 8-2 所示。

0:19
Me at the zoo
jawed
11年前 • 33,528,760 次观看
The first video on YouTube. Maybe it's time to go back to the zoo?
CC

图 8-2

2006 年 YouTube 上已有 4000 万条短片，每天吸引 600 万人浏览，在成立 15 个月后，已超越 MSN Video 与 Google Video 等竞争对手，并在 2006 年 3 月开始在网站上卖广告。

8.1.2　YouTube 和 Google

2006 年 10 月 9 日，Google 公司以 16.5 亿美元收购了 YouTube 网站，并把其当作一家子公司来经营。合并之后，Google 至今并未公布 YouTube 运营成本的详细数据，Google 最初对如何通过 YouTube 盈利一直保持非常谨慎的态度，但是从来没有停止过对它的扩张。接下来我们看看 Google 收购 YouTube 之后都做了哪些事情。

2007 年 6 月，YouTube 在巴黎宣布将开始拓展全球本地化服务，推出了可供选择多国语言的网站界面。目前已经可以自动识别用户电脑的语言并跳转到相应的页面，如表 8-1 所示是更新至 2016 年 YouTube 支持的语言版本和国家或地区。

表 8-1

No.	国家或地区	网址	语言	上线日期
1	全球	https://www.youtube.com/	英文	2005 年 2 月 15 日
2	巴西	https://www.youtube.com/?gl=BR	葡萄牙语	2007 年 6 月 19 日
3	西班牙	https://www.youtube.com/?gl=ES	西班牙语	2007 年 6 月 19 日
4	法国	https://www.youtube.com/?gl=FR	法语	2007 年 6 月 19 日

续表

No.	国家或地区	网址	语言	上线日期
5	爱尔兰	https://www.youtube.com/?gl=IE	爱尔兰英语	2007 年 6 月 19 日
6	意大利	https://www.youtube.com/?gl=IT	意大利语	2007 年 6 月 19 日
7	日本	https://www.youtube.com/?gl=JP	日语	2007 年 6 月 19 日
8	荷兰	https://www.youtube.com/?gl=NL	荷兰语	2007 年 6 月 19 日
9	波兰	https://www.youtube.com/?gl=PL	波兰语	2007 年 6 月 19 日
10	英国	https://www.youtube.com/?gl=UK	英国英语	2007 年 6 月 19 日
11	墨西哥	https://www.youtube.com/?gl=MX	墨西哥西班牙语	2007 年 10 月 11 日
12	中国香港	https://www.youtube.com/?gl=HK	英语和繁体中文	2007 年 10 月 17 日
13	中国台湾	https://www.youtube.com/?gl=TW	繁体中文	2007 年 10 月 18 日
14	澳大利亚	https://www.youtube.com/?gl=AU	澳大利亚英语	2007 年 10 月 22 日
15	新西兰	https://www.youtube.com/?gl=NZ	新西兰英语	2007 年 10 月 22 日
16	加拿大	https://www.youtube.com/?gl=CA	加拿大英语和加拿大法语	2007 年 11 月 6 日
17	德国	https://www.youtube.com/?gl=DE	德语	2007 年 11 月 8 日
18	俄罗斯	https://www.youtube.com/?gl=RU	俄语	2007 年 11 月 13 日
19	韩国	https://www.youtube.com/?gl=KR	朝鲜语	2008 年 1 月 23 日
20	印度	https://www.youtube.com/?gl=IN	印度英语和印地语	2008 年 5 月 7 日
21	捷克	https://www.youtube.com/?gl=CZ	捷克语	2008 年 10 月 9 日
22	以色列	https://www.youtube.com/?gl=IL	希伯来语	2008 年 9 月 16 日
23	瑞典	https://www.youtube.com/?gl=SE	瑞典语	2008 年 10 月 22 日
24	苏格兰	https://www.youtube.com/?gl=KL	苏格兰英语	2009 年 1 月 13 日
25	南非	https://www.youtube.com/?gl=ZA	南非英语	2010 年 5 月 17 日
26	阿尔及利亚	https://www.youtube.com/?gl=DZ	阿拉伯语	2011 年 3 月 9 日
27	埃及	https://www.youtube.com/?gl=EG	阿拉伯语	2011 年 3 月 9 日
28	沙特阿拉伯	https://www.youtube.com/?gl=SA	阿拉伯语	2011 年 3 月 9 日
29	突尼斯	https://www.youtube.com/?gl=TN	阿拉伯语	2011 年 3 月 9 日
30	约旦	https://www.youtube.com/?gl=JO	阿拉伯语	2011 年 3 月 9 日
31	摩洛哥	https://www.youtube.com/?gl=MA	阿拉伯语	2011 年 3 月 9 日
32	也门	https://www.youtube.com/?gl=YE	阿拉伯语	2011 年 3 月 9 日
33	肯尼亚	https://www.youtube.com/?gl=KE	斯瓦希里语和肯尼亚英语	2011 年 9 月 1 日
34	菲律宾	https://www.youtube.com/?gl=PH	英语和菲律宾语	2011 年 10 月 13 日
35	新加坡	https://www.youtube.com/?gl=SG	新加坡英语	2011 年 10 月 13 日
36	比利时	https://www.youtube.com/?gl=BE	比利时法语和比利时荷兰语	2011 年 11 月 16 日
37	哥伦比亚	https://www.youtube.com/?gl=CO	哥伦比亚西班牙语	2011 年 11 月 30 日
38	乌干达	https://www.youtube.com/?gl=UG	乌干达英语	2011 年 12 月 2 日

续表

No.	国家或地区	网址	语言	上线日期
39	尼日利亚	https://www.youtube.com/?gl=NG	尼日利亚英语	2011 年 12 月 7 日
40	智利	https://www.youtube.com/?gl=CL	智利西班牙语	2012 年 1 月 20 日
41	匈牙利	https://www.youtube.com/?gl=HU	匈牙利语	2012 年 2 月 29 日
42	马来西亚	https://www.youtube.com/?gl=MY	马来语、马来西亚英语	2012 年 3 月 22 日
43	秘鲁	https://www.youtube.com/?gl=PE	秘鲁西班牙语	2012 年 3 月 25 日
44	阿联酋	https://www.youtube.com/?gl=AE	阿拉伯语和阿联酋英语	2012 年 3 月 29 日
45	希腊	https://www.youtube.com/?gl=GR	希腊语	2012 年 5 月 1 日
46	印尼	https://www.youtube.com/?gl=ID	印尼语和印尼英语	2012 年 6 月 14 日
47	加纳	https://www.youtube.com/?gl=GH	加纳英语	2012 年 6 月 21 日
48	塞内加尔	https://www.youtube.com/?gl=SN	塞内加尔英语	2012 年 7 月 12 日
49	土耳其	https://www.youtube.com/?gl=TR	土耳其语	2012 年 10 月 1 日
50	乌克兰	https://www.youtube.com/?gl=UA	乌克兰语	2012 年 11 月 13 日
51	丹麦	https://www.youtube.com/?gl=DK	丹麦语	2013 年 2 月 5 日
52	芬兰	https://www.youtube.com/?gl=FI	芬兰语	2013 年 2 月 5 日
53	挪威	https://www.youtube.com/?gl=NO	挪威语	2013 年 2 月 5 日
54	瑞士	https://www.youtube.com/?gl=CH	德语、法语和意大利语	2013 年 4 月 9 日
55	奥地利	https://www.youtube.com/?gl=AT	德语	2013 年 4 月 11 日
56	罗马尼亚	https://www.youtube.com/?gl=RO	罗马尼亚语	2013 年 4 月 25 日
57	葡萄牙	https://www.youtube.com/?gl=PT	葡萄牙语	2013 年 5 月 7 日
58	斯洛伐克	https://www.youtube.com/?gl=SK	斯洛伐克语	2013 年 5 月 21 日
59	巴林	https://www.youtube.com/?gl=BH	阿拉伯语	2013 年 9 月 16 日
60	科威特	https://www.youtube.com/?gl=KW	阿拉伯语	2013 年 9 月 16 日
61	阿曼	https://www.youtube.com/?gl=OM	阿拉伯语	2013 年 9 月 16 日
62	卡塔尔	https://www.youtube.com/?gl=QA	阿拉伯语	2013 年 9 月 16 日
63	波斯尼亚和黑塞哥维那	https://www.youtube.com/?gl=BA	克罗地亚语和塞尔维亚语	2014 年 3 月 18 日
64	保加利亚	https://www.youtube.com/?gl=BG	保加利亚语	2014 年 3 月 18 日
65	爱沙尼亚	https://www.youtube.com/?gl=EE	爱沙尼亚语	2014 年 3 月 18 日
66	克罗地亚	https://www.youtube.com/?gl=HR	克罗地亚语	2014 年 3 月 18 日
67	立陶宛	https://www.youtube.com/?gl=LT	立陶宛语	2014 年 3 月 18 日
68	拉脱维亚	https://www.youtube.com/?gl=LV	拉脱维亚语	2014 年 3 月 18 日
69	黑山	https://www.youtube.com/?gl=ME	克罗地亚语和塞尔维亚语	2014 年 3 月 18 日
70	马其顿	https://www.youtube.com/?gl=MK	塞尔维亚语和土耳其语	2014 年 3 月 18 日
71	塞尔维亚	https://www.youtube.com/?gl=RS	塞尔维亚语	2014 年 3 月 18 日

续表

No.	国家或地区	网址	语言	上线日期
72	斯洛文尼亚	https://www.youtube.com/?gl=SI	斯洛文尼亚语	2014 年 3 月 18 日
73	泰国	https://www.youtube.com/?gl=TH	泰语	2014 年 4 月 1 日
74	黎巴嫩	https://www.youtube.com/?gl=LB	阿拉伯语	2014 年 5 月 9 日
75	波多黎各	https://www.youtube.com/?gl=PR	西班牙语和英语	2014 年 8 月 29 日
76	冰岛	https://www.youtube.com/?gl=IS	冰岛语	2014 年
77	卢森堡	https://www.youtube.com/?gl=LU	法语和德语	2014 年
78	越南	https://www.youtube.com/?gl=VN	越南语	2014 年 10 月 1 日
79	利比亚	https://www.youtube.com/?gl=LY	阿拉伯语	2015 年 2 月 1 日
80	坦桑尼亚	https://www.youtube.com/?gl=TZ	斯瓦希里语和英语	2015 年 6 月 2 日
81	津巴布韦	https://www.youtube.com/?gl=ZW	英语	2015 年 6 月 2 日
82	阿塞拜疆	https://www.youtube.com/?gl=AZ	阿塞拜疆语	2015 年 10 月 12 日
83	白俄罗斯	https://www.youtube.com/?gl=BL	俄语	2015 年 10 月 12 日
84	格鲁吉亚	https://www.youtube.com/?gl=GE	格鲁吉亚语	2015 年 10 月 12 日
85	哈萨克斯坦	https://www.youtube.com/?gl=KA	哈萨克斯坦语	2015 年 10 月 12 日
86	尼泊尔	https://www.youtube.com/?gl=NE	尼泊尔语	2016 年 1 月 12 日
87	巴基斯坦	https://www.youtube.com/?gl=PA	乌尔都语和英语	2016 年 1 月 12 日
88	斯里兰卡	https://www.youtube.com/?gl=LK	僧伽罗语和泰米尔语	2016 年 1 月 12 日
89	伊拉克	https://www.youtube.com/?gl=IR	阿拉伯语	2016 年

2007 年 10 月，在中国台湾出生的创办人之一陈士骏回到故乡，分别开放了中国香港及中国台湾两地的中文网站。配合 YouTube 在中国台湾的面世，YouTube 与天下杂志、三立电视、中国电视公司、台湾公共广播电视集团、雄狮旅行社等签订了内容供应合作协议；配合 YouTube 在中国香港的面世，YouTube 与中国香港的多个著名机构签订了内容供应合作协议，包括亚洲电视、香港旅游发展局、香港电台及天映娱乐。

2008 年 8 月 1 日，据 IT 博客“与 G 共舞”消息，Google 下属视频网站 YouTube 正式支持简体中文，这是 Google 曲线进军中国市场的关键一步。

2008 年 11 月，YouTube 与迈克尔梅公司、狮门娱乐公司和哥伦比亚广播公司达成协议，允许在其美国网站内播放完整长度的电影和电视剧。

2009 年 7 月，YouTube 宣布可以上传三维电影并加以观赏。2009 年 11 月，YouTube 与英国第四台签署合约，英国第四台将把旗下节目完整上传到 YouTube 的电视专区 *Show*，让英国的 YouTube 用户免费且完整地观看英国第四台的节目，总计与超过 60

家的合作公司上传了 4000 多部完整的影集；英国第四台成为全球第一家提供完整节目给 YouTube 使用的大众媒体。

2010 年 1 月，YouTube 为美国用户提供了电影出租服务。2010 年 12 月，YouTube 推出了个性化主页 My YouTube 视频网站。2011 年 12 月改版，可定制主页内容，也可连接到 Google+和 Facebook，查看好友正在分享什么内容。这是 Google 斥资 17.6 亿美元收购 YouTube 以来进行的最大规模的改版之一。Google 试图对 YouTube 用更多的图片、视频取代文字，并且使内容更加社交化。不过，YouTube 本身的原创内容占比相对较少，也不专业，为了弥补这个短板，YouTube 在 2011 年收购了 Next New Networks（在线视频内容供应商），负责视频开发与培训项目（YouTube Next），向视频制作者提供补助和培训，Google 自此成为真正的媒体公司。

现在，YouTube 上已经诞生了无数个网络红人，他们会定期上传自制的节目，拥有固定的粉丝。YouTube 也会投入资金帮助这些网络红人创作内容。高质量的原创内容将给这些作者带来收入，比如来自瑞典的游戏播主 PewDiePie 在 YouTube 上直播自己打游戏，已有近 4000 万订阅用户，年收入过千万美元。2015 年 9 月，PewDiePie 成为第一个观看次数超过 100 亿次的 YouTube 频道。针对像 PewDiePie 这样的已经具有一定知名度的网络红人，YouTube 积极并计划在 2016 年发布 15~20 部原创影集及电影。

2015 年 3 月，YouTube 宣布支持 360 度视频的上传与观看，这意味着可以从不同角度观看 YouTube 视频。前 YouTube 的产品工程负责人 Shishir Mehrotra 受访时曾说：我认为 VR 是光明的未来，但时机还不确定。和 YouTube 一样，VR 也需要同时具有网络、设备和内容。我认为现在还不是时候，但是当它发生时就会很赞。

YouTube 现在是视频界默认的存储仓库。诚如 Botha 所说，“现在如果你要视频，就到 YouTube 上找。如果没找到，那么它就不存在。”

YouTube 的价值来自社群，不仅在影音娱乐市场上吸引观众，而且成功把庞大的流量转到社区平台，并激发许多受欢迎的博主在网上创作，企业则申请官方账号用作广告与在线传媒渠道、NGO 的推广公关等。尽管 YouTube 目前有大量用户，但在激烈竞争下同类型网站的内容生产变得更加重要，因此近几年平台开始转向网上知名制作者，YouTube 对这些拥有数百万订阅的人十分器重，并为优秀博主颁发奖杯，邀请他们参加官方聚会活动，同时还为他们提供更高的薪资分红等（这类职业化的博客经营者被称为 YouTuber）。追求高点击率已经成为许多人获取财富的方式之一，第一个突破 10 亿点阅率的男歌手是 PSY，第一个突破 10 亿点阅率的女歌手则是凯蒂 · 佩芮。

8.1.3 YouTube 和速卖通

速卖通作为一个零售的电子商务平台，流量就是平台的命脉。但是随着流量获取成本越来越高且碎片化，YouTube 就成为一个很好的流量获取渠道。一些知名的 YouTube 视频制作者可能拥有数百万订阅用户，这些用户的黏性高且视博客经营者为意见领袖，很多卖家通过与这些博客经营者合作来推广自己的产品，都取得了不错的效果。

相互依存的关系使得速卖通和 YouTube 平台的联系越来越紧密，作为全球首屈一指的视频分享网站，海量的浏览量和访问深度是电商朋友们站外掘金的不二选择。利用流量推广有内容的品牌是一个很好的选择，这是站外的一个新领地，也是品牌后期所要重点关注的新对象。

8.2 如何开通 YouTube 频道

8.2.1 创建自己的 YouTube 频道

要想创建自己的 YouTube 频道，首先必须有 Google 账号。Google 旗下的所有服务账号是相通的，因此可以使用 Google 账号作为 YouTube 的登录账号。登录后，可以在 YouTube 上观看视频、订阅视频和频道。要上传视频、发表评论或制作播放列表，则可以创建一个公开的 YouTube 频道，Google 账号不会附带 YouTube 频道。

登录进入 YouTube 首页之后，在左侧找到“我的频道”并单击，进入“我的频道”后即可开始上传影片创建自己的 YouTube 频道，如图 8-3 和图 *8-4* 所示。

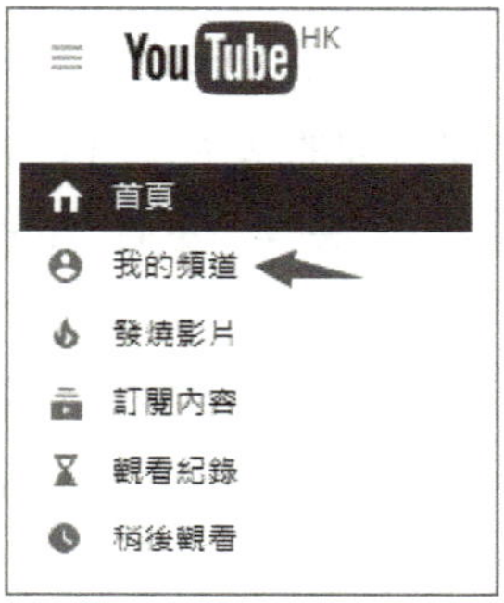

图 8-3

图 8-4

8.2.2　个性化 Google 账号资料

在 YouTube 上大多数成功频道在建立前都会先设定好观众群，然后针对特定的观众群来设计 YouTube 账号名称、头像、频道横幅、频道说明，如果你有独立的品牌粉丝，也可以放上品牌 Logo。以上这些个性化细节的设置，都是为了让用户更容易找到你，让用户更了解你，如图 8-5 所示。

图 8-5

“个性化”带来的好处是让用户更活跃地参与视频互动，或者通过分享带来更多的新用户并对频道产生实际的价值。如图 8-6 所示是 VidStatsX 在 YouTube 上根据用户浏览的次数统计出的排名前十的频道。

YouTube Top 10 Most Viewed Video Producers

Top Ten Most Viewed Producers Ranked by Video Views

Video Producer	View Rank	Views	7 Day Views	24 Hour Sub +/-	Videos	Subs
PewDiePie	1	13,559,810,499	42,480,799	36,930	3K	48.6 M
JustinBieberVEVO	2	12,944,692,345	71,676,625	22,660	125	24.9 M
FunToyzCollector	3	11,862,253,871	31,380,086	5,348	2.1K	8.3 M
WWE	4	11,531,477,412	80,870,222	9,809	25.7K	12.9 M
emimusic	5	11,477,872,192	64,273,125	7,285	6.2K	6.4 M
T-Series	6	11,316,901,765	123,028,993	20,205	9.9K	12.6 M
RihannaVEVO	7	10,183,272,331	39,522,734	10,074	108	23.2 M
Get Movies	8	9,958,175,482	56,599,616	13,279	2.7K	8.5 M
TaylorSwiftVEVO	9	9,766,831,428	35,751,316	7,415	73	20.2 M
LittleBabyBum ®	10	9,660,086,010	80,005,252	14,277	393	8.2 M
Video Producer	View Rank	Views	7 Day Views	24 Hour Sub +/-	Videos	Subs

图 8-6

排名第一的是 PewDiePie，播放量超过 130 亿次的 YouTuber（播客）。瑞典玩家 Felix Kjellberg 在 2010 年创建了这个游戏评论频道，他带着一种独特的个性和方法玩电子游戏，累计将近有 5000 万人订阅了这个频道。所以，除选择一个特定领域外，还需要培养独特的个性。在发布第一个视频前，你需要为自己的频道打好基础。

8.2.3 如何有效利用 YouTube 频道吸引客户

2016 年兴起的网红文化与内容化营销大行其道，视频营销已经崛起，由于它即拍即成、声情并茂、灵活多变、容易理解，深受各方的欢迎。很多卖家通过与网红的合作，或者通过 YouTube 上的 YouTuber（播客）传达产品信息，带来了可观的流量，促使产品成交。视频或图片比文字更吸引人的眼球，那么如何使 YouTube 上的视频更有吸引力呢？我们可以从以下几个方面着手。

1. 给视频加标签

加好标签能确保你的视频出现在观众的搜索结果中。标签可以是单个字或短语。比如你制作了一个有关猫的视频，那么就可以加“猫”“搞笑”“搞笑动物”“可爱的猫”“猫咪”等标签。要确保标签准确，否则会引来一些不想看你的视频的观众，这样反而会流失更多的观众。

2. 写拍摄脚本讲故事

围绕某个主题制作一系列故事片，吸引浏览者的注意力，使他们不断返回你的频道。制作完成一些片子后，浏览并编辑你的播放列表。对于有特殊需要的客户，可以专门创作几部针对性强、有专业深度的片子。

3．互动。

在视频下方对评论和用户交流意见应尽可能回复，确保这是一个友好的交流平台。或者发布视频的幕后花絮，这也是让观众感到自己参与其中的好方法。

4．经常更新视频

视频至少一周更新一次，持续稳定的更新能提高观众的忠实度。如果不能做到每周都发布一个大视频，那么可以用小视频填补空缺，在下一个大视频发布前留住观众。尝试在黄金时间为主要观众群发视频，黄金时间通常指午饭、晚饭时间或者你最受欢迎的任何时间段，在合适的时间发布视频能确保多数人看见。

5．找人代言

如果你的口袋很深，那么花钱找人代言是最容易吸引眼球的方式之一。但这种方式未必能取得最好的效果。

6．查看著名的“如何”频道

“如何”和教程类视频在 YouTube 上很热门。这些视频从如何系鞋带到如何用图像编辑软件应有尽有。一个好的教程类视频能清晰地展示所有步骤并提供好的视频例子。

7．考虑购买观看量

如果你的频道出师不利，那么可以尝试购买观看量。观看量一般成千购买，网上有很多不同的服务出售观看量。很多唱片公司都会购买观看量，确保新歌发布时就有很大的观看量。观看量很大的视频更能吸引观众观看，因为观看量能证明视频有多好。应确保你所选择的服务能提供真观看量，也就是每个观看量都能保留下来，并且能够看完整个视频。但是 YouTube 不赞成购买观看量。

8.3　如何制作视频

8.3.1　准备工作

在录制视频前需要准备的工作可分为两类：硬件和软件。硬件包括录制视频的摄像机或摄像头，以及厂景和道具；软件包括拍摄脚本或剧本，如果需要录制电脑的桌面，则需要有一个好的录屏软件，比如 Camtasia 或免费的 Oben Broadcasting Software（同时可以做直播）。

使用好的摄像机或摄像头才能拍摄出高质量的音频与视频画面，现在的智能手机的拍摄效果与几年前相比好了很多，高质量的视频是脱颖而出的关键之一。如果想保持住一定数量的观众，那么一定要有超高的制作水平，建议选购单反相机作为拍摄工具。

一切准备就绪后，除非是即兴表演或录制你不能控制的内容，否则必须按照剧本彩排几次，这样会减少很多尴尬的停顿，并且会增加视频的流畅性。在拍摄前，可以使用摄像机进行拍摄测试以检查光线是否良好，确保画面中的东西都能看见。在 YouTube 上必须符合特定准则才能上传超过 15 分钟的视频，如果无法上传视频，也可以把长视频分成一个系列的多个视频。

8.3.2 录制并编辑视频

（1）回顾所录制的内容。在开始编辑前，花几分钟看一遍所录制的内容。如果有不喜欢的地方，则可以在场景还在时重新录制。这样能在编辑时省下很多时间。

（2）把视频拼接在一起。你可以使用自己最擅长的编辑软件来拼接视频，如通过剪切、粘贴片段，可以将后拍摄的画面插放在视频的任意位置。编辑时要记住很多事情，但主要关注的应该是确保视频中各个话题之间转换自然，并且没有任何错误。使用过渡效果来隐藏剪辑痕迹，把观众从一个场景带到下一个场景中。一边编辑一边不断回看视频，并对场景的时间进行调整，以免发生一个话题说太久，从而导致另一个话题没有时间说的情况。

（3）添加片头和效果。片头虽然简短，但却是视频中非常重要的部分。大多数片头都不超过 5~10 秒，并且能很快地告知观众他们在看什么频道，以及视频是什么内容。当观众在网上其他地方看到该视频时，片头能帮助他们认出这是你的视频。但是如果片头过长，则会导致流失很多潜在的观众。如果你有自己的 Logo 或其他频道艺术设计成果，也可以一并放到片头中。可以使用 Adobe Premiere 或 Sony Vegas 为视频添加专业效果和过渡特效。

（4）创建一个好的缩略图。在上传视频时，可以设置缩略图。缩略图是视频在搜索结果中或频道视频列表中显示的画面。如果账号没有认证，那么只能从几个预设的缩略图中进行选择。可以通过提交手机号码来认证账号。定制缩略图可以让你创建一个“带有题目的画面”。

8.3.3　如何上传视频到 YouTube 频道

将视频上传到 YouTube 频道主要以视频的长短来划分，对于 15 分钟以下的视频，可以直接在自己的 YouTube 频道上传发布；对于 15 分钟以上的视频，则必须先进行身份认证，然后才可以上传发布。针对新注册的账号，YouTube 禁止上传超过 15 分钟的视频。上传视频的流程如图 8-7 至图 8-12 所示。

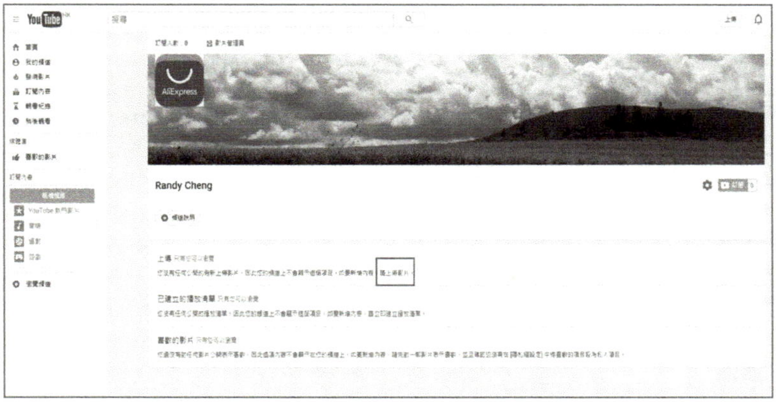

图 8-7

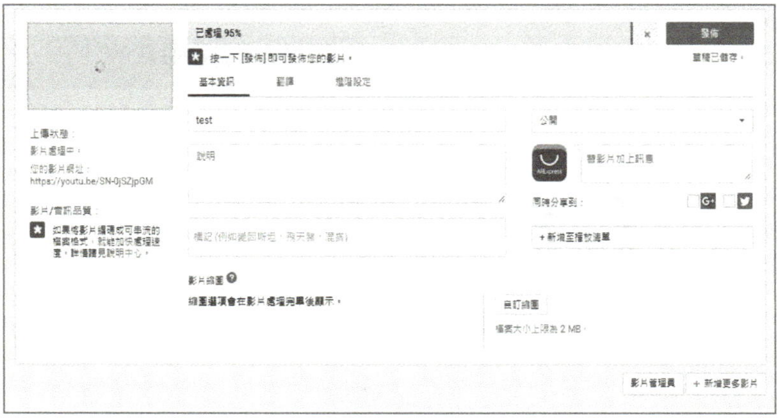

图 8-8

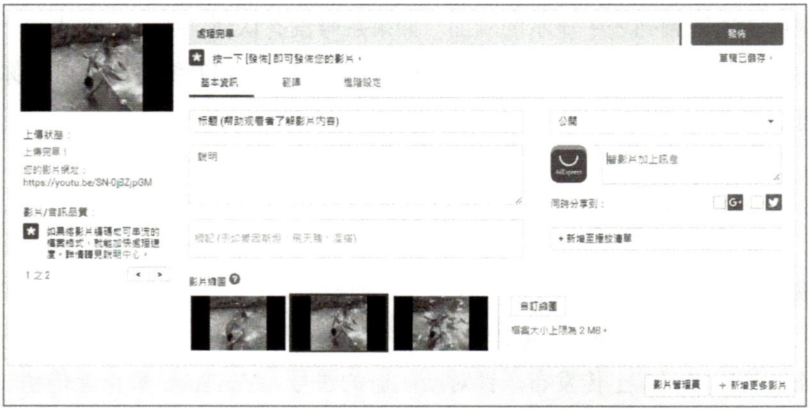

图 8-9

图 8-10

图 8-11

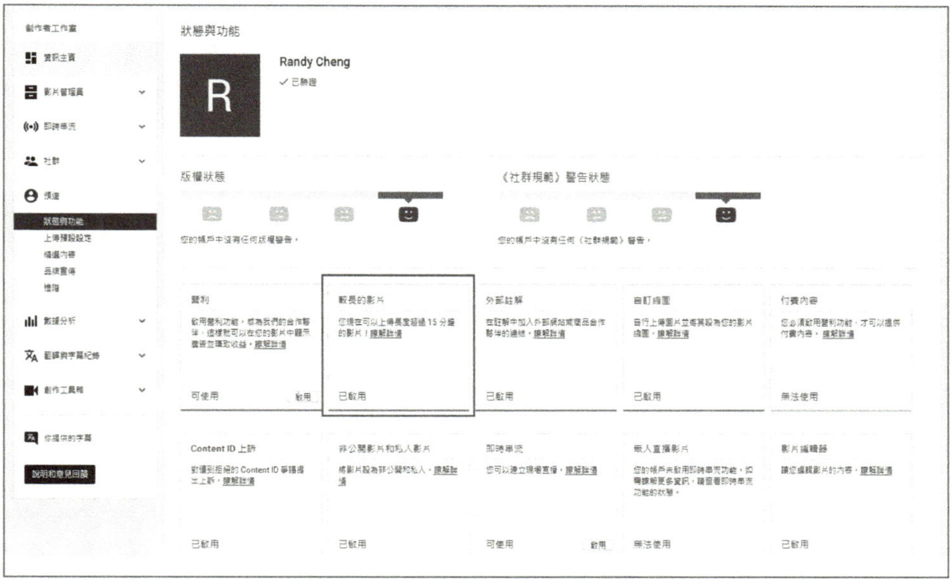

图 8-12

8.4　如何推广 YouTube 视频

8.4.1　YouTube Analytics 简介

YouTube Analytics（分析工具）是 YouTube 平台交互式报告系统的一大成果，用来监控频道和视频效果。分析工具所呈现的报告主要包括收入报告、观看时长报告和互动度报告。收入报告包括估算收入和广告效果报告；观看时长报告包括观看时长、观看次数、流量来源和观众黏度等报告；互动度报告主要包括订阅人数和注释报告等内容。

要想使用 YouTube 分析工具，首先应登录 YouTube 账号，并依次单击账户图标和创作者工作室，然后在左侧选择分析工具，最后选择需要查看的报告。或者直接访问 YouTube.com/analytics。

在很多报告页面的顶部，都可以通过过滤条件过滤出自己需要的信息，过滤信息包括内容、地理位置、日期或时间范围、订阅者状态，如图 8-13 所示。

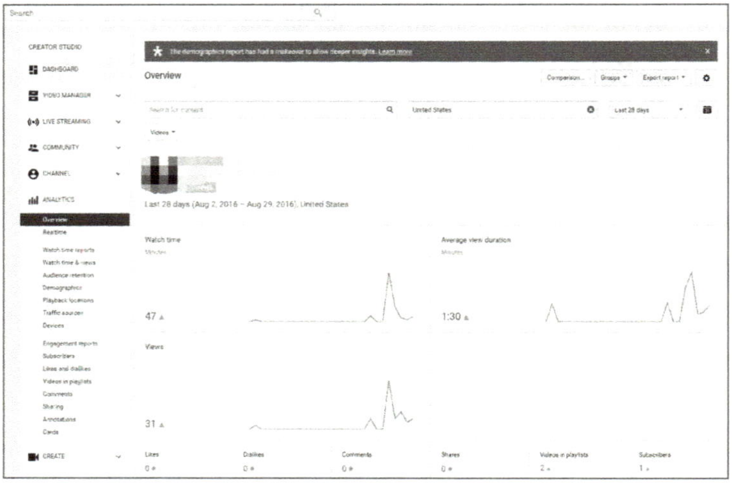

图 8-13

折线图可以直接显示视频随时间变化的情况。日期维度可以按天、按周或每月递增显示，选择对应的比较指标，比较结果直接显示在图表上。折线图可以单维度显示不同时间段内的数据变化情况，也可以显示特定时间段内不同报告的多达 25 项内容（如频道、地理位置、订阅数等）。通常系统会默认显示前 5 项内容，分别以不同颜色的线条标识。

堆积面积图可以有效地说明所选择的数据和总值之间的关系，这是一个很好的对比效果并判断趋势的工具，如图 8-14 所示。和多维度折线图一样，通常系统默认显示 5 项内容并以不同的颜色标识。

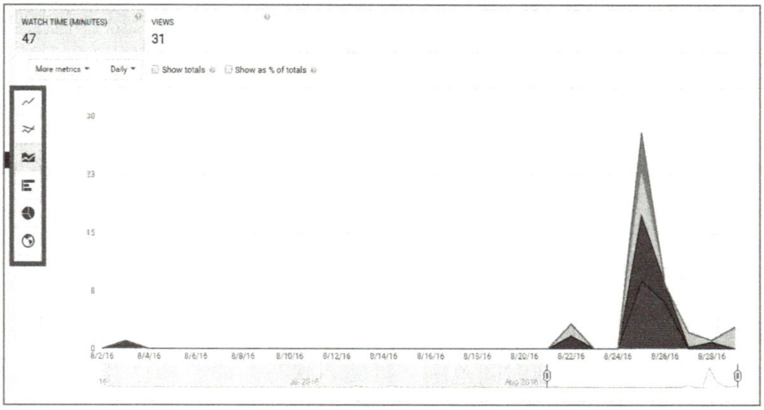

图 8-14

饼图可以有效地呈现 25 项内容的相对大小或相互影响，可以直观地反映出对应项的比例和总值的关系。

互动式地图可以呈现视频的播放位置。地图上颜色越深，说明在该区域观看视频的人数越多。用鼠标指针滑过国家或地区，则会直观地显示出对应国家或地区的详细数据。

单击页面顶部的“Export report（导出报告）”按钮，可以下载分析报告。报告内容可以有效地帮助优化频道，在付费推广和视频内容投放上也可以广为参考。

8.4.2　YouTube SEO 规则

SEO（Search Engine Optimization）即搜索引擎优化。Google、百度、Bing、雅虎等搜索引擎公司分别有自己的算法，在哪些搜索人群页面展示兴趣广告是该类网站的重头戏。一方面是搜索人群习惯的抓取，另一方面是广告投放是否精准的问题。浏览器 Cookie 的跟踪功能总能了解到用户的浏览和购买习惯，从而推荐符合用户喜好的商品或服务，国内的百度、搜狗也是如此。此类广告的投放现已成为各大电商平台重要的推广渠道，通常效果也比较明显。对于卖家而言，如何有效地利用 YouTube 的搜索规则，最大限度地优化视频标题、描述和相关关键词，增加被搜索人群检索到的概率，是每一个借助站外推广的电商人不容回避的难题。以下是影响 SEO 规则的几个因素。

1．YouTube 标题

标题在搜索中权重最大，这种情况在 B2C 和 B2B 电商平台中尤为突出。标题是一个视频的核心概括，优质的标题通常能将视频的亮点显现出来，通过吸引观众的眼球而优先得到点击。但是如果标题描述的内容和视频本身不符，那么观众的跳失率或者吐槽率就会增加。这种与实际描述不符的视频一方面存在作弊嫌疑，另一方面也影响观众对视频的信赖度。这种视频通常会被进行“隐形降权”处理。这也是网站近年来一直打压的重点。通过加强对标题党的整治，例如，增加观看时长权重，视频被打开后浏览者观看时间的长短取决于视频的优劣和描述相关性。此举也杜绝了投机播主利用网络上热搜的关键词制作同一视频不相关标题的做法。这是一个很好的严惩“标题党”的范例，也为优质视频取得更多点击和增加受众范围提供了机会。

在为 YouTube 视频制作标题时通常遵循如下两个原则。

一是简明扼要。标题字符数通常控制在 70 个左右。对标题字符数的限制，一方面可以保证整个标题都会出现在搜索结果中；另一方面也可以凸显个别关键词，方便浏览者第一时间抓取到想要搜索的关键词。

二是描述性。标题要准确描述视频所要传达的信息，不要引用不相关的关键词滥竽充数，否则只会带来视频浏览量和点击率的下滑。

如图 8-15 所示，如实描述视频内容是平台要求遵守的规则，有吸引力的标题本身就是对视频内容的一次有力诠释。

图 8-15

2. YouTube 说明

YouTube 说明是用来描述视频内容的，通常字符数控制在 160 个以内。在说明部分可以简要描述视频内容，也可以根据视频强调的要点进行补充或重复说明，还可以放置相关流量导向的链接，引导视频观看者访问相关页面。这也是大多数视频播客惯用的方法。描述内容的多样性也为 SEO 检索做了铺垫，与视频相关的描述则是浏览者发现视频的重要途径，这是一个非常有效的视频导流渠道。

说明和描述的丰富性也给视频增加了更多可读成分，在很大程度上帮助网民快速抓住视频核心内容，从而为更好地浏览视频奠定了基础。这也是未来视频内容更具丰富性的一个前提，为网民打开更多的关联视频提供了便捷性，如图 8-16 所示。

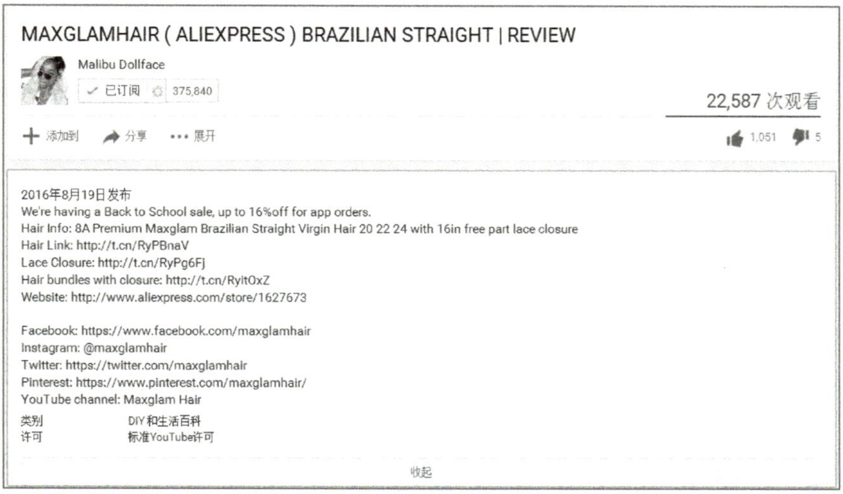

图 8-16

3．标签

标签（Tag）是对与视频相关的关键词的整理，可以在很大程度上增加视频被检索到的几率。标签通常由几个关键词或几个短语组成，这些关键词或短语较为准确地反映了视频内容。这类关键词和速卖通属性及详情页的埋词有着异曲同工之妙，也是优质视频需要重点关注的对象。各关键词之间通常以逗号分开，它们通常以类目词和核心词为主，Brands 和类目词或 Brands 和核心词构成所谓的热搜词，这也是一个品牌在站外推广的必经之路。在视频足够热的情况下，此类关键词通常被客户用来搜索相关的产品，速卖通后台的搜索词分析也会抓取到该类数据，一些擅长 SEO 规则的卖家在标题制作上通常会考虑这类关键词。

目前视频网站上也有帮助整理关键词的相关工具，链接地址是：https://ads.youtube.com/keyword_tool，如图 8-17 所示。例如，Ariel 本身是一个假发品牌，视频用于推广假发，和品牌 Ariel 相关的核心产品词、类目关键词等都是该关键词的范围，这也为速卖通上热搜词提供了更多可能性。越来越多的客户通过关键词在 YouTube 上进行搜索，词的热度在社交频道逐渐提高，继而引发速卖通平台热搜词的出现。这是一个连锁反应，也是假发视频推广炒热热搜关键词的一个渠道，有兴趣的卖家朋友可以借鉴。

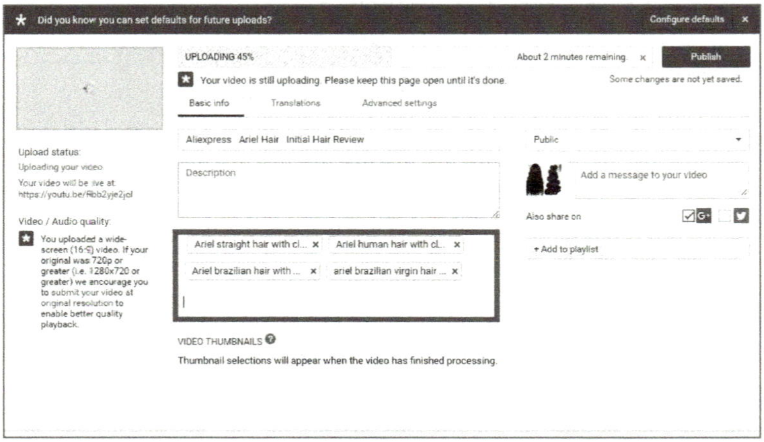

图 8-17

标题、说明和标签是 YouTube SEO 规则的核心。三者的优劣决定了视频的搜索排名，这也是创建 YouTube 频道的卖家需要补足的功课。在既定的排序规则下，只有被客户浏览的视频才会产生后续的购买和销售，这也是炒热搜索关键词的一个渠道。

当然，视频本身质量的优劣以及顾客的反馈情况是检验视频是否受欢迎的试金石。在保证基本 SEO 自然搜索的前提下，提高视频本身的质量想必是每一个站外推广人员上的必需课。

8.4.3 YouTube 视频推广

YouTube 视频的推广能够增加视频或品牌的受众人数，让更多的人了解你的品牌和上线产品。因为 YouTube 平台每天有数以亿计的访客，为营销提供了广阔的舞台。网民用手机观看视频的比例正在逐年增加，视频的多样性也为广告投放提供了更多的选择和空间。

1. 在 YouTube 网站投放广告的优势

（1）与受众群体建立联系。视频广告是现在最常见的营销手段，你可以分享自己的亲身体验，把自己的体会、专业经验分享给全世界，或者通过镜头讲述你的产品特色或服务的独特性，受众能从你的产品或服务中得到什么好处，以及受众如何快速找到并关注你的品牌。这种方式类似于现在流行的网红直播产品导购，它是近距离了解品牌和产品的通道，是激活了的商品或品牌。相比于网店僵化的商品推荐，这种销售方式可谓升级了。当然，那些购买过该类商品的消费者在看到类似广告时也会对该品牌产生印象，这是一个实时的感情互动行为，对于品牌塑造功不可没。

（2）覆盖合适的受众群体。在进行广告投放时可以选择对应的主题、覆盖关键词、受众的特征（如年龄、地区、性别等），有的放矢，如图 8-18 所示。这样一方面可以提高受众的精准度和广告效果；另一方面也是一个很好的测品渠道。

（3）快速创建自己的专属视频系列。创建 Google Adwords 账户，制作并上传视频广告，选定用户群，你就可以向全世界分享自己的故事了。

（4）效果监测和评估。通过数据报告，可以了解自己的广告覆盖的受众群体是否合适。因为 Adwords 账户可以提供观看次数、花费和预算明细，YouTube 账户的“分析”板块可以帮助你详细了解观看者。

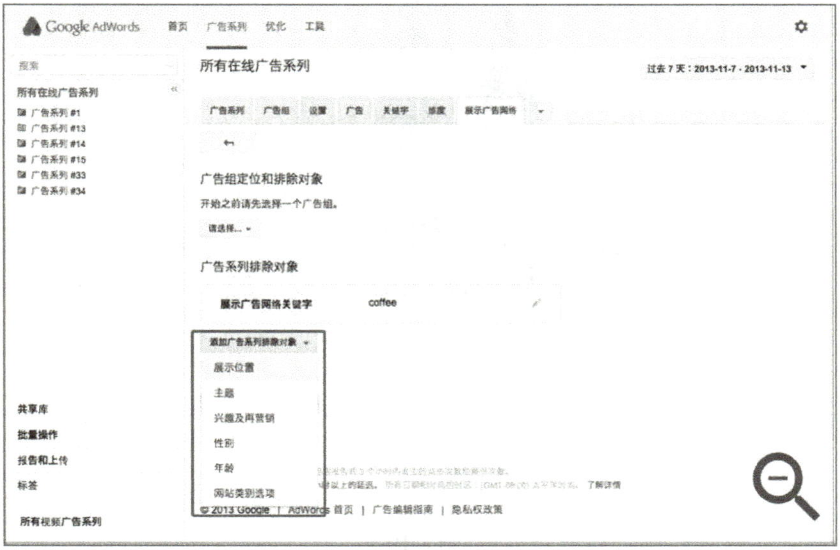

图 8-18

YouTube 网站的广告投放和国内视频网站如优酷土豆、爱奇艺等不大一样，有选择性投放、不强制客户观看是其一大亮点。浏览者可以选择跳过视频或者单击感兴趣的视频观看，视频浏览时长超过一定时间后才会产生费用。这种可关闭的内嵌式广告，越来越关注精准度，精研人性化，其他视频网站难以望其项背。

2. TrueView 广告系统

TrueView 广告系统是 YouTube 的一大亮点，它一方面秉承了 Google 搜索引擎广告的智能化推荐优势；另一方面也加入了属于自己的创新广告投放模式。这种视频广告可以让观看者控制何时看到哪些广告内容，选择跳过或观看感兴趣的视频，不人为地强制观看者观看，充分保证目标受众的精准度。这的确是 TrueView 广受欢迎的魅力所在。

（1）TrueView 的插播广告。你或许经常看到在视频的开头、中间或结尾部分跳出广告界面，TrueView 同样可以帮助你实现自我调控广告的播放时间。对于付费方式，当观看者观看视频达 30 秒（如果视频时长不足 30 秒，则为视频时长）或参与其他视频互动（单击弹窗式广告、随播广告）时，才会产生费用，如图 8-19 所示。

图 8-19

（2）TrueView 的视频发现广告。这种广告适合在 YouTube 上或者整个网络中进行搜索时展示，当然长度没有限制。观看者单击视频浏览就会产生费用，广告可以出现在 YouTube 视频旁边、YouTube 视频搜索结果中、观看者播放的视频中，以及展示广告网络的发布网站上，如图 8-20 和图 8-21 所示。

图 8-20

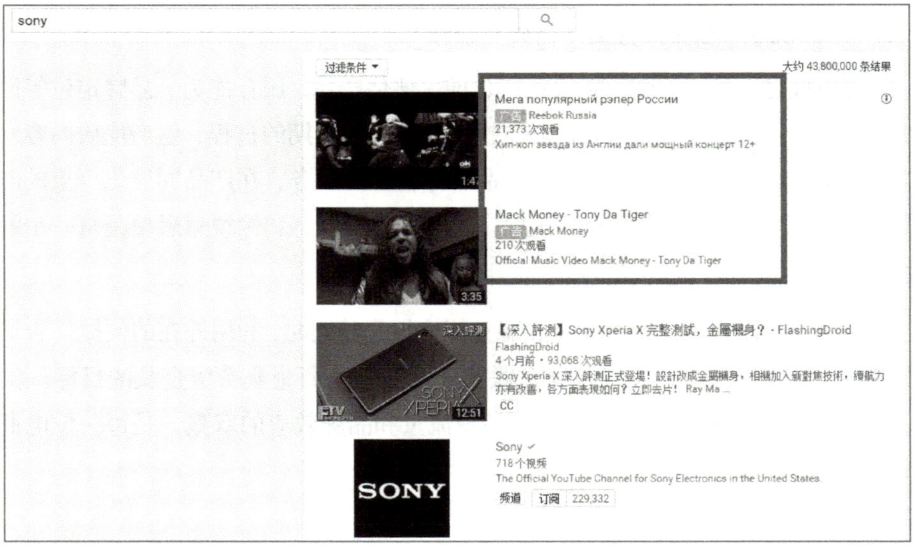

图 8-21

这两种广告都是 YouTube 视频网站最常用的广告形式。对于广告的投放，受众的精准度无疑是重中之重。YouTube 和展示广告网络提供了多种方式来覆盖特定的受众群体，其中既包括对关键词的相关定位，根据受众的特征和活动主题有选择性地进行投放，又包括兴趣相近的受众群体推荐、自定义兴趣相似的受众群体、有意向购买的受众群体。除此之外，YouTube 视频网站根据以往观看者或者与 YouTube 频道的互动情况，有选择性地覆盖这部分受众群体。这也是 YouTube 视频网站的再营销功能。在帮助广告投放方准确地抓住有过互动的客户的同时，也能有效地帮助他们挖掘新的客户，实现品牌或产品信息的有效传播。

自从大众传媒成为广告的主战场以来，“宁滥勿缺”一直是广告界的信条。对于速卖通平台来讲，广告可以有效增加产品曝光和提升排名。但对于 YouTube 网站来说，广撒网、盲目、不精确、被动地让顾客接受广告内容的情况不再出现，越来越多的广告是根据数据化工具进行投放的。在投放广告的同时，改善顾客的服务体验，加强客户关系，提升客户的忠诚度等也是卖家和供货商所要重视的。据悉，当当停止了在百度上投放广告，京东商城缩减了 50%的线上广告投放费用，互联网企业正在变得更加理性，以往那种盲目烧钱、不注重维系客户和提升服务品质的做法越来越少。因此，有效地利用广告投放的便利优势，结合自身产品的售卖特性，合理维护客户间的关系，将是新电商时代剩者为王的王道所在。

3．YouTube 广告推广注重“内外”兼修

广告投放是一把双刃剑，在投放广告前，评估产品、服务能力、品牌定位等因素是每一个电商公司需要做的功课。广告投放也是一个长期的过程，生产优质内容永远是广告投放的前提。让顾客认识你的产品，体验你的服务，在产品同质化严重的电商时代显得尤为重要。创新是源泉，这种广告带来的新鲜感和愉悦感恐怕是每一个顾客所愿意尝试的。

电商企业在注重内在产品品质和服务能力提升的同时，利用外在的便捷广告资源让更多的受众了解品牌，无疑是新互联时代每一个电商企业希望企及的目标。实现“内外”兼修，合理地进行广告预算，实现流量和品牌效应的双赢，是每一位电商人的梦想。

8.4.4 视频推广的“代运营”

YouTube 视频除自身的广告投放之外，也有专门的服务公司帮助打理视频的推广工作。一些服务公司甚至有制作广告的经验和资质，对于精准投放广告、接触目标客户有着得天独厚的条件。此类第三方服务公司，代理费用从几百到几万美元不等，服务的内容包括创意视频制作、视频广告投放、广告数据分析和视频后期优化等。

第三方服务公司鱼龙混杂，找到一家合适的服务公司是后期推广和营销成功的重要法宝。

比如有一家网站名叫 Elance.com（www.elance.com），该网站上刊登了设计师的简历及其经手的成功案例，你可以在线直接选择心仪的设计师和服务公司，然后沟通合作和服务的细节。如图 8-23 所示，这个网站类似于国内的八戒网，你可以在该网站上发布商标设计需求让设计师投标，或者直接在线联系设计师进行相关的设计。

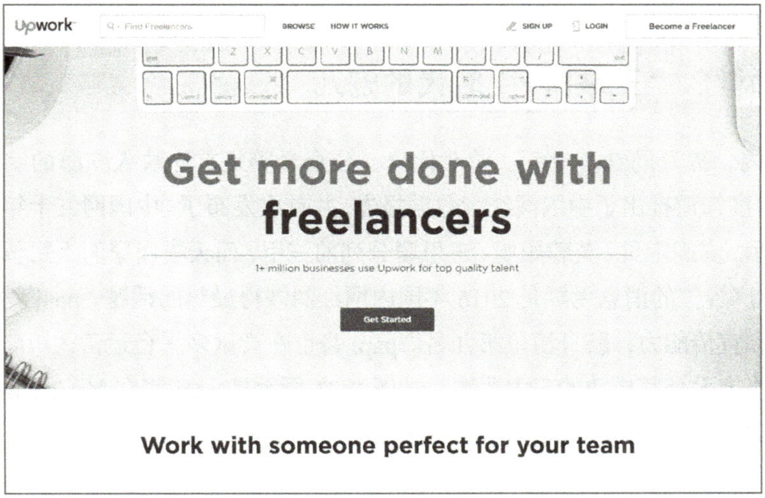

图 8-22

有些第三方服务公司既可以保证视频的流量，也可以保证视频的受众精准度，在谈合作时可以着重考虑这两个方面。这样的公司除收取视频的推广成本外，还会收取一部分视频效果的佣金。比如 YouTubeBuzz.com、Virool（www.virool.com）、Viewbox（www.viewbox.com）等公司，就是我们进行视频推广合作的不错选择。

视频推广作为公司产品线开发的一大广告投入，它是检验产品是否适合市场的试金石，对于初创型公司来讲或许是一个挑战。因此，合理地评估产品的预期销量和利润，谨慎地安排“代运营”推广工作，对于电商公司后期的发展至关重要。

8.5 “网红”经济时代的 YouTube

网络红人（简称“网红”）是指在现实或者网络生活中因某个事件或者某种行为受到网民广泛关注从而走红的人。之所以能够走红，与其自身的特质有直接关系，与网民的审美、娱乐、刺激、求知欲等心理契合，有意或无意间在网络世界受到追捧，成为网络红人。在 YouTube 上成长起来的网红也是如此。在网络媒介环境下，网络推手、传统媒体以及受众心理需求促成了“互联网+”时代的网络红人。网红的关注度非常广泛，专业性频道是网红在初期从事 YouTube 视频制作的一个基准定位。随着粉丝量的增加，越来越多的供应商选择网红作为推广的媒介，各种各样的广告逐步植入视频当中，网红代言而引发的网红经济也如火如荼地发展起来。

8.5.1 网红，“互联网+”时代的宠儿

在国内，提及网红，电商、游戏代言、公众号等是首先映入脑海的字眼。2016 年 4 月，百度知道推出了中国网红大数据报告，并首次发布了“中国网红十年排行榜”。大数据显示，安妮宝贝、芙蓉姐姐、王思聪分列前三甲，而天猫卖家丽人丽妆竞价 papi 酱 2200 万广告位的消息无疑是 2016 年国内网红圈炒得最热的话题，papi 凭借自己独特的运营和宣传能力，跻身榜单第九名。papi 酱也在尝试多平台运营的策略，内容、媒介、网络推手是其成功的三大要素。如图 8-23 所示是 papi 酱在 YouTube 上新上线的频道，如图 8-24 所示是创造历史的新媒体营销大事件。

图 8-23

图 8-24

在国外，网红的发展节奏更快，职业化网红出现得既早又多。一些较有名气的国外网红大多数是从 2006 年、2007 年开始上传视频的，而在国内开展这些举措的公司或个人大多是在 2010 年后兴起的。相比国内，国外网红在原创性上似乎更有见解，个性张扬永远是他们追寻的目标和方向。

国外网红不只是职业化地把网红直播当成自己的事业，他们更像是“生活咖”，懂得享受人生，坚持真我的生活方式。同时将自己的兴趣玩到最大化，甚至通过网络直播让全世界陪着自己一起玩。

网红修成需要以下特质。

特质一：拥有一技之长。国外网红将自己的兴趣玩成爱好，甚至玩成一项伟大的事业。意大利宇宙博主 Chiara Ferragni 不仅会服装搭配，还颇具生意头脑，光在 Instagram 上就有 630 万名粉丝。她拥有自己的设计团队，并且创建了自己的品牌，开始和粉丝进行更深层次的互动。

特质二：长相、身材说重要，也不一定重要。颜值和身材绝对是国内网红的必修课。围观过网红直播的朋友不难发现，网红浓妆艳抹，在包装方式上几乎千篇一律。而国外网红却大不一样，不论身材胖瘦，她们总能挖掘出自己引以为豪的部分。时尚播主 Leandra Medine，大脸，满脸雀斑，皮肤黑，但却是各种时尚编辑和摄影师的最爱。在颜值上和其他网红自然不能比，但她有自己的风格，在服装搭配上有很高的见地，同时能将不同风格和色彩的衣服展现得淋漓尽致。

特质三：有自己的风格才算会玩。如图 8-25 和图 8-26 所示是将自己的风格嗨到极致的展现。

图 8-25

图 8-26

1. 网红的盈利模式解析

在国内，网红关注者多数以年轻人为主。据百度知道大数据统计，在关注网红的人群中，25 岁以下的年轻人占到 86%以上，“90 后”和“00 后”成为关注网红的主力军，其中超过 7 成是女性。

国内网红从事电商的居多，其依托电商平台，为活动宣传打气，据说在 2016 年“双 11”当天，每 7 件衣服中就有 1 件是网红卖掉的。随着国内垂直网站和海淘网站的增多，电商平台寻求网红合作的机会越来越多，这也在很大程度上促进了国内初级阶段网红经济的发展。

（1）代言收入。商家因请不起一线明星代言，网红自然是他们首先考虑合作的对象。

（2）推广和打广告。网红在自己的朋友圈、微博、空间或公众号中打广告，帮助商家宣传获利。

（3）网络主播。网红通常靠刷礼物赚钱，如花椒直播、酷狗音乐专区等。

（4）跑通告。为商家站台、跑路出演或做兼职模特赚取收入。

2．网红的合作模式

网红是产品的宣传方，从某种程度上讲，网红是品牌的一面旗帜。与网红合作的方式也是多样化的，主流的合作方式有以下三种。

方式一：通过分销形式将产品给到网红，留足利润空间。这也帮助网红整合了某个品类的供应链，为其实现更好的宣传和盈利提供了便利。对于企业来讲，这样与网红合作增加了公司的销售渠道，是相对传统的合作模式；而对网红而言，签约企业意味着拿到了该类目产品更低的进货价，和现在国内如火如荼的微商分销颇有几分相似之处。

方式二：网红只做最擅长的自媒体运营。YouTube 的视频制作、创意挖掘、视频推广等，以及与产品端相关的运营、供应链等全部由服务公司承担，通常这样的网红会根据推广视频的数量、视频的浏览量以及转化效果等进行收费。这个费用较高，通常一次性收取。

方式三：共同研发自主品牌。这样的网红粉丝量较大，有黏性较高的客户群体，并且自媒体经验丰富，调性十足。与网红的合作深度和广度会过渡到产品线开发、品牌营销等层面，在利益方面通常会涉及股权分配问题。

与网红合作的方式灵活多样，有时也和产品本身有直接关系。产品的附加值高是找网红合作的基本前提，这也给合作双方留足了利润空间，比如速卖通平台上的假发、高档服装、鞋子、婚纱、晚礼服等产品。高附加值产品有时还存在定制的噱头，这也给营销提供了更多的便利性。

8.5.2 与网红合作的利弊

与网红合作是一把双刃剑，有利有弊。合作是为了拓宽现有的销售渠道，为突破传统电商的瓶颈而努力。随着国内网红市场的迅速发展，越来越多的自媒体频道纷纷登台亮相，与网红合作的多样性和丰富性也接踵而来。企业要渠道，网红要利益，在合作的谈判中，各执一词的对决轮番开演，主要体现在以下几个层面。

争议一：不信任。对于真人发 YouTube 视频推广，比如免费送头发邀请网红做视频想必是站外引流的 2.0 阶段。网红频道订阅量的大小也决定了她是否愿意与你合作，是否收取相应费用。在起初的 1.0 阶段，客户自掏腰包，收到假发包裹后自发分享到 YouTube、Facebook 等上面，有网红头脑的播主开始圈粉。当时上传这类视频没有任何补偿，客户分享视频纯粹是一种娱乐化的心态，没有太多的功利色彩。随着视频关注度越来越高，更多的播主开始开启自己的频道，商家们开始主动邀约粉丝分享视频，或者是粉丝对商家提出条件，有偿分享视频。通常的做法是先买头发分享视频，随后 PayPal 返现或者下次购买直接折现补偿。对视频的分享开始涨价，更多频道的播主开始变得有议价能力，视频市场免费的 1.0 阶段宣告结束。部分有偿分享视频的 2.0 阶段没持续多久，完全免费的头发加 Cash 的方式逐渐成为播主们分享视频的条件。真人发货值高，免费的假发 3~4 束的费用（中长尺寸）通常为 500~700 元，加上快递费用，每单的花费可能为 600~800 元。高昂的成本也给虚假骗头发的播主提供了便利，很多包裹发出后石沉大海，杳无音讯。除此之外，粉丝少的客户分享的视频因为人气低的原因得不到关注，视频本身的浏览量过低，更别谈后续的转化率了，这也加剧了商家和播主间的矛盾。

争议二：利润分成高低。网红代言一方面是为了优先获得产品的无偿使用机会；另一方面是为了利用频道盈利，网红成为产品代言人后，其粉丝开始从他那里拿货。理论上，网红本身的渠道和所推荐的渠道为产品打开了销路，但不过关的产品也会给网红带来致命的打击，粉丝的围攻、退订和负面宣传会迅速将一个频道推向深渊。粉丝拿货的价格高低直接决定了利润的高低，视频的网络效应带来流量，并促成转化，产生利润。如何制定合理的批发价，平衡与播主间的利益是商家们比较头疼的问题。

争议三：网红代言其他品牌。对于商家来讲，与网红合作是一个长期的过程，频道订阅数和粉丝的互动性也是商家甄别网红的标准。对于目前的跨境平台来讲，中小卖家很难负担得起高额的签约费，和网红之间通常只有口头协议，没有书面材料加以约束。有些网红频道更新得特别频繁，这类网红通常是拿了多家的免费头发，每隔一段时间就会有新的视频推出，如图 8-27 所示。对于商家来讲，视频推广是聚拢人气的一种策略，通过深度合作扩大产品的受众范围是商家的目的。但目前这种零散、浅层次的合作，一方面使商家的基本利益难以长期维持；另一方面消费者也会因为网红代言多个品牌而苦于无法选择产品。

图 8-27

网红时代的 YouTube 为商家带来了很多机会，寻找网红为商品宣传或活动造势对于很多商家而言是一个烫手的山芋。产品本身是否具有附加值，产品本身的质量是否过硬，网红在与商家合作时也会对产品进行筛选。产品的推广自然会增大受众的范围，试用和深层次的网红代言等销售渠道随之打开，新产品的开发周期随之加快，这终将会是一个良性发展的品牌推广渠道，也是一个互联网品牌生根发芽的必经之路。

8.6　YouTube 为品牌代言

从 2016 年开始，速卖通平台定位企业加品牌运营模式，促使跨境中小企业由中国制造向中国“质”造转变，这也是平台以质取胜策略的一次革命。品牌化商品、优质化服务，这是一种良性循环的发展模式，也是传统制造业产生高附加值的时代。从生产端的人口红利逐渐向高附加值产品的生产和研发转变，打造国字号品牌当之无愧是企业对外的一面旗帜，也是电商运营的必经之路。

品牌不仅仅是一个商标，同时它也蕴含着一定的文化因素，是代表品质的一个符号。在速卖通平台推出新的政策后，新老卖家纷纷开始抢注商标。在运营阶段初期，商标并不是品牌，消费者没有太多的概念，商标只是孤零零的一个符号。而随着受众范围越来越广，商标背后的内容越来越多，它所左右的或许是一部分群体，或许是一种概念，或许是一种习惯。

YouTube 作为开放性的视频推送平台，其广泛的受众性和影响力对全球的商业模式和习惯有着很深的影响，那些广为传播的宣传口号和热门推荐的商品无疑是对品牌最好的宣传。它是一个世界性的展示平台，对品牌概念的传播也是世界性的。这是“互联网+”时代粉丝经济的舞台，粉丝效应的传播也是世界性的。

8.6.1 品牌代言

迅猛发展的电商产业从来不缺套路，从最初的标题党（SEO 的最大化利用），到数据化选品定位人群，再到线上线下粉丝互动玩法，电商的丰富性和多样性越来越新鲜、越来越精彩。互联网商圈从来不缺奇迹，一个个网络品牌的形成也得力于电商这块肥沃的土壤。YouTube 视频网站本身就是一个开放的巨大的流量入口，来自于世界范围内的琳琅满目的商品在视频的推送下得以传播，包罗万象的搞笑视频和片段让娱乐无处不在。与此同时，数以亿计的广告也被无形中植入了视频内部，每一次视频的播放就是一次潜意识的营销宣传，每一次信息的传递都为世界范围内的商圈活动增添了几分色彩。

YouTube 就是这样一个开放的平台，具有优质内容的视频或频道本身就是一张良好的名片，如图 8-28 所示。

每一次事件都有它的踪影，品牌的影响力处处可见。比如 Nike 作为一个专业运动品牌，营销的触角几乎无处不在，在某种程度上运动等同于 Nike，如图 8-29 所示。

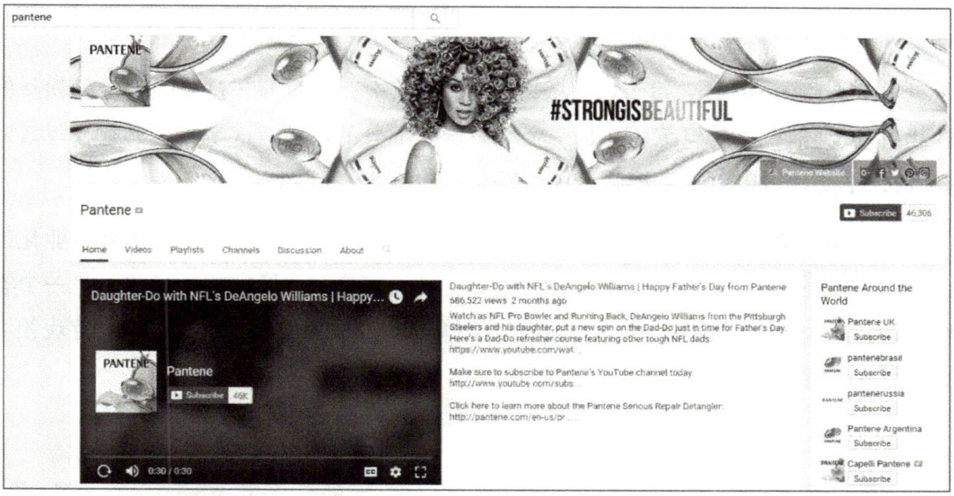

图 8-28

图 8-29

8.6.2　粉丝经济

从广义上讲，粉丝经济是指架构在粉丝和被关注者关系之上的经营性创收行为，明星、艺人和偶像等常被粉丝关注。《粉丝力量大》的作者张蕾认为，粉丝经济以情绪资本为核心，以粉丝社区为营销手段增值情绪资本。粉丝经济以消费者为主角，由消费者主导营销手段，从消费者情感出发，企业借力使力，达到为品牌与偶像增值情绪资本的目的。

国内粉丝经济的概念始于六间房秀场，草根歌手在实时演艺过程当中受到粉丝的虚拟鲜花或其他礼品的青睐。这是一个客户群体细分的舞台，这是一个具有粉丝效应的舞台，不受地域限制，和演唱会的现场直播没有太大区别。

对于 YouTube 这样的平台，丰富的视频资源也引来了大量的粉丝，国外专业化的 YouTube 频道从一开始播主就对其做了精心安排，它是一个稳定的信息源，是一个答疑解惑的互动平台，追随的粉丝自然而然络绎不绝。这类频道在娱乐、3D 游戏领域尤为明显，如图 8-30 所示。

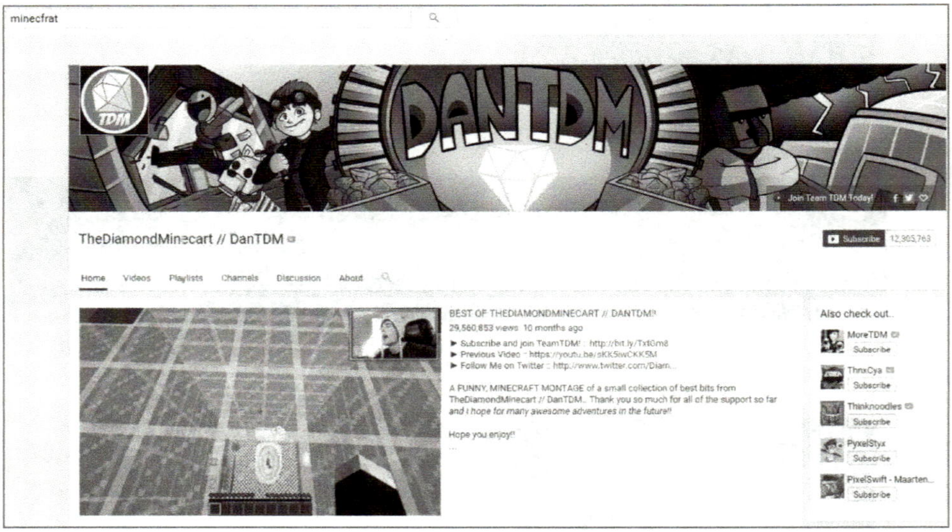

图 8-30

粉丝订阅频道一方面是为了进行信息咨询；另一方面是为了娱乐而关注频道。在专业的信息量丰富的频道里，粉丝的求知欲和好奇感得到了满足，搞笑、呆萌的场景和画面也带来了新鲜感。只有不断推陈出新，才能使一个专业化的频道愈发生机，才能引来更多的围观和点赞。得到多次关注和浏览的视频不仅会获得 YouTube 平台更多的推荐机会，同时在视频的自然排序上也会有很大的提升，从视频导引到商业往来，YouTube 充当了消费者和生产商之间的一座桥梁。粉丝围观和追捧的产品或品牌自然会愈演愈烈，这种“病毒性”传播的力量是难以抗拒的，粉丝经济是使用 YouTube 平台推广营销的一大福利。做好的产品，做好内容的频道，赢取属于自己圈子的粉丝，从而开拓更为广阔的市场。

利用 YouTube 拓宽推广品牌渠道是一种势在必行的策略。娱乐电商在这个时代新鲜过并将新鲜下去，在娱乐受众的同时植入广告宣传，实现品牌洗脑，是电商人的梦想，也是电商发展到后期盈利能力的源泉。高明的营销是让受众感觉不到营销，实际上营销无处不在。受众在被洗脑的过程中丝毫察觉不到营销的存在，其实这也是品牌张力和优质内容影响力的体现。

我们在探索新的推广品牌渠道的同时，也在深挖产品和服务的张力，一个优质的品牌是优质产品和特色服务的融合，它不仅仅是全网营销、铺天盖地砸广告的宣传和造势，它是流量过后的数据沉淀，是服务体验后的分析互动，是互动交流中的新品推荐和研发。

发掘你身边的品牌，因为它属于我们每一个人。

第 9 章 VK 营销

9.1 VK 介绍

VK（原 VKontakte，俄语：ВКонтакте，“接触”之意）是俄罗斯最大的社交网站，Alexa 全球排名第 23 位，是仅次于搜索引擎 Yandex 的俄罗斯第二大网站。其 Logo 如图 9-1 所示。

图 9-1

VK 为俄罗斯知名的在线社交网络服务网站，拥有 70 多种语言，用户主要来自于俄语系国家，包括俄罗斯、乌克兰、阿塞拜疆、哈萨克斯坦、摩尔多瓦、白俄罗斯、以色列等。

VK 创始人保罗·杜洛夫重新诠释短语："Вполном контакте с информацией"，翻译成中文就是"完整的接触信息"，取自于顺口溜电台的"莫斯科回声"。

9.1.1 VK 功能

与大多数社交网站相同，该网站的核心功能是基于个人信息和共享照片，提供状态更新以及与朋友联系等服务。VK 也有用于管理网络社团和名人的网页工具。该网站允许用户上传、搜索新闻媒体内容，例如视频和音乐。VK 具有先进的搜索引擎，能有效搜索到好友以及实时性新闻信息等。

在 VK 页面左侧的列表中包括如下功能。

- **主页**：与 Facebook 用户文件页上的留言板相似，但是与留言板不同的是，公告板的内容会被同步到各个朋友的首页，因此你可以在自己的主页上发表最新状态。当然，你也可以设置不同步到所有好友。另外，你的好友可以在你的主页上发布状态、留信息给你，比如生日祝福等。
- **新闻**：VK 新闻与微信朋友圈相似，点击后可以看到你所关注的人或者社团，以及你的好友发布的动态，你可以进行评论、点赞和转发。
- **私信**：具备聊天功能，你可以给好友或者非好友的用户发送私信，只有你们双方可见，也可以组建多人小组聊天。发送的消息可以是照片、视频、音乐、文件、地图和数据等。
- **好友**：可以看到在线和不在线好友，能对已有好友分组加标签，发送私信，也可以搜索好友，添加好友，或者导入其他社交网站上的好友。单击"高级搜索"，可以通过年龄、性别、地域、学校等条件筛选请求添加好友，但是每天添加好友数是有限制的。
- **社团**：VK 有两种社团，即群和公共主页。群适用于发布兴趣、爱好等，操作灵活；公共主页比较适合发布品牌、企业信息等。这两种社团在一定程度上可以相互交换。
- **赞**：网友用来表示对动态信息、照片等的态度，与微信点赞相同。无论用户是否是你的好友，都可以看到你发布的照片或者动态信息，并对其进行评论、点赞。你也可以设置是否将自己的动态信息展示给非好友用户。

- **照片**：如同 QQ 空间相册，你可以上传自己的照片，并设置权限对哪些人可见。能够看到你所发布的照片的用户，可以对照片进行点赞或评论。
- **音乐**：你可以把自己喜欢的音乐上传到 VKontakte 的“音乐”上，所有访问你的主页的 VKontakte 用户都能看到，并可以点击收听。
- **视频**：你可以把视频上传到 VKontakte 的“视频”上，或者将 YouTube 视频分享到 VKontakte 上，所有的 VKontakte 用户都能同时看到此视频信息。
- **广告**：你可以为自己的产品或者社团制作宣传广告，需要设计广告语，上传图片，设定投放目标，然后付费投放。

和其他社交网站一样，VK 也会经常更新版本，但是其基本功能不会有太大的变化。

9.1.2 VK 历史

2006 年 9 月，创始人保罗·杜洛夫推出了 VK 并进行 Beta 测试。在当年的 10 月 10 日，域名 vkontakte.ru 正式登记，也就是说，2006 年 10 月 10 日是 VK 的诞生日。

2007 年 2 月，VK 网站的基本用户超过 10 万，并确定为俄罗斯的第二大社交网络。

2007 年 7 月，用户达到 100 万；2008 年 4 月，用户高达 1000 万。

2008 年 12 月，VK 超越对手 Odnoklassniki，成为俄罗斯最受欢迎的社交服务网站。

2014 年 1 月，VK 每日用户约 60 万人，而在 2015 年 1 月浏览量达到每天 7000 万人次。截至 2015 年 7 月 15 日，浏览量达到日均 6400 多万人次。如图 9-2 所示是 2006—2012 年 VK 注册人数曲线图，从该图可以看出，VK 注册人数逐年递增。如图 9-3 所示是 2016 年 10 月 4 日 VK 网站的访客数。

2016 年 4 月，VK 进行了改版，改版后的主页更加简洁、现代化，左侧位置更宽，列表也有了更新，比如“我的相册”“我的音乐”改版后变成了“照片”“音乐”。

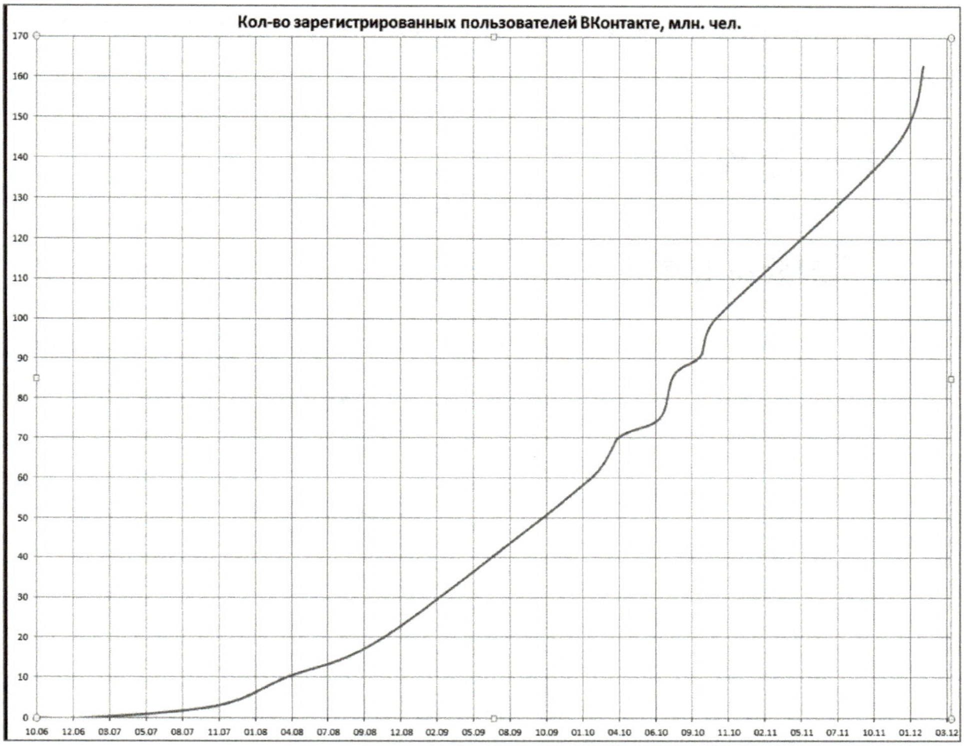

图 9-2

网站排行榜 · 交友 · ВКонтакте.ру

网站统计系统: vkontakte.ru

表单: mob desk sam msk Apps md ru ekb ee cn ge uz tj kg be kz kra sumbian iOS iPhone iOS iPad android ukr mini

10月4日15點51分更新

<< 10月3日　　10月4日 星期二

报告: 一天的访问人数　　按天 | 按星期 | 按月份

	10月4日 星期二	10月3日 星期一	在中间的星期二	在中间的在七天之内
浏览	935,343,939 -12,308,260	1,951,691,953	1,969,130,810	1,963,281,279
会话	138,821,272	265,138,368	266,361,217	265,502,376
访客	56,299,242 -6,293	78,806,929	80,062,278	79,526,723
主机	16,064,564	20,763,616	20,739,498	20,658,842
重新加载	17,095,183	36,440,101	38,012,193	38,263,532
在线访问者的平均数量	3,161,635	1,104,814	1,122,125	1,105,456
在线常来访问者的平均数量	1,986,700	2,672,598	2,689,707	2,670,531
平均的长度（分钟）	0.2	7.2	7.2	7.2
按访客的浏览量	17	25	25	25

重新建立图表

15有6,028,678访客最近15分钟，本网站有6,028,678访客 4,007,657位房客已经查看
4,007,657位房客已经查看一多个网页。
24有80,047,230位访客
最近24小时，本网站有80,047,230位访客。

图 9-3

2016 年 8 月 17 日，通过修补 2500 个大大小小的补丁，VK 的 PC 端完全变成新的设计。

9.2 营销准备工作

9.2.1 添加公司信息

如图 9-4 所示，在公司主页左侧的导航栏中单击“简介”，进入主页信息页面。

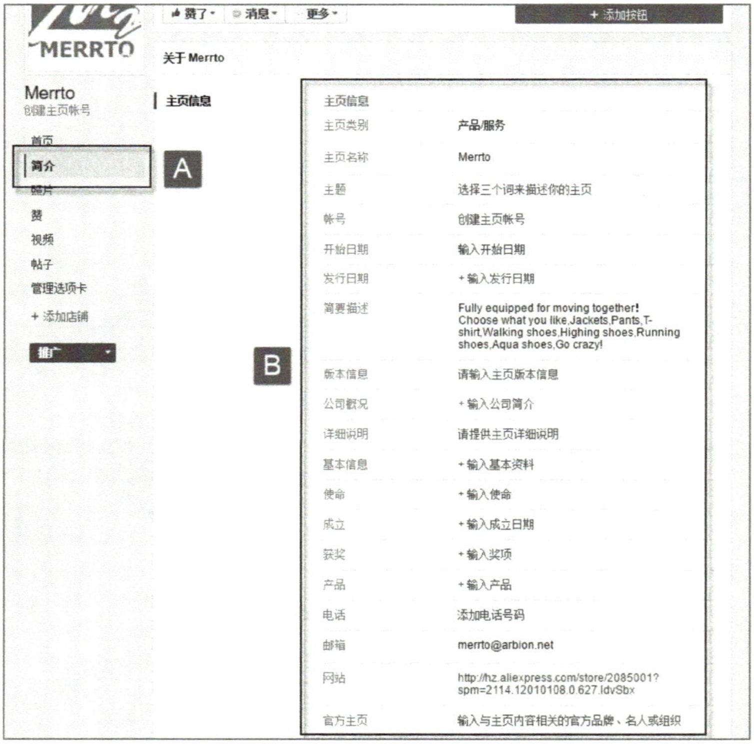

图 9-4

1．填写主页信息

需要填写的主页信息很多，其中“简要描述”信息会显示在公司主页主要头像下面，描述文字限制在 155 个字符以内。应尽量在简短的描述中重点体现公司经营范围、公司文化、公司优势等。

时间信息为公司成立时间，如实填写即可。

联系方式以电话和邮箱为主，其中“电话”应填写公司主要销售市场的电话号码，电话号码为海外号码，可最大限度地消除客户的疑虑；“邮箱”应填写企业邮箱，建议注册公司域名搭建企业邮箱，可以增强消费者对公司的信任感。

2. 展示公司信息

如图 9-5 所示，图中 A 处为公司信息展示位置，可在这里编辑公司简介，访问者单击进入后即可浏览公司详细的文字信息介绍；图中 B 处为公司简要描述信息以及公司网址。由此可见，编辑好简要描述信息对于吸引粉丝有相当大的益处。

图 9-5

9.2.2 添加产品信息

1. 添加产品照片和视频

如图 9-6 所示，在公司主页左侧的导航栏中单击“照片”，进入添加照片页面，添加照片。

图 9-6

如图 9-7 所示，在公司主页左侧的导航栏中单击“视频，进入添加视频页面，添加视频。

图 9-7

2. 上传产品照片和视频

如图 9-8 所示，单击“添加照片”按钮，选择“创建新相册”或者“添加到现有相册”，然后单击“继续”按钮。

图 9-8

如图 9-9 所示，我们可以对所添加的照片进行编辑。在位置①处填写相册的简短说明，在该说明中应尽可能包含相关关键词。在位置②处添加照片的拍摄地点，这样有助于根据地区搜索照片而被索引。在位置 A 处，可以上传多张照片。编辑好后单击“发布”按钮。

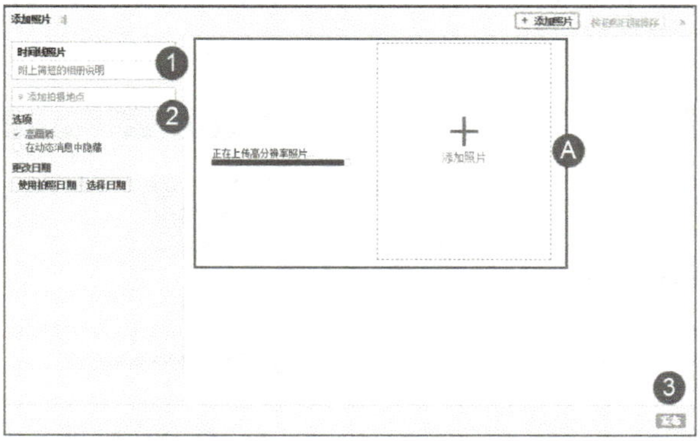

图 9-9

单击“添加视频”按钮后，即可上传视频，以及编辑视频相关文字信息，如图 9-10 所示。在位置①处填写视频相关描述信息，在位置②处添加视频标题，在位置③处添加视频标签。在保证语义通畅的情况下，三者应尽可能多地使用公司产品的关键词。在位置④处添加视频拍摄地点。

图 9-10

9.2.3 活动策划

1. 创建活动

如图 9-11 所示，在公司主页左侧的导航栏中单击“帖子”，可以创建一个优惠、活动。

图 9-11

2. 编辑活动

活动涵盖优惠、活动、大事记和网志。

如图 9-12 所示，编辑优惠信息首先要选择是线上活动还是线下活动，然后依次填写活动网址，选择优惠类型，根据不同的优惠类型填写不同的优惠信息。页面右侧为优惠预览效果，包括桌面版和移动版动态消息。

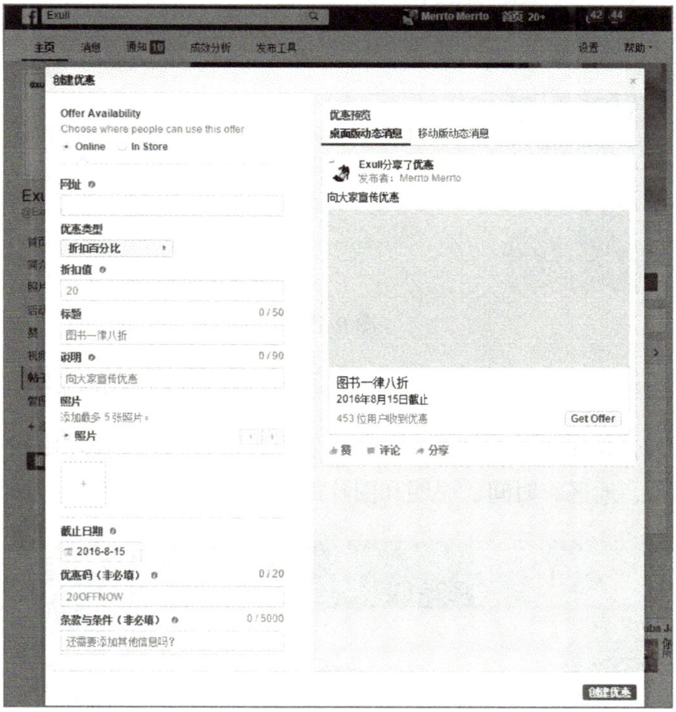

图 9-12

如图 9-13 所示，编辑活动信息需要准备的资料还是很多的。

（1）需要尽量准备一张 1920 像素×1080 像素的活动照片，照片的长宽比为 16:9。

（2）需要添加一个简短、易懂的活动名称。这里需要注意的是，首字母尽量大写；活动名称并未限制字数，但较长的名称将会影响移动端的展示效果。

（3）需要添加一个活动地点。注意，此处为线下活动地址。

（4）需要添加活动开始时间和结束时间。

图 9-13

（5）还可以添加共同组织者、购票网址、活动描述以及活动标签。

大事记即为公司主页的时间线，大多为公司成长的一些点滴，比如一次促销活动等，添加好标题、地区、时间、说明和图片即可，如图 9-14 所示。

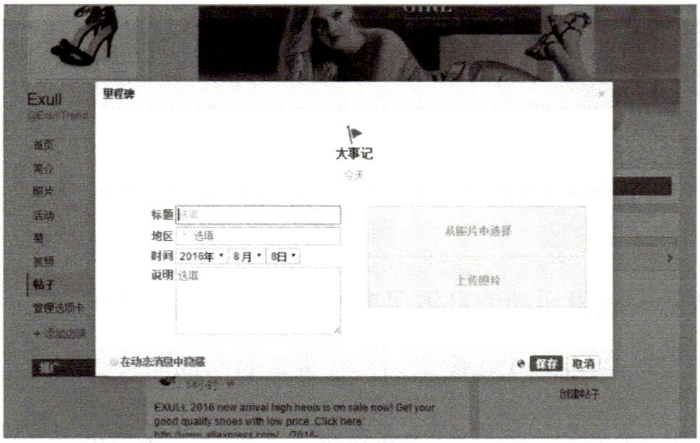

图 9-14

网志即为一般日志，可以编辑一篇类似于博客的图文并茂的文章，其操作和 Word 一样简单，如图 9-15 所示。注意：可随意插入链接。

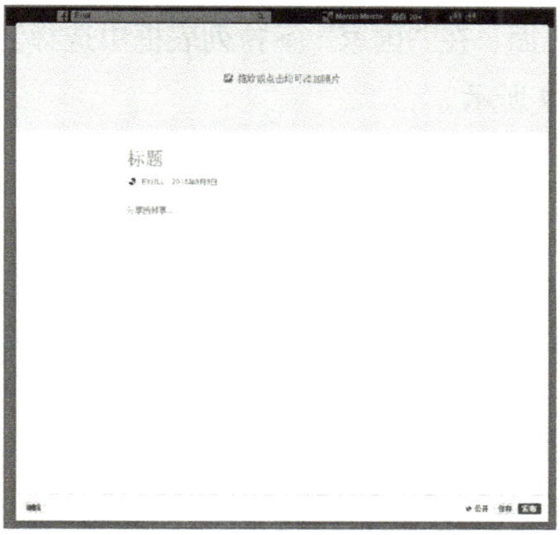

图 9-15

9.3　VK 账号

9.3.1　注册 VK 账号

想要使用 VK，首先要有一个 VK 账号。下面详细介绍 VK 账号的注册流程。

打开 new.vk.com，按要求填写事先准备好的名字、姓、出生年月日、性别，然后单击“注册”按钮，如图 9-16 所示。

图 9-16

进入“确认注册”页面，在“国家”下拉列表框中选择注册时需要绑定的手机号码所在的国家，如图 9-17 所示。

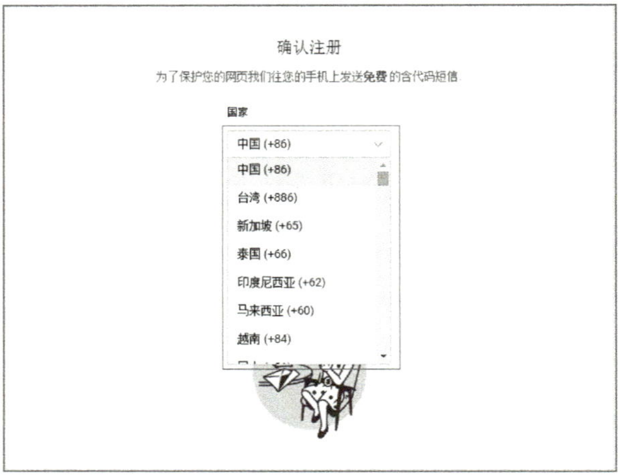

图 9-17

在“手机号码”框中输入需要绑定的手机号码，然后单击“获取代码”按钮，如图 9-18 所示。

图 9-18

需要注意的是，一个手机号码只能绑定一个 VK 账号。如果所输入的手机号码曾经绑定过其他 VK 账号，那么在单击“获取代码”按钮后，在“确认注册”页面中将会出现一个弹窗提示：该号码已经绑定过其他 VK 账号，如图 9-19 所示。

图 9-19

如果输入的手机号码正确，那么单击“获取代码”按钮后，手机在 1 分钟内将会收到一条含有一个 5 位数验证码的短信，同时在“确认注册”页面中会出现一个输入框，“获取代码”按钮也会随之变成“发送代码”按钮。在输入框中输入 5 位数验证码，然后单击“发送代码”按钮，如图 9-20 所示。

图 9-20

随后，在“确认注册”页面中会出现一个“密码”输入框，同时“发送代码”按钮变成“登录网站”按钮，如图 9-21 所示。在“密码”输入框中输入一个 6 个字符以上的密码，这个密码就是 VK 账号的登录密码。输入密码后，单击“登录网站”按钮。至此，就完成了 VK 账号的注册。

图 9-21

9.3.2 VK 主页介绍

1. 初步完善 VK 账号信息

（1）上传 VK 头像及小头像

首次登录 VK 账号，会出现如图 9-22 所示的页面，需要按照主页的提示进一步完善 VK 账号的资料及相关设置。

图 9-22

首先上传 VK 账号的头像，单击“上传照片”按钮，在“上传新照片”小窗口中单击“选择文件”按钮，如图 9-23 所示。在本地选择一张合适的照片作为头像。上传照片的格式为 JPG、GIF 或 PNG，在保证清晰的前提下，尽量避免选择尺寸过大的照片。如果上传出现问题，请尝试选择尺寸小一些的照片。如果所注册的 VK 账号是作为公司 VK 账号使用的，则建议头像采用公司的商标图片。

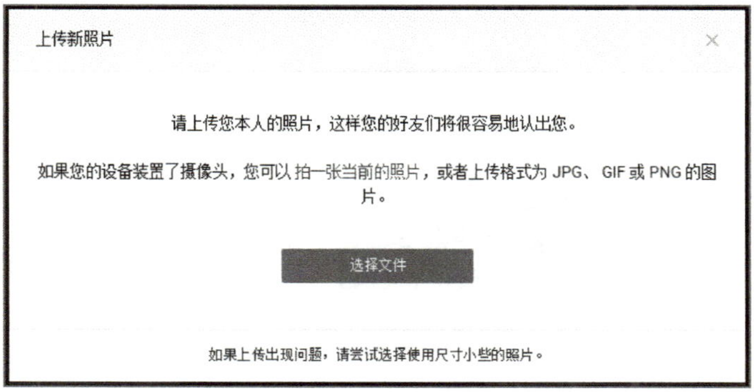

图 9-23

照片上传成功后，会弹出照片选取窗口，如图 9-24 所示。移动选取框或调整选取框大小，选取照片合适的区域作为头像，并单击“保存和继续”按钮，完成头像的上传。

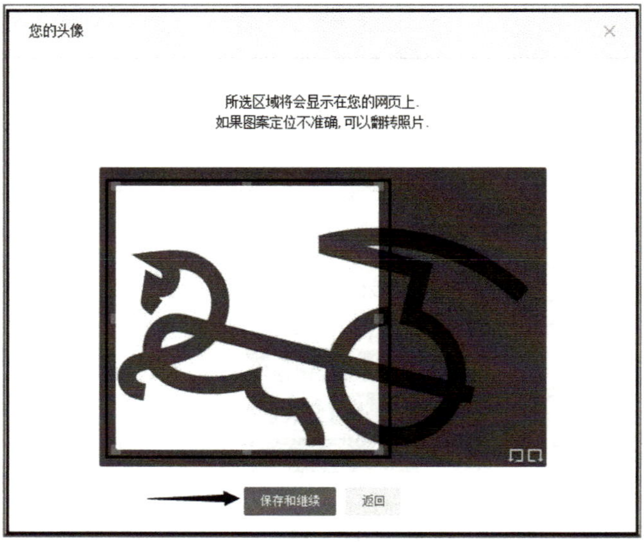
您的头像
所选区域将会显示在您的网页上.
如果图案定位不准确, 可以翻转照片.
保存和继续
返回

图 9-24

完成头像上传后，随即会弹出一个编辑框，你需要根据选取框点选照片合适的区域作为 VK 账号的小头像，如图 9-25 所示。选取完成后单击“保存修改”按钮，完成小头像编辑工作。在发表记录、私信和评论时将显示这个小头像。

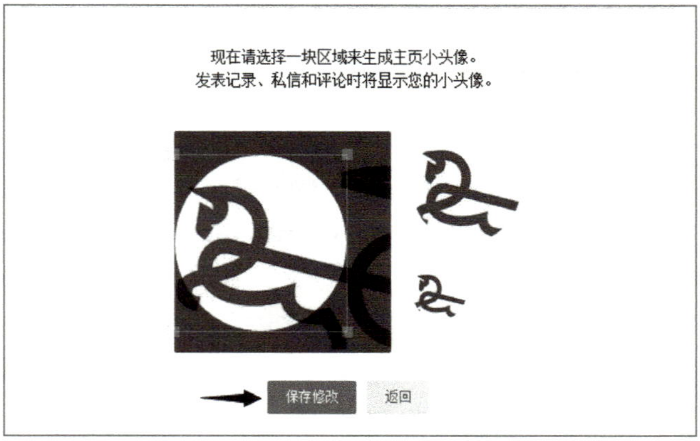
现在请选择一块区域来生成主页小头像。
发表记录、私信和评论时将显示您的小头像。
保存修改
返回

图 9-25

（2）导入其他社交平台上的好友

初次登录 VK，在 VK 主页有一个导入好友引导，如图 9-26 所示。这个功能块的作用是，方便 VK 账号所有者把其他社交平台上已有的好友迅速导入新的 VK 账号中。单击相应的社交平台按钮，登录相应的社交账号，进行授权，按平台提示拉取好友。注意：在进行这一步动作时，需要事先进行 IP 地址跳转，翻墙进行操作，如图 9-27 所示。

图 9-26

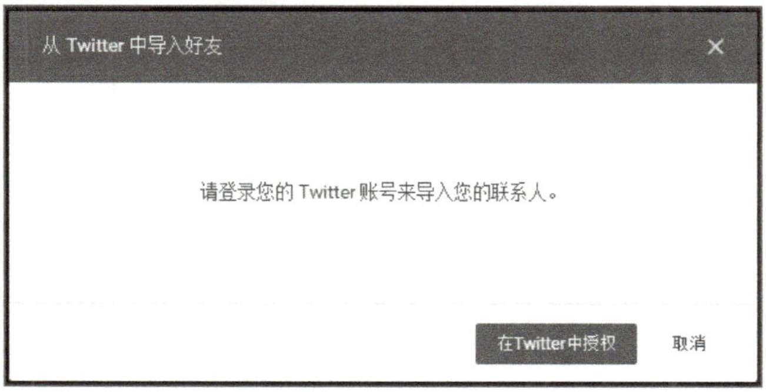

图 9-27

（3）完美个人档案资料

如图 9-28 所示，单击 VK 账号主页右上角的小头像及账号名称处，在下拉列表框中选择“编辑”，进入 VK 账号个人档案资料的编辑页面。

如图 9-29 所示，单击页面右侧的列表项，分别对基本信息、联系方式、兴趣爱好、教育经历、工作经历、兵役状况、生活态度进行完善。在填写 VK 账号个人档案资料时，应该尽可能地从 VK 账号的需求和贴近于俄语区的用户习惯出发，具有目的性。在账号注册初期，如果对整个俄语区的用户习惯的了解还有不足，则可以先如实填写，以后逐渐修正改善，但是个人联系方式一定要完整且准确。下面着重介绍联系方式页面的填写。

图 9-28

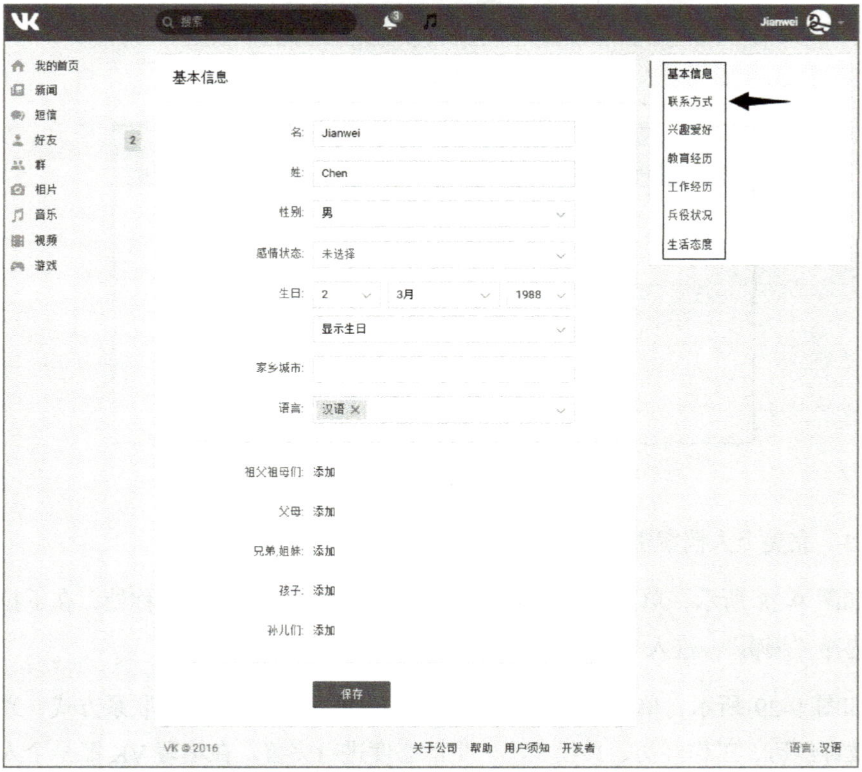

图 9-29

单击“联系方式”，进入联系方式填写页面，如图 9-30 所示。为了让 VK 上的好友能够快速、准确地进行沟通，在条件允许的情况下，需要准确填写 Skype 账号。在“个人网站”的输入框中建议填入速卖通店铺的链接地址。

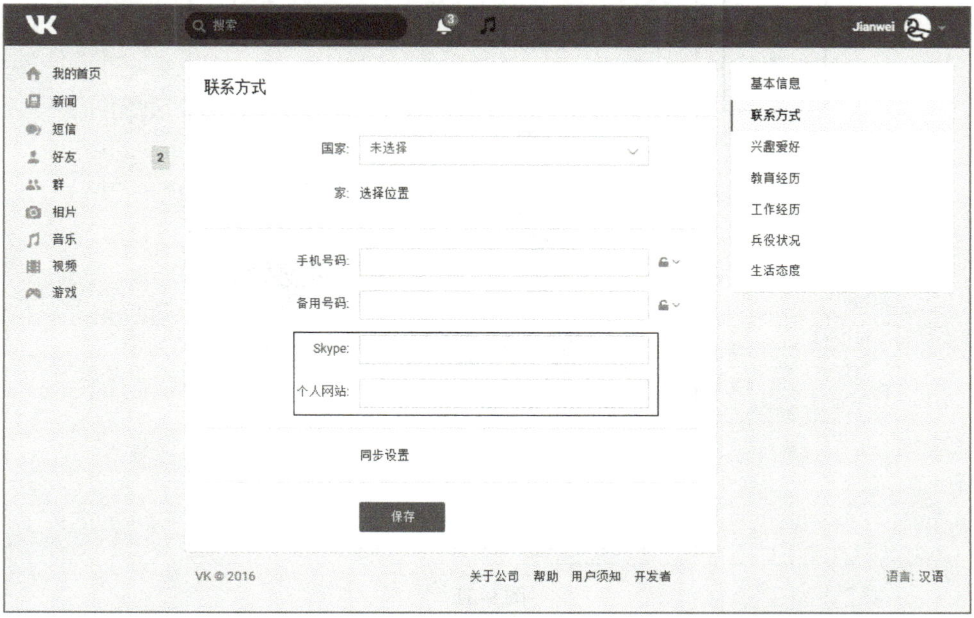

图 9-30

2．VK 首页介绍

用户每次登录 VK 时，首先进入的都是 VK 平台的展示页面，如图 9-31 所示。VK 平台展示页面主要分三个区域，在页面顶端是 VK 的功能键区，这里包含一个搜索框和搜索、游戏、帮助、邀请、音乐、退出六个功能按钮；在页面左侧是 VK 个人主页的功能管理栏，可以通过单击相应的功能项进入 VK 个人主页的各个模块；展示页面的主体是 VK 平台为 VK 用户推送的各类信息。

如图 9-32 所示，VK 用户可以通过自身的需求及爱好，在“新闻栏”中单击“+”号，选择 VK 平台推送的新闻分类，观阅所需的资讯。

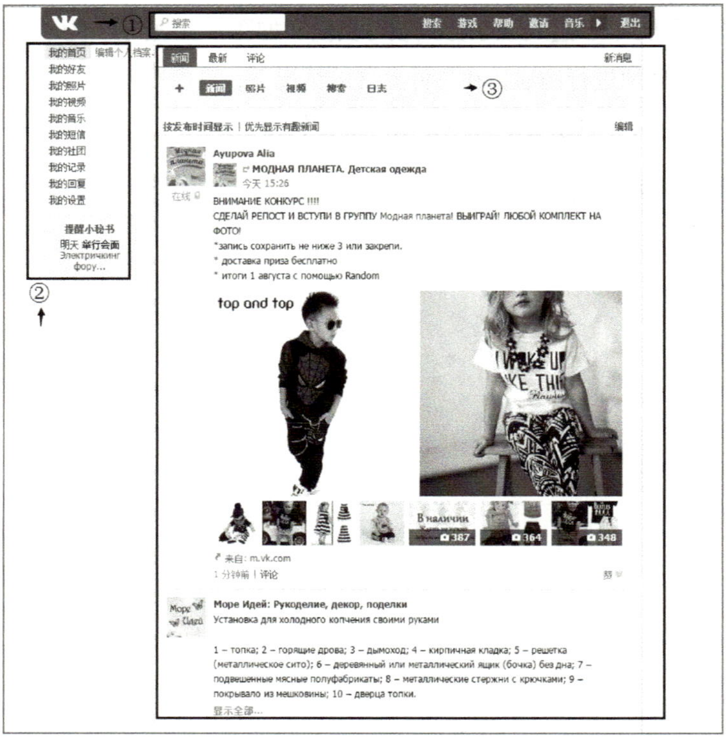

图 9-31

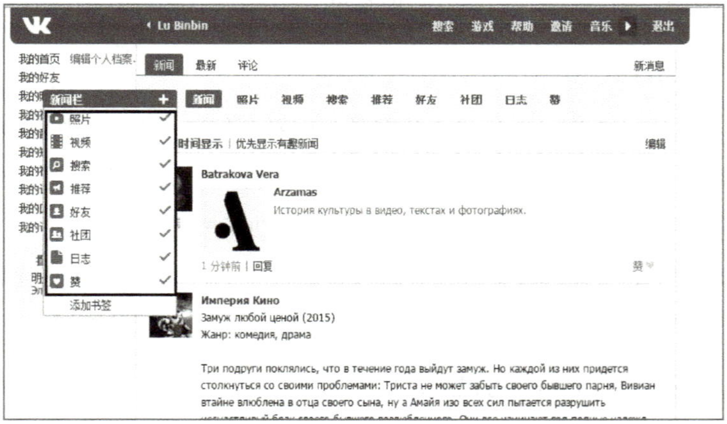

图 9-32

3. VK 个人主页介绍

如图 9-33 和图 9-34 所示是 VK 个人主页的整体布局。下面按照图中的标注分别进行说明。

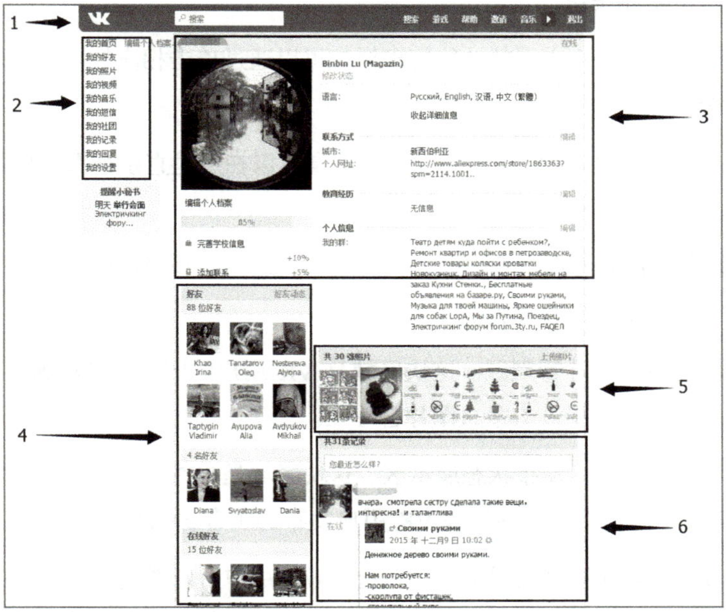

图 9-33

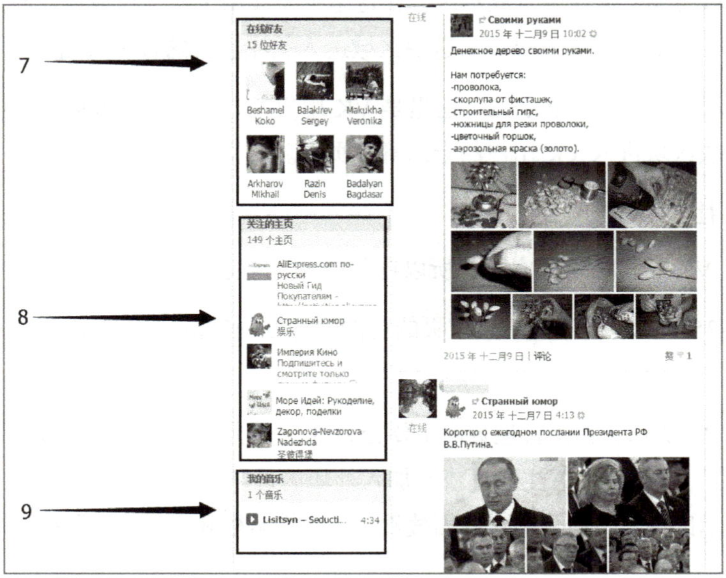

图 9-34

1 号区域是 VK 的功能键区。这里包含一个搜索框和搜索、游戏、帮助、邀请、音乐、退出六个功能按钮。

2 号区域是 VK 个人主页的功能管理栏。可以通过单击相应的功能项进入 VK 个人主页的各个模块。

3 号区域是 VK 个人信息展示区。VK 好友可以在这里直接查看 VK 用户愿意公布的部分个人信息。

4 号区域是 VK 好友动态管理区。VK 用户可以在这里看到部分好友的动态变化，也可以单击进入 VK 好友管理页面。

5 号区域是 VK 图片管理区。这块区域是 VK 用户的图片管理小窗，VK 用户可以通过单击这块区域直接进入个人图片管理区。

6 号区域是 VK 个人发布状态展示区。这块区域是 VK 个人主页的主体，在这里 VK 用户或者 VK 好友都可以阅读该 VK 用户发布的所有状态及各种信息。

7 号区域是 VK 在线好友展示区。在这里 VK 用户可以看到在线好友的数量，同时可以看到部分在线好友的信息，VK 用户可以直接单击好友头像联系好友。

8 号区域是 VK 关注主页展示区。在这里主要展示 VK 用户最近比较关注的公共或个人主页，同时也可以通过单击这块区域进入关注主页的管理页面。

9 号区域是 VK 音乐展示区。这里是 VK 用户个人的音乐播放区域，同时也可以通过单击这块区域进入 VK 用户的音乐管理页面。

4．VK 社团（群）介绍

社团是 VK 的核心功能之一，所以在此单独对 VK 的社团页面进行介绍。

如图 9-35 所示，在 VK 个人主页的功能管理栏中单击“我的社团”，进入社团管理页面。

如图 9-36 所示，社团管理页面主要分为 5 个部分，分别是社团搜索、社团搜索框、“创建群”按钮、已关注主页或已加入社团的近期活动信息、已关注主页或已加入社团的展示区域。下面分别对社团搜索、社团搜索框和“创建群”按钮部分进行介绍。

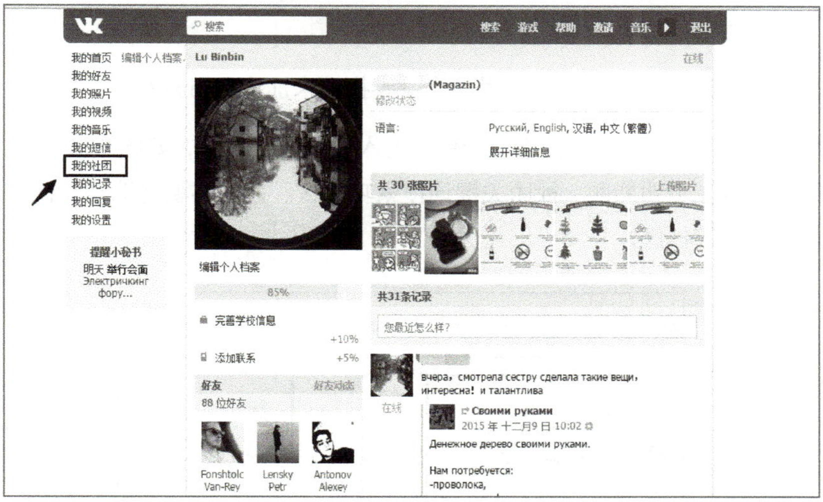
搜索
搜索 游戏 帮助 邀请 音乐 退出
我的首页 编辑个人档案
我的好友
我的照片
我的视频
我的音乐
我的短信
我的社团
我的记录
我的回复
我的设置
提醒小秘书
明天 举行会面
Электричкинг фору...
Lu Binbin
在线
(Magazin)
语言:
Русский, English, 汉语, 中文 (繁體)
展开详细信息
共 30 张照片
上传照片
编辑个人档案
85%
完善学校信息
+10%
添加联系
+5%
好友
好友动态
88 位好友
Fonshtolc Van-Rey
Lensky Petr
Antonov Alexey
共31条记录
您最近怎么样?
вчера, смотрела сестру сделала такие вещи, интересна! и талантлива
Своими руками
2015 年 十二月9 日 10:02
Денежное дерево своими руками.
Нам потребуется:
-проволока,

图 9-35

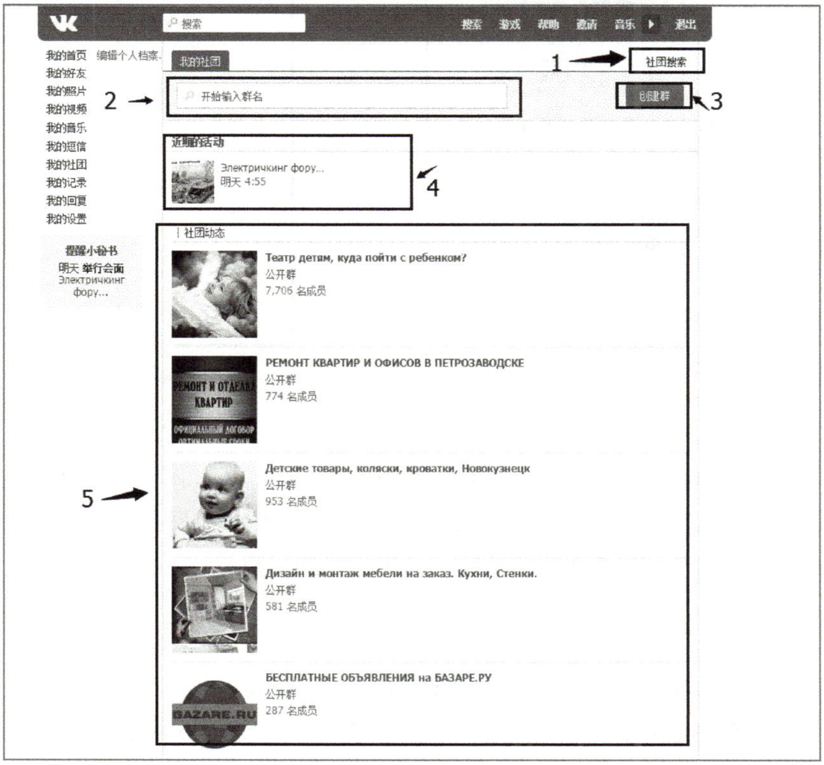
搜索
搜索 游戏 帮助 邀请 音乐 退出
我的首页 编辑个人档案
我的好友
我的照片
我的视频
我的音乐
我的短信
我的社团
我的记录
我的回复
我的设置
提醒小秘书
明天 举行会面
Электричкинг фору...
我的社团
1
社团搜索
2
开始输入群名
创建群
3
近期的活动
Электричкинг фору...
明天 4:55
4
社团动态
5
Театр детям, куда пойти с ребенком?
公开群
7,706 名成员
РЕМОНТ КВАРТИР И ОФИСОВ В ПЕТРОЗАВОДСКЕ
公开群
774 名成员
Детские товары, коляски, кроватки, Новокузнецк
公开群
953 名成员
Дизайн и монтаж мебели на заказ. Кухни, Стенки.
公开群
581 名成员
БЕСПЛАТНЫЕ ОБЪЯВЛЕНИЯ на БАЗАРЕ.РУ
公开群
287 名成员

图 9-36

（1）社团搜索

社团搜索功能主要是帮助 VK 用户快速寻找到未加入的目标社团。

VK 用户可以单击“社团搜索”按钮，进入社团搜索页面，如图 9-37 所示。社团搜索页面主要有 3 个功能区：社团关键词搜索功能区、社团类型选取功能区、搜索结果展示区和条件筛选区。

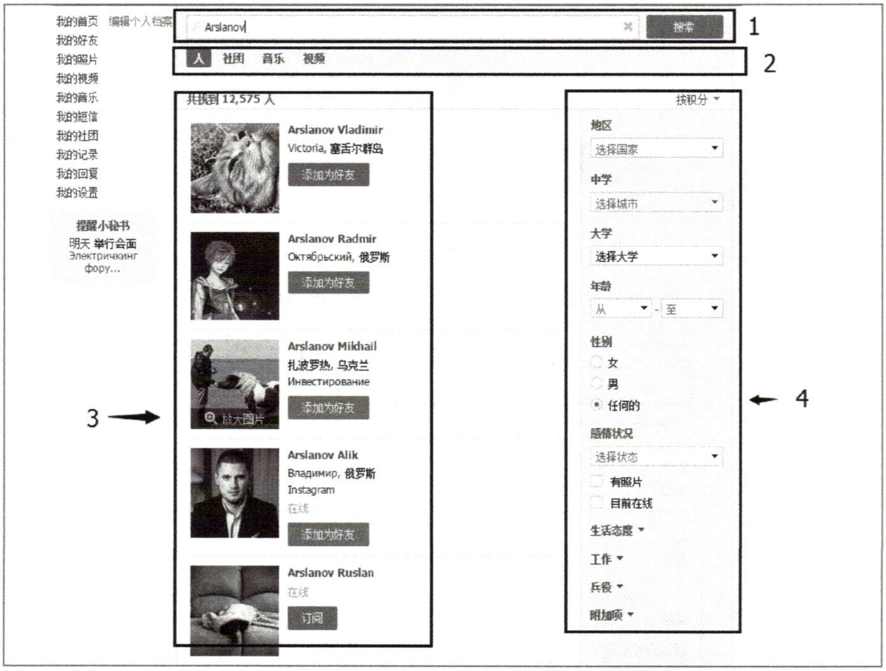

图 9-37

当 VK 用户锁定需要寻找的社团后，先在搜索框中输入社团的关键词，单击“搜索”按钮，然后通过社团类型选取功能区选择对应的社团类型，最后通过条件筛选区选择对应的社团条件，按需求进行排序，搜索出目标社团。

（2）社团搜索框

社团管理页面中的搜索框与社团搜索页面中的搜索框功能并不是一样的。社团搜索页面中的搜索框是为了帮助 VK 用户寻找未加入的目标社团；而社团管理页面中的搜索框功能是为了帮助 VK 用户快速寻找到已加入的社团。其使用方法也很简单，如图 9-38 所示，直接输入目标社团的关键词即可。

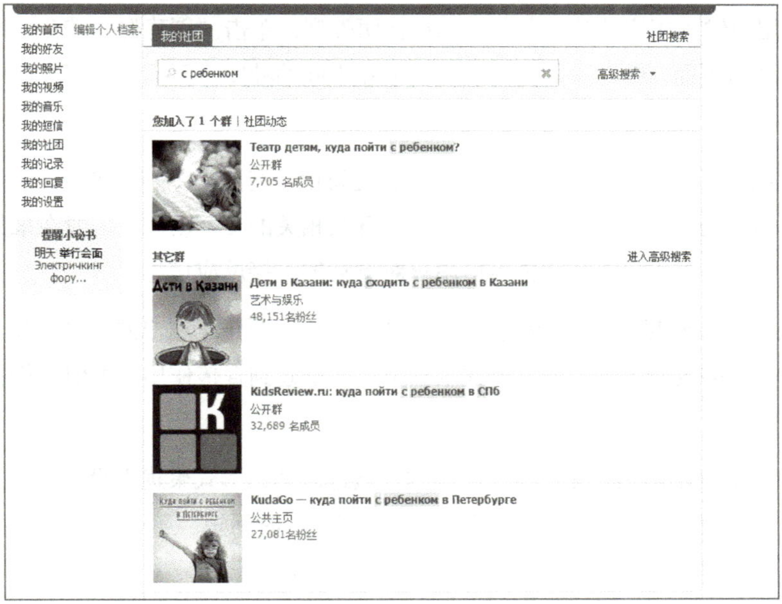

图 9-38

（3）“创建群”按钮

社团的创建群功能是社团的核心功能。创建群功能灵活多变，VK 用户可以通过创建不同的社团实现不同的目的，以满足 VK 用户的各种需求。单击“创建群”按钮，会出现一个“创建新群”窗口，如图 9-39 所示。

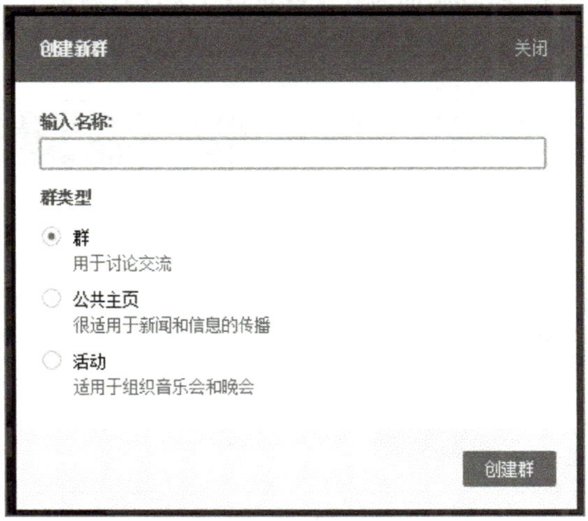

图 9-39

VK 用户输入相应的社团名称，选择社团类型，单击“创建群”按钮，即可进入社团信息填写页面。针对不同的需求需要创建不同的社团，而不同社团页面展示的信息是不一样的。

在社团中，群的主要作用是为群内好友之间相互交流提供一个平台，所以群的社团页面展示的是群内 VK 用户发表的一些信息及相关的交互动态。一般在采集信息时使用群，因为可以直接获得群内 VK 用户对事物的直接反应信息。

公共主页主要起到信息传播作用。公共主页相对弱化了用户的回馈信息，加大了对信息传播的幅度和强度，所以公共主页更多的是起到宣传作用，类似于舞台或者宣讲场所的作用。

活动的主要作用是在相对短的时间内，通过活动的形式聚拢大批 VK 好友，围绕一个核心主题进行高强度的互动。活动的即时性强、时间短、互动效果佳、主题明确，适合做高强度的短期推广，也适合吸引目标 VK 用户。

9.4 VK 推广

9.4.1 粉丝

在 VK 个人主页中，“好友”是指相互关注的人，当某个人申请加你为好友时，你可以根据你自己的判断将其添加为好友或者留在关注者名单中，如图 9-40 所示。你就可以在主页看到好友数和粉丝数，如图 9-41 所示。

图 9-40

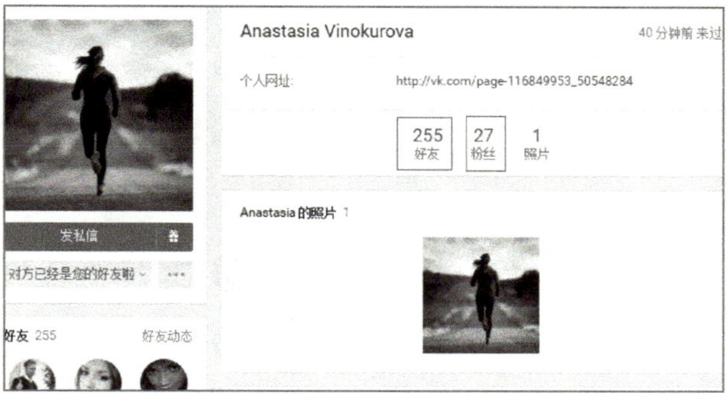

图 9-41

而这里说的粉丝是指社团的参加者，登录 VK 后，单击页面左侧的“社团”会显示你参加的社团，在社团名称下显示了粉丝数。如图 9-42 所示，AliExpress 有 2,348,664 名粉丝。

你的“粉丝”越多，表明你越有影响力，你发表的文章可能会被越多的人看到，你的产品会有更多的机会卖出去。

图 9-42

粉丝营销（Fans Marketing）是指企业利用优秀的产品或知名度拉拢庞大的消费者群体作为粉丝，利用粉丝相互传播的方式，达到营销目的的商业理念。作为营销账号，当然粉丝越多越好。

那么如何增加社团粉丝数呢？下面介绍几种基本方法。

（1）利用邀请好友功能。VK 社团自己有邀请好友功能，你可以邀请好友进入自己的社团，在社团头像下可以看到“您已加入该群”，单击后会看到“邀请好友”，这里的好友就是你个人主页的“好友”，如图 9-43 所示。然后单击“发出邀请”，等对方同意后，该好友就成为你的社团成员了，如图 9-44 所示。

图 9-43

图 9-44

（2）“挖墙脚”。可以在其他营销大号中找到目标人群，加好友，邀请入群。以 AliExpress 为例，在头像下方会显示粉丝数及粉丝头像，如图 9-45 所示。点击空白处会显示所有粉丝，如图 9-46 所示，然后就可以点击添加好友了。

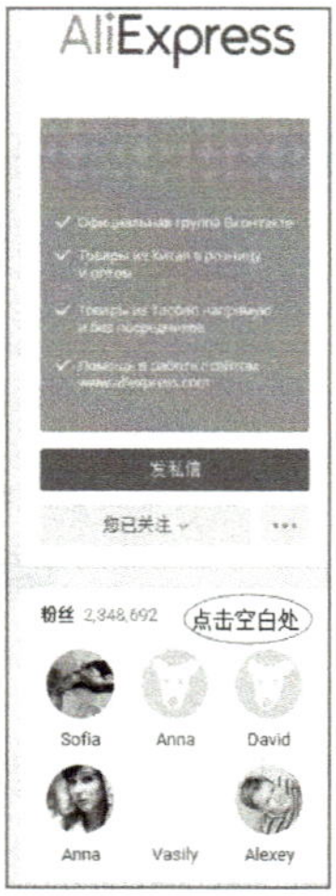

图 9-45

图 9-46

（3）店铺宣传。当客户在你的店铺购买后，你会发送留言或好评卡，那么在发送站内信及留言的同时附带上社团链接，宣传社团，邀请客户加入。如果这些客户加入的话，那就是实实在在的粉丝了，返回购买的几率可想而知。

客户是否会加入你的社团取决于店铺的服务、产品质量、留言内容、客户个人喜好等因素，不妨用一些折扣或者礼物等进行诱导。

（4）二维码。制作二维码放在店铺页面及客户可能接触到的地方。很多做得好的店铺都有社交网站的二维码，可以效仿一下。

9.4.2　红人

红人，是指在现实或者网络生活中因为某个事件或者某种行为而被网民关注从而走红的人。我们需要的是有人气的红人，能帮助我们增加粉丝、带来订单的红人。那么如何寻找红人，以及怎样合作呢？

1．主动型

（1）iTao 达人

当没有红人来找你时，你可以通过网站和一些渠道主动出击，寻找优质的红人进行合作。比如浏览 https://ru.itao.com/或者论坛人气高的博主，一般红人都会有 VK 账号，并且有自己的社团。

如图 9-47 所示是 iTao 达人的分享，如果不熟悉 iTao，不知道其实力如何，那么可以单击“Хиты месяца”，英语“Hit this month”的意思，就是将本月的达人分享按照热度，也就是点赞的多少来排序。单击达人的名字，会有其的简介，如图 9-48 所示，你可以通过各种联系方式，找到其 VK 账号进行联系，当然其他方式也是可以的。他们大多有自己的 VK 社团，可以加入他们的社团进行合作。

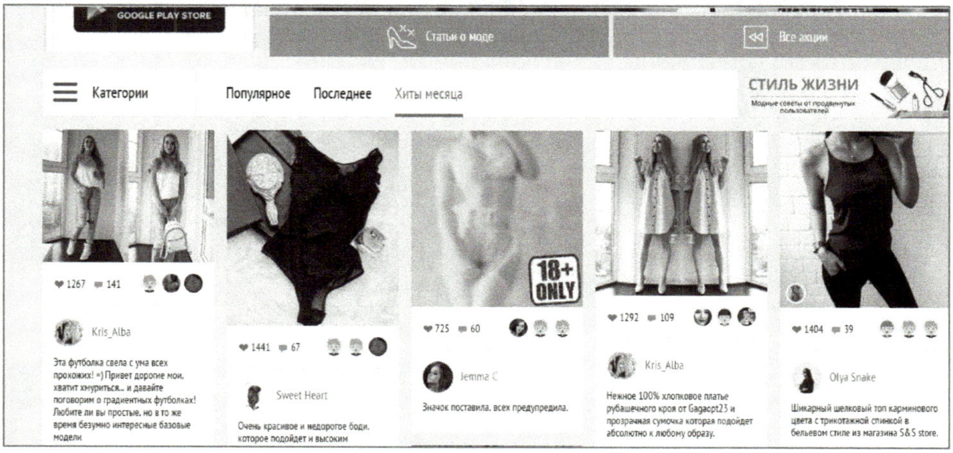
GOOGLE PLAY STORE
Статьи о моде
Все акции
Категории
Популярное
Последнее
Хиты месяца
СТИЛЬ ЖИЗНИ
Модные советы от продвинутых пользователей
1267
141
Kris_Alba
Эта футболка свела с ума всех прохожих! =) Привет дорогие мои. хватит хмуриться... и давайте поговорим о градиентных футболках! Любите ли вы простые, но в то же время безумно интересные базовые модели
1441
67
Sweet Heart
Очень красивое и недорогое боди, которое подойдет и высоким
18+ ONLY
725
60
Jemma C
Значок поставила. всех предупредила.
1292
109
Kris_Alba
Нежное 100% хлопковое платье рубашечного кроя от Gagaopt23 и прозрачная сумочка которая подойдет абсолютно к любому образу.
1404
39
Olya Snake
Шикарный шелковый топ карминового цвета с трикотажной спинкой в бельевом стиле из магазина S&S store.

图 9-47

图 9-48

（2）VK 大 V

就像中国新浪微博营销号一样，VK 也有大 V，那么怎么找到大 V 呢？如图 9-49 所示，单击 VK 页面右侧的“搜索”，输入你想到的话题，比如#тренч，这里建议最好用俄语单词。搜索结果如图 9-50 所示，你可以进入看看谁是这个社团的管理员，和其进行下一步的交谈。

图 9-49

主页
新闻
私信
好友
社团
照片
音乐
视频
游戏
文档
广告
Random.app
博客　开发者
关于公司　更多
#тренч
Стилист AliExpress
九月 1 日 22:10
Тренч - http://ali.pub/3nptc
COLROVE
赞 1035
46
回复
新闻
推荐
搜索
日志
最新
评论
有趣新闻优先
高级搜索

图 9-50

当然，如果有时间，你也可以随意浏览，找到最合心意的大 V 进行合作。上述方法是比较快速、有效的。

2．被动型

一般会有红人主动在 AliExpress 上发送站内信给我们请求合作，如图 9-51。此时我们处于被动地位，不知道此人的实力，不过一般这样的红人都会是新人或者人气不高，人气高的红人都是我们主动去找人家。但是我们也可以先要来该红人的链接看看，各方面了解一下，如果觉得不错，再引导加入社团，一是方便管理；二是方便联系。然后了解其风格、实力，进行筛选后按照自己的方式进行长期或短期合作。

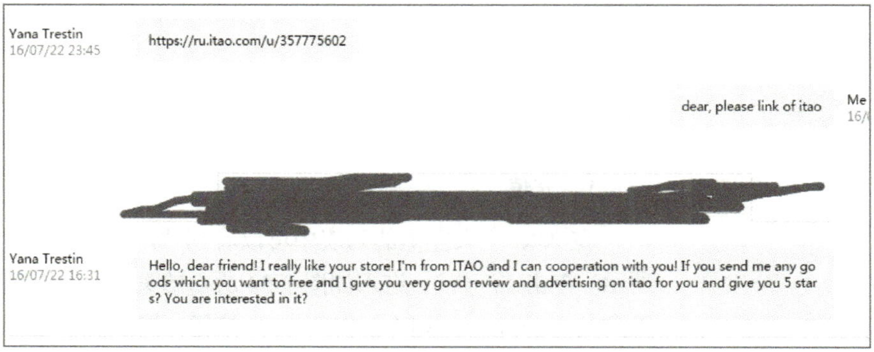
Yana Trestin
16/07/22 23:45
https://ru.itao.com/u/357775602
dear, please link of itao
Me
[redacted]
Yana Trestin
16/07/22 16:31
Hello, dear friend! I really like your store! I'm from ITAO and I can cooperation with you! If you send me any go
ods which you want to free and I give you very good review and advertising on itao for you and give you 5 star
s? You are interested in it?

图 9-51

3. 有效利用

当和某个红人相互深入了解、彼此信任后，可以以一定的条件请其成为社团的管理员。一般大型的社团都会有几个管理员，帮助打理社团，以及协助处理店铺其他事项，如图 9-52 所示，AliExpress 社团有 4 个管理员。

图 9-52

有多个管理员，一是可以节省自己的时间；二是他们更了解自己的文化习惯；三是多个人多个想法，可以使群更活跃。如果你觉得自己有精力、有能力，当然自己打理社团也不错。

9.4.3 广告

1. 充值

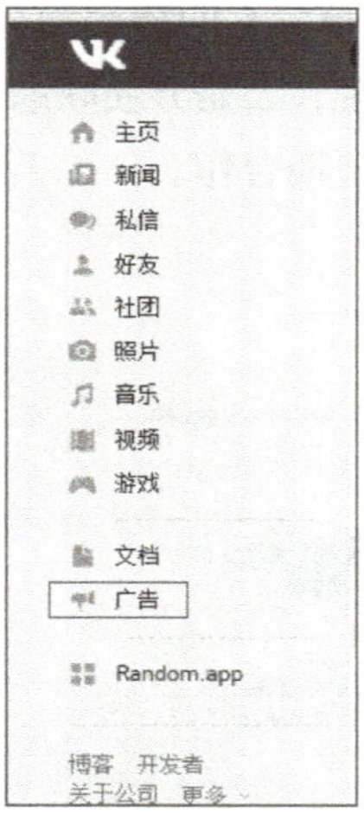

图 9-53

在 VK 主页左侧的列表中可以看到“广告”，如图 9-53 所示。单击“广告”，进入如图 9-54 所示的页面，可以单击右上角的“Create an Ad（创作广告）”按钮，按照需求进行付费广告推广。不过在推广前要充值，单击“add funds”进行充值。

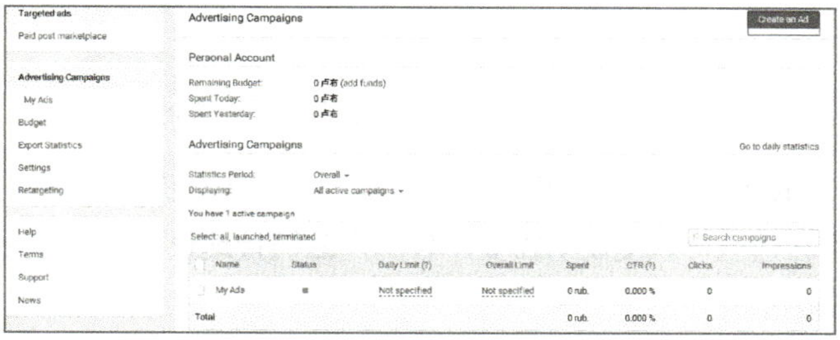
Targeted ads
Paid post marketplace
Advertising Campaigns
My Ads
Budget
Export Statistics
Settings
Retargeting
Help
Terms
Support
News
Advertising Campaigns
Create an Ad
Personal Account
Advertising Campaigns

图 9-54

如图 9-55 所示，选择适合自己的方式，一般选择通过支付工具进行支付，勾选同意选项。单击“Continue（继续）”按钮，到了付款页面，如图 9-56 所示。选择在线支付，然后根据个人所拥有的账户和提示进行选择。

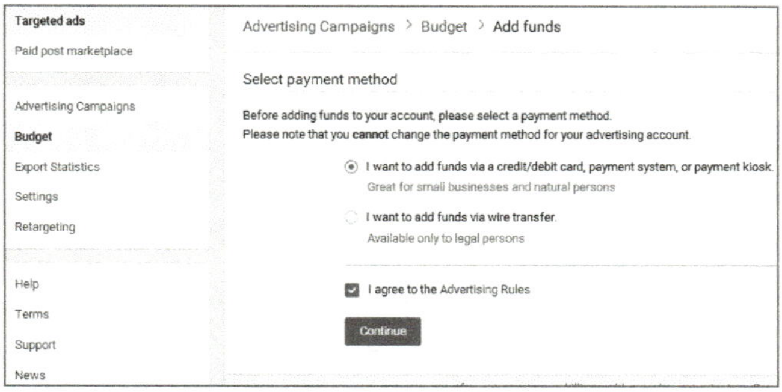
Targeted ads
Paid post marketplace
Advertising Campaigns
Budget
Export Statistics
Settings
Retargeting
Help
Terms
Support
News
Advertising Campaigns > Budget > Add funds
Select payment method
Before adding funds to your account, please select a payment method.
Please note that you cannot change the payment method for your advertising account.
I want to add funds via a credit/debit card, payment system, or payment kiosk.
Great for small businesses and natural persons
I want to add funds via wire transfer.
Available only to legal persons
I agree to the Advertising Rules
Continue

图 9-55

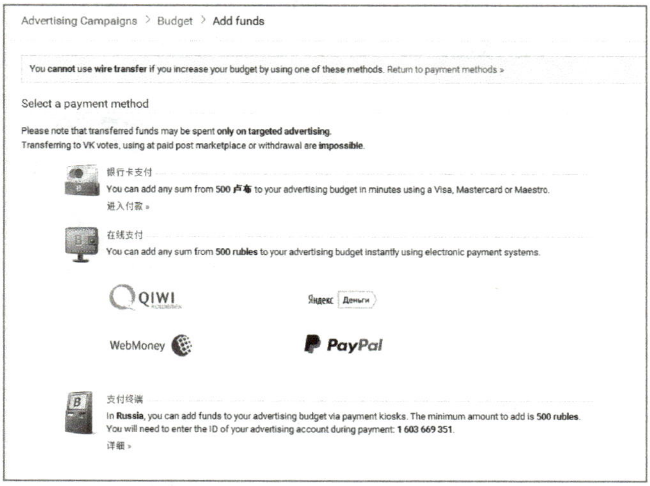
Advertising Campaigns > Budget > Add funds
You cannot use wire transfer if you increase your budget by using one of these methods. Return to payment methods »
Select a payment method
Please note that transferred funds may be spent only on targeted advertising.
Transferring to VK votes, using at paid post marketplace or withdrawal are impossible.
银行卡支付
You can add any sum from 500 卢布 to your advertising budget in minutes using a Visa, Mastercard or Maestro.
进入付款 »
在线支付
You can add any sum from 500 rubles to your advertising budget instantly using electronic payment systems.
QIWI
Яндекс Деньги
WebMoney
PayPal
支付终端
In Russia, you can add funds to your advertising budget via payment kiosks. The minimum amount to add is 500 rubles.
You will need to enter the ID of your advertising account during payment: 1 603 669 351.
详细 »

图 9-56

2．广告设置

有了资金的支持，那么怎么设置广告呢？具体步骤如下。

（1）单击“Create an Ad（创作广告）”按钮后，出现如图 9-57 所示的页面，选择网页链接地址，在这里可以复制所需要广告的产品链接地址，然后粘贴到空白栏。单击“Continue”按钮。

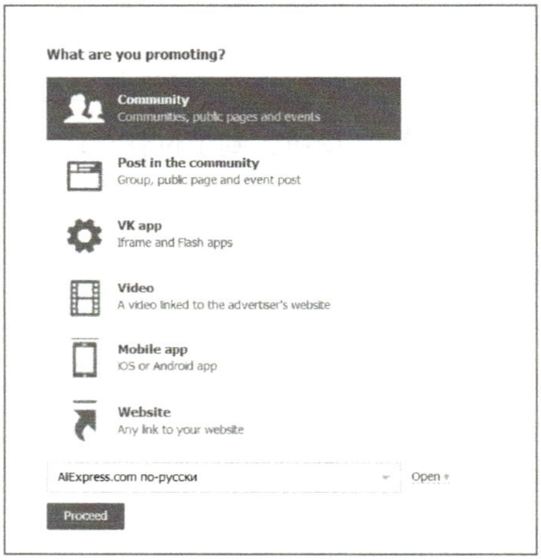

图 9-57

（2）填写广告产品图片的大小，一共有两种，即 130px×180px 和 180px×240px，根据自己的设计进行选择。上传后，如图 9-58 所示，你可以自己想一句广告词作为 Title，选择类目分类、年龄限制。图中箭头所指为必填项。

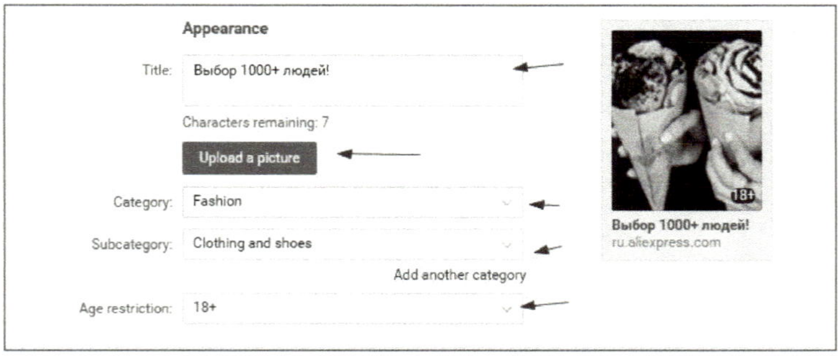

图 9-58

（3）选择投放地点及针对人群，如图 9-59 所示。在这里可以选择投放的国家或地区，一般选择“俄罗斯”，下面的城市和地区、性别、年龄等可以根据自己的目的进行选择，也可以不选。注意：越精确的广告付费越高。

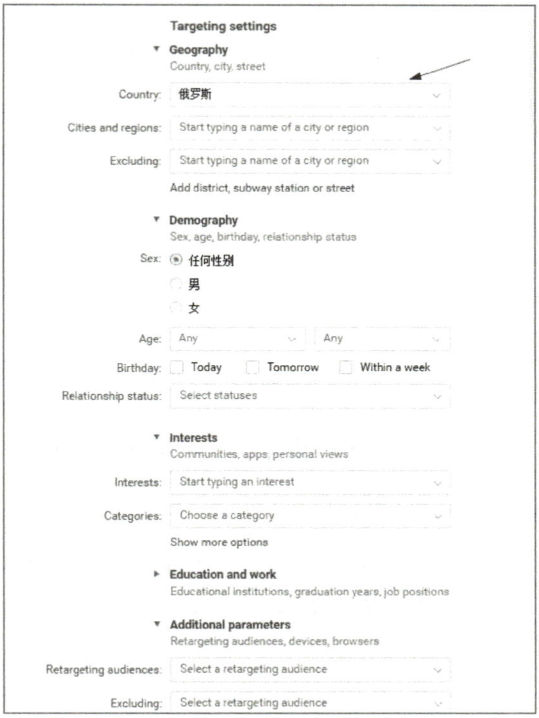

图 9-59

（4）选择付费模式，可以选择按照点击或者浏览付费，如图 9-60 所示。当然，按照点击付费价位会高些，收费按卢布收，一般一次点击 30 多卢布，人民币自行对照汇率换算。最后选择广告分组，单击“Finish”按钮。

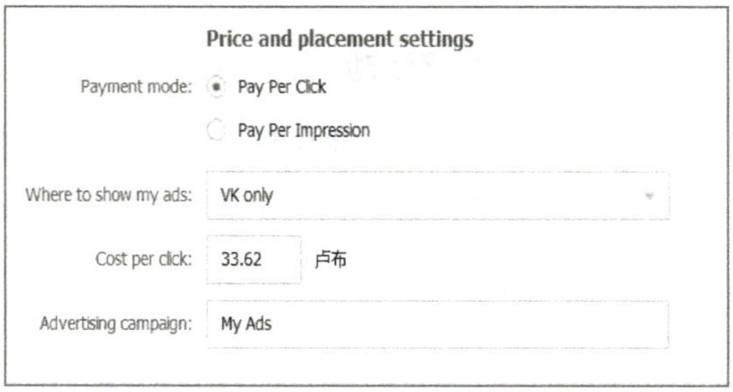

图 9-60

（5）设置花费上限，如图 9-61 所示。可以设置每个广告的花费上限，也可以设置一组广告的花费上限，根据自己的资金情况，还可以选择时间段暂停或者开始，一般下午时间流量会比较大。

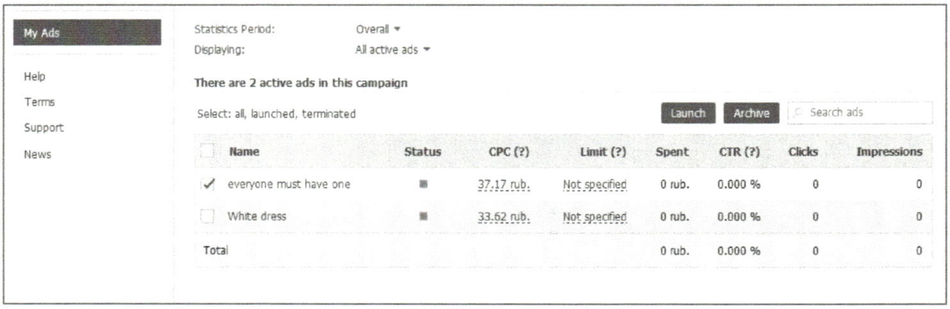

图 9-61

（6）广告效果展示，如图 9-62 所示。

图 9-62

3．免费广告

所谓免费广告，就是依靠有实力、有人气的社团或者红人帮助推广。但前提是经过该社团负责人或红人的同意，否则会有被拉黑的危险。

9.4.4 活动

建立了社团，有了一定的粉丝量，一定要维护好社团，更新状态，保持好活跃度，否则容易掉粉。吸引粉丝的自然是我们所举行的活动。

1．转发有奖活动

所谓转发有奖，就是我们拿出商品或者一定的金额作为奖品，设定一个活动，从转发者或者评论者中抽选出幸运者，免费赠送商品、现金、优惠券等。这类活动相对比较有吸引力，好处是一可以吸粉；二可以免费宣传；三可以让幸运者分享产品使用心得，一举多得。

活动次数、时间长度由产品价格，以及想要的效果决定，最好不要超过一周的等待时间。一定要注明是什么奖品，以及参加条件、获奖人数、开奖日期。如图 9-63 和图 9-64 所示是 AliExpress 的 VK 账号转发的 Mall 抽奖活动。

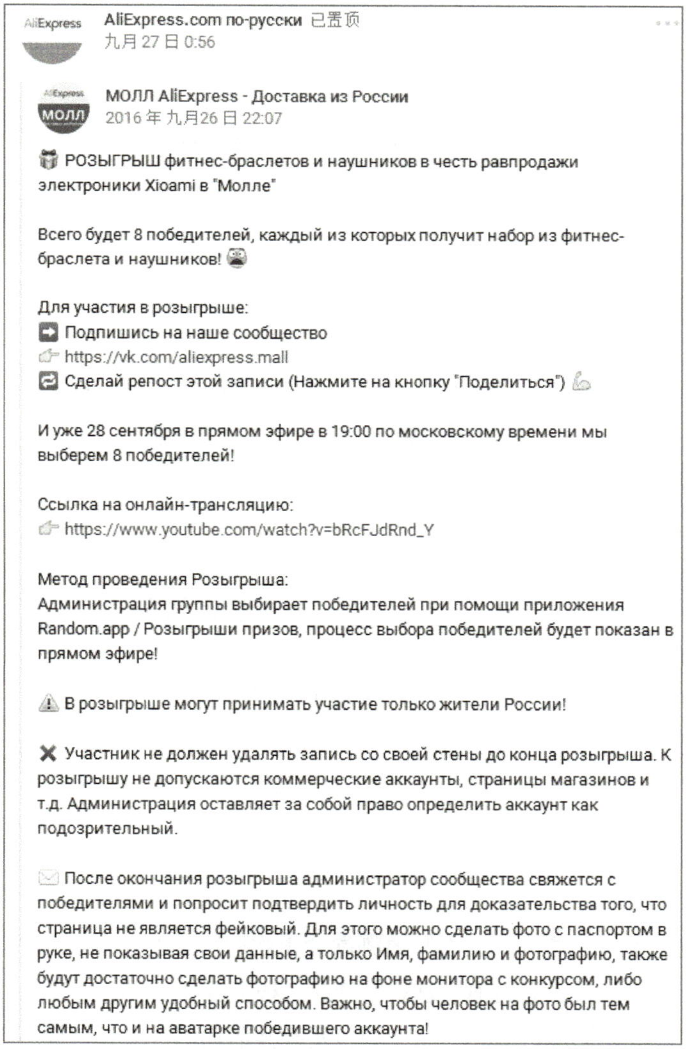
AliExpress.com по-русски 已置顶
九月 27 日 0:56
МОЛЛ AliExpress - Доставка из России
2016 年 九月26 日 22:07
РОЗЫГРЫШ фитнес-браслетов и наушников в честь равпродажи электроники Xioami в "Молле"
Всего будет 8 победителей, каждый из которых получит набор из фитнес-браслета и наушников!
Для участия в розыгрыше:
Подпишись на наше сообщество
https://vk.com/aliexpress.mall
Сделай репост этой записи (Нажмите на кнопку "Поделиться")
И уже 28 сентября в прямом эфире в 19:00 по московскому времени мы выберем 8 победителей!
Ссылка на онлайн-трансляцию:
https://www.youtube.com/watch?v=bRcFJdRnd_Y
Метод проведения Розыгрыша:
Администрация группы выбирает победителей при помощи приложения Random.app / Розыгрыши призов, процесс выбора победителей будет показан в прямом эфире!
В розыгрыше могут принимать участие только жители России!
Участник не должен удалять запись со своей стены до конца розыгрыша. К розыгрышу не допускаются коммерческие аккаунты, страницы магазинов и т.д. Администрация оставляет за собой право определить аккаунт как подозрительный.
После окончания розыгрыша администратор сообщества свяжется с победителями и попросит подтвердить личность для доказательства того, что страница не является фейковый. Для этого можно сделать фото с паспортом в руке, не показывая свои данные, а только Имя, фамилию и фотографию, также будут достаточно сделать фотографию на фоне монитора с конкурсом, либо любым другим удобный способом. Важно, чтобы человек на фото был тем самым, что и на аватарке победившего аккаунта!

图 9-63

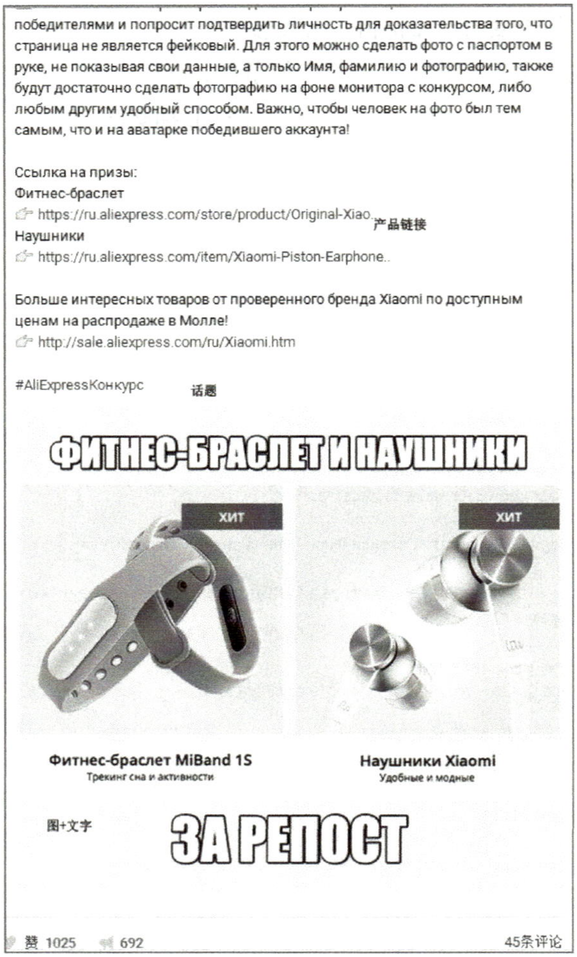
победителями и попросит подтвердить личность для доказательства того, что страница не является фейковый. Для этого можно сделать фото с паспортом в руке, не показывая свои данные, а только Имя, фамилию и фотографию, также будут достаточно сделать фотографию на фоне монитора с конкурсом, либо любым другим удобный способом. Важно, чтобы человек на фото был тем самым, что и на аватарке победившего аккаунта!
Ссылка на призы:
Фитнес-браслет
https://ru.aliexpress.com/store/product/Original-Xiao..
产品链接
Наушники
https://ru.aliexpress.com/item/Xiaomi-Piston-Earphone..
Больше интересных товаров от проверенного бренда Xiaomi по доступным ценам на распродаже в Молле!
http://sale.aliexpress.com/ru/Xiaomi.htm
#AliExpressКонкурс
话题
ФИТНЕС-БРАСЛЕТ И НАУШНИКИ
ХИТ
ХИТ
Фитнес-браслет MiBand 1S
Трекинг сна и активности
Наушники Xiaomi
Удобные и модные
图+文字
ЗА РЕПОСТ
赞 1025
692
45条评论

图 9-64

2. 调查报告

如果你刚上新了几款产品，不知道哪款会受欢迎，要主推哪款，那么可以制作一个调查表，让粉丝投票，选出他们喜欢的产品，根据投票比例，你就可以决定主推哪款产品了。并且可以把选票高的产品作为转发有奖活动的奖品，这样不仅提高了投票积极性，你的抽奖活动也会有更多的人参与。

例如图 9-65 和图 9-66 所示，粉丝自己弄的发型，让其他粉丝打分。如图 9-67 所示，你们最喜欢哪个搭配呢？

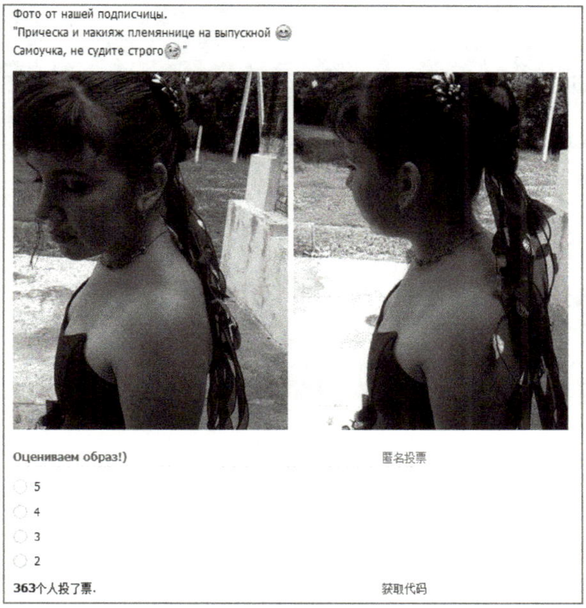
Фото от нашей подписчицы.
"Прическа и макияж племяннице на выпускной
Самоучка, не судите строго"
Оцениваем образ!)
匿名投票
5
4
3
2
363个人投了票.
获取代码

图 9-65

Фото от нашей подписчицы.
"Как вам такая прическа?"
Нравится вам такая прическа?)
匿名投票
Да
Нет
624个人投了票.
获取代码

图 9-66

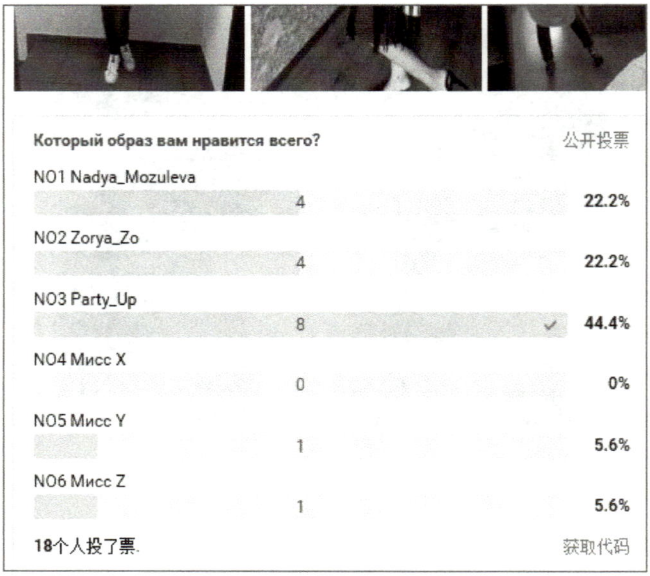

图 9-67

说了这么多，那么如何发表一篇投票的文章呢?

首先进入你的社团，在“添加一个记录”的下方有上传图片、添加视频/音乐图标和“更多”按钮，单击“更多”按钮，在下拉列表框中选择“投票”，如图 9-68 所示。

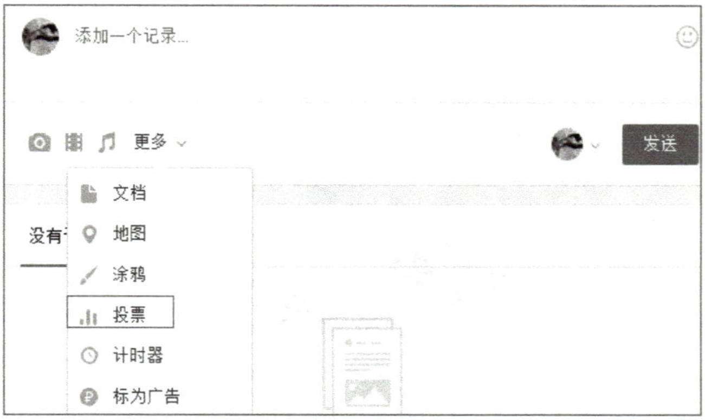

图 9-68

如图 9-69 所示，按照提示，你可以写一篇与话题相关的短文。在“调查主题”中输入你要问的问题，给出回复选项 1, 2, 3, 4 或者 A, B, C, D 等，选择是否匿名投票，最后不要忘了添加图片。如果要署名，那么在右下角可以选择署名。

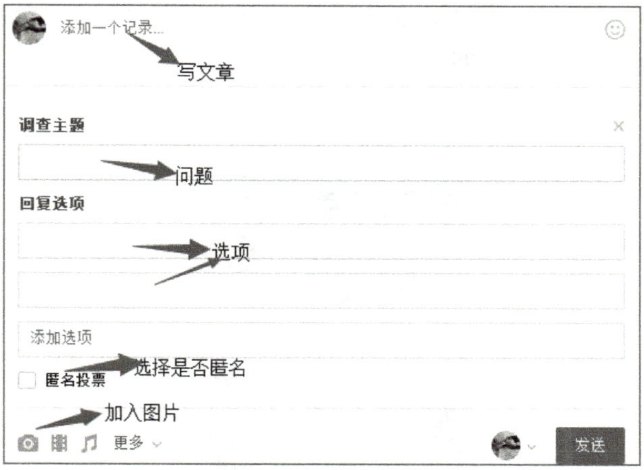

图 9-69

3. 讨论板

如果你所建立的社团有讨论板，如图 9-70 所示，那么可以以某个话题为主题，或者写个公告放在这里。有效利用讨论板可以增加社团的活跃度，提高可信度。在讨论板中可以与粉丝进行更多的互动，比如谁能帮我找到这个产品、产品分享、纠纷处理帮助等。帮助粉丝找产品、解答问题、好东西分享是比较热门的和有话题的主题。

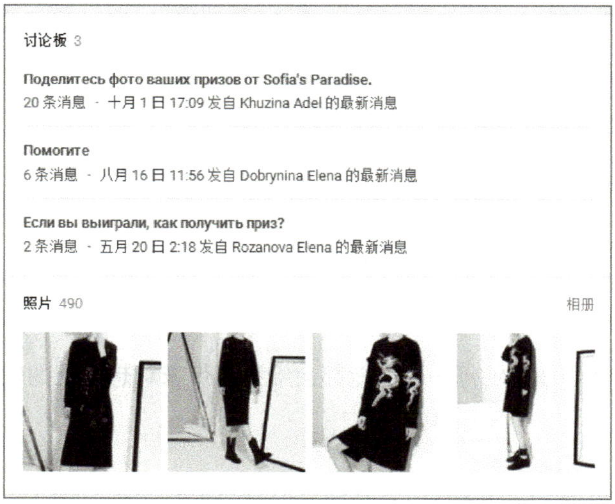

图 9-70

4．制作视频/音频

如果有能力、有精力，则可以制作视频/音频发布在社团中，让粉丝直观地看到产品性能，成为你的铁粉，如图 9-71 所示。

图 9-71

总之，好好利用 VK 的每一个功能都会给我们带来意想不到的效果。

9.4.5 文案

由于 VK 用户主要来自于俄语系国家或地区，我们针对的也是俄语系用户，所以编写文案用俄语比用其他语种要有很大的优势。另外，内容一定要清晰、易懂、有感染力。

有条件的可以自己编写文案，或者请俄语系友人作为管理员代替编写也是不错的选择。

示例一：如图 9-72 和图 9-73 所示为 AliExpress 的 Mall 的 VK 账号发布的一篇抽奖活动文章。该文章包含：① 标题；② 奖品；③ 获奖者人数；④ 参加条件；⑤ 开奖时间；⑥ 抽奖方式；⑦ 禁止项；⑧ 中奖后的事宜；⑨ 奖品的链接；⑩ 话题；⑪ 产品图。一般的抽奖活动文章必须具备 1~5 项。

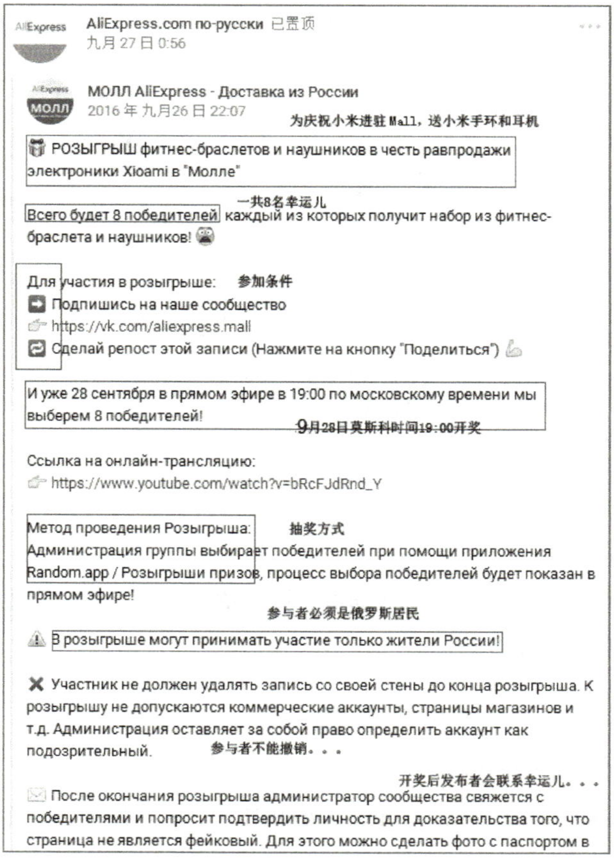
AliExpress
AliExpress.com по-русски 已置顶
九月 27 日 0:56
МОЛЛ
МОЛЛ AliExpress - Доставка из России
2016 年 九月26 日 22:07
为庆祝小米进驻 Mall，送小米手环和耳机
РОЗЫГРЫШ фитнес-браслетов и наушников в честь равпродажи электроники Xioami в "Молле"
一共8名幸运儿
Всего будет 8 победителей каждый из которых получит набор из фитнес-браслета и наушников!
Для участия в розыгрыше:
参加条件
Подпишись на наше сообщество
https://vk.com/aliexpress.mall
Сделай репост этой записи (Нажмите на кнопку "Поделиться")
И уже 28 сентября в прямом эфире в 19:00 по московскому времени мы выберем 8 победителей!
9月28日莫斯科时间19:00开奖
Ссылка на онлайн-трансляцию:
https://www.youtube.com/watch?v=bRcFJdRnd_Y
Метод проведения Розыгрыша:
抽奖方式
Администрация группы выбирает победителей при помощи приложения Random.app / Розыгрыши призов, процесс выбора победителей будет показан в прямом эфире!
参与者必须是俄罗斯居民
В розыгрыше могут принимать участие только жители России!
Участник не должен удалять запись со своей стены до конца розыгрыша. К розыгрышу не допускаются коммерческие аккаунты, страницы магазинов и т.д. Администрация оставляет за собой право определить аккаунт как подозрительный.
参与者不能撤销。。。
开奖后发布者会联系幸运儿。。。
После окончания розыгрыша администратор сообщества свяжется с победителями и попросит подтвердить личность для доказательства того, что страница не является фейковый. Для этого можно сделать фото с паспортом в

图 9-72

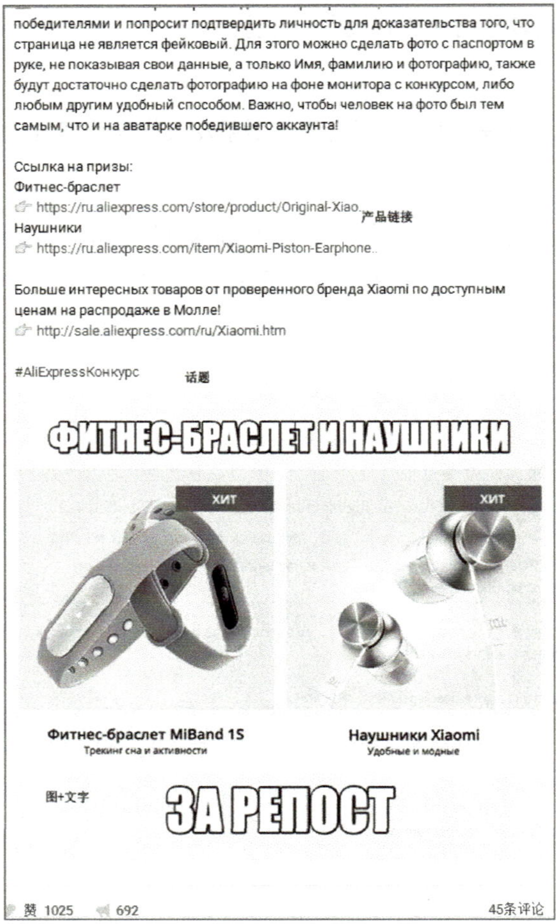
победителями и попросит подтвердить личность для доказательства того, что страница не является фейковый. Для этого можно сделать фото с паспортом в руке, не показывая свои данные, а только Имя, фамилию и фотографию, также будут достаточно сделать фотографию на фоне монитора с конкурсом, либо любым другим удобный способом. Важно, чтобы человек на фото был тем самым, что и на аватарке победившего аккаунта!
Ссылка на призы:
Фитнес-браслет
https://ru.aliexpress.com/store/product/Original-Xiao...
产品链接
Наушники
https://ru.aliexpress.com/item/Xiaomi-Piston-Earphone...
Больше интересных товаров от проверенного бренда Xiaomi по доступным ценам на распродаже в Молле!
http://sale.aliexpress.com/ru/Xiaomi.htm
#AliExpressКонкурс
话题
ФИТНЕС-БРАСЛЕТ И НАУШНИКИ
ХИТ
ХИТ
Фитнес-браслет MiBand 1S
Трекинг сна и активности
Наушники Xiaomi
Удобные и модные
图+文字
ЗА РЕПОСТ
赞 1025
692
45条评论

图 9-73

示例二：下面的文章摘自一个普通群，该文章具备 1~5 项，简短、易懂，并且利用表情和插图，使文章更受欢迎。

ОНЛАЙН-**** розыгрывает*****

http://ru.aliexpress.com/item/

Нступаетденьпобеды. С праздником!! Мывыбраем 5 победителейэтотраз.

***будетрезультат!!!

ДЛЯ УЧАСТИЯ :

1.ВСТУПИТЕ В ГРУППУ https://vk.com/club**

2. ДОБОВИТЕ В КОРЗИНУ РУБАШКА

3.ОСТАВЬТЕ КОММЕНТАРИЙ ПОД ЭТОЙ ЗАПИСЬЮ.

4.СДЕЛАЙТЕ РЕПОСТ ЭТОЙ ЗАПИСИ.

КОНКУРС ЗАВЕРШИТСЯ КОГДА ПОД

Такжераздадимкупоныкупонынашегомагазинатемлюдям, которыепорекомендуютнашугруппусвоимдрузьям

Удачи!

译文：

抽奖活动

某某网店某某产品正在进行抽奖。

产品链接

为迎接即将到来的胜利日，我们将选出5名幸运儿，结果在***公布。

参与条件：

1. 加入我们的社团 社团链接

2. 产品加购物车

3. 留下你的评论

4. 转发此文

如果你的转发……（此处可以给予额外奖励，例如参与奖）

如果你能介绍别人加入我们的社团，也可以获得我们店铺的优惠券。

祝好运！

总结：VK和微博、Facebook等的功能基本都是相同的原理，了解每个功能并加以利用，会形成具有自己风格的主页。在没有确定风格前可以先模仿有风格的社团，取长补短，逐渐改善，最终玩转VK，让社交网络给自己带来意想不到的营销效果。

第 10 章

行业论坛

10.1 国外行业论坛概论

我们所熟知的 Facebook、Youtube、Pinterest、Twitter、Instagram 这些社区，是目前主流的社交社区，还有行业论坛和博客等各种比较小的社区，这些社区也是需要我们关注的。这些社区主要以分享有价值的内容来驱动人与人之间的交流，吸引行业的佼佼者进入社区，从而让社区在某方面内容上形成一定的“专业度”，并且进一步让有需求、有兴趣或者乐于分享这方面内容的人向该社区聚拢。最终，这些社区形成我们所见到的各个行业论坛和博客。

本章将介绍英语系、俄语系、西班牙语系以及法语系国家重要的行业论坛和博客。还将围绕 iTao 网站介绍如何通过 iTao 给速卖通店铺引流，以及简单的引流案例分享。

10.2　英语系国家行业论坛介绍

除大家所熟知的英语系社交平台以外，英语系论坛也是很多人交流的小社区。英语系论坛几乎涵盖了人们生活的各个方面，几乎每一个人都可以找到自己感兴趣或者需要了解的专题性论坛。而各类网站、综合性门户网站或者功能性专题网站也都青睐于开设自己的论坛，以促进网友之间的交流，增加互动性和丰富网站的内容。本节将介绍一些比较活跃的英语系论坛和博客。

10.2.1　活跃的英语系论坛介绍

在线摄影交流社区（http://photo.net）Photo.net：一个基于互联网的摄影交流社区网站，成立于 1993 年，拥有超过 80 万的注册用户，每天有大量的会员在线分享与交流有关摄影方面的知识和资源，如图 10-1 所示。

图 10-1

生活内容分享社区（http://www.theneeds.com）TheNeeds：一个分享生活中的常用资源的社区，凡是与生活息息相关的资源都可以在这里找到，例如读书、视频、音乐、旅游、学习、购物、吃喝玩乐等。

TheNeeds 社区类似于国内的人人网、国外的 Facebook，但是与它们不同的是，TheNeeds 注重分享生活中的兴趣爱好，如图 10-2 所示。

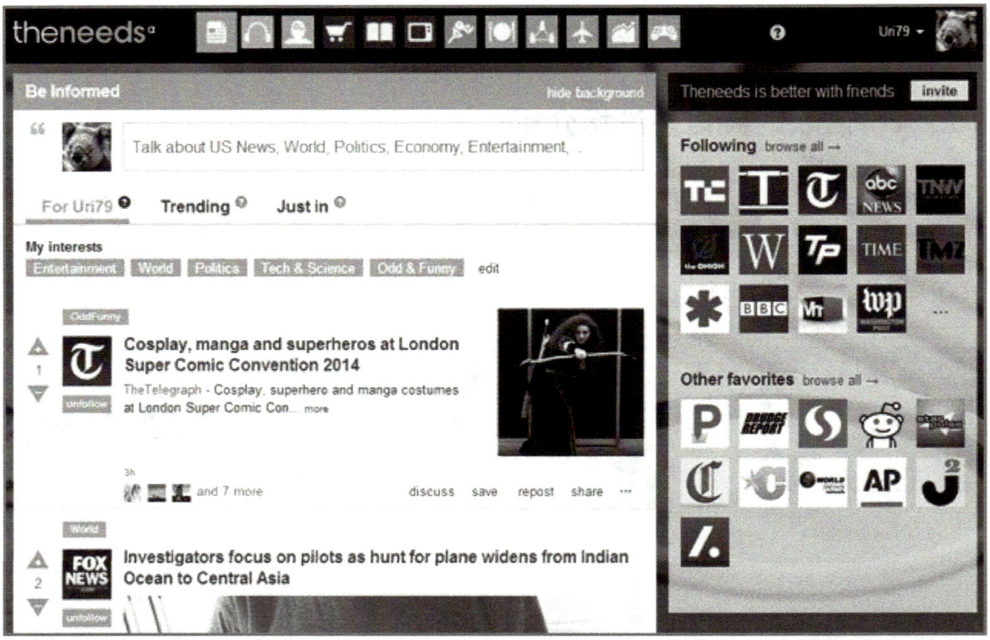

图 10-2

互联网新闻评论平台：一个基于互联网科技新闻的博客评论平台，月访问量达到 700 万，是访问量最多的博客之一，如图 10-3 所示。MaShable 博客网站由 Pete Cashmore 创办，MaShable 撰写有关 YouTube、Facebook、Google、Twitter、苹果等的新闻，同时也报道一些其他社会全媒体的消息。截至 2017 年年底，MaShable 已有超过 940 万的 Twitter Follower，超过 621 万的 Facebook 粉丝，超过 100 万的 RSS 订阅数。

霍华德论坛（http://www.howardforums.com）：手机通信论坛，谈论各种牌子、款式的手机话题，包括技术参数、使用感觉、个人喜好等，如图 10-4 所示。

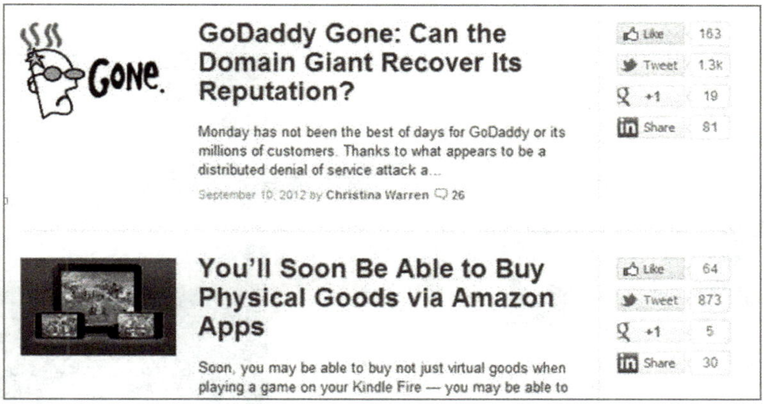
GONE.
GoDaddy Gone: Can the Domain Giant Recover Its Reputation?
Monday has not been the best of days for GoDaddy or its millions of customers. Thanks to what appears to be a distributed denial of service attack a...
September 10, 2012 by Christina Warren 26
Like 163
Tweet 1.3k
+1 19
Share 81
You'll Soon Be Able to Buy Physical Goods via Amazon Apps
Soon, you may be able to buy not just virtual goods when playing a game on your Kindle Fire — you may be able to
Like 64
Tweet 873
+1 5
Share 30

图 10-3

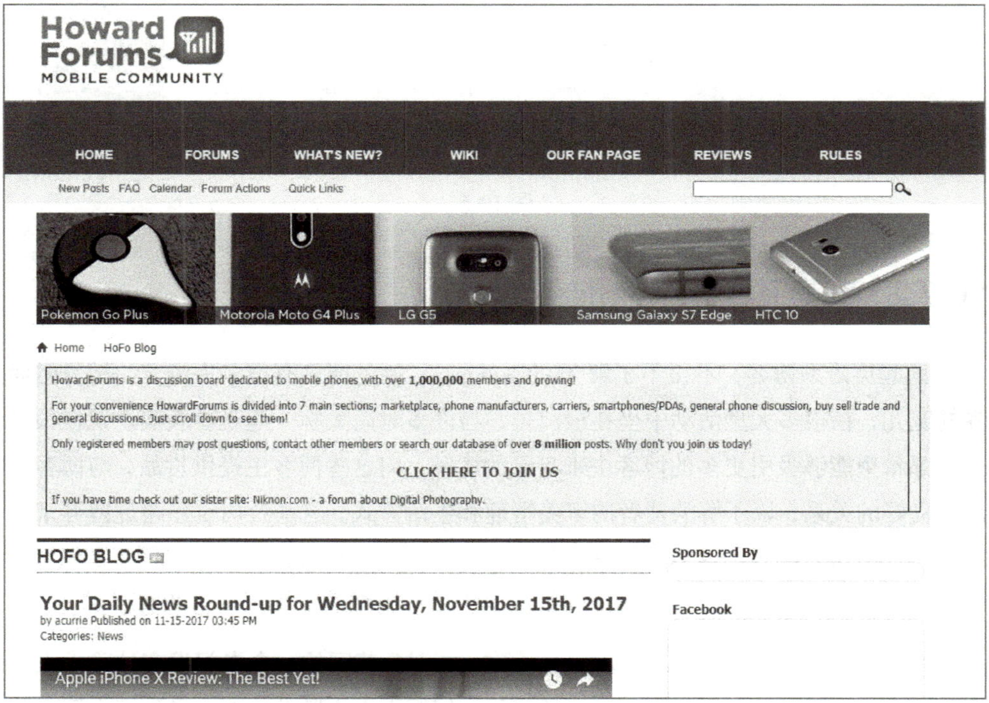
Howard Forums
MOBILE COMMUNITY
HOME
FORUMS
WHAT'S NEW?
WIKI
OUR FAN PAGE
REVIEWS
RULES
New Posts FAQ Calendar Forum Actions Quick Links
Pokemon Go Plus
Motorola Moto G4 Plus
LG G5
Samsung Galaxy S7 Edge
HTC 10
Home HoFo Blog
HowardForums is a discussion board dedicated to mobile phones with over 1,000,000 members and growing!
For your convenience HowardForums is divided into 7 main sections; marketplace, phone manufacturers, carriers, smartphones/PDAs, general phone discussion, buy sell trade and general discussions. Just scroll down to see them!
Only registered members may post questions, contact other members or search our database of over 8 million posts. Why don't you join us today!
CLICK HERE TO JOIN US
If you have time check out our sister site: Niknon.com - a forum about Digital Photography.
HOFO BLOG
Your Daily News Round-up for Wednesday, November 15th, 2017
by acurrie Published on 11-15-2017 03:45 PM
Categories: News
Apple iPhone X Review: The Best Yet!
Sponsored By
Facebook

图 10-4

盖亚在线论坛（http://www.gaiaonline.com）：一个谈论各种网络热门新闻话题的综合论坛，据说每天都有上万名会员、访客活跃在各板块中，如图 10-5 所示。

gaia
ONLINE
Join Gaia to customize a free avatar, decorate a virtual home, play games like zOMG! with friends, join forums, create a cute aquarium and much more.
Joining is free and only takes a minute!
Join Now
Dress Up
Create your own style with thousands of avatar items, from clothes and accessories to hairstyles, pets, weapons and anything else you can imagine.
Create Your Avatar
Forums
Join millions of members and make new friends in our huge forum community. Discuss whatever you're into: games, comics, anime, sci-fi and fantasy, politics, fashion or life in general.
Visit the Forums
Games
Battle your friends or play solo with our free minigames, including zOMG!, fishing, pinball, jigsaws, word puzzles, racing games and much more.
Play Games

图 10-5

10.2.2 英语系重要博客介绍

谈起英语系博客，不得不了解 TaviGevinson，她的博客有很多人浏览，她是时尚界的宠儿，在很多大型活动中坐在最前排，与许多时尚大腕一起观看表演。现在很多公司都希望能够吸引更多的博客主来自己的店铺，向这些博客主提供货品，与博客主形成良好的关系，以了解消费者的审美情趣和生活方式。这些公司也想通过博客来推广自己的产品。博客和网络社区是容易表达真实想法的地方，这里也有创意和激情，对于时尚品牌而言，能够在这里得到很多想法。下面来认识一些有名的博客主。

小人国故事（http://little-people.blogspot.com/）：英国的一个专门发布袖珍小人模型的博客，它通过小人组成不同的场景照片，编织引人入胜的故事，受到广大读者的热捧，如图 10-6 和图 10-7 所示。该博客的作者是 Slinkachu，居住在英国伦敦。

图 10-6

图 10-7

Alexa Chung（instagram.com/chungalexa）：Alexa 在 Instagram 上是独一无二的，她的穿着、她和闺蜜从纽约到伦敦令人羡慕的旅程，以及她所发现的第一手时尚元素都成为万千粉丝关注她的原因，如图 10-8 所示。

图 10-8

Charlotte Tilbury（instagram.com/ctilburymakeup）：Tibury 引领的是介于伦敦和伊维萨之间的生活体验。她自己的美妆，以及她的超模朋友的各种最新最炫的美妆风格也极受大家追捧，如图 10-9 所示。

图 10-9

Coco Rocha（instagram.com/cocorocha）：Rocha 是一个模特，她给大家带来的并不是日常生活的分享，更多的是让大家看到模特在人人羡慕的镁光灯后的后台生活，如图 10-10 所示。

图 10-10

Derek Blasberg（instagram.com/derekblasberg）：Derek 拥有众多明星，他和明星朋友们的有趣合影也受到很多人的关注，如图 10-11 所示。

图 10-11

Francesca Burns（instagram.com/franburns）：作为 *VOGUE* 的时尚编辑，她的相册充满了时尚、活泼、灵动的色彩。她是猫咪的狂热爱好者，如图 10-12 所示。

图 10-12

aranceDor é（instagram.com/garancedor）：Dor é 可以说是一位非常有影响力的博客主，她所带来的是巴黎街头的风格。她的御用摄影师也非常厉害，这位法国 Lady 所站之处一定是一道亮丽的风景线，如图 10-13 所示。

图 10-13

Gisele B ü ndchen（instagram.com/giseleofficial）：B ü ndchen 是一位来自于巴西的超模，拥有 150 多万粉丝，在她的相册中大多是和生活家庭以及宠物相关的照片。她受欢迎的原因是生活真实并且和粉丝零距离，如图 10-14 所示。

图 10-14

Henry Holland（instagram.com/henryholland）：Holland 是一位具有英式嬉皮风格的设计师，他的设计色彩丰富并且生动有趣，如图 10-15 所示。

图 10-15

Katie Grand（instagram.com/kegrand）：Grand 是 *LOVE* 杂志的首席主编，她经常会贴一些自己和时尚圈朋友如 Cara Delevingne 和 Marc Jacobs 的照片。她和她的长耳兔的照片也非常抢镜，如图 10-16 所示。

图 10-16

Miroslava Duma（instagram.com/miraduma）：Duma 拥有多重身份，她来自于俄罗斯，是时尚杂志 *Buro 24/7* 的编辑，也是俄罗斯时尚商场 TSUM 的品牌总监。她的穿着打扮也备受好评，如图 10-17 所示。

图 10-17

10.3　俄语系国家行业论坛介绍

要想在俄语系国家的网络上做营销，首先要知道哪些国家讲俄语。在当今世界讲俄语的国家主要有 15 个，分别是俄罗斯、白俄罗斯、乌克兰、吉尔吉斯斯坦、哈萨克斯坦、乌兹别克斯坦、爱沙尼亚、格鲁吉亚、立陶宛、拉脱维亚、阿塞拜疆、土库曼、塔吉克斯坦、摩尔达、亚美尼亚。这些国家的母语都是俄语，因此在做营销时应该入乡随俗，最好不要用俄语以外的其他语言。有很多人不禁会问，不懂俄语怎么办？在俄语系国家应该如何做营销呢？

本节就为大家介绍在俄语系国家可以做营销的行业论坛和常用博客。由于大多数人不懂俄语，如果没有国外懂得网络营销的朋友或者亲戚推荐，要想找到适合做营销的论坛是比较困难的。因此，本节还会教大家如何寻找相关论坛和博客。

10.3.1　活跃的俄语系行业论坛介绍

俄语系国家和我们中国一样，除了有主流的社交社区，还有很多活跃的行业论坛。

下面介绍俄语系国家一些比较好的论坛。

Tochek（http://www.tochek.net/）：一个综合论坛，主要讨论哲学、新闻、电影、音乐、计算机、互联网、汽车、软件、图形、编程等。通过观察发现在这个论坛上做广告营销的人比较少，聚集在这里的俄罗斯人主要讨论一些生活上的信息，组织简单的论坛活动，如图 10-18 和图 10-19 所示。

图 10-18

图 10-19

通过了解 Tochek 论坛可以发现，这个论坛的社交方式是纯粹的内容分享和交流。所以，这个论坛不适合明目张胆地做营销。但是也正因为纯粹，才可以让彼此认识得更加深入。这个论坛比较适合积累人脉，然后将这些朋友引流到主流社交账号（比如 VKontakte），在自己的社交账号中做营销。这种方法的弊病是需要投入很多精力，产出效果不好。

Megaobzor（http://forum.megaobzor.com/）：一个流量比较大的论坛。该论坛的主要交流板块有技术、娱乐、生活、交流。虽然该论坛是 www.megaobzor.com 的二级域名，但是主站的流量还是不错的。同时，Megaobzor 在站外做营销，这极大地提升了网站的流量，如图 10-20 和图 10-21 所示。

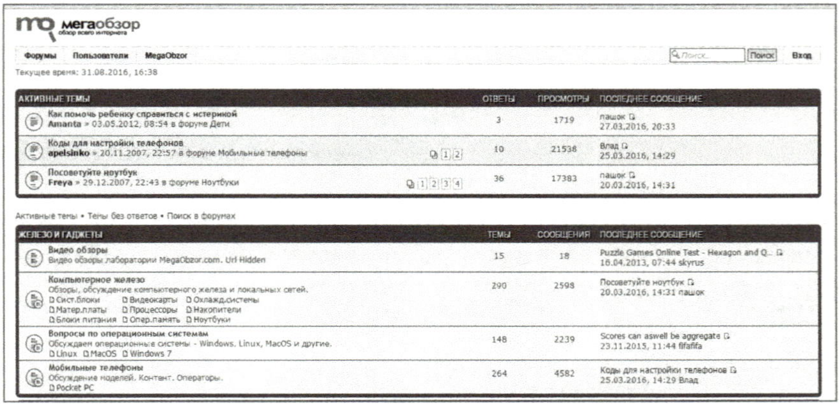

图 10-20

Главная Mega Obzor
Технологии Общество Вмире ИнтернетМегаОбзор МегаОбзор 2006-2016 © MegaObzor...
www.megaobzor.com/ - 百度快照 - 评价

MegaObzor.com | VK
Mega Obzor - информационныйпроектсозданный 14 февраля 2006 года. Обзорыитестиров...
vk.com/megaobzor - 百度快照 - 86%好评

MegaObzor.com (@MegaObzor) | Twitter
查看此网页的中文翻译，请点击 翻译此页
The latest Tweets from MegaObzor.com (@MegaObzor). Ежедневныеобзорыианализыкомпьютерногожелеза...
twitter.com/MegaObzor/ - 百度快照 - 89%好评

Megaobzor_百度百科
《Megaobzor》是一款Android平台的应用。这里将给你最全面的信息，新的世界，电影，汽车，科学，以及一切与他们的应用。最相关的设备，最新的汽车，新玩家以及更多的概述。在这里，你可以放大浏览时，添加到您的收藏夹通过社交网络，SMS，M...
应用介绍　支持版本
baike.baidu.com/ -

MegaObzor.com - Google+
MegaObzor.com未在此页面上与你分享任何内容。
plus.google.com/111672... - 百度快照 - 评价

www.megaobzor.com 301 Moved Permanently
2016年4月28日 - 访问网址:http://www.megaobzor.com 关键词: 网站介绍: Seo信息: 百度权重: PR值: 搜狗评级: 世界排名:三月平均:76,765 Aleax数据预估流量: lP≈...
www.70dir.com/seo/repo... - 百度快照 - 评价

MegaObzor.com videos - Free Download Mp3
Video uploaded by : MegaObzor.com Video release date : Jun 4th, 2014 Video views : 83,915 Video likes : 275 Video dislikes : 34...
mvlse.org/MegaObzor-co... - 百度快照 - 评价 - 翻译此页

图 10-21

Megaobzor 在 VK、Twitter、Google+上都有自己的营销账号。虽然 Megaobzor 的流量不错，但是在 Megaobzor 论坛做营销也需要投入很多精力。

Megaobzor 主站是做数码电子产品的，因此，做数码电子产品的商家可以试着联系网站站长寻求合作，如图 10-22 所示。

Volchat（http://www.volchat.ru/forum/）：一个综合论坛，涵盖了各个方面的话题内容，如成人论坛、男女关系、社会、经济、娱乐、文化、兴趣爱好、网络、电脑、汽车、家庭、数码等，而且还分为三个地区性论坛：伏尔加格勒、莫斯科和圣彼得堡论坛，如图 10-23 和图 10-24 所示。

图 10-22

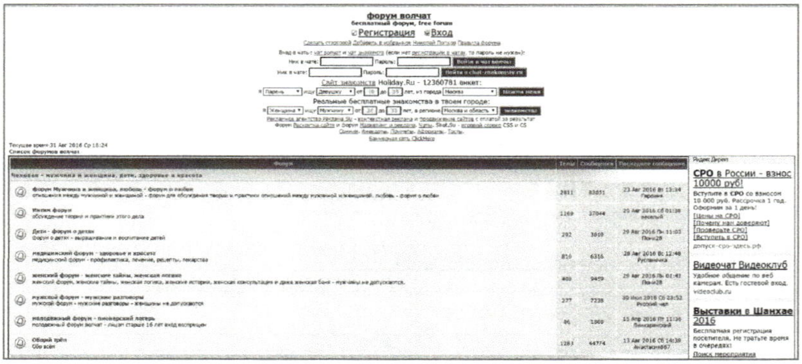

图 10-23

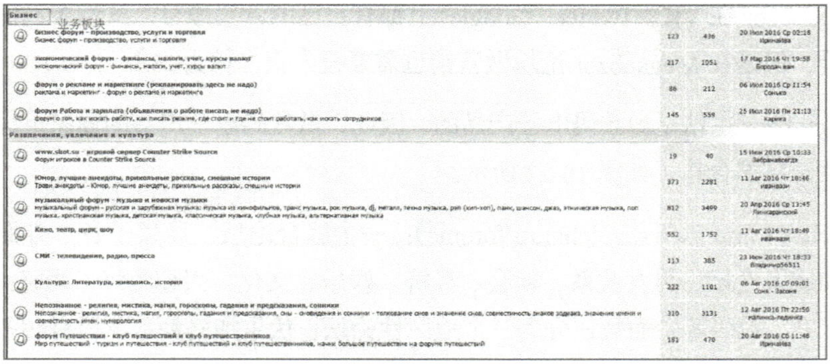

图 10-24

仔细观察 Volchat 论坛会发现有人在做营销，但是做得非常小心。下面通过一个例子来分析，如图 10-25 和图 10-26 所示。

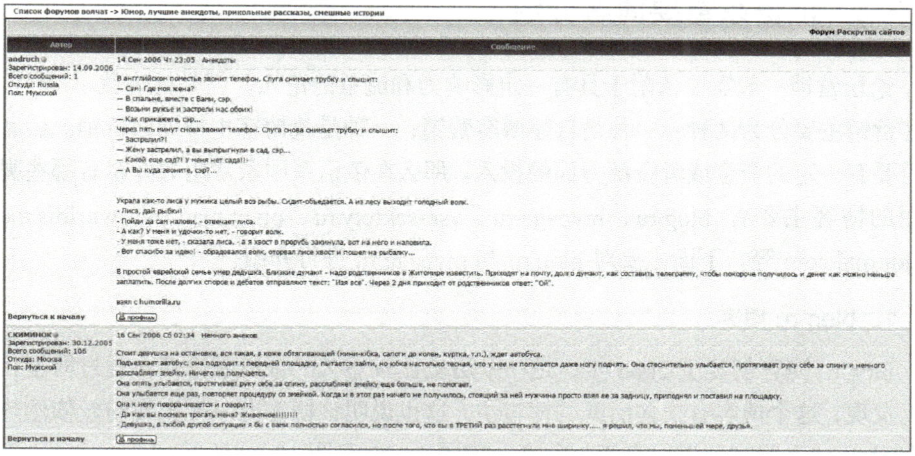

图 10-25

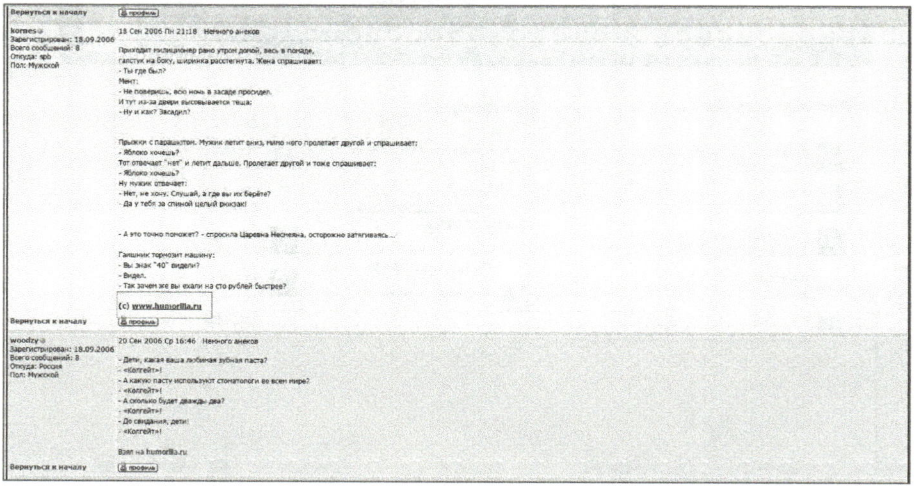

图 10-26

从图 10-26 我们看到，这个人在论坛上发布了一篇有趣的文章，重要的不在于他讲了什么，而在于他在文章最后用文本加上了自己的网站地址：humorilla.ru。而在图 10-27 中，我们看到第三个回复帖子的人在文章最后直接留下了网站链接地址：(c) www.humorilla.ru，第四个回复帖子的人也在最后留下了网站地址。这个案例说明，这个论坛允许用户在提供有价值内容的同时，可以适当地加上自己的网站地址。所以，在 Volchat 论坛做营销比起前两个论坛要容易得多。

10.3.2 俄语系重要博客介绍

论坛营销一般需要依附于具有一定影响力和流量的论坛。但是博客就不一样了，博客营销主要分为两种：一种是自建博客营销；一种是找博客主帮助做营销。后者通常需要有一定的资金或者资源方面的投入。那么在俄语系国家常用的博客有哪些呢？常用的博客主要有 blog.ru、mypage.ru、vse-sekrety.ru、otvet.mail.ru、worldis.me、livejournal.com 等。下面主要对 blog.ru 和 mypage.ru 进行介绍。

1. blog.ru 博客

blog.ru 博客创建于 2006 年，是一个历史比较悠久的俄语系论坛。通过博客首页可以发现，这个博客有很多活跃的博客主，这也说明该博客有一批忠实粉丝依然热衷于在 blog.ru 上跟大家进行交流与分享，如图 10-27 和图 10-28 所示。

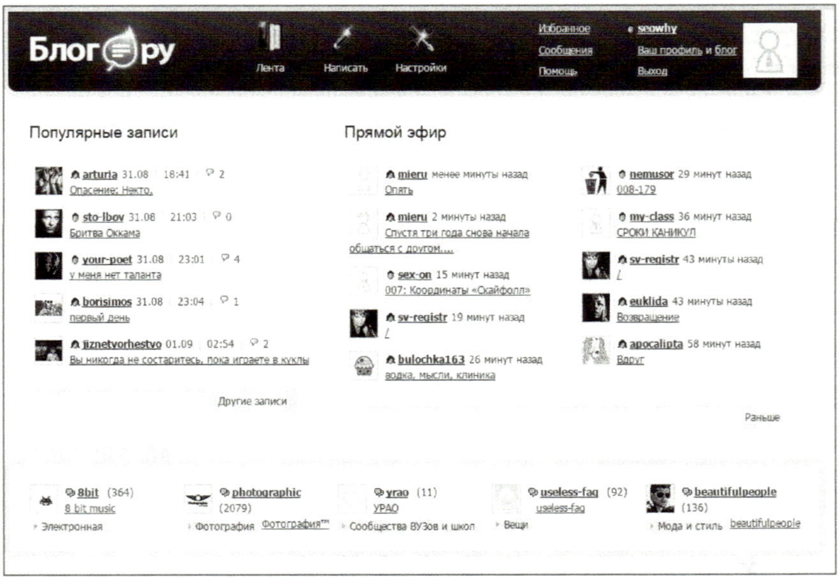

图 10-27

通常来说，只要有活跃的博客主和忠实的粉丝群体，就有做营销的价值。blog.ru 同时具备了这两个条件。但是 blog.ru 没有 Follow 功能，因此只能通过分享有价值的内容来吸引粉丝。

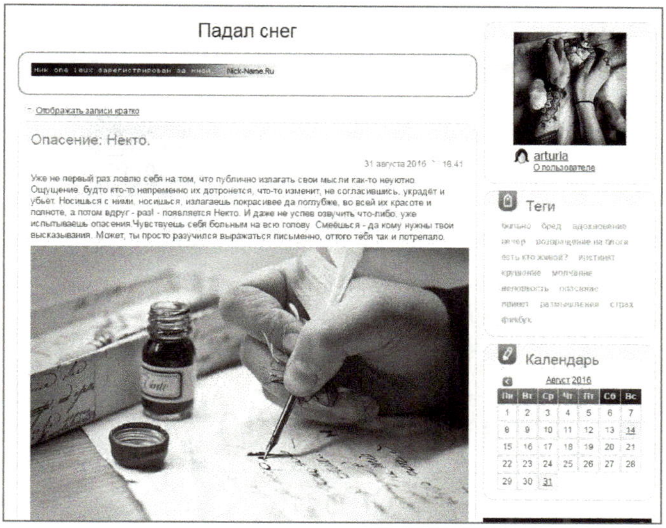

图 10-28

2．mypage.ru 博客

mypage.ru 是一个比较活跃的而且商业气氛比较浓烈的博客。在博客主页可以 Follow，因此这个博客比较适合做营销推广，如图 10-29 和图 10-30 所示。

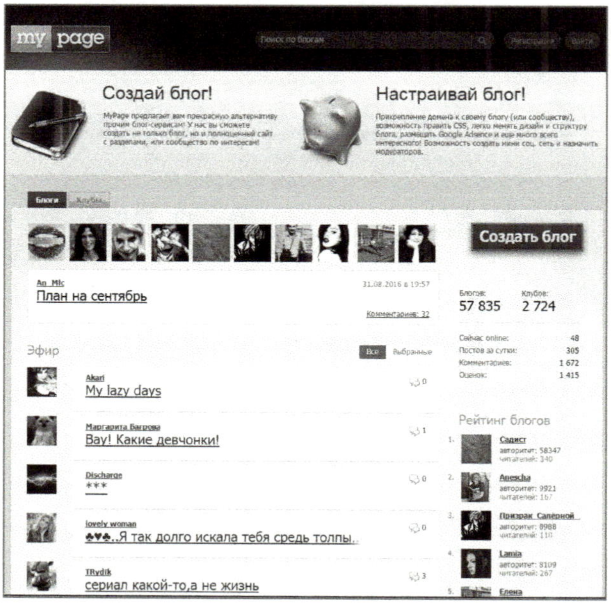

图 10-29

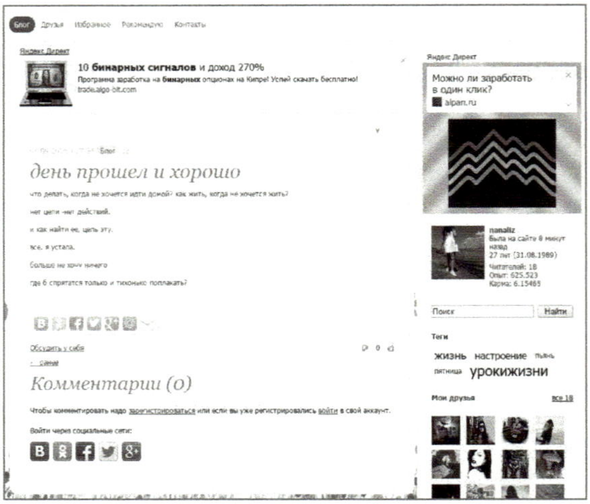

图 10-30

10.4 西班牙语系国家行业论坛介绍

EL FORO（http://www.elforo.com）：一个年轻人交友论坛，其栏目包括青年杂项、游戏、动画、汽车、体育、电影、文学、音乐等年轻人喜爱的日常休闲活动，如图 10-31 所示。

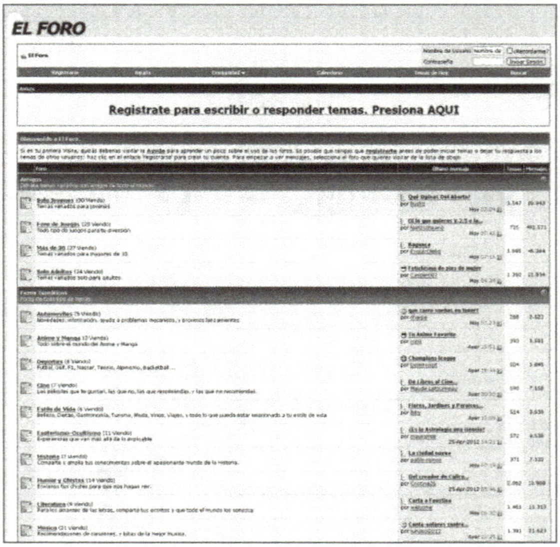

图 10-31

10.5　法语系国家行业论坛介绍

与俄语系不同，法语系国家只有法国。在法国除主流的 SNS 交流社区以外，还有很多其他的交流社区。本节将主要介绍法语系行业论坛和常用的博客网站。

10.5.1　活跃的法语系行业论坛介绍

法语系行业论坛有很多，这里主要介绍 Lay My Hat 和 aufeminin 这两个论坛。

1. Lay My Hat（http://www.laymyhat.com/forum/）

Lay My Hat 是一个个人财物处置论坛，在这里你可以发布自己的财物信息，进行交换、出售、展示等，还可以发布自己的个人购物网站链接地址，如图 10-32 和图 10-33 所示。

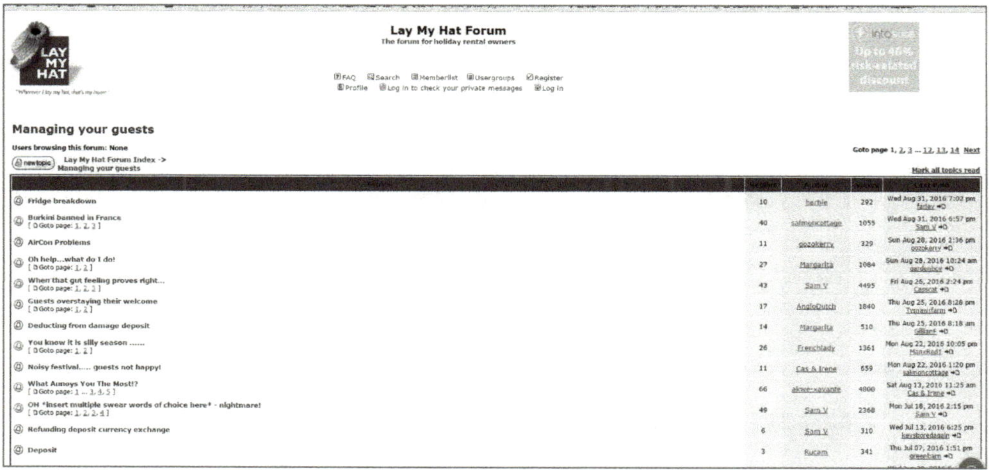

图 10-32

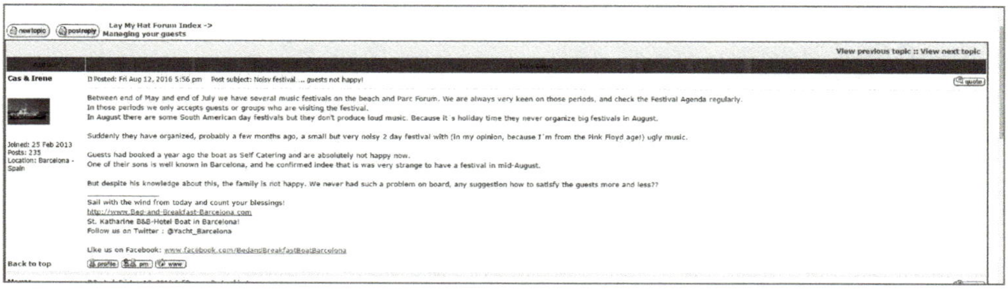

图 10-33

从 Lay My Hat 论坛帖子中可以发现，只要注册一个账号，把带有价值的内容放在帖子中发布，同时带上自己店铺的链接地址就可以实现引流。

2. aufeminin（http://forum.aufeminin.com/forum/）

aufeminin 是一个流量很大的论坛，有很多法国人在这个论坛上分享有价值的信息，并且在论坛上进行频繁的交流，从而形成自有的社区。通过观察发现，也可以在该论坛上发布带有外部链接地址的帖子，如图 10-34 和图 10-35 所示。

图 10-34

图 10-35

10.5.2　法语系重要博客介绍

法国也有很多博客网站，本节主要介绍 overblog、Angloinfo 和 Skyrock 这三个博客网站。

1. overblog（https://www.over-blog.com/）博客

overblog 是一个纯法语的博客网站。该博客网站除提供免费的基础博客服务外，还提供一些付费服务。单从语言方面来看，通过这个博客网站可以更好地和一些讲法语的法国人来进行互动，如图 10-36 和图 10-37 所示。

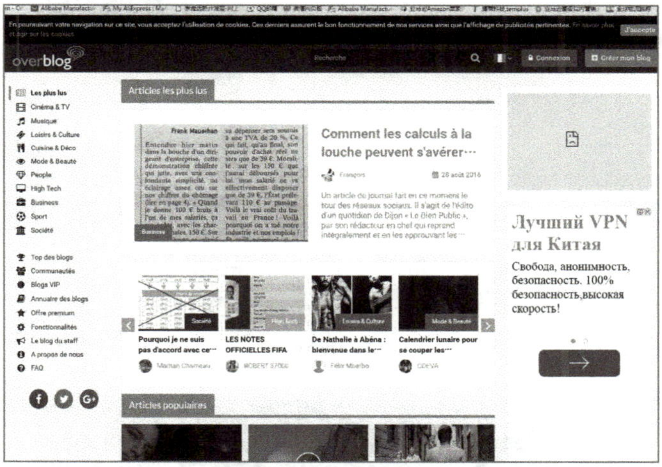
overblog
Articles les plus lus
Comment les calculs à la louche peuvent s'avérer…
Лучший VPN для Китая
Свобода, анонимность, безопасность. 100% безопасность,высокая скорость!
Articles populaires

图 10-36

dépassé les
547 000 visites.
Merci à tous... Nous n'espérions pas intéresser autant de monde !
Merci à vous ...
Mise à jour le 25/08/2016
Nouveauté Importante
Il est souvent question dans ce blog du "Trait d'Union" le bulletin de la Branche Française d'Air Britain, cette association viens d'ouvrir un site:
http://www.bfab-tu.fr/
J'ai publié sur les bateaux, des cartes postales Marius Bar Toulon, qui existe toujours et un site y est consacré :
https://www.mariusbar-photo.com
Merci de poster vos commentaires, vos informations, vos rectifications ou vos photos sur ces divers articles ou aéronefs à :
aviation@dbmail.com

图 10-37

2．Angloinfo（http://blogs.angloinfo.com/）博客

Angloinfo 是一个综合性博客网站，它除有法国站以外，还有其他国家分站。在这个博客上可以发布文章带一至两个自己的网站链接地址，如图 10-38 和图 10-39 所示。

图 10-38

图 10-39

3．Skyrock（www.skyrock.com）博客

Skyrock 是目前法国最大的博客服务提供商。它是法国巴黎 *Orbus* 媒体集团运营的无线电台，于 2002 年年底开始提供博客服务。目前，Skyrock 管理的博客网页已超过 230 万，其中大多数是广播电台的听众建立的。博客服务的推出不仅拉近了听众和电台之间的距离，而且也为公司带来巨额的经济回报。

Skyrock 逐渐巩固了它在法国市场的领袖地位。虽然它是从基本的博客起步的，但是网站目前已经加上了免费电子邮件服务 SkyMail、即时通信服务 SkyrockMessager 和手机下载服务 Skymobile 等。Skyrock 公司利用这些新增的服务建立起一个真正的网络社区，并培育出一大批固定的社区用户。同时，公司的广告收入和品牌忠实度也得到了很大提升，如图 10-40 和图 10-41 所示。

Skyrock
Rechercher dans les blogs
Pseudo
Mot de passe
Ok
Inscris-toi
Accueil
Blogs
Profils
Chat
plus
sam
Balance la sam-dédicace...
et gagne tes places pour Le WOOP
Mister V, Hugo...
L'ACTU DES BLOGS STARS
Deviens Blog Star
Tous »

图 10-40

Skyrock
Rechercher dans les blogs
Pseudo
Mot de passe
Ok
Accueil
Blogs
Profils
Chat
plus
ICI T LIBRE !
PSEUDO, PHOTOS, DÉCO, AMIS... T'AS LE CONTRÔLE !
Tu choisis le pseudo que tu veux !
et tu en parles à qui tu veux...
Tu crées autant de blogs et autant de profils que tu veux !
et tu les supprimes, quand tu veux, en un clic...

图 10-41

10.6 iTao 网站

10.6.1 iTao 网站介绍

iTao 是一个速卖通买家秀图片分享网站。速卖通店铺可以通过 iTao 网站展示和分享买家秀来展现自己的产品，从而实现引流的效果。目前，iTao 网站支持三种语言，分别是俄语、英语和葡萄牙语。如图 10-42 所示为 iTao 俄语分站主页。

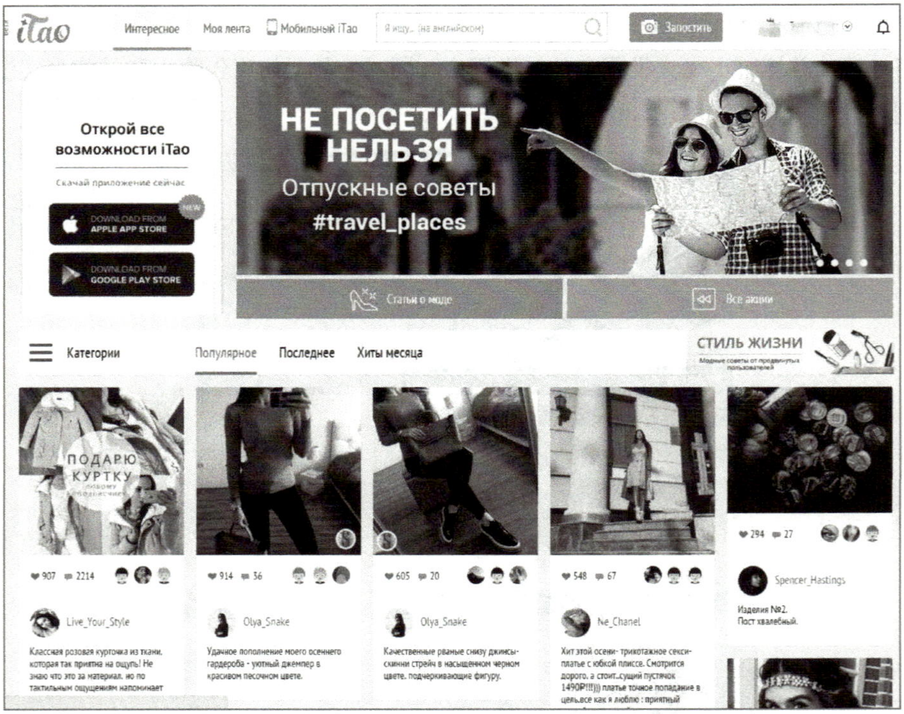

图 10-42

从俄语分站主页可以看出，有很多在速卖通店铺购买东西的俄罗斯人都喜欢在 iTao 网站上分享产品图片。而且信息可以点赞，也可以留下个人的评论。当然，还可以一键分享到 VK、Facebook、Twitter、Google+四大社交网站，如图 10-43 和图 10-44 所示。

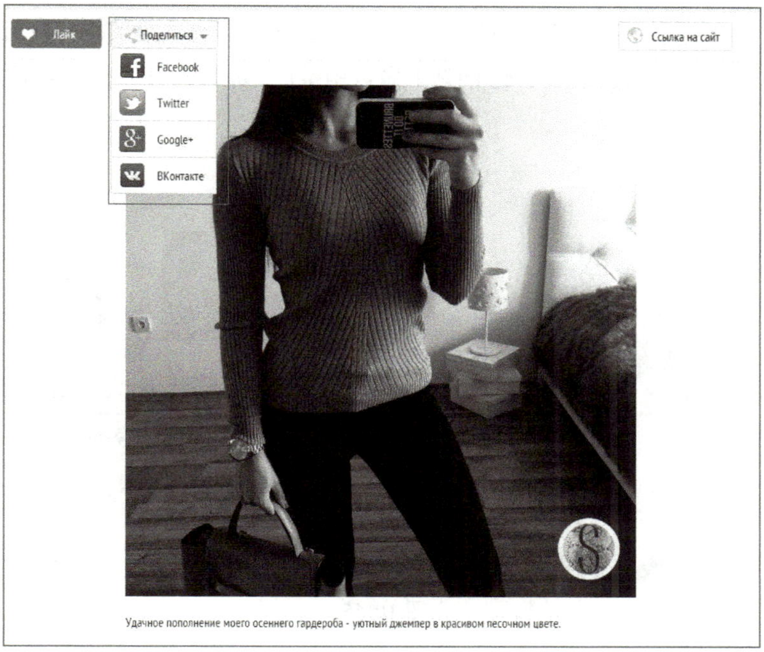
Лайк
Поделиться
Facebook
Twitter
Google+
ВКонтакте
Ссылка на сайт
Удачное пополнение моего осеннего гардероба - уютный джемпер в красивом песочном цвете.

图 10-43

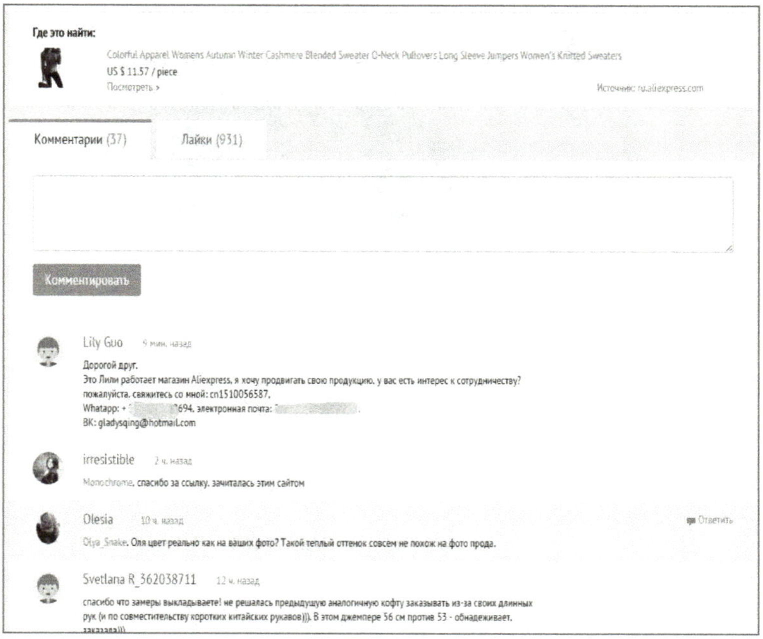
Где это найти:
Colorful Apparel Womens Autumn Winter Cashmere Blended Sweater O-Neck Pullovers Long Sleeve Jumpers Women's Knitted Sweaters
US $ 11.57 / piece
Посмотреть >
Источник: ru.aliexpress.com
Комментарии (37)
Лайки (931)
Комментировать
Lily Guo
9 мин. назад
Дорогой друг.
Это Лили работает магазин Aliexpress, я хочу продвигать свою продукцию. у вас есть интерес к сотрудничеству?
пожалуйста. свяжитесь со мной: cn1510056587,
Whatapp: + 694, электронная почта: .
BK: gladysqing@hotmail.com
irresistible
2 ч. назад
Monochrome, спасибо за ссылку. зачиталась этим сайтом
Olesia
10 ч. назад
Ответить
Olya_Snake, Оля цвет реально как на ваших фото? Такой теплый оттенок совсем не похож на фото прода.
Svetlana R_362038711
12 ч. назад
спасибо что замеры выкладываете! не решалась предыдущую аналогичную кофту заказывать из-за своих длинных
рук (и по совместительству коротких китайских рукавов))). В этом джемпере 56 см против 53 - обнадеживает.

图 10-44

从图 10-44 可以看出，iTao 俄语分站上的买家秀分享有大量的用户在进行互动。除此之外，还有速卖通店铺在 iTao 网站上做营销推广，如图 10-45、图 10-46 和图 10-47 所示。

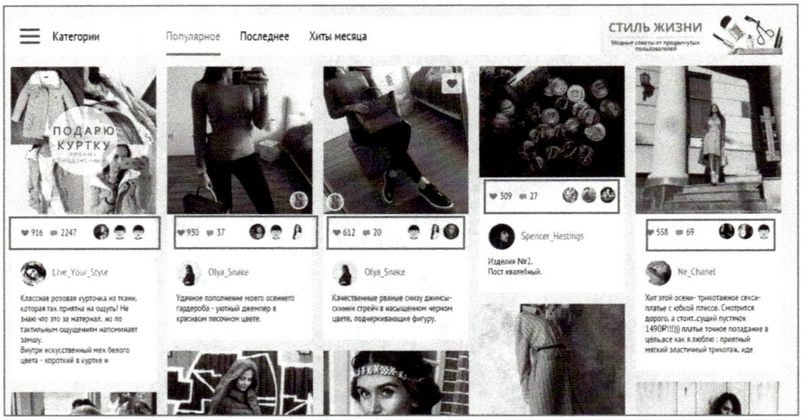
Категории
Популярное
Последнее
Хиты месяца
СТИЛЬ ЖИЗНИ
ПОДАРЮ КУРТКУ
916 2247
Live_Your_Style
930 37
Olya_Snake
612 20
Olya_Snake
309 27
Spencer_Hestings
Изделия №2.
Пост хвалебный.
558 69
Ne_Chanel

图 10-45

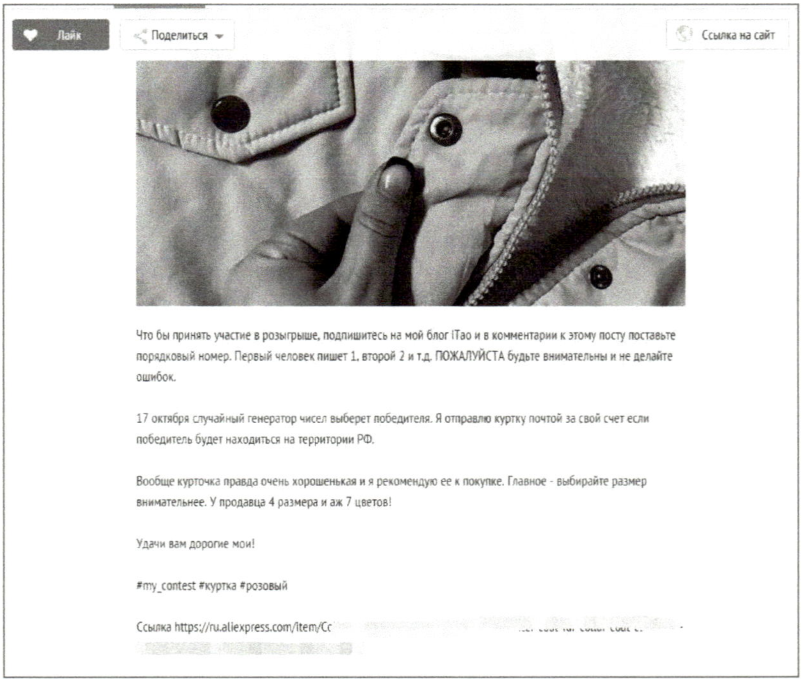
Лайк
Поделиться
Ссылка на сайт
Что бы принять участие в розыгрыше, подпишитесь на мой блог ITao и в комментарии к этому посту поставьте порядковый номер. Первый человек пишет 1, второй 2 и т.д. ПОЖАЛУЙСТА будьте внимательны и не делайте ошибок.
17 октября случайный генератор чисел выберет победителя. Я отправлю куртку почтой за свой счет если победитель будет находиться на территории РФ.
Вообще курточка правда очень хорошенькая и я рекомендую ее к покупке. Главное - выбирайте размер внимательнее. У продавца 4 размера и аж 7 цветов!
Удачи вам дорогие мои!
#my_contest #куртка #розовый
Ссылка https://ru.aliexpress.com/item/Cc

图 10-46

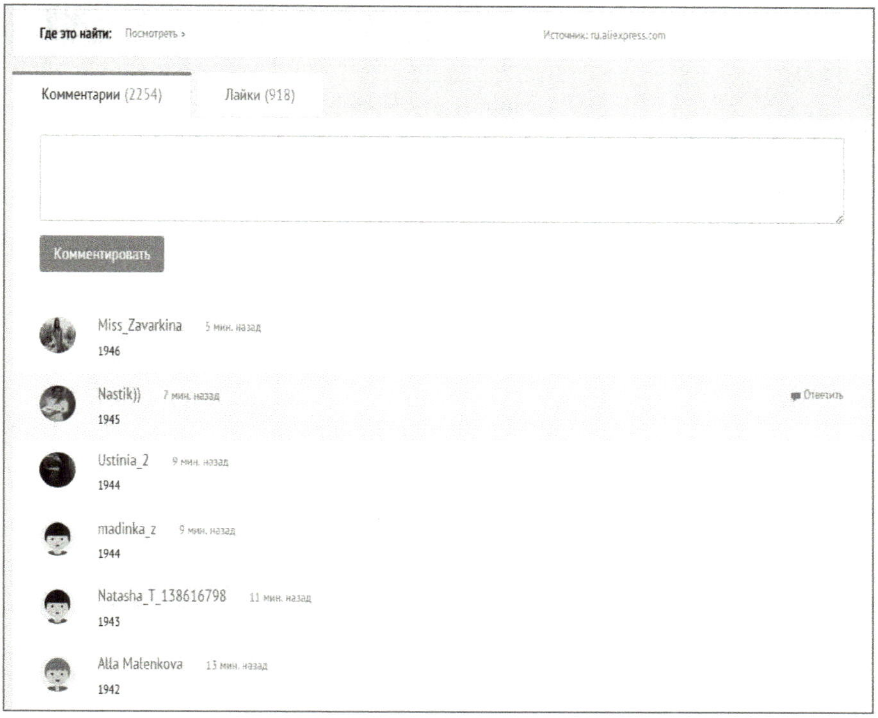

图 10-47

从图 10-46 可以看到，有一个速卖通店铺在做活动，活动内容：①依次用数字回复帖子；②订阅博客主的博客。博客主将于 10 月 17 日随机从回复的数字中抽取若干幸运者，赠送一件如图所示的女士外套。通过两天的观察，发现互动效果还是不错的。在 10 月 14 日中午互动人数是 1946 人，到了 10 月 15 日早上互动人数达到 2361 人，12 个小时左右，互动人数增加了 400 多位，如图 10-47 和图 10-48 所示。

10.6.2 iTao 营销引流案例分享

10.6.1 节对 iTao 网站进行了简单的介绍。本节将在熟悉 iTao 基本功能的基础上分享一个 iTao 网站营销引流案例。在分享案例之前，先给大家讲一讲 iTao 网站营销技巧。

关于 iTao 网站营销技巧可以从两个方面来讲，一是选人技巧；二是选品技巧。

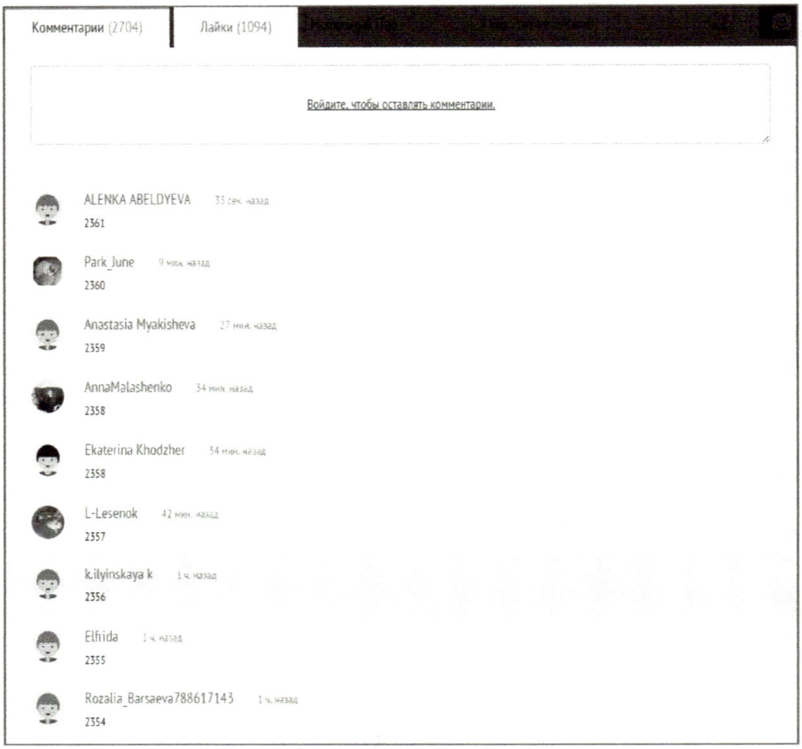

图 10-48

关于选人技巧，可以从以下三个方面来分析。

（1）查看博客主帖子的平均点赞数及评论数。如图 10-49 所示，博客主帖子最高有 1000 多点赞，最低也有 300 多点赞，那么这个博客主就属于 iTao 网站上的高级红人。

（2）查看博客主是否回复过粉丝的问题。

（3）查看博客主哪一个品类的文章平时最受欢迎。

关于选品技巧，可以从以下三个方面来分析。

（1）需要提前跟选定的博客主沟通，看产品是否会受欢迎，建议多准备几款产品。

（2）最好让博客主来选品。

（3）对于第一次合作或者不熟悉的达人，建议投入要谨慎，避免受骗（比如服装类目，建议第一次合作时投入一件产品先试水）。

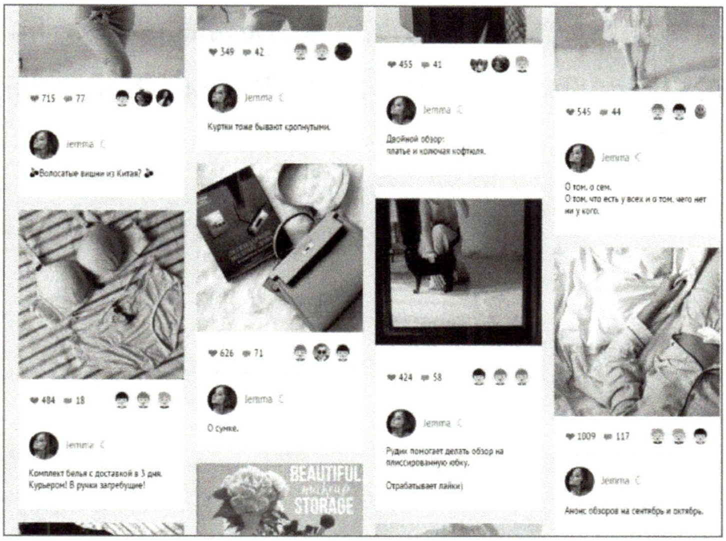
715 77
Jemma
Волосатые вишни из Китая?
484 18
Jemma
Комплект белья с доставкой в 3 дня.
Курьером! В ручки загребущие!
349 42
Jemma
Куртки тоже бывают кропнутыми.
626 71
Jemma
О сумке.
BEAUTIFUL
STORAGE
455 41
Jemma
Двойной обзор:
платье и колючая кофтюля.
424 58
Jemma
Рудик помогает делать обзор на
плиссированную юбку.
Отрабатывает лайки)
545 44
Jemma
О том, о сем.
О том, что есть у всех и о том, чего нет
ни у кого.
1009 117
Jemma
Анонс обзоров на сентябрь и октябрь.

图 10-49

下面为大家展示 iTao 网站营销引流案例，如图 10-50、图 10-51 和图 10-52 所示。

1693 97
pur pur pur
МОЙ УЮТНЫЙ СВИТЕР - ОБЛАЧКО
Подсмотрела у какого-то стильного
блогера образ, где потрясно
сочетаются узкая юбка и такой вот
пушистик. Ниже мой вариант.

图 10-50

1025 84
pur pur pur
ОЛИВКОВЫЙ ТРЕНЧ НА ОСЕНЬ НА
ЛЮБЫЕ РАЗМЕРЫ
В этом году я схожу с ума по всем
оттенкам хаки. У этого пальто не было
шансов, чтобы я его не заказала!
К тому же, оно очень напоминает
знаменитый тренч люб

图 10-51

1699 80
Olya_Snake
Роскошный меховой жилет из
натурального меха песца в глубоком
антрацитовом цвете всего за $200.

图 10-52

这个营销案例以赠送产品为营销噱头，并和 iTao 网站营销红人合作。

下面来看一下营销引流的效果，如图 10-53、图 10-54 和图 10-55 所示。

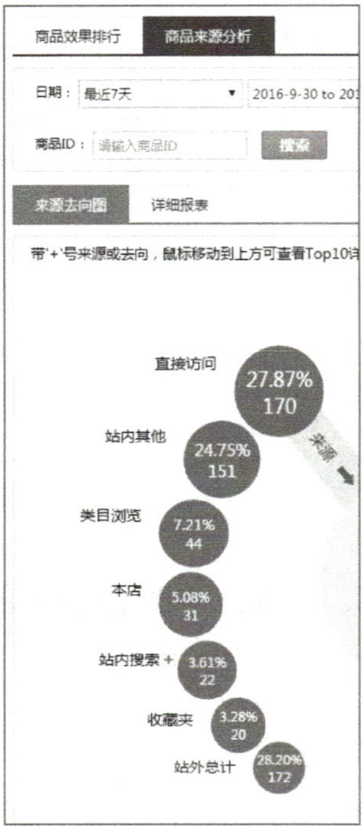

图 10-53

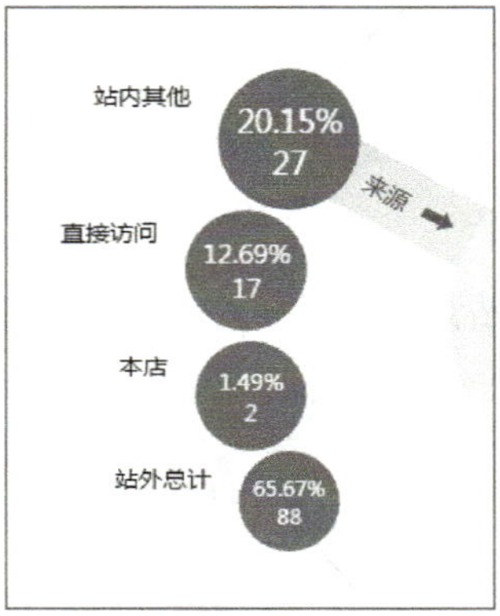

图 10-54

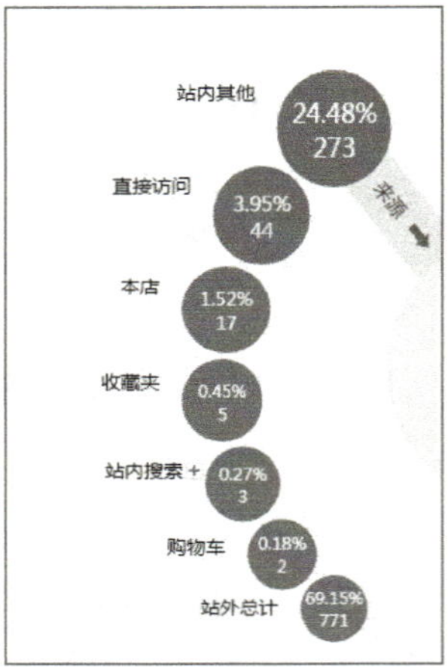

图 10-55

以上都为产品近 7 天的流量数据。如图 10-53 所示是产品两周前的流量数据，其中站外总计流量占产品单品总流量的 28.2%。做 iTao 网站营销后，可以发现站外总计流量占产品单品总流量的 69.15%，如图 10-55 所示。由此可以发现，通过 iTao 网站营销可以为产品带来大量的流量。如图 10-54 所示，一个新品经过 iTao 网站营销后，站外总计流量的占比高达 65.67%。因此，通过 iTao 网站营销可以为单品及速卖通店铺带来大量的流量。

第 11 章

跨境电商 SNS 策略问题的探讨与延伸

问：我正在做跨境电商，在什么阶段适合投入我的团队资源和精力开展社交引流推广呢？我可以通过什么数据指标来帮助判断，这个阶段是否适合开展社交引流推广？

答：这个问题是任何平台、任何品类的跨境电商创业卖家都值得思考的。并不是所有的品类，在任何阶段，所有的跨境电商卖家都适合开展社交引流推广。

从实践来看，做社交引流推广，一是阶段的条件适合；二是品类的社交属性适合。这两个方面缺一不可。关于品类的社交属性，在随后的问题中专门会讲到。那么在什么阶段才特别适合开展社交引流推广呢？有什么数据指标可以帮助卖家判断，这个阶段是否适合开展社交引流推广呢？

阶段一：在站内运营中，你的流量份额和转化率比平台竞争对手有优势。平台站内流量和坑位，比如热搜大词、精准长尾词、飙升词、品牌词的自然搜索和关键词广告，乃至关联推荐流量和坑位，这些是站内的你能够优化的流量入口。对于坑位，你已经有了很好的基础。同时，你的店铺内容、浏览体验、用户评价等，这些事关转化率的核心细节，相比平台的同类型卖家，你已经做出了优势。

换言之，想做好站外社群引流，必须先把站内的基本功扎实做好，不能舍近求远。因为任何有效果的推广方法，都需要还原成购买用户的网络购物行为和心理需求。你耗费团队不少的精力，从社群等站外渠道获得了一些流量，而站内的转化率和销量与对手相比又没有优势，很多本应该做好的转化率细节没有做好，那么你的流量转化就直接输送给了竞争对手。这对你的产品和店铺反而是一种损失和伤害。这是得不偿失的。

阶段二：你的产品或者店铺，以及你借力的销售平台开始走品牌路线。

我们看到，速卖通整个平台正在推动所有平台商家往自有品牌方向走。而对于卖家来说，有两个具体的运营数据指标可以帮助判断是否到了尝试做社交引流推广的阶段。

数据指标一：产品品牌或者店铺品牌的关键词在速卖通平台的搜索量。搜索量越大，说明你的客户群体对品牌的认知越强，这时通过社交平台积极与你的客户群体展开互动交流是很有必要的。

数据指标二：店铺的重复消费客户的比重。举例来说，通过速卖通等平台，你每天有 1000 个订单，在这些订单中购买过两次以上的老客户的比重是不断增加的。如果这个指标呈现出不断增长的势头，那么也可以尝试开展社交引流推广。

当你打算真正开始站外社群投入时，可以问问自己和团队，对以上两个阶段和两个数据指标是否有了一定的基础。

假如站内一些该做的基础没有做好，就做站外社群流量，则无法长久促进站内流量入口和坑位的进一步把控，无法对品牌、老客户沉淀产生助力，尤其是当跨境电商团队还处于创业的生存期时，因此个人并不建议在这个阶段马上开展站外社群流量的推广。

相反，如果在平台的站内你已经是龙头老大，牢牢把控住平台能够给你的所有流量入口和坑位，并且你也开始在做自己的产品品牌，也在不断沉淀自己的老客户群体，甚至已经在布局精准获取平台以外的小额批发、Small Business 分销商的本地化业务，那么在这个阶段，个人的建议是你可以马上开始投入资源、精力，好好研究一下。

问：如何准确判断我正在做的品类社交属性是否强？有没有一些数据工具或者方法可以帮助判断社交属性的强弱？

答：社交属性强的品类，通常具有以下一些特征。

（1）社交网站能清晰地锁定人群，适合成为这个品类的传播渠道。品类和产品的用户人群肖像图清晰，并通过社交网站或者垂直的论坛、App 等容易聚拢起产品的用户群体。

（2）用户消费和使用这个品类的产品的社交场景强，用户群体是天然的传播渠道。

（3）围绕这个品类的话题和内容多，用户积极分享的意愿强烈。

（4）这个品类的情感属性强。用户购买这个品类的产品是用来表达人际间强关系的，是强烈情感需求的表达。

（5）围绕产品在购买前和购买后使用需要咨询和检索的问题多。产品在购买前和购买后问题多、话题多，使用攻略的专业问题需要借助搜索、专业用户论坛和周围朋友的意见，做出购买决策和提供使用帮助。如果你的产品原先一直非常适合论坛推广，那么通常该产品具有专业社交的特性，专业买家的意见领袖测评就非常适合你。

例如美容美发、个性和细分人群服饰、母婴类产品、户外类产品、极客发烧友电子产品、家居装饰、改装汽摩、婚纱、礼服、定制首饰、宠物用户、摄影摄像、相框画册、旅游类产品等，这些品类或者产品的社交属性都比较明显。

如果你所做的品类具有以上其中的一个特征，那么在社交网站和平台都将有一定的空间。如果具有以上其中的三个特征，那么社群流量几乎是该品类的源头流量，而不仅仅是平台搜索。个人建议应一边做好平台店铺的基础运营，一边有专业的客服人员，同时做好老客户的社群互动。

问：有什么数据工具或者方法可以帮助判断我所做的品类究竟适合哪个社交平台？

答：现在全球有这么多社交平台和网站，可以按照如下方法进行选择。

方法一：属性区分法。

全球的社交网站可以分为如下几类。

（1）实名制，人与人强关系真实身份的社交网站。这类社交网站的代表有 Facebook、LinkedIn、Whatapps、VK，如同国内的微信。

（2）以视频内容为主的 youtube.com 等社交平台。

（3）以图片内容为主的社交平台 pinterest.cominstagram.com、polyvore.com 等。

（4）以文字为主的社交平台 twitter.comblogger.com 等。

（5）还有一类就是专业论坛，如 http://lifehacker.com/等 3C 内容论坛。

如果你的产品属于情感表达类的，则可以优先选择强关系真实身份的社交网站。

如果你的产品属于人群弱关系的，更多的是以内容、话题、问题来驱动的，则可以考虑选择以内容为主的社交网站。

方法二：调研老客户。

（1）直接问回头客。这是最直接、有效的方法，你可以直接通过邮件或者在线聊天工具如 WhatApps 和 Facebook Messager 等问回头客，最活跃的社交网站和内容平台有哪些。

（2）把老客户数据导入 Facebook 广告后台，判断你的老客户有多少也是 Facebook 用户。

在 Facebook 的广告系统中有自定义受众这个功能，你可以把平台提供给你的客户联系信息（电话、邮箱、地址、邮编等）导入 Facebook 的自定义受众功能中，来获得对应的比率数据。

具体操作步骤如下。

首先你需要有一个广告账号，如图 11-1 所示。

图 11-1

选择“Ads Manager”进入广告页面，如图 11-2 所示。

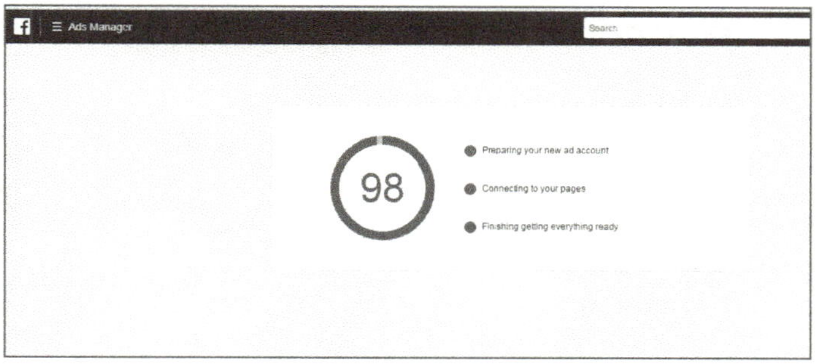

图 11-2

单击“Audiences（受众）”选项，如图 11-3 所示。

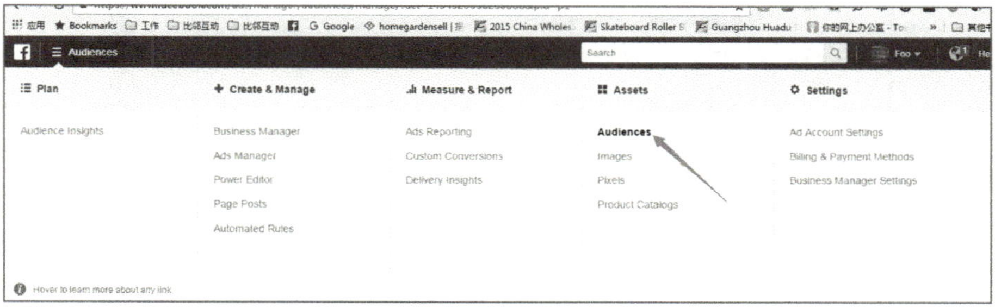

图 11-3

选择“Custom Audience（自定义受众）”，如图 11-4 所示。

图 11-4

单击“Customer File”，如图 11-5 所示。

按照相应格式导入速卖通等平台已有的老客户信息，如图 11-6 和图 11-7 所示。

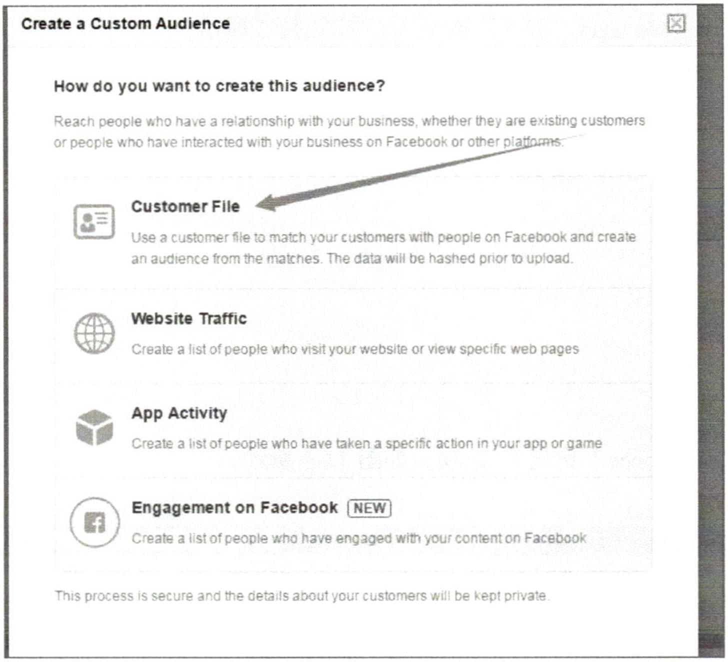
Create a Custom Audience
How do you want to create this audience?
Reach people who have a relationship with your business, whether they are existing customers or people who have interacted with your business on Facebook or other platforms.
Customer File
Use a customer file to match your customers with people on Facebook and create an audience from the matches. The data will be hashed prior to upload.
Website Traffic
Create a list of people who visit your website or view specific web pages
App Activity
Create a list of people who have taken a specific action in your app or game
Engagement on Facebook
NEW
Create a list of people who have engaged with your content on Facebook
This process is secure and the details about your customers will be kept private.

图 11-5

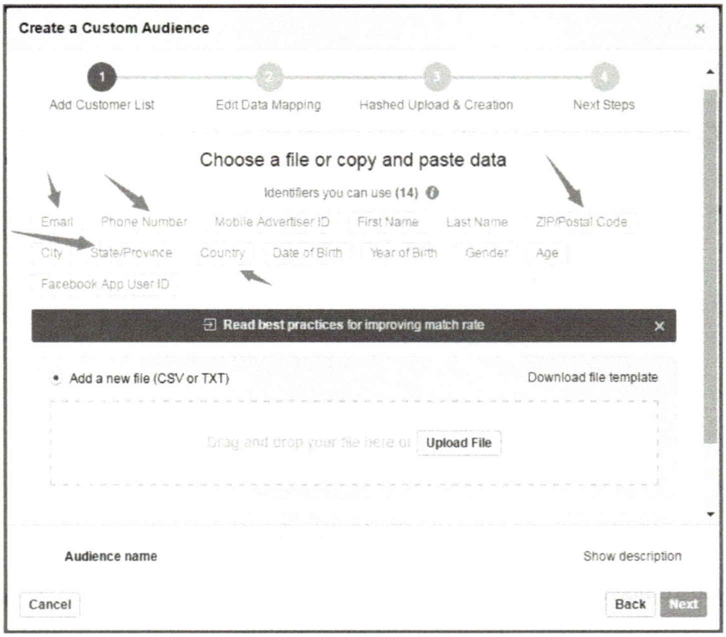
Create a Custom Audience
Add Customer List
Edit Data Mapping
Hashed Upload & Creation
Next Steps
Choose a file or copy and paste data
Identifiers you can use (14)
Email
Phone Number
Mobile Advertiser ID
First Name
Last Name
ZIP/Postal Code
City
State/Province
Country
Date of Birth
Year of Birth
Gender
Age
Facebook App User ID
Read best practices for improving match rate
Add a new file (CSV or TXT)
Download file template
Upload File
Audience name
Show description
Cancel
Back
Next

图 11-6

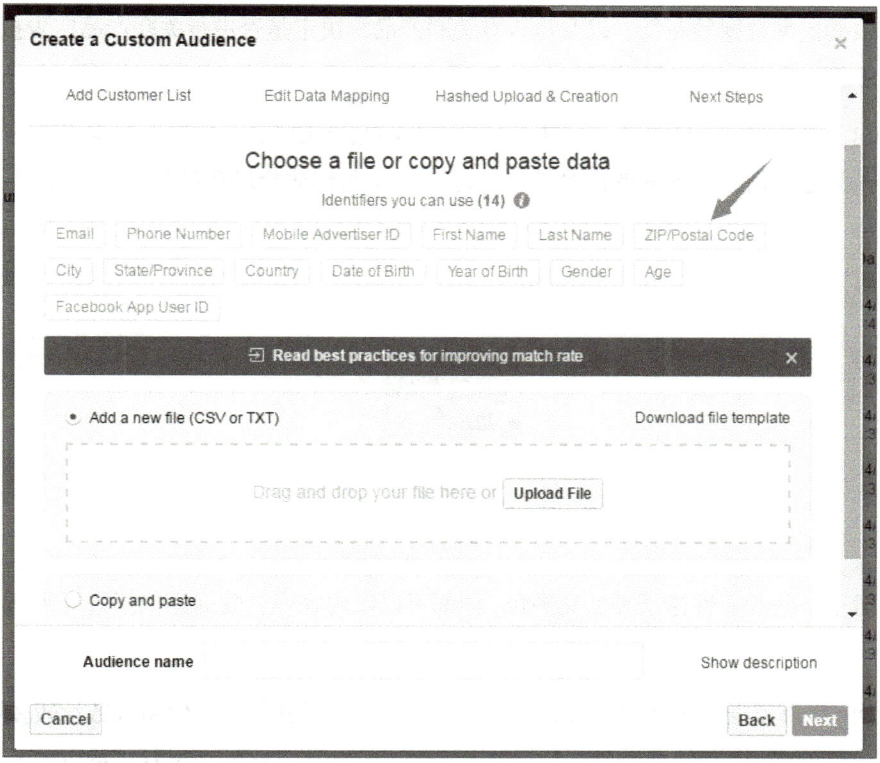

图 11-7

导入后可以查看跟踪比率数据，如图 11-8 所示。

Type	Size	Availability	Date Created	Sharing
Saved Audience	116,000,000	Ready Last updated 04/20/2016	04/20/2016 4:41pm	--
Saved Audience	116,000,000	Ready Last updated 04/20/2016	04/20/2016 4:39pm	--
Saved Audience	116,000,000	Ready Last updated 04/20/2016	04/20/2016 4:39pm	--
Saved Audience	116,000,000	Ready Last updated 04/20/2016	04/20/2016 4:37pm	--
Saved Audience	116,000,000	Ready Last updated 04/20/2016	04/20/2016 4:37pm	--
Saved Audience	116,000,000	Ready Last updated 04/20/2016	04/20/2016 4:37pm	--
Saved Audience	116,000,000	Ready Last updated 04/20/2016	04/20/2016 4:36pm	--
Saved Audience	116,000,000	Ready	04/20/2016	--

图 11-8

根据比率数据的高低，以及是否有关联产品，决定是否进行关联产品广告投放，推广自己的页面作为中间页面。

（3）到具体的社交内容平台搜索自己的产品品类关键词，根据所搜索出来的内容结果容量进行判断，搜索的内容结果数越多，说明越适合进行品类推广，如图 11-9 所示。

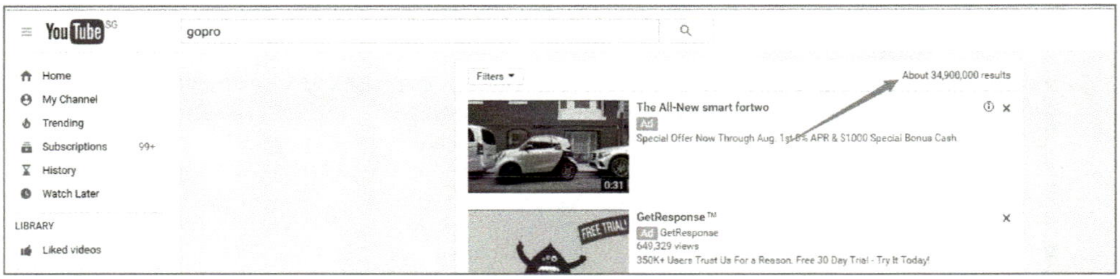

图 11-9

对于一些专业性论坛等社交平台，你都可以以内容容量数据为依据进行判断和选择。

问：可以根据什么数据和工具来获取哪个国家的哪些平台的使用人数比较多呢？

答：推荐 http://www.alexa.com/topsites/countries 这个免费的工具，可以查看每个国家的网站流量从高到低的排序，从而找到适合自己的社交网站。

问：我们国内的哪些跨境电商卖家和产品品牌可以借鉴海外社交引流成功的案例呢？

借鉴案例：闪光灯品牌 YONGNUO

官网：http://www.hkyongnuo.com/

主要传播平台如下。

Facebook，如图 11-10 所示。

YouTube，如图 11-11 所示。

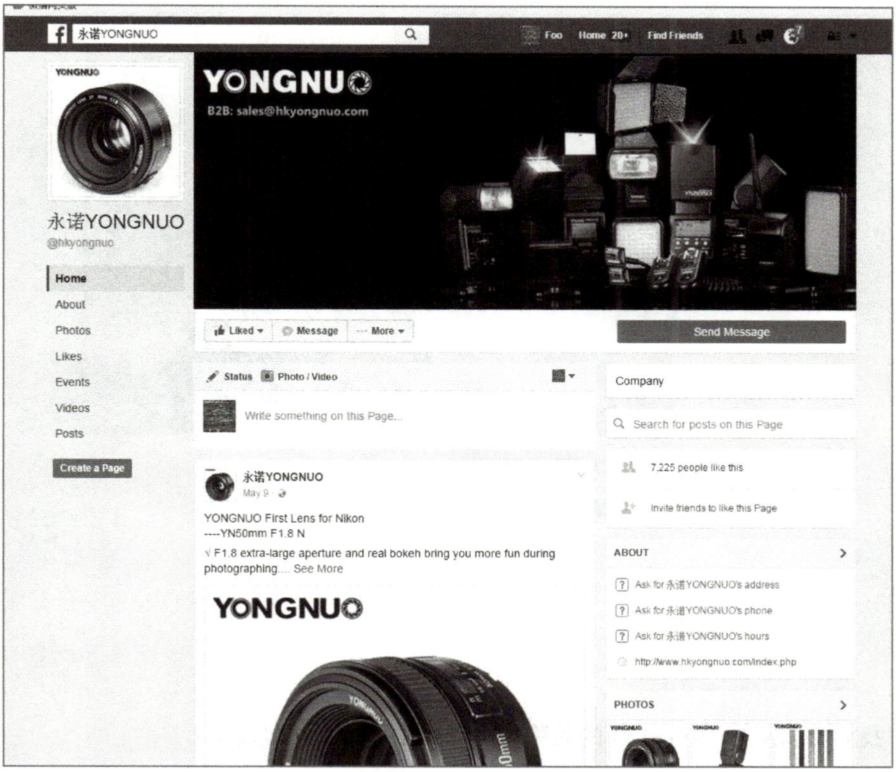

图 11-10

图 11-11

在 YouTube 上找摄影摄像的专业老师进行产品测评，如图 11-12 所示。

图 11-12

我们可以从 YONGNUO 的品牌社交营销中借鉴什么经验呢?

找到最匹配自己品牌的社交推广平台，YONGNUO 选择了 YouTube 和 Facebook 作为推广平台，并找到了最利于提高流量的网络红人进行评测，从而提升自己的品牌知名度。

问：在社交推广中我们可以使用什么工具来提高效率?

答：推荐 http://www.hootsuite.com，这是一个管理多社交平台的工具，包括营销消息发布、管理、分析软件 Facebook ad 广告系统等。

总结：对于所有的跨境电商卖家和产品品牌运营团队，在进行社交推广前都能够清晰地思考并了解以上问题。在网络营销的实践中总是充满变化，在变化中我们能从数据和逻辑中不断地找到以上问题的答案。

第 12 章

世界通用节日及商机

12.1 新年

12.1.1 新年概述

公历每年的 1 月 1 日，世界上大多数国家都称为“新年”，在中国称为“元旦”。古云：元，谓“首”；旦，谓“日”；“元旦”意为“首日”。现代的解释为：“元”为“开始”；“旦”为象形字，表示太阳从地平线冉冉升起，二字结合意为新年开始的第 1 天。中国古代元旦为农历正月初一。1949 年 9 月 27 日，中国人民政治协商会议正式将公历 1 月 1 日规定为元旦，因此元旦在中国也被称为“阳历年”。为了避免混淆，中国的“农历年”称为“春节”。

12.1.2 世界文化习俗

庆祝新年是全世界都有的习俗。任何一个国家的人，都对新的一年充满美好的希望。各个国家因为其历史、文化、宗教信仰、民族习惯等不同，所以会有不同的习俗以及庆祝方式。

1．秘鲁新年

黄颜色商品是秘鲁必不可少的东西，其中最有特色的是黄内裤。无论男女老少都会买上一条黄内裤穿在身上，意指“贴身”的幸运，好运长伴左右。

商机：各种黄颜色商品，比如黄内裤、黄衣服、黄帽子等。

2．德国新年

德国人的新年庆祝足足有一周的时间。鱼是德国新年的吉祥物，他们会把鱼鳞放到钱包里面，有着财源广进的寓意。德国新年也有一个习惯跟中国相近，那就是新年洗澡换新衣服，预示着万事如意。如果新年乱穿衣，一年不顺利。

德国人在新年里会有很多表演，比如孩子们会开心地拿着口琴和手风琴，列队在街上吹奏；成人们会拿着彩旗跟在后面唱，以此来庆祝新年。

商机：口琴、手风琴，以及各种乐器、彩旗、小喇叭、手拍等各种聚会小东西。

3．英国新年

英国的新年并没有圣诞节隆重。因为时间接近，很多家庭会将它们放在一起庆祝。根据传统，基本上每个家庭也会在 12 月 31 日吃一顿跨年晚饭。31 日凌晨，大家就开始拜年了。每户人家都把自家大门打开，拿出提前准备好的小面包来招待客人。除此之外，英国人新年早上出门的时候，总是会带着一大把铜钱。不论是遇到熟悉的朋友还是陌生人，都会互相赠送。他们认为这样不仅会令对方一年都有财运，同时也会给自己带来好运。

伦敦有一个大本钟，每年都会有大批的英国人到大本钟前倒计时，很多情侣会在大本钟前接吻迎接新年的到来。英国每年还有大型的烟火表演。

商机：各种会发光的产品，比如发光的小耳朵、手环等。

4．法国新年

法国的新年本来是每年的 4 月 1 日。但是 1564 年国王查理九世将新年改作 1 月 1 日。除夕夜，法国人合家团聚，畅饮着香槟酒。按照传统，除夕夜每个家庭都需要喝掉所有的藏酒，以避免来年的厄运。每一个人都要喝得酩酊大醉，这样新一年才会有新开始。1 月 1 日的早上，父母都会给孩子发“压岁钱”，表示对子女的关爱与祝福。

法国人认为新年的天气预示着新年的年景。新年的清晨他们会到街上以风向来占卜：刮南风，则预兆风调雨顺，这一年会平安而炎热；刮西风，则是一个捕鱼和挤奶的丰收年；刮东风，是水果丰收年；刮北风，则是歉收年。

商机：香槟套、聚会用的装扮、一次性餐盘、厨房用品等。

5．意大利新年

新年是意大利重要的传统节日。在新年前夜，人们会不停地燃放烟花爆竹。他们认为新年前夜响声连天可以驱邪，求得新年顺心如意。而且还会打碎一切可以打碎的东西，小到碗碟，大到缸坛，把碎片统统抛到街上。在新年这一天家家户户都要在屋子里燃一整天的旺火，不能熄灭。因为他们认为火来自太阳，新年断了火，来年就会不见天日，招来厄运。

商机：碗碟、小喇叭、手拍等可以制造出热闹声音的产品。

6．葡萄牙新年

新年是葡萄牙的传统节日，新年前后还是斗牛旺季，这样一来观看斗牛表演就成了葡萄牙新年的最大盛事。在表演前公牛角尖端就已经被锯掉，并在残留部分裹上棉布，且斗牛士枪刺牛身的深度不得超过 5 公分。所以葡萄牙新年的斗牛表演是安全的。

商机：条幅、旗子、小喇叭、手拍等。

7．巴西新年

“寻福”是巴西特有的新年活动。新年钟声敲响后，巴西人高举着火把，踊跃地登山，他们一路寻找象征着幸福的金桦果。据说，只有勇敢的人，才能找到金桦果。在农村地区，还有一个独特的传统习惯，那就是大家互相揪耳朵。人们在元旦见面的时候，会用力揪住对方的耳朵，表示祝福。

商机：爬山服、登山杖、运动鞋等。

12.2 情人节

12.2.1 节日历史渊源

2 月 14 日是西方的情人节。情人节也称为“瓦伦丁节”，相传在公元 3 世纪的时候，罗马帝国危机四伏、社会动荡、民不聊生，当权的贵族阶级残暴地镇压老百姓和基督教徒，有一位叫瓦伦丁的教徒不幸被捕入狱，他在狱中邂逅了典狱长的女儿，并与她产生了相互爱慕之情。虽然瓦伦丁在狱中得到典狱长女儿的照顾，但他最终还是被统治阶级下令处死，在被处决之前，他给典狱长女儿留下一封很长的遗书，否认自己是有罪的，同时表明他光明的心迹，以及对典狱长女儿深深的爱。后来基督教徒为了纪念这个感人的爱情故事，将瓦伦丁被处决的这一天定为“瓦伦丁节”，后来改为“情人节”。

12.2.2 相关商机

在情人节这一天，各国的情侣们都会以各种方式来庆祝，礼物是情人节的主题。所以对于跨境电商来说，情人节能够带来非常可观的商机。情人节礼物涉及的商品类目众多，主要表现为以下几类。

（1）珠宝饰品类：档次比较高，或者外观设计精致且包装精美的戒指、耳饰、手饰、头饰等。

（2）服装类和鞋类：各个国家在情人节时期气候不同，所以造成对服装和鞋的具体需求也不一样。比如俄罗斯在情人节时期的 2 月气温为-16℃~-8℃，天气寒冷，而巴西 2 月平均温度是 22℃~30℃。

（3）时尚配装类：如女包、帽子、围巾、大阳镜、手表等。

（4）实用功能类：主要是指手机通信和电子消费产品，如智能手机、平板电脑、笔记本电脑、智能装戴、品质耳机、充电宝、自行车等。

（5）化妆品：美容护肤品、彩妆、香水等。

（6）食品类：如巧克力、其他零食等。

使用人群：青年或中年人。

产品特点：产品档次较好，款式比较新颖，外观包装精致，如果产品有个性留言定制服务就更受市场欢迎了。

12.3　复活节

12.3.1　复活节来源

每年春分月圆之后第一个星期日是基督教最重大的节日——复活节。据圣经记载，耶稣基督被其门徒犹大出卖，耶稣被钉在十字架上，临死前预言三日后必复活。果然在第三日耶稣复活了，复活节因此而得名。复活节对于基督教徒来说是希望和重生的象征，其重要性甚至超过圣诞节。

12.3.2　复活节习俗

在多数基督教国家，复活节要举行盛大的宗教游行以此来纪念耶稣复活。在游行之前，基督教徒会到教堂洗礼并穿上自己的新袍。在游行当日，基督教徒打扮成基督教历史人物，身穿干净整齐的新长袍，手持十字架，唱着颂歌，光脚游行庆祝耶稣复活。现在的复活节普遍盛行，节日游行洋溢着喜庆的气氛，庆祝方式也已添加诸多新元素。美国等很多国家用独特的 Cosplay，头戴有鸡蛋、兔子、蛋壳等装饰的头饰参加活动，并且身穿兔子服装演出庆祝复活节。

不管庆祝活动如何多样化，复活节的宗旨永远是希望和重生，人们依然保留穿新衣服的习俗，并且认为复活节不穿新衣服会倒霉运，一切不会有新的开始。除了穿新衣服，还需要彻底打扫自己的住处以迎接美好的新生活。

复活节的代表性象征是鸡蛋、兔子、百合花和火。鸡蛋象征着新生命的诞生。在节日期间，按照传统习俗，人们习惯煮熟鸡蛋并涂上鲜红色，象征着如火如荼的红日，以及红红火火的幸福美好新生活。除了涂色煮熟的鸡蛋，也会自己彩绘鸡蛋，互赠亲朋好友，并聚在一起做彩蛋游戏。将彩蛋放在地上滚或者各自拿着鸡蛋互相撞击，最后破裂者获胜。胜利者可以获得所有游戏者的彩蛋并且也会得到好运。而兔子则乖巧可爱，是爱神阿弗洛狄特的宠物，也是日耳曼土地女神霍尔塔的持烛引路者。同时因其较强的繁殖能力，也象征着春天的复苏和新生命的生生不息。兔子也经常被作为送复活节彩蛋的使者，深受人们的喜爱。所以在复活节早上，父母会在孩子的复活节篮子里放满兔子毛绒玩具、绘好的彩蛋和各式各样的鸡蛋、兔子形状的巧克力糖，以期孩子们也会开始自己美好的新生活。而百合花在复活节时期盛开，因其纯白圣洁也被基督教徒看作复活节的象征物，代表着自己心中耶稣基督的圣洁。而喇叭形状的百合花更受人们的喜爱，认为它像是在春天向全世界宣告耶稣复活的好消息。所以百合花也成为复活节不可缺少的花卉。火焰因其炽热而火热，也作为复活节必要的象征物。火是光明和希望，象征耶稣再生。复活节的许多活动都与火相关。人们会在教堂前点烛以表达内心的虔诚和对耶稣的尊崇。孩子们会把圣火送到各家各户，希望火能给自己和他人带来新生。复活节在万物复苏的春季，人们也会成群结队地去郊外踏青，组织户外活动。

12.3.3 节日消费倾向

复活节消费主要与节日传统习俗有关，比如复活节大家需要穿新衣服，参加活动，那么在一定程度上也会采购应季服装和 Cosplay 衣服。在节前准备活动装饰和给亲朋好友的礼物，而这些礼物也都围绕着复活节的象征物：鸡蛋、小鸡、百合花、兔子和火。鸡蛋、鲜花等国外买家需要就地取材。但是中国卖家可以卖相关的衍生品，比如鸡蛋巧克力、蛋雕、小鸡毛绒玩具、兔子钥匙扣、兔子毛绒玩具、火炬模型等。如果国外客户需要自己在家动手制作兔子形状以及鸡蛋形状的巧克力、蛋糕等，那么他们也会采购厨房蛋糕模具等。

据美国全国零售联合会（NRF）做的 2015 年消费者意向和行动调查（由 BIGresearch 公司完成）显示，消费者的平均消费预期为 131.04 美元（所有商品，从糖果到服装），高于 2014 年的 118.60 美元，但还达不到衰退前的水平。

除了复活节必需的糖果、巧克力、鸡蛋等，许多美国人一方面会迎合复活节穿新衣服的习俗；另一方面会利用零售商的春季促销打折为全家采购新衣服。用于购买新衣服的平均消费大概为 21.51 美元，2014 年复活节采购新衣服的总销售额为 24 亿美元。此外，消费者在购买鲜花方面的平均消费为 9.02 美元，购买装饰品平均消费为 8 美元，购买贺卡平均消费为 6.79 美元。孩子们期待复活节兔子 Bunny 的访问，礼品开支平均为 19.89 美元，总额为 22 亿美元。

另外，最流行的复活节礼物采购地点是百货商店（36.6%）和折扣商店（62.6%）。采购项目主要集中在鲜花、珠宝和电子商品专卖店，占比大概为 22.4%。除此之外，服装专卖店占比约为 8.1%，在线采购占比约为 14.8%，通过目录销售约为 3.5%。

该调查还发现，复活节消费者大多为 25~34 岁人群（2015 年为 173.41 美元，2013 年为 136.79 美元）和 18~24 岁的年轻人（2015 年为 145.12 美元，2014 年为 125.85 美元）。35~44 岁人群平均消费为 138.55 美元，45~54 岁人群平均消费为 122.15 美元，55~64 岁人群平均消费为 113.32 美元。

据美国全国零售联合会的《复活节居民消费调查》显示，2015 年为庆祝复活节美国平均每人消费达 140.62 美元，比 2014 年同期的 137.46 美元有所增加；消费总额达到 164 亿美元。中国连锁经营协会编译信息显示，在调查中 45%的美国人庆祝复活节会购买服装类产品，其中为自己和家人购买亮色服装的花费将超过 29 亿美元。但是有 85.7%的美国人将为家庭或其他节日庆祝活动购买食品，消费总额预计将超过 53 亿美元。

12.4　母亲节

12.4.1　节日历史渊源

母亲节最早可以追溯到古希腊，为了表达对希腊众神之母雷亚（宙斯）的尊敬，民众会举办庆祝活动。而在 17 世纪的时候，英国人将四旬斋的第四个星期日定为省亲星期日。为了表达对母亲抚养之恩和对母爱的谢意，英国人在这一天都会回去探望母亲，即使是在富人家里当仆人的穷人，一般也能得到主人的允许放假回家探望母亲。随着基督教在欧洲的传播，这个节日成为越来越多的人向母亲感恩的日子。而现代的母亲节源于美国，1876 年美国的一位母亲安娜·玛丽·贾维斯在礼拜堂讲授有关美国国殇纪念日的课程，当这位母亲讲完在美国南北战争中捐躯的英雄故事后，她进行祈祷时说："但愿在某处、某时，会有人创立一个母亲节，纪念和赞扬美国与全世界的母亲"。而在她 1906 年去世后，她的女儿安娜·贾维斯为了纪念善良、慈爱、勤劳的母亲，开始号召创立全国性的母亲节，并为此展开了一系统社会活动。她首先说服了当地的一个教会，在她母亲逝世两周年纪念日，即 5 月的第二个星期日举办了一些庆祝活动，而在她的进一步努力下，费城地区在 1908 年 5 月 10 日也举办了母亲节活动。

在安娜及其他很多社会人士的号召推动下，越来越多的州支持在这个时间举办母亲节庆祝活动。1914 年，美利坚合众国国会正式命名 5 月的第二个星期日为母亲节，以表达人们对美利坚合众国全体母亲的热爱和尊敬。接下来母亲节逐渐被很多国家所接受，形成了一个国际性的节日。

12.4.2 各国母亲节时间

目前世界上很多国家都把母亲节的时间定在每年 5 月的第二个星期日，当然也有部分国家把母亲节定在另外的时间。

俄罗斯：每年 11 月的最后一个星期日

西班牙：每年 5 月的第一个星期日

法国：每年 5 月的最后一个星期日

英国：每年四旬斋（西方复活节之前除去星期日的四十天）的第四个星期日

印度：每年的 4 月 5 日

挪威：每年 2 月的第二个星期日

泰国：每年的 8 月 12 日

12.4.3 商机

母亲节的到来会撬动非常广泛的商机，这个商机的消费需求主要体现在能“取悦”母亲使其开心的任何商品上。各国母亲对最心仪的母亲节礼物的讲究不一样，比如亚洲国家的妈妈喜欢最多的是珠宝首饰类商品；在美国，母亲们更喜欢传统类礼物，所以服装和鲜花是她们的最爱；而在俄罗斯，因为母亲节是每年 11 月的最后一个星期日，所以大方巾也往往是送妈妈礼物的好选择。从跨境电商卖家的角度出发，母亲节商机所带来的商品需求主要包括以下几类。

（1）服装、鞋、女款箱包类商品。对于服装的需求是属于中老年服装，尺寸较大，可以根据各国人的体型不同进行定制。

（2）首饰、饰品类商品，符合中老年女性喜欢的风格。

（3）功能性家电或家居类商品，如扫地机器人、吸尘器、榨汁机、挂烫机等。

（4）保健类商品，如按摩器材、腰椎或颈椎治疗仪、制氧机、助听器、血压仪、血糖仪等。

（5）护肤、彩妆、香水类商品。

（6）电子消费类商品，如平板电脑、手机等。

12.5　万圣节

12.5.1　万圣节的由来和传统

根据维基百科的词条解释，万圣节（Halloween）起源于不列颠凯尔特人的传统节日，他们相信 10 月的最后一天是夏天的终结、冬天的开始，是一年的重要标志。万圣节是最重要的节日之一，也被称为“死人之日”，或者“鬼节”。这一天各种恶鬼出没，死去的人的灵魂也会离开身体，在世间游走，这一天的晚上也就格外危险。人们会戴上面具来吓走邪恶的鬼魂。

在万圣节前后，道具服装公司和工厂会大批量生产具有万圣节元素的道具服，万圣节元素是鬼怪以及与死亡、魔法、怪物有关的事物。通常与万圣节扯上关系的事物有南瓜、鬼魂、食尸鬼、女巫、蝙蝠、黑猫、猫头鹰、精灵、僵尸、骷髅和恶魔等，还有虚构人物如吸血鬼和科学怪人。黑色和橙色是万圣节的传统颜色。现代万圣节的产品也大量使用紫色、绿色和红色，以及秋天的元素如南瓜和稻草人等。

12.5.2　如何利用节日氛围创造产品销售背景

1．审时度势，掌握时间就是掌握商机

随着社会压力的不断增加，万圣节这个节日仿佛又重回成年人的世界，庆祝活动已不再局限于孩子们的化装舞会，也不再局限于小朋友穿上化妆服、戴上面具，挨家挨户喊着“trick or treat”。许多人会穿着奇装异服发送糖果和玩具给小朋友，甚至还有家庭把自家院子装扮成鬼屋。许多大公司也会在万圣节前夕举办各类化装舞会，让员工尽情打扮、化妆、比赛。

因此，对于跨境电商平台来讲，儿童主题的商品不再是唯一走俏的类目。对于时尚品类和家居园艺品类的卖家来说，万圣节几乎可以撑起整个 10 月的销量。再来看看美国全国零售联合会的统计，美国家庭人均在万圣节的花费为 64.82 美元左右（2007 年），比 2001 年增加了 20 美元，也就是在整个万圣节期间，美国在整个节日的花销是 50.7 亿美元。节日预热非常重要，掌握时机，开发出适合社会时代的新产品才能在激烈的竞争中占有一席之地。

2. 产品开发有诀窍

根据 Google 最新发布的一项调查统计显示，超过 1.65 亿人将以各种形式庆祝 2016 年的万圣节；平均每人将花费 75 美元购买各种饰物、糖果和服装；在整个节日期间总花费将高达 75 亿美元；光在服饰上的花费就将超过 30 亿美元，有 2300 万人打算为他们的宠物悉心打扮一番。如何在这些数据中找到自己产品的发展方向，也就是如何发现商机呢？如果是生产道具服装的工厂，该如何选择服装主题呢？近年来，万圣节前夜的装扮已不限于恐怖，而是可以进行任何打扮，如扮成电视剧或电影明星，以及公众人物如政治家等。2004 年适逢美国总统选举，乔治·布什和克里的打扮成为美国流行的万圣节装扮。2004 年大约有 215 万个美国孩子装扮成蜘蛛侠，这是当年最受欢迎的打扮。所以，我们必须多接触欧美等西方国家的时事、社会民生、流行元素和电影、电视剧、漫画主题。因此，产品的开发诀窍就在于对社会需求和购买群体的潜在分析。

12.5.3 中国卖家在万圣节活动中卖点什么才能受欢迎

各类稀奇古怪的家居装饰品一直是万圣节期间的热销品类，如万圣节主题的花冠、灯饰、蜡烛、灯笼等商品（请记得在商品名称中加入“万圣节”关键词）。

欧美国家的人普遍注重互动，可以给喜欢 DIY 的人提供一些手工艺品或原材料。

户外饰品，如僵尸、墓碑主题以及能将门廊和庭院装饰得既吓人又有趣的商品。

简单的紫色跟橙色的配搭也可以成为万圣节的主题设计。

美国万圣节的布置及主题以恐怖和血腥的设计较受欢迎，而欧洲地区万圣节的布置及主题以有趣和恐怖气氛较受欢迎。闪光灯、荧光棒、发光鞋等是即使孩子们在黑暗中乱窜也能保证安全的物品。

12.5.4　创造卖点，发挥创意商机

一个节日从它的起源到演变，我们可以用寥寥数语来概括，那么在年复一年不变的主题元素中如何找到新的商机和卖点呢？我们必须创造属于自己店铺的节日促销活动，如“万圣节造型大比拼”“南瓜雕刻大赛”“谁的家庭装饰最酷炫”“谁讨来的糖果最多”“万圣节萌宠服装 show”等。对于所有的商品，都可以根据其特点进行卖点的升级和包装。

12.6　圣诞节

12.6.1　圣诞节的由来

圣诞节是西方传统节日之一。大部分天主教教堂都会在 12 月 24 日的平安夜举行子夜弥撒，在 25 日庆祝节日。

据圣经记载，耶稣是上帝唯一的儿子，是童女玛利亚受圣灵感孕而生的，上帝通过使者加伯列晓谕约瑟，不要因为玛利亚未婚先孕抛弃她，而是要与她成亲并给孩子起名为耶稣（意为解救百姓于万恶中）。玛利亚生产前，罗马政府要求全部子民到伯利恒申报户籍。约瑟和玛利亚到达伯利恒时，无地住宿，只好暂住马棚，玛利亚于当晚（即公元 354 年 12 月 25 日）在马槽上生下耶稣。基督教徒为纪念耶稣的诞生，设定每年的 12 月 25 日为圣诞节。以前圣诞节是专属基督教徒的宗教性节日。19 世纪，随着圣诞贺卡的流行，以及圣诞老人的出现，圣诞节开始流行到北欧并结合北半球冬季元素，形成了独有的圣诞装饰和圣诞节庆祝活动。随后也慢慢流行到西欧和美洲，成为西方国家一年中最盛大的节日。改革开放以后，圣诞节也渐渐流行到中国。

12.6.2　圣诞节的习俗

圣诞贺卡、圣诞树、圣诞帽、圣诞袜、圣诞节环是圣诞节必备的节日用品。在节日期间，整个城市洋溢着热闹、开心的气氛。圣诞节来临时家家户户都会采购常青松

柏树作为圣诞树，并用圣诞灯和彩色的装饰物、彩带、礼盒、礼球等装饰树身，树尖会放置一颗闪亮的星星，然后在树下放很多精致的小礼物，并点燃圣诞蜡烛。在圣诞节期间，家家会在门口悬挂圣诞花环。圣诞花环通常用绿色的枝叶或藤条和银色的金属及金色的铃铛配以红色的缎带组成主色调，绿、白、黄、红代表欢乐喜庆。人们还习惯在圣诞贺卡上写上对远方亲戚朋友的问候和祝福，寄赠贺卡表达心中的思念。在晚上，各家各户齐聚一堂，准备丰盛的圣诞晚餐。圣诞晚餐的必需品第一是火鸡，第二是鳕鱼，第三是甜点。喜欢饮红酒的西方人会把平时收藏的葡萄酒拿出来与大家分享。晚餐以后，在圣诞夜临睡之前，孩子们会在壁炉前或枕头旁放上一只袜子，并把圣诞帽戴在头上，期待早上醒来会收到圣诞老人送来的礼物。

圣诞节的商机主要是圣诞周边产品。比如圣诞贺卡、圣诞树、圣诞树上的各种装饰品、圣诞花环、圣诞袜、圣诞帽、小礼物、彩带、礼盒、礼袋等。一般也会在圣诞节前 2~3 个月进行采购准备。

中国义乌生产了全球 80%的圣诞用品，所以对于圣诞节，中国卖家凭借多年的经验所生产的圣诞树、圣诞装饰品、圣诞贺卡等圣诞必需品依然是比较畅销的，如图 12-1 和图 12-2 所示。

图 12-1

图 12-2

但是为了更好地满足客户需求，带给客户更好的购物体验，我们也要不断地探索新品来丰富客户的选择。在这方面，美国、英国等国家的卖家走得比较前端。比如 2014 年 7 月，欧洲地区的卖家和亚马逊、Argos、Hamleys 等网商已经开始纷纷推出自己的圣诞节热销名单来加大圣诞节的促销，他们的圣诞节清单不再局限于传统的圣诞树、圣诞贺卡、圣诞吊坠、圣诞卡通灯等，而是融合了时下最流行的元素，围绕圣诞主题拓展产业链，如“我的朋友菲迪熊（My Friend Freddy Bear）”“伟易达遥控轨道车（Vtech Toot Drivers Super RC Raceway）”等新型玩具。所以，中国卖家要想获得长期发展，应了解最新趋势拓展圣诞节产品产业链，给国外买家带来更多的新鲜体验。

第 13 章

各国家节日及商机

13.1 阿拉伯国家概况与电商发展

13.1.1 阿拉伯语

阿拉伯语属于闪含语系闪米特语族，文字使用阿拉伯字母，是全球第五大语言。全球共有 22 个国家，约 3 亿人口以阿拉伯语作为母语，该语言主要通用于中东地区和北非地区。我们把这些使用阿拉伯语作为母语的国家统称为阿拉伯国家。本节我们将以该语系国家中电子商务发展相对成熟的阿联酋作为主要研究范本，介绍阿拉伯国家的文化与潜在商机。

13.1.2 阿联酋概况

阿拉伯联合酋长国（The United Arab Emirates），简称阿联酋，位于阿拉伯半岛东部。

阿联酋标准时间采用东四区（GMT+4）的区时，比格林尼治时间（Greenwich Mean Time，GMT+0）早 4 小时，比北京标准时间（GMT+8）晚 4 小时。阿联酋是目前世界上尚未开通铁路的国家之一，但是该国的公路、海上以及航空运输网络非常发达。阿联酋的七个酋长国之间均有高速公路相连，现全国已建成高速公路里程近 4000 公里。在海运方面，阿联酋拥有阿布扎比、阿治曼、乌姆盖万等 14 个条件优良的现代化港口，这些港口均配备先进的装载和仓储设备，海上航线遍及全球。在航空方面，阿联酋航空公司目前开通了前往世界上 70 多个国家和地区的航班，这使得阿联酋和国际之间的沟通十分便利。

阿联酋是世界上第六大储油国，国家经济主要以石油业为主。2015 年，该国全年 GDP 达到 4383 亿美元，人均 GDP 达到 40000 美元，经济排名位居全球第 31 位。同时，阿联酋的旅游业也是该国的重要产业之一，旅游业占该国 GDP 的比重约为 9%。作为世界著名旅游城市的迪拜拥有众多世界之最，世界上唯一的七星级酒店——帆船酒店、全球最高的建筑——哈里法塔和全球最大的人工岛——棕榈岛，这些景点每年都为阿联酋带来大量的海外游客。据统计，2015 年阿联酋的国际游客人数已经达到 1700 万人。

13.1.3　阿联酋电子商务市场的商机与发展

经过几年的发展，阿联酋已成为近年来中东地区 B2C 电子商务增长率最高的国家。预计到 2018 年，阿联酋的电子商务市场将会达到 100 亿美元的规模。作为一个国际化的国家，阿联酋的互联网基础配套设施建设和智能移动设备普及率在中东地区均处于领先地位。截至 2015 年，当地的互联网渗透率达到 70%，移动手机的普及率达到 71%。此外，当地消费者的网上消费方式比较超前，约有 50%的买家会选择在智能移动设备上进行购物。这些指标为当地电子商务的进一步发展奠定了良好的基础。

而作为一个外向型人口结构的国家，阿联酋消费者的需求是多样化的。据统计，服装、配饰、鞋、手机、电子产品、玩具等产品最受当地消费者欢迎。随着阿联酋在智能移动设备、支付系统等方面的普及和完善，未来当地的电子商务将会拥有更大的发展潜力。

由于受到伊斯兰教文化和阿拉伯文化的双重影响，阿拉伯语系国家人们的生活方式都有着这两种文化的印记。

作为一个以伊斯兰教为主体的国家，阿联酋的穆斯林为表示对真主的虔诚，他们每天都需要在特定的时间面朝圣城麦加的方向礼拜。在当地公共场所的地面或特定方向的墙上都会有指向圣城麦加的标记，以方便穆斯林礼拜的时间朝拜真主。在公共场所，穆斯林只需要直接跪在地上向真主礼拜即可。但如果是在自己家里进行礼拜，则会更加讲究。在屋里做礼拜的时候，用于礼拜的地毯对于阿联酋的穆斯林来说是必不可少的物品。礼拜地毯对于穆斯林来说是圣洁而不容侵犯的，他们认为对真主的礼拜应该在干净整洁的礼拜地毯上进行才能更好地体现他们的虔诚之心，因此每个阿联酋的穆斯林家里都会有一幅朝向圣城麦加的礼拜地毯。

同时，由于阿联酋人的生活受着阿拉伯文化的影响，除礼拜地毯以外，家里都会有另外一幅地毯。在阿拉伯文化里，阿拉伯人喜欢席地而坐，因此阿联酋人的家里都会有一幅地毯专门用于坐着交谈或用餐。这些地毯对于阿联酋人来说已经超越了装饰的范畴，在他们的眼里，更多的是日常生活里面的家具。

但无论是礼拜地毯，还是日常用的地毯，阿联酋穆斯林都会受到伊斯兰教习俗的影响。在伊斯兰教文化里，紫色、黄色和花色都是人们忌讳的颜色。在选择地毯时，当地的人们都会选择带有绯红色、深蓝色、金色等吉祥颜色的地毯。而在图案和花纹上，人们则会偏向选择用色和图案规则对称的地毯，以避免图案造成花色的出现。

对于地毯的材质，阿联酋人也有讲究。地毯的材质一般有真丝、半真丝和涤纶。当地人一般会选择真丝或者半真丝的地毯，因为这类材质的地毯可以体现出奢华的品味。但是涤纶材质的地毯也有它的市场，由于性价比高和不易损耗，这种材质的地毯在当地也拥有相当大的市场。

阿联酋属于热带沙漠气候，夏季的温度可以高达 45℃。由于濒临波斯湾，人们都喜欢在炎热的夏天到海滩游泳消暑。在当地，因为男性的装束相对女性在公共场合有更大的自由度，因此阿联酋的男性在进行这一活动时基本上不会受到任何影响。但是在传统的伊斯兰教文化里，女性在公共场合最多只允许露出她们的脸和手脚部分，这就给她们参与这一活动造成了一定的麻烦。在阿联酋，如果女性想参加游泳，西方国家热情奔放的比基尼（Bikini）、普通的两件套泳装或者常规的连体泳衣都不能穿着。因此，阿联酋的女性在游泳时都需要穿着为穆斯林专门设计的泳衣。

区别于传统泳装的概念，穆斯林女性穿的泳装是由带帽子的长衫和长裤组成的。这种泳装被称为布基尼（Burkini）。因为传统伊斯兰女性的服装颜色以黑色为主，在开发此类产品时卖家可以在布基尼上适当加入图案和花纹以增添时尚感。这种泳装可以很好地遮蔽她们的全身，达到只露出脸和手脚的要求。目前在各主流跨境电商平台上，布基尼的在线刊登数不多，如果能配合当地的文化和语言进行此类产品的推广，布基尼将会是阿联酋市场的潜力产品。

阿联酋人喜欢喝茶，他们对于茶的热爱远远超越我们的想象。无论是在商务接待中，还是休闲聚会场合，我们都可以看到茶的身影，茶正逐步成为阿联酋人生活中的一种文化。据统计，阿联酋每人平均每年消费茶叶近 8 公斤，年人均茶叶消费量居于世界第一位。因此，与茶相关的周边产品在当地是一个具有相当潜力的市场。

13.2　波兰节日及商机

13.2.1　波兰概况

如图 13-1 所示，波兰共和国地处中欧，北临波罗的海，是一个由 16 个省组成的民主共和制国家。向西同德国接壤，南部与捷克和斯洛伐克为邻，乌克兰和白俄罗斯在东，东北部和立陶宛及俄罗斯加里宁格勒州接壤。

图 13-1

自 1989 年后，波兰由苏联模式下的计划经济向市场经济转型，1993—2000 年 GDP 增速明显，但到了 2001 年，由于受到国内消费投资减少，以及全球经济发展放缓的影响，波兰经济的增长也开始放缓。加入欧盟后，经济恢复增长态势。波兰作为欧洲的主要汽车生产国，菲亚特、大众、丰田等国际汽车巨头曾先后在波兰投资建厂，汽车零配件制造及整车的组装出口都是其工业重要组成部分，主要以机电工业为主，包括金属加工、机器制造、汽车、造船、精密仪器、运输工具、电机和电子工业等，其中汽车工业是迅速发展的最大新型行业之一。

据波兰 SMG/KRC 机构调查，2003 年 10 月底，有 645 万名 15~75 岁的波兰人使用互联网，占该年龄段人口总数的 21.5%；在互联网使用者中，51.8%的人在家里上网，24.6%的人在工作中上网，21.8%的人在学校上网，18.9%的人在网吧上网，16.6%的人使用朋友的计算机上网。

网民的数量和上网频次使得电子商务在波兰发展愈加迅速，普华永道公布的调查报告显示，约有 55%的波兰人参与过网上购物。其中，65%的人选择网购，是因为网购可以随时随地进行；61%的人选择网购，是因为便捷性；认为网购商品具有价格优势的人占到 60%。与此同时，38%的人仍喜欢在实体店购物，因为可以实地查看商品的品质和型号，付款后就可以直接带走。还有 43%的人选择先在网店浏览选择商品，然后到实体店购买。

波兰电子商务领导厂商 Nokaut 公司的一项市场调查报告显示，波兰网购群体正在快速增长。在报告中，有两年以上网购经验的人占到 50%以上，有 25%的人一年采购次数达 10 次以上。男性比女性较常上网采购，但女性网购人数的增长率高于男性，未来此趋势将会改变。

活跃网购者的年龄介于 25~34 岁之间，其中 16.4%的人过去一年间网购产品或服务超过 20 项，27.4%的人达到 10~20 项。其次是年龄介于 35~50 岁的人，其中 15.5%的人过去一年间网购产品或服务超过 20 项，25.9%的人达到 10~20 项。居住在人口数超过 50 万人的大城市的居民网购比率最高。

网购人群比较在意的有以下几点：产品是否齐全、价格、效率、服务质量，其他客户的评价也是左右他们选择的因素。83%的受访者表示会使用比价网站，30%的人表示每周至少上一次比价网站，作为采购参考。

此外，绝大多数受访者对网购持有正面态度并表示会增加网购频率，91%的人表示会积极推荐网购方式给家人及朋友。

Gemius 对波兰电商市场调查的结果显示，波兰近 1/8 的互联网用户和 1/4 的网络消费者在国外网站上购物，化妆品、家居和园艺产品、儿童用品和服装是最常搜索的产品关键词。主要网购产品是，年龄在 18~24 岁者以衣服及鞋子为主（波兰规定衣服及鞋子售后店家均要有两年质量保证），价格便宜不是针对波兰市场最好的攻略，质量可靠才是赢得客户的关键；24 岁以上者则常采购书籍、CD、影片、家具、家电、影音设备、园艺配件及汽车用品。近年来，礼品采购以网购为主，81%的受访者表示会上网采购礼品。对于复活节、万圣节以及圣诞节礼品，波兰网民更倾向于提前采购。

13.2.2　波兰节日及商机发现

和中国传统节日一样，西方的节日也有其深厚的时代背景和历史渊源。有世界性的劳动节和新年，有关于宗教的复活节和圣母升天节，也有具有战争意义的战争死难者纪念日和解放日。节日与文化背景一脉相承，庆祝方式和时间的差异性为节日营销做好了铺垫，因为电商的节庆性特强，也是现在网络经济时代惯用的技巧之一。懂得波兰人在不同节日期间的喜好，推出符合受众需求的商品，将是节日营销的重点所在。下面就让我们一同领略一下波兰人的特殊节日。

1. 三个国王节

三个国王节是每年的 1 月 6 日。传说是“东方三王”向圣婴耶稣献礼的日子。三个国王节是西班牙的一个传统节日，波兰人同样也庆祝。据《新约全书》的《马太福音》中记载，马利亚在伯利恒生下耶稣时，有三个天文学家按照星星的指引从东方来跪拜耶稣，并且献上黄金、乳香和没药。在公元 9 世纪，这三个天文学家（也有说是三个智者）被传为三个国王。

传统的宗教节日是波兰人一直遵循的庆祝传统。在宗教节日的庆祝上，有信仰的波兰人通常会盛装参加教堂的仪式活动。一些波兰人甚至认为是三王带来的圣诞礼物，而非圣诞老人。礼品包装类、服装类产品自然是一个好的营销时机。

2. 复活节

西方的复活节定在每年春分月圆之后的第一个星期日，2016 年的复活节在 3 月 27 日。复活节彩蛋的风俗在波兰也非常盛行。

在圣枝主日开始的圣周，弥撒开始前，神父降福棕榈树枝，波兰人相信棕榈树会带来好运、健康、财富和万事如意，所以波兰教友带回棕榈树枝把它放在家中一年之久，表示天主的爱带来平安与喜乐。还有一个传说讲的是复活节周一，人们向来往的人群洒水，表示带来好运。在这一天，男孩子通常会把大量的水洒向女孩子，“湿透的周一”是他们的重头戏。但现在习俗有些改变，男孩子不用水洒向女孩子，而改用香水洒她们。这个特别的风俗习惯称为 smigus - dyngus。

复活节因为是西方传统宗教节日，在庆祝方式上各个国家不尽相同。复活节彩蛋衍生出来的纪念品、彩蛋的磨具、彩蛋式样的装饰品都是在选品上可以考虑的对象。因为波兰少女庆祝的方式不同，兔形衣服和节日服装都会有较大的流量。这也是睡衣卖家的一大福利。

复活节通常在 3 月下旬庆祝。这也是春装的换季季节，服装和配饰类自然会借复活节节日的气氛迎来流量的增长，因为每年 3 月速卖通平台会有大促。利用流量和便捷性，以复活节为契机，在装修和营销上顺应趋势自然会得到新的收获。

考虑到物流时长的因素，店铺在选品、定价、刊登上架、备货等方面都要提前准备。跨境电商需要有合理的库存和合理的利润预估，配合店铺阶段的营业目标和数据指标，做好节日营销的工作。

3．劳动节和国庆节

5 月 1 日是国际劳动节，这是在世界范围内共同庆祝的节日，是为了纪念全世界劳动人民团结战斗的节日。在波兰，1 日放假，因为 3 日是国庆节，大部分单位从 1 日休息到 3 日。5 月 1 日，波兰全国工会协会、民主左派联盟党、社会民主党、劳动联盟等左派团体和政党会举行庆祝“五一”的群众游行活动，通常会打着对应的标语“8 小时工作制”。

在 1989 年剧变前，7 月 22 日为国庆节（1944 年 7 月 22 日人民政权建立）；1991 年 4 月 5 日波兰议会通过一项法案，将波兰共和国国庆节改为 5 月 3 日。各大市级城市的部队会在大广场附近组织阅兵仪式，市民们手持国旗，正装自发地上街参加和平游行。

国庆节对于家居装饰行业无疑是一大商机。游行使用的国旗、口哨、喇叭，以及纪念国庆节的一些饰品、纪念品和家居用品都会有不错的销量。此时的波兰已经是秋季，平均气温为 8~18℃，所以冬装预售的季节已经来临。然而，在中国初夏的炎热才刚刚开始。跨境电商是不分季节性的生意，因为速卖通对准的是世界市场，跨越国别和季节的界限真正实现货通全球。

4. 起义纪念日

8 月 1 日是一年一度的波兰起义纪念日。1944 年 8 月 1 日，5 万余名波兰军民在华沙举行大规模武装起义，反抗纳粹占领军。起义者奋战了 63 天，终因力量悬殊而遭镇压。在起义过程中近 2 万名战士牺牲，另有 18 万名华沙市民死亡，大批华沙市民被投进纳粹集中营。

每年的 8 月 1 日，波兰民众在首都华沙游行纪念华沙起义，位于波兰首都华沙的华沙起义纪念碑前摆满了各界人士敬献的花圈。下午 5 时整，即当年起义爆发之时，华沙市汽笛长鸣，全城市民肃立默哀。

起义纪念日如同中国的清明节，是波兰人民悼念先烈和为国家做出过突出贡献的人的日子。波兰人民大规模的游行活动自然离不开国旗、火把等纪念品。这是一个沉重的时刻，波兰人民着装也倾向于肃穆庄严以示对先烈的敬意。

5. 圣母升天节

圣母升天节（Assumption Day）是每年的 8 月 15 日，是波兰人民的传统节日。圣母升天节，天主教、东正教节日，又称圣母升天瞻礼、圣母安息节。

波兰是信奉天主教为主的国家，比利时、法国、意大利、西班牙、葡萄牙等欧洲国家也庆祝该节日。8 月 15 日被设为公共假日，通常教堂在这一天举行仪式庆祝。

圣母升天节是一个值得纪念的节日，也是波兰人秉承传统在教堂举行盛大仪式的节日。毋庸置疑，节庆类用品又会迎来一个新的销售增长点。宗教礼仪的服装、与圣母升天节相关的纪念品（或饰品、家居用品等）都会是不错的选择。

6. 波兰独立日

波兰独立日是波兰共和国独立的日期，为每年的 11 月 11 日。1918 年，奥匈帝国和德国趋于崩解，第一次世界大战宣告结束，使得波兰复国独立成为可能，几经波折，终于在 1937 年波兰正式将 11 月 11 日定为其独立日。每年一到独立日，波兰全国都会放假一天，各大商场也全部关门停业。这一天，在波兰的大街小巷，以及各家各户的大门或者窗前都会挂上国旗，以示庆祝。

在独立日当天，波兰政府通常会举行庆祝仪式，波兰军队会在无名烈士墓前举行隆重的换岗仪式，各界人士也会借此机会向革命烈士进献花圈，随后军队会举行大规模的阅兵仪式。

波兰是一个饱受战争磨难的国家，各种各样的缅怀仪式和阅兵仪式不断，国旗这个标志性的商品是选品优先考虑的对象。政府隆重的庆祝仪式将节日推向一个新的高度，这也是平台每年“双 11”年终大促的时间段，海量商品为波兰人民送上一场视觉盛宴，服饰鞋帽（季节性）、手表饰品、3C 数码、美容健康用品都会迎来前所未有的销量。

13.3 俄罗斯节日及商机

13.3.1 俄罗斯概况

如图 13-2 所示，俄罗斯是由 22 个自治共和国、46 个州、9 个边疆区、4 个自治区、1 个自治州、3 个联邦直辖市组成的联邦共和立宪制国家。在俄罗斯有 55%的居民信奉宗教，其中 91%信奉东正教，5%信奉伊斯兰教，信奉天主教和犹太教的各占 1%，0.8%信奉佛教，其余的信奉其他宗教。主要宗教为东正教，其次为伊斯兰教。

图 13-2

俄语是俄罗斯的官方语言。各共和国有权规定自己的国语，有 30 多种语言，并在该共和国境内与俄语一起使用。俄语是四个独联体国家的官方语言。

从 2010 年开始俄罗斯投入大量的基础设施建设普及互联网，互联网普及率从 2010 年的 37.1%发展到 2015 年的 70.4%，五年时间增长了近 1 倍。网民数量已经达到 8290 万人。手机、平板电脑成了俄罗斯 30 岁以下人群最喜爱的上网工具，有超过

97%的俄罗斯年青一代正利用互联网进行各种活动，约有 28%的 55 岁以上的俄罗斯人能够使用到互联网。

俄罗斯互联网普及率如图 13-3 所示。

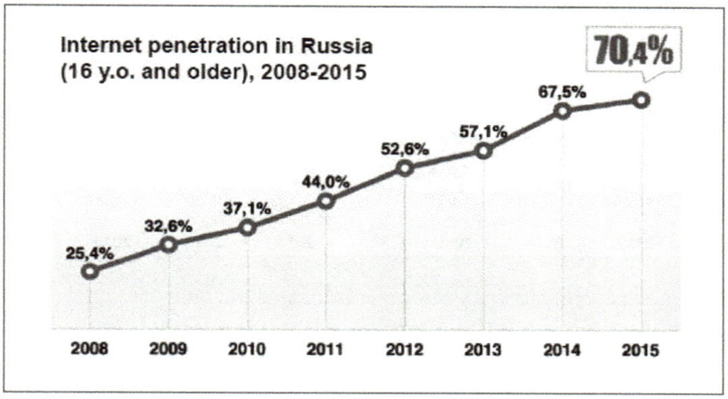

图 13-3

俄罗斯各年龄段网民使用各种设备的比例如图 13-4 所示。

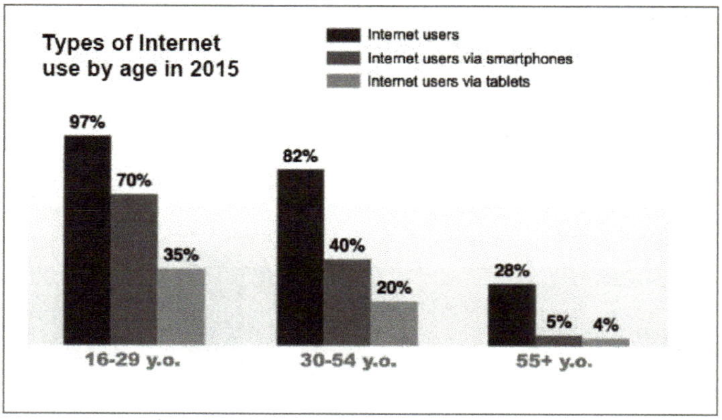

图 13-4

俄罗斯移动互联网普及率如图 13-5 所示。

随着 4G 网络的快速发展，以及移动支付系统的成熟，俄罗斯人的消费习惯已转向移动应用，带动智能手机市场快速成长。TrendForce 旗下拓墣产业研究所的研究报告显示，2014 年俄罗斯智能手机的销售量达 2140 万台，占整体手机销售比重的 50.5%。2015 年俄罗斯智能手机的销售量达 2615 万台，年成长率达 22%，占整体手机销售比重的 60.5%。俄罗斯智能手机市场前景可观。

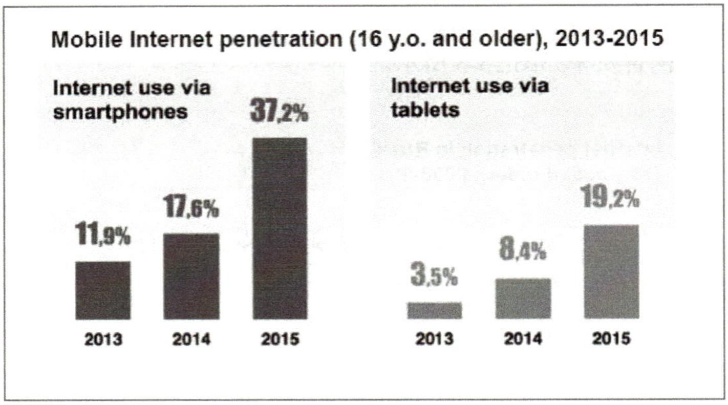

图 13-5

2015 年 3000 万俄罗斯网络消费者贡献了 1.48 亿个订单。同年，俄罗斯国内线下实物销售额达 6500 亿卢布（约 105 亿美元），占俄罗斯零售市场的 2%，如图 13-6 所示。其中，跨境销售额达 34 亿美元，较 2014 年增长了 55%，每个订单均价为 4050 卢布（约为 65 美元）。

图 13-6

2015 年俄罗斯国内市场稍有增长，一些类目商品受危机影响严重，如图 13-7 所示。

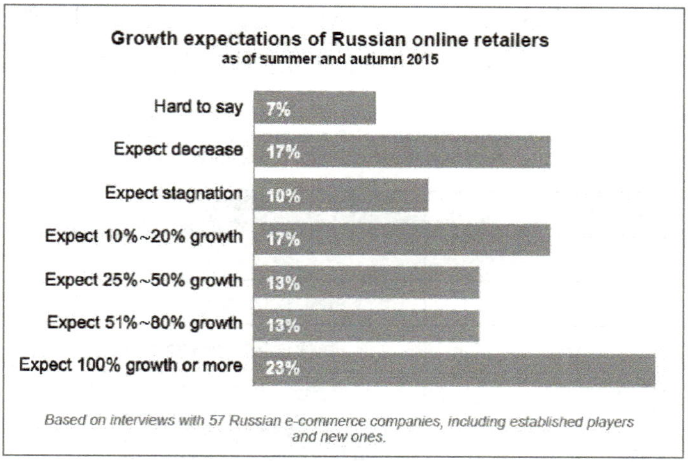

图 13-7

大部分大型线下零售商和制造商继续开发在线和移动销售渠道及相关基础设施。自 2014 年以来，俄罗斯经济市场中风险投资活动明显下降，但是有部分投资商仍然对电子商务相关服务感兴趣，如图 13-8 所示。

Venture and private equity investment in Russian e-commerce

Number of deals

Segment	2015	2014	Y-o-y
Physical e-commerce	15	36	– 58%
Digital e-commerce	13	23	– 43%
Ecommerce infrastructure, IT and service companies	14	9	+ 56%
Total	**42**	**68**	**– 38%**

This analysis includes Ozon's $150 million round in April 2014. It does not include the acquisition of classifieds site Avito in October 2015.

Investment amounts

Segment	2015	2014	Y-o-y
Physical e-commerce	$104.53m	$319.52m	– 67%
Digital e-commerce	$4.27m	$8.57m	– 50%
Ecommerce infrastructure, IT and service companies	$28.28m	$61.84m	– 54%
Total	**$137.08m**	**$389.93m**	**– 65%**

The decrease in investment amounts year-on-year is attributable partly to the depreciation of the Russian currency.

图 13-8

相比于远东和西伯利亚地区，俄罗斯消费者对绝大部分大型和中型城市的物流感到满意，俄罗斯邮政也在加紧提升对偏远地区的服务。目前，俄罗斯的电子支付手段并不普及，网购消费者普遍采用货到付款，并且在短期内这种付款方式仍将是主流。

缺少优质的人力资源成了掣肘整个网络行业的最大问题。项目经理成为俄罗斯电子商务圈中最匮乏的人才，在线销售人员、物流供应商也十分紧俏，如图 13-9 所示。

Key positions affected by HR shortages as experienced by Moscow e-commerce companies

Marketing	Acute shortage
IT	More or less acute shortage, depending on specialties
Sales	Available, but mainly from offline
Logistics	Available, but mainly from offline
Project managers	Acute shortage
General managers	Acute shortage

图 13-9

来自中国的跨境电子商务快速增长，有统计数据表明，2013—2015 年增长了 1 倍，占据俄罗斯市场 80%的订单。大部分西方网络零售商的销售额在俄罗斯不增反降，这主要是由于卢布自 2014 年就开始贬值。

13.3.2 俄罗斯节日汇总

1 月：

1 月 1 日，Новый год——新年

1 月 7 日，Рождество Христово——俄罗斯圣诞节（东正教）

1 月 11 日，День заповедников——储量日

1 月 12 日，День работника прокуратуры РФ——检察官日

1 月 13 日，Старый Новый Год——旧历新年

1 月 13 日，День Российской печати——印刷日

1月21日，Деньинженерныхвойск——工程兵日

1月25日，Деньстудентов "ТатьянинДень"——学生日“塔季扬娜节”

1月25日，ДеньштурманаВМФ——海军导航仪日

2月：

2月8日，Деньроссийскойнауки——科学日

2月10日，Деньдипломатическогоработника——外交服务日

2月14日，Деньвсехвлюбленных "ДеньСвятогоВалентина"——情人节

2月23日，ДеньзащитникаОтечества——祖国保卫者日

3月：

3月8日，Международныйженскийдень——国际妇女节

3月10日，Деньархивов——档案馆日

3月12日，Деньработниковуголовно-исправительнойсистемыМинЮстаРоссии——俄罗斯司部刑罚制度日

3月18日，Деньналоговойполиции——税务警察日

3月27日，ДеньвнутреннихвойскМВДРоссии——俄罗斯内务部日

4月：

4月1日，Деньсмеха / Деньдурака——愚人节

4月2日，ДеньединениянародовБеларусииРоссии——白俄罗斯和俄罗斯人民团结日

4月3日，ДеньГеолога——地质学家日

4 月 12 日，Всемирныйденьавиацииикосмонавтики——世界航空和宇宙航行日

4 月 30 日，Деньпожарнойохраны——消防日

5 月：

5 月 1 日，Праздниквесныитруда——劳动节

（5 月 1 日是国际劳动节，在莫斯科等城市都会有大游行的庆祝活动。）

5 月 1 日，Пасха——复活节

5 月 7 日，ДеньРадио——无线电日

5 月 9 日，ДеньПобеды——胜利日

（5 月 9 日是原苏联时期的卫国战争胜利纪念日。）

5 月 27 日，Всероссийскийденьбиблиотек——全俄图书馆日

5 月 28 日，ДеньПограничника——边防兵日

6 月：

6 月 1 日，儿童节

6 月 5 日，ДеньМелиоратора——机械师日

6 月 6 日，ПушкинскийденьРоссии——普希金日

6 月 8 日，ДеньсоциальногоРаботника——社会工作者日

6 月 12 日，ДеньРоссии——俄罗斯日

6 月 12 日，Деньработниковлегкойпромышленности——轻工业工人节

6 月 19 日，Троица——圣人节

6 月 22 日，Деньпамятиискорби——记忆和悲痛日

6 月 25 日，Деньдружбыиединенияславян——斯拉夫

人友好统一日

6 月 27 日，День молодежи России——俄罗斯青年节

7 月：

7 月 3 日，День ГИБДД——交警日

7 月 10 日，Российской почты——俄罗斯邮政日

7 月 17 日，День Металлурга——冶金学家日

7 月 24 日，День работника торговли——贸易日

7 月 28 日，День PR-специалиста——PR（公关）日

8 月：

8 月 1 日，День тыла Вооруженных Сил РФ——俄联邦武装力量支援部队日

8 月 2 日，День Воздушно-Десантных войск (ВДВ)——空降部队（VDV）日

8 月 6 日，День Железнодорожных войск——铁路部队日

8 月 7 日，День Железнодорожника——铁路工作者日

8 月 12 日，День Военно-Воздушных сил (ВВС)——空军（IAF）节

8 月 14 日，День Строителя——建筑工作者日

8 月 22 日，День Государственного флага РФ——俄罗斯联邦国旗日

8 月 27 日，День кино России——俄罗斯电影节

9 月：

9 月 1 日，День Знаний——知识日

9 月 2 日，День российской гвардии——俄罗斯先锋队日

9月3日，Деньсолидарностивборьбестерроризмом——共同打击恐怖主义斗争日

9月18日，ДеньработниковЛеса——森林工作者日

9月27日，Деньвоспитателя——教育者日

9月30日，ДеньИнтернетаРоссии（Рунета）——俄罗斯互联网（RuNet）日

10月：

10月1日，Международныйденьпожилыхлюдей——国际老年人日

10月4日，Деньвоенно-космическихсилРоссии——俄罗斯军事航天部队日

10月4日，ДеньвойскгражданскойобороныМЧСРФ——俄联邦紧急情况民防部队日

10月5日，ДеньУчителя——教师节

10月5日，Деньработниковуголовногорозыска——刑事调查工作者日

10月6日，Деньроссийскогостраховщика——俄罗斯保险工作者日

10月20日，ДеньвойсксвязивооруженныхсилРФ——俄联邦武装力量通信部队日

10月24日，Деньсоединенийичастейспециальногоназначения——特殊用途机关日

10月25日，ДеньтаможенникаРФ——俄罗斯海关工作者日

10月29日，ДеньработниковслужбывневедомственнойохраныМВД——俄联邦内务部和警卫局工作者日

10月30日，Деньавтомобилиста——司机日

10月30日，Деньинженера-механика——机械工程师节

11月：

11月4日，Деньнародногоединства——俄罗斯民族统一日

11月5日，Деньвоенногоразведчика——军事侦察员节

11月6日，Деньсудебногопристава——法警节

11月7日，ДеньОктябрьскойреволюции 1917 года——1917年十月革命日

11月10日，ДеньМилиции——警察日

11月11日，Деньпамятипогибшихвпервоймировойвойне——第一次世界大战牺牲者纪念日

11月13日，Деньвойскрадиационной，химическойибиологическойзащиты——辐射、化学和生物防护部队日

11月15日，Всероссийскийденьпризывника——俄罗斯征兵日

11月21日，Деньработниканалоговыхорганов——税务机关工作者节

11月27日，ДеньМатериРоссии (ДеньМатерей)——俄罗斯母亲节

11月27日，Деньоценщика——评估工作者节

11月27日，ДеньМорскойпехоты——海军陆战队节

12月：

12月4日，Деньинформатики——信息学日

12月15日，Деньпамятижурналистов，погибши

хприисполнениипрофессиональныхобязанностей——因公殉职记者纪念日

12 月 17 日，Деньракетныхвойскстратегическогоназначения. Деньвоенно-космическихсил. ——战略火箭部队日，军事航天部队日

12 月 20 日，Деньработникаоргановгосударственнойбезопасности (ФСБ) ——国家安全机关工作者（FSB）日

12 月 22 日，ДеньЭнергетика——电力工业部门工作者日

12 月 23 日，ДеньДальнейавиацииВВСРоссии——俄罗斯远程空军部队日

12 月 25 日，РождествоХристово——西方圣诞节

12 月 27 日，ДеньспасателяРоссийскойФедерации——俄联邦救援人员日

13.3.3 俄罗斯重要节日及商机发现

1. 圣诞节（西方）/新年/圣诞节（东正教）

新年是一年中最隆重、最具民族特色的俄罗斯传统节日。每一年的 1 月初，是俄罗斯人狂欢的日子，加之新年、两个圣诞节汇聚于此，狂欢日长达 4 个星期。除了在餐桌上度过，长久以来，俄罗斯人习惯于购买新年礼物，添置欢乐饰物，举办家庭派对，或者出国旅游。直到 1 月 19 日的耶稣受洗节，人们仍然保持着高涨的情绪，继续制作美味的菜肴，继续到亲朋好友家串门。

俄罗斯女性最希望得到首饰盒和贵重的珠宝首饰的占总人数的 72%；希望得到鲜花的占 71%；得到金钱的占 69%；去异国旅游的占 62%。而通常所赠送的礼物与期望是完全不同的，赠送家庭用具占 72%，糖果占 70%（其中还有很多俄罗斯人在饮食上节制，而不吃糖果食品），床上用品、毛巾和其他纺织品占 48%。

俄罗斯男性对新年礼物的期待也是有差别的。在新年之际，俄罗斯男性同样希望

得到新年礼物。希望得到家用电器和电子产品的占 68%，得到旅游纪念品的占 47%，得到烧酒的占 52%，得到家庭用具的占 41%，得到剃须用品和装饰品的占 38%，得到各种办公用品的占 31%。除此之外，有 62%的俄罗斯男性也不讨厌并很愿意接受礼金。通过调查发现，最好的新年礼物是不确定的，即赠送可以购买任何相关物品的购物券（如按摩券、香水券等），或者是某种娱乐项目的门票。俄罗斯男性和女性对这种方式是持赞同态度的，因为这不像出去旅游和家用电器那么昂贵，也不像巧克力、床上用品或者糖果那么平淡无奇。

1 月 7 日是东正教圣诞节，也是俄罗斯人最重要的节日。在这一天亲人和朋友互相赠送礼物。在圣诞节没有必要买特别贵重的礼物，去朋友家的话，甜美的蛋糕、红酒或者质量不错的茶具，以及灌装咖啡巧克力糖果礼品盒都是不错的选择。另外，商店里还会卖一些圣诞节日主题的小礼品，比如圣诞蜡烛、时钟、日历、杯子、钥匙圈、书签、磁铁、钢笔和记事本等。对自己心爱的女孩或者妻子最适合赠送的礼物是精美的小首饰、礼品 U 盘、宝石挂件等，还有巧克力进口咖啡女孩子也比较喜欢。

2．祖国保卫者日——男人节

每年的 2 月 23 日，俄罗斯都会举国欢庆“男人节”，即“祖国保卫者日”。如今这个原本属于军人的节日已经变成了全体男人的节日。在这一天，女性要向男性表示祝贺并赠送礼物，男士则可以在自己的节日里尽情享受生活，开怀畅饮。在俄罗斯的百货商场里，贴满了“男人节”的海报，为各种商品促销。有意思的是，2017 年俄罗斯“男人节”最流行的礼物不是电动剃须刀或高级领带等传统男士用品，而是男用香水和男用护肤品。在一家化妆品专卖店，一位女士一下子就买了 30 套男士香水，原来她是在为自己公司的男职员采购礼品，“每年我们都会给男士们准备礼物，去年公司买的是衬衫，今年改送香水，这样他们出去也能更好地展示公司的形象”。

3．国际妇女节

“三八”妇女节是俄罗斯人最重视的节日之一，他们给这个节日赋予了情人节、母亲节和儿童节的成分，因此，它不是单纯的女性节日。每年的 3 月 8 日，俄罗斯全国放假 1 天。按照俄罗斯人的习惯，男人在节日前夕会向女性亲友、同事等致以节日的问候，并给母亲、妻子、姐妹、女儿买礼物。鲜花、香水、糖果、服装、配饰等，均是很受欢迎的节日礼物。其中，鲜花占有特殊地位，可以说是必送的礼物。妇女节没有花是不行的，一束花就可以给女人带来极大的欣喜。

4. 知识日

俄罗斯学校的开学时间也是 9 月 1 日，跟中国一样。俄罗斯小学生（俄罗斯人把所有还在上学却未高中毕业的学生称之为小学生）在开学的第一天都要穿得很正式并手捧鲜花。俄罗斯总统参观学校并发表祝词，已经成为“知识日”的优良传统，像元旦新年前国家元首面对全国人民致贺一样，不可或缺。庆祝“知识日”，全俄罗斯学校的高年级学生把一年级新同学带进他们生命中的第一堂课。此外，就是丰富的迎新活动，如迎新大会、校长致辞、学生艺术团体演出、学校介绍展、新同学宣读誓词等。这一天，在俄罗斯到处可见手捧鲜花的一年级小学新生，这是他们人生的一个重要开始，他们要在开学的第一天向老师献上鲜花，以表达自己的敬意。

俄罗斯学校不要求学生穿统一的校服，可以尽情地把自己打扮得帅气、漂亮，别具一格。所以，在开学季，除了书包、文具用品，服饰、配饰等都有很大的需求量。

13.4 法国节日及商机

13.4.1 法国概况

如图 13-10 所示，法兰西共和国（简称法国）位于欧洲西部，是欧洲国土面积第三大、西欧国土面积最大的国家，海外领土分布在南美洲和南太平洋的一些地区，与比利时、德国、瑞士、意大利等国接壤。首都巴黎是法国最大的城市，也是欧洲第二大城市，被评为世界四大国际化都市之一。法国是一个非常发达的资本主义国家，综合实力强大，是欧洲四大经济体之一，也是联合国安理会五大常任理事国之一。

图 13-10

法国总人口为 6600 万（2014 年数据），其中本土人口为 6390 万，法国是一个多民族国家，法兰西民族是主体。此外，还有阿尔萨斯、布列塔尼、巴斯克、科西嘉、佛兰芒等少数民族，约占总人口的 7.9%。在宗教方面，信仰人数最多的是天主教，少部分人信奉伊斯兰教、新教和犹太教。

法国人对穿着打扮非常重视，在正式场合着装以西装、套裙或连衣裙为主，颜色多为蓝色、灰色或黑色。遇到庆典等仪式时，一般要穿礼服，男士配以黑色西装套装，女士配以单色大礼服或小礼服。法国人十分在意搭配是否得当。

在西方发达国家中，法国是电子商务发展较晚的国家，但近年来，法国电子商务市场持续活跃，保持着较快的发展态势。据法国电子商务协会（Fevad）的统计，2015 年，法国电子商务的销售额为 649 亿欧元，同比增长 14%，10 年中增长了 6.75 倍。目前，法国电子商务在欧洲国家中位列第三，在全球排名第六。目前法国的家庭已完全实现固定宽带覆盖，74%的家庭订购了固定宽带服务，82%的法国人是互联网使用者。

电子商务作为一种新的贸易方式，已经在不同的经济部门逐渐推广开来。2015 年数据显示，电子商务在旅游、文化产品、家纺、游戏/玩具、家庭高科技产品等部门所占的比例已经超过 20%；从销售数据来看，旅游、服装、文化产品的销售额非常可观，如图 13-11 所示。

图 13-11

（数据来源：法国电子商务协会（Fevad））

截至 2016 年第一季度，法国网购人数达到 3550 万人，其中 78.3%习惯于在 PC 端网购，通过手机移动端购物的人数为 660 万人；2015 年手机移动端实现的销售额达到 64 亿欧元，与 2014 年相比增长了 40%。移动端所占电子商务销售额的比例已经由 2011 年的 1%增长到 2016 年的 10%。法国政府承诺，预计到 2020 年，法国 70%的人口将能享用 100Mb/s 的宽带服务，这将极大地促进手机移动端业务的发展。

不同产品通过 PC 端和手机移动端下单的比例如图 13-12 所示。2016 年上半年，通过 PC 端采购的产品主要集中在服装、电子科技产品、旅游产品等；通过手机移动端采购占比大的有服装、文化产品、电子产品、美容产品等

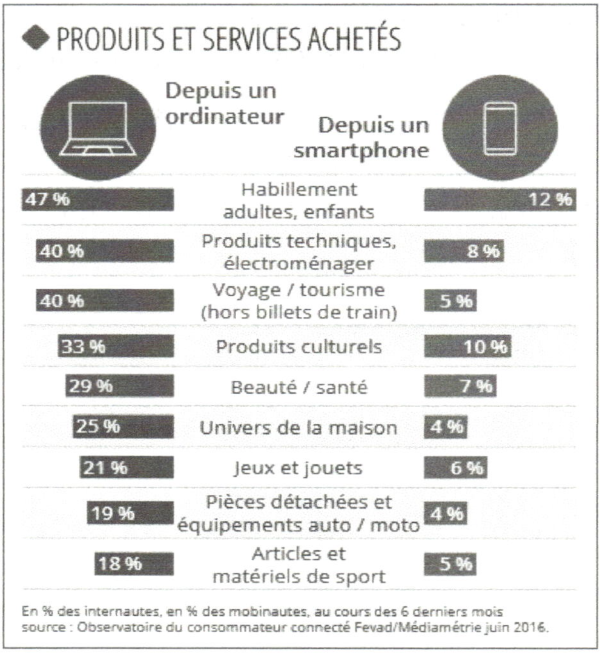

图 13-12

（数据来源：法国电子商务协会（Fevad））

网购订单数和金额如图 13-13 所示。2015 年数据显示，法国人网购平均每笔交易额为 78 欧元，比 2014 年降低了 4.5%；全年的交易次数约为 22.9 次，人均交易总金额为 1780 欧元。

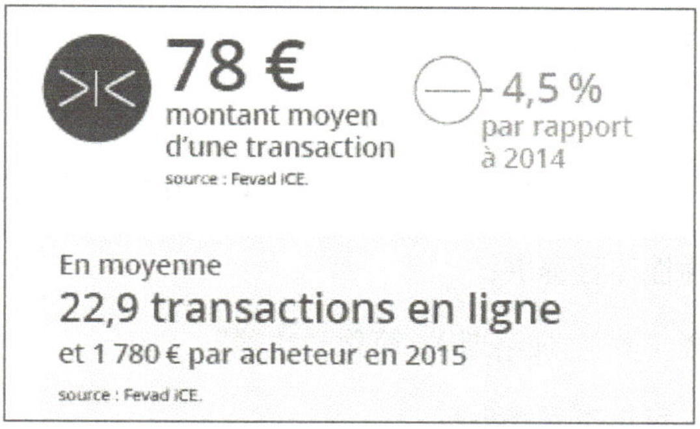

图 13-13

（数据来源：法国电子商务协会（Fevad））

13.4.2　法国重要节日及赛事日汇总

圣诞节：12 月 25 日

圣西尔韦斯特节：12 月 31 日

红酒节：1 月 22 日

圣蜡节：2 月 2 日

圣瓦伦丁节： 2 月 14 日

耶稣受难日：复活节前的星期五

愚人节：4 月 1 日

劳动节：5 月 1 日

戛纳电影节：5 月 12 日左右

二战停战日：5 月 8 日

圣（基督）灵升天日：处于复活节和圣神降临节之间

圣灵降临节：教会规定每年复活节后第 50 天

音乐节：6 月 21 日

国庆节：7 月 14 日

圣母升天日：8 月 15 日

一战停战日：11 月 11 日

里昂灯光节：12 月 8 日至 12 月 11 日

巴黎时装周：分为秋冬（2、3 月）和春夏（9、10 月）两个部分

法国著名的国际性体育赛事：

法国网球公开赛（罗兰-加洛斯），简称“法网”

环法自行车赛，每年于夏季举行

13.4.3 法国重要节日、赛事及商机发现

1. 戛纳电影节

戛纳电影节是当今世界上最具影响力、最顶尖的国际电影节之一。20 世纪 30 年代末，由于当时法西斯主义气焰高涨，德国的纪录片《奥林匹亚》入围 1938 年威尼斯电影节并夺得最佳外国影片“穆索里尼奖”。法国政府有感于当时的国际环境，再加上戛纳气候舒适，便决定在戛纳创立新的国际电影节。第一届电影节全名为“国际电影节”（Festival international du film），并宣布于 1939 年 9 月举办，但由于德国入侵波兰，法国、英国对德国宣战而取消。1946 年 9 月 20 日，真正的第一届国际电影节在戛纳举办。2002 年官方正式定为“戛纳电影节”（Festival de Cannes）。

当前戛纳电影节每年定在 5 月中旬举办，为期 12 天左右，通常于星期三开幕、隔周星期天闭幕。戛纳电影节作为欧洲三大国际电影节之一，在国际上有很大的影响力。对于法国以及欧洲影迷来说，期间可以感受到来自于不同国家和地区的优秀的电影，追星族也会偶遇自己喜欢的明星。戛纳电影节带动了当地旅游业的发展。

在这个节日期间，是戛纳旅游业最热闹的时候，有来自于世界各地的导演、明星以及影迷，没有前往戛纳的电影人也时时关注最新动态。消费需求主要体现在出行度假和引导性消费上，海边度假游乐相关商品有泳衣泳裤、游泳眼镜、游泳及潜水冲浪设备，如泳圈等；户外出行所需的相关商品有太阳镜、遮阳帽、旅行箱（袋）、手电筒、手机充电宝、便携性食物、潮流服饰等；还有数码影视类产品，如照相机、录像机、影碟机、碟片、手机、自拍杆等。

2．法国音乐节

法国音乐节是属于法国全体民众的节日。6 月 21 日是法国宣布夏季开始的日子，法国前文化部长贾克朗 Jack Lang 决定在这一天举办一个真正属于全民的音乐节。从 1981 年开始，每到 6 月 21 日，无论是业务爱好者还是专业音乐人，都会走上街头，向法国民众免费展示自己的音乐艺术。音乐节已经成为法国最受大众欢迎的节日之一。目前，法国音乐节不仅在法国本土举办，全球五大洲 340 多个城市均成为了音乐节分会场。法国音乐节也被称为“全球唯一一个跨越国界、语言和文字障碍的节日”，深受广大音乐爱好者的喜爱。

音乐节是全民参加的群众性活动，这一天还可以有幸见到自己喜欢的音乐家、著名的歌星、音乐界名人，他们都将在音乐节上免费为大家演唱。在许多城市，将会有露天音乐会，整个城市都沉浸在音乐中，音乐会将一直持续到第二天凌晨。

在音乐节期间，消费需求主要体现在音乐器械和穿戴等上，乐器相关商品有铜管乐器、键盘乐器、打击乐器、弦乐器、木管乐器等；数码相关商品有照相机、摄像机、手机、耳机、音乐碟片、打碟机等；服饰类商品有墨镜、帽子、服装、鞋子、流行饰品等。

3．环法自行车赛

环法自行车赛同环西班牙自行车赛和环意大利自行车赛一起被誉为世界上最高级别的自行车赛事。环法自行车赛是知名的年度多阶段公路自行车运动赛事，主要在法国举办。

环法自行车赛一般在每年的 7 月举办，每天进行一个赛段，共进行 21 个赛段，总赛程为 3200 公里左右。按比赛形式分个人计时赛和大组赛，按比赛道路分平地赛段和山地赛段。环法起点每年都不一样，环绕法国一圈后，最后到达的终点是巴黎。

赛事规则包括淘汰规则、事故处理、安全守则、不能借助外力参赛、禁止滑稽行为、禁止裸体骑行和常见战术等，确保赛事公正、公平。

不同的赛事奖励身穿不同色彩的运动衫，总成绩领先者身穿黄色领骑衫，冲刺积分领先者身穿绿色骑行衫，爬坡成绩最佳者身穿波尔卡红白斑点衫，25 岁以下成绩最好的车手身穿白色骑行衫。每个赛段结束后，赛事委员会都会评出最令人激动的战斗精神奖的选手。在每个赛段，排在车队前 3 名的选手的时间总和将算作车队的成绩。

环法自行车赛是专业自行车运动员的赛事，也是全球车迷的节日，各大网站、电视台都有现场直播与跟踪报道。参加环法比赛的选手来自于世界各地，但主要来自于法国、意大利、西班牙的著名车队，比赛的关注度和影响力是巨大的。

在环法自行车赛举办期间，消费主要体现在对自行车以及相关商品的需求上，如自行车相关商品有自行车整车、自行车服装、自行车部件、自行车配件等；户外运动相关商品有太阳镜、遮阳帽、旅行包、手电筒、手机充电宝、便携性食物、帐篷、睡袋、野营用品等。

4．里昂灯光节

里昂灯光节来自于两个著名的传说故事，比较有名的是“鼠疫”说和“普鲁士攻城”说。第一个传说是，中世纪里昂城里肆虐的鼠疫夺走了很多人的生命。1643 年，为了拯救城市，当地官员和贵族向圣母玛利亚祈福，不久瘟疫就销声匿迹了。里昂人为了感恩决定在每年的 12 月初点燃窗前的小蜡烛。第二个传说是，1870 年，普鲁士人在攻下法国城市第戎后继续南下，包围了里昂城。兵临城下，里昂人向圣母祈祷，如果里昂城躲过一劫，则为圣母重修一座大教堂。果然，普鲁士人退兵了，于是人们开创了“灯光节”来纪念圣母。

据史料记载，真正的“灯光节”的由来更具传奇色彩。1852 年，里昂人重建大教堂的钟楼，并重塑圣母玛利亚的镀金铜像。原计划在当年的 9 月 8 日即圣母诞生日举行纪念活动，但是索恩河突然涨水，纪念活动不得不推迟到 12 月 8 日。12 月 8 日上午，里昂下了一场特大暴雨，里昂人垂头丧气。正当大主教准备宣布再次推迟纪念活动时，大雨在傍晚时分终于停下来，天空完全放晴。兴奋的人们纷纷在窗前点燃蜡烛，并走上街头载歌载舞。满城的烛光直到次日天明才渐渐熄灭。自此，12 月 8 日就正式定为“灯光节”的开始日，并最终演变成一个世界著名的节日。

里昂灯光节也是法国里昂的一个宗教节日。每年的 12 月 8 日开始，12 月 11 日结束。在灯光节期间，里昂的家家户户都会在自家窗户外摆放点着的蜡烛。同时，城中的宗教场所或一些公共场所也会摆放蜡烛。其中最有名的地点是富维耶圣母院和沃土广场。在里昂灯光节将会摆放不同设计风格的灯光，现代科技融入其中，成为一场让人向往的视觉盛宴。

在这个节日期间，数百万游客来到里昂，各种灯光效果吸引了人们的眼球，所以消费需求主要体现在灯光相关商品和旅行用品上，如电子源器件相关商品有电子灯光产品、电子器材、显示器件等；户外出行所需的相关商品有眼镜、帽子、旅行箱（袋）、手机充电宝、服饰等；数码影视类商品有照相机、录像机、碟片、手机、自拍杆等。

13.5　荷兰节日及商机

13.5.1　荷兰概况

如图 13-14 所示，尼德兰王国因其荷兰省最出名，故称为“荷兰”。尼德兰王国是由荷兰、阿鲁巴、库拉索和荷属圣马丁 4 个构成国组成的君主立宪制的复合国，是一个以荷兰本土为核心的主权国家。荷兰政府的权力仅限于国防、外交、国籍和引渡，除此以外，各构成国皆有完全的自主权和自治权。荷兰位于欧洲西部，东连德国，南接比利时，西、北两面濒临北海，面积为 4.1526 万平方公里。

图 13-14

荷兰是郁金香、木鞋、奶酪的故乡，素有“欧洲门户”“风车王国”“花卉之国”等美称。荷兰资源贫乏（只有天然气储量比较丰富）、地域狭小、人口稠密、自然条件较差，但经济高度发达，是世界上 11 个最主要发达国家之一，又是人均收入最高的前 10 位国家。因此，荷兰被人们称为“地理上的侏儒，经济上的巨人”。

荷兰宪法规定宗教信仰自由。对荷兰社会影响最大的是罗马天主教和荷兰新教。在荷兰居民中约 29%信奉天主教，19%信奉基督教，约 6%信奉伊斯兰教，还有一定比例的人口认为自己无宗教信仰。荷兰官方语言是荷兰语。

荷兰文化的多元化体现在不同地区文化的差异性，以及外国文化所带来的影响上。荷兰以社会风气宽容、开放著称。通常，荷兰的形象与贸易、郁金香、风车、木鞋、奶酪和白蓝彩釉瓷器等相关。荷兰在对待麻醉剂、性交易、同性婚姻和安乐死等问题上的开放政策引起世人的关注。

虽然荷兰是一个小国家，但是它在经济、政治方面都扮演着重要的角色。荷兰有1680 万人口，其中网络渗透率高达 92%。2015 年在线销售额达到 165 亿欧元。

在荷兰最受欢迎的商品依次为旅行票务（48%）、电子通信（16%）、电子消耗品（10%）、电脑配件（9%）、时尚相关（9%）、媒体娱乐（8%），如图 13-15 所示。

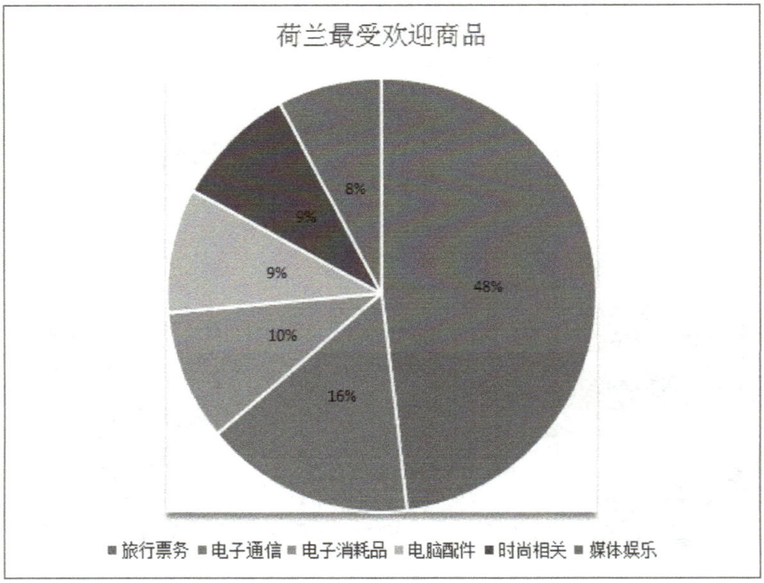

图 13-15

超过 1100 万的荷兰人有过至少一次网购经历。这个数字占荷兰网络使用人数的92%。根据 CBS 的报道，2013 年大约有 1000 万荷兰人在网上购物，在线订单超过 460 万，与上一年同期相比增长了 10%，如图 13-16 所示。2015 年报告显示，有 1176 万人（15 岁以上）在 2014 年上半年进行过网上购物。

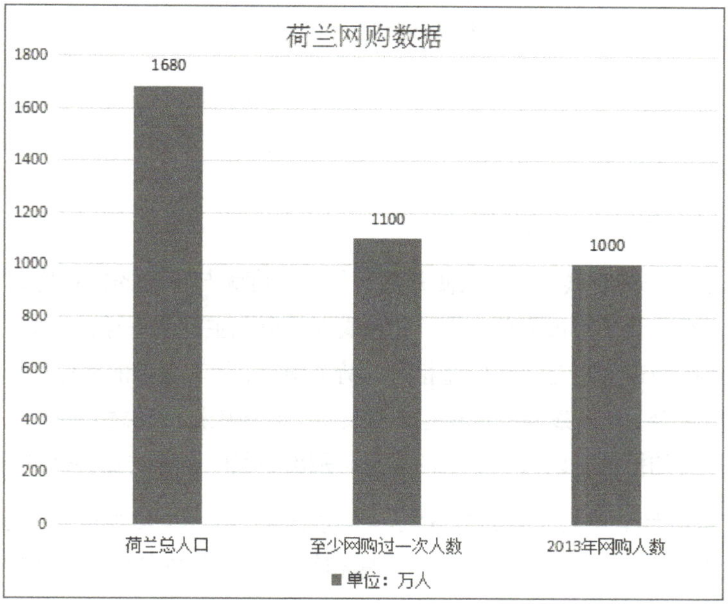

图 13-16

2014 年荷兰的电商市场价值达 140 亿欧元，2015 年年底增长到 165 亿欧元，如图 13-17 所示。根据调查研究显示，荷兰在线销售额将占到总体零售额的 11%。

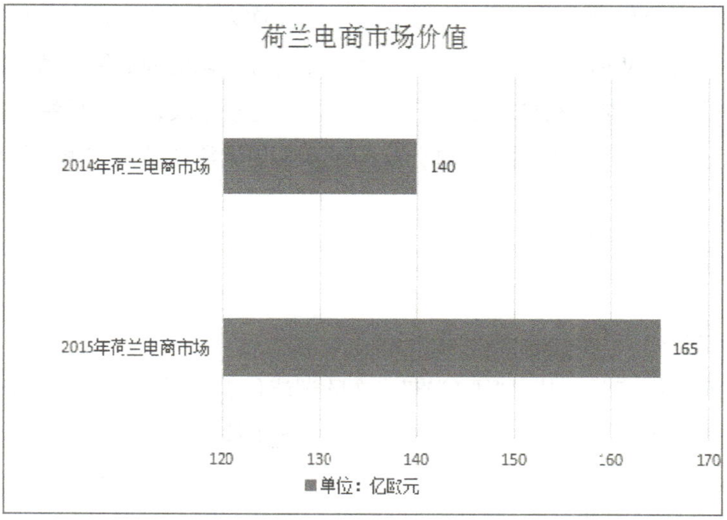

图 13-17

13.5.2 荷兰节日及商机发现

1. 荷兰女王节

节庆日期：4 月 30 日

活动地点：全国

当女王节到来的时候，荷兰人便开始了每年一度无与伦比的狂欢盛典。这一天的荷兰，除了天空，几乎都被橙色包围。和速卖通的橙色主色调一样，突出活力、激情。届时大大小小的街道上将充满红白蓝相间的荷兰国旗、代表皇室的橙色旗帜、游行的队伍和热闹的音乐会，欢欣鼓舞地庆祝这个重要日子。在庆祝活动之外，居民、观光客也会应景穿着一身的橙色，以符合节庆的意义，别出心裁的服装则更会受到各方的赞赏。

女王节是荷兰全年较大型的节日之一，这个节日有一个重要色调“橙色”，荷兰人开放、热情、有个性、潇洒，此时与主题相符的服装市场定是一块肥肉。

2. 马斯垂克嘉年华

节庆日期：每年春天

活动地点：马斯垂克

马斯垂克嘉年华会在星期天 11 点加农炮响 11 次以后，正式疯狂开始，游行的队伍从火车站附近的 Wieck 广场出发，一路经过热闹且古老的商店街、佛来特霍夫广场和 Markt 广场等。参加游行的人都会将自己装扮得花枝招展，个个盛装打扮并戴上五颜六色的脸谱，街头到处是唱歌跳舞狂欢的民众，更增添了节庆“解放”的气氛。

3. 风车节

节庆日期：5 月的第二个星期六

活动地点：全国

关于风车之国荷兰及其 “风车节”，在欧洲流传着这样一句话：上帝创造了人，荷兰风车创造了陆地。如果没有这些矗立在宽广地平线上的抽水风车，荷兰无法从大海中取得近乎国土三分之一的土地，也就没有后来的奶酪和郁金香的芳香，更没有今天日益增多的环保能源。

19 世纪后，荷兰风车开始走下坡路，风车的用途逐渐被蒸汽机和电力所取代。

荷兰人对风车有着深厚的感情，他们视风车为国家的“功臣”和国宝，把风车看成民族和国家的象征。每年 5 月的第二个星期六是荷兰的风车节，这一天全荷兰的风车一齐转动，举国欢庆。

风车节是荷兰全国较大型的节日之一，无疑，“风车”是这个节日的重点主题，那么站在电商运营的角度，根据这个主题可以引出哪些产品线呢？这个值得我们思考。

4. 音乐节

节庆日期：6 月

活动地点：全国

每年的 6 月全国都会举行运河音乐节，有一些古典音乐，还有一些古老音乐，不少游客喜欢来这里跳舞，感受不同的歌剧。这里拥有全世界最前卫的指挥家，还有最伟大的表演家，他们把荷兰的艺术当成最高的境界。而且这里有着很多属于自己的特色。

5. 水果节

节庆日期：9 月 11 日

活动地点：梯尔

在荷兰东部海尔德兰省有一个著名的水果产区贝图尔（Betuwe），盛产苹果、梨和樱桃等。产区中最重要的城市要数梯尔（Tiel）。为了推广这个地区水果的知名度，自 1961 年起，每年 9 月的第二个周末在梯尔都要举办一个水果节（Fruitcorso）。慕名而来的游客总数超过 10 万，是该省每年第二大盛事。水果节上的活动安排很丰富，其重头戏是蔬果花车游行（水果和蔬菜都会被用到）。该地区众多的志愿者和花车爱好者从设计、搭建到最后的粘贴，要连续工作几个月。这些人的努力和坚持，是这一传统得以延续至今的重要原因。

13.6　马来西亚节日及商机

13.6.1　马来西亚概况

如图 13-18 所示，马来西亚称为马来西亚联邦（前身马来亚），简称大马。马来西亚分为两个部分，西马来西亚位于马来半岛，北接泰国，南部隔着柔佛海峡，以新柔长堤和第二通道连接新加坡；东马来西亚位于婆罗洲（加里曼丹岛）的北部，南接印度尼西亚，文莱国夹在沙巴州和砂拉越州之间。马来西亚是一个新兴的多元化经济国家，其经济在 20 世纪 90 年代突飞猛进，为“亚洲四小虎”国家之一，是资本主义国家。马来西亚已经成为亚洲地区引人注目的多元化新兴工业国家和世界新兴市场经济体。马来西亚为东盟成员国，也是创始成员国之一。

图 13-18

2015 年统计，马来西亚总人口约有 3033 万，人均 GDP 为 9766 美元。其中马来人占 55%，华人占 24%，印度人占 7.3%，其他种族占 0.7%。马来语为国语，通用英语，伊斯兰教为国教，其他宗教有佛教、印度教和基督教等。

马来西亚分为 13 个州，吉隆坡是首都。吉隆坡是马来西亚政治、经济、金融、工业、商业和文化中心。吉隆坡也是华人的主要传统聚居地之一，华人约占该地区总人口的 42%，为当地主要族裔之一。坐落于市中心的吉隆坡石油双塔是吉隆坡的著名地标。

东南亚国家的中产阶级比例正快速增长，商机巨大，东盟未来十年的经济成长指数预计每年可达 5%~6%，有望超越北美，成为全球第一大电商市场。而在东盟十国中，马来西亚的市场成熟度仅次于新加坡，但其市场容量比新加坡大。从市场的角度看，马来西亚的基础相当好，发展空间大。

马来西亚的电商市场增长快，年复合增长率达 33.6%。马来西亚市场正进入起飞阶段，预计市场规模将从 2013 年的 7.7 亿美元，快速成长至 2020 年的 58.9 亿美元。

马来西亚约有 700 万华人，普遍中文沟通无障碍。华人群体的购买力水平较高。

马来西亚的移动电商基础设施完善，智能机用户比 PC 用户多 36%，移动商务在马来西亚深具潜力。

在东盟六国（印尼、马来西亚、菲律宾、新加坡、泰国、越南）中，马来西亚的电商普及率最高。马来西亚的互联网用户约占人口总数的 67%（仅次于新加坡），其中 1600 万人曾有线上购买行为，占互联网人口的 80%。

婴幼儿产品在马来西亚的电商市场中具有成长爆发力。2015 年，马来西亚第一大电商平台 Lazada 前五大热销商品分别为：尿布、移动电源、果汁机、食品容器、随身碟。

13.6.2　马来西亚节日汇总

1 月 1 日，国际新年/元旦

2 月 8 日，圣纪节

7 月 6 日，开斋节

8 月 31 日，国庆日

10 月 24 日，古尔邦节

11 月 10 日，屠妖节

12 月 10 日，圣诞节

13.6.3　马来西亚重要节日及商机发现

1. 屠妖节

马来西亚屠妖节是印度教徒的新年。马来西亚是一个多种族的国家，印度人在马来西亚的人数也是非常多的，所以屠妖节在马来西亚也是很重要的节日，是全体大马人民共同欢庆的日子。马来西亚的屠妖节又被称为“灯节”，是印度教徒进行祷告、举家团圆欢庆的节日。屠妖节的时间是印度历的第 7 个月，即公历的每年 10 月或 11 月。这个节日的由来有很多传说，其中最普遍的传说是为了庆祝魔王那拉卡苏拉被神主克利斯纳惩杀。当时天神与大地女神生下的唯一儿子那拉卡苏拉被赋予神的力量与武器，但他却滥用权势兴建城堡，以残忍的手段欺压人民，并由于他个人畏惧光明、留恋黑暗，甚至禁止民众晚上点灯。另一位天神向神主克利斯纳申诉，在一场激烈的战斗中，魔王那拉卡苏拉被神主克利斯纳杀死，闻讯的人皆鼓舞欢呼，大肆庆祝，并燃起油灯将整个城市点亮，庆祝这个光明重生的时刻。故被称为“屠妖节”。

还有一个被记录在史诗中的传说是为了庆祝喇嘛被流放 14 年之后回到他的王国，全国上下点起油灯，象征着在雨季、冬季交替之际，获得丰收，正式等待富裕财机来临之时。因此，屠妖节同时也是人们庆祝祈祷、祈求天神赐福兴旺的节日。

在节日期间，人们点上灯火以庆祝当年降魔伏妖获得胜利。这一天印度教徒清早起床，沐浴后穿上节日盛装，男女老少有的手捧鲜花，有的手拿槟榔、香蕉，簇拥着来到印度庙宇，用这些东西供神，然后跪倒礼拜，祈求神的保佑。节日里家家户户灯火通明、香烟缭绕，象征着光明战胜黑暗，邪不胜正。印度家庭不仅会拜访亲友分享佳肴，甚至还“敞开门户”欢迎不同宗教种族的访客一起庆祝。许多印度社区也常常以吉祥为由将屠妖节视为财政年度的起始时间。还会举办热闹的节日集市以及丰富的文化活动，如印度文物及工艺品展、街头游行、倒计时音乐会等。

在节日期间，民众将到印度庙宇供神，祷告时使用的香花和花环、传统的油灯是消费需求。同时还有集市活动，图案精美的纱丽服、色彩艳丽的印度服饰、做工精细雅致的时装首饰、传统的艺术品与工艺品也将大有市场。

2．国庆日

15 世纪初，以马六甲为中心的满剌加王国统一了马来半岛的大部分，但从 16 世纪开始，先后被葡萄牙、荷兰、英国占领，在 20 世纪初完全沦为英国殖民地。砂拉越、沙巴历史上属于文莱，1888 年两地也沦为英国保护地。在第二次世界大战中，马来亚、砂拉越、沙巴被日本占领，战后英国恢复其殖民统治。1948 年成立马来亚联合邦，1957 年 8 月 31 日马来亚联合邦宣布独立。因此，8 月 31 日成为马来西亚的国庆日。

每年的国庆日，马来西亚人都通过欢庆游行来表达内心的喜悦与自豪，在游行的队伍中不仅有步伐矫健的士兵和造型新颖的花车，还有由身着马来西亚各民族盛装的兄弟姐妹们组成的五彩“长河”，盛大的欢庆游行和各项表演将国庆的气氛推向高潮。

而由众多马来西亚及外国明星加盟的盛大晚会和美丽的焰火表演，更为国庆庆典增添了无数亮点。

在国庆期间，民众需要大量的国旗用来装饰房屋四周，所以对马来西亚国旗产品的需求是非常巨大的。印有马来西亚国旗风格的装饰品，以及一些用于装饰花车的节庆礼品也有商机。

13.7　美国节日及商机

13.7.1　美国概况

美利坚合众国（简称美国）是一个由 50 个州与华盛顿哥伦比亚特区组成的联邦共和立宪制国家。

美国本土位于北美洲中部，东临大西洋，西临太平洋，北接加拿大，南部与墨西哥及墨西哥湾接壤。除阿拉斯加州和夏威夷州外，其余 48 个州都位于美国本土。据 2016 年统计，美国人口约为 3.2 亿，其数量居世界人口第三位。美国的流行语言以英语为主，西班牙语人口是美国最大的少数民族，占美国总人口的六分之一。

美国市场体量很大，尤其在采购能力方面，外贸行业有“做好一个美国市场，可抵整个欧洲市场”的说法。美国市场主要的销售渠道有大型百货公司、大型折扣超市、仓储批发量贩店、某类产品专营店、品牌进口商、贸易商、批发商、在线网上零售商等。在消费习惯方面，美国人消费超前、不存钱、偏爱用信用卡，因此消费能力强。其购买行为也偏好批量采购，喜欢购买更多件折扣大的商品。在消费价格指数方面，美国的信息非常透明，信息越对等，售价被压得越低，利润空间并不丰厚，有时甚至需要用低利润甚至无利润爆款来赚眼球。与欧洲市场相比，美国市场更偏向于薄利多销。在市场准入方面，美国有着严格的质量认证体系和规则要求，并且在进口交易中对产品的审核更加严格，本土交易则较为宽松。相对来说，美国本土交易的难度会远远低于进口生意。

美国的电子商务市场正处于快速发展的阶段，但仍存在较大的发展空间。2015 年美国电商交易额达 3400 亿美元，占整体零售额的 10%，而 2000 年这一比例仅仅为 2%，如图 13-19 所示。

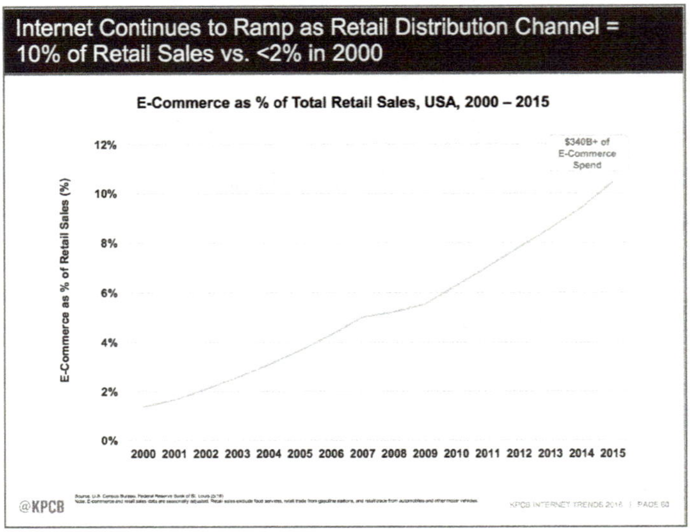

图 13-19

美国电子商务市场与中国相比，在企业数量、规模和所占份额上还存在一定的差距。在企业数量、规模方面，美国排名前七的零售商分别是沃尔玛、药品零售商 CVS、克罗格、药店连锁机构沃尔格林、亚马逊、塔吉特、好事多，其中只有亚马逊一家为纯线上公司；而中国前七名中有两家为纯线上公司，且其他公司均涉及电子商务业务。在销售份额方面，美国的亚马逊和 eBay 在整体零售收入中的占比分别不足 3%和 1%；而中国的两大电商巨头阿里巴巴和京东在整体零售收入中的占比分别接近 7%和 3%，如图 13-20 所示。

虽然美国的电子商务市场并不像其他行业一样占据全球榜首，但是其发展能力和利好趋势却十分明显，尤其是电商巨头亚马逊在 2016 年的表现十分抢眼，自成立 20 年以来一直亏损的亚马逊，在 2016 年连续三个季度实现利润暴涨。亚马逊公布的 2016 年 Q2 季度财报显示，当季营收达 304 亿美元，好于预期的 295.5 亿美元，同比增长 31%；利润达 8.57 亿美元，同比增长 9 倍，达到历史最高水平。在亚马逊迅速增长的同时，其他电商平台如沃尔玛、eBay、Wish 等也表现不俗，美国的电子商务市场正处于快速增长和利好时代。

电脑、消费电子等 3C 产品，以及服装、服饰占美国线上交易额的最大部分，二者加起来占据 45.6%的交易额。然而，大宗商品如汽车配件以及食物和饮料的线上销售额并不令人十分满意，但这也预示着电商有巨大的成长空间。由于工作和生活习惯，美国人在电脑端进行工作性质的采购活动，通过 PC 端挑选供应商和商品，而通过移动端进行个人购物，美国甚至被形容为一个躺着购物的国家，由此可说明其晚间移动端流量巨大。

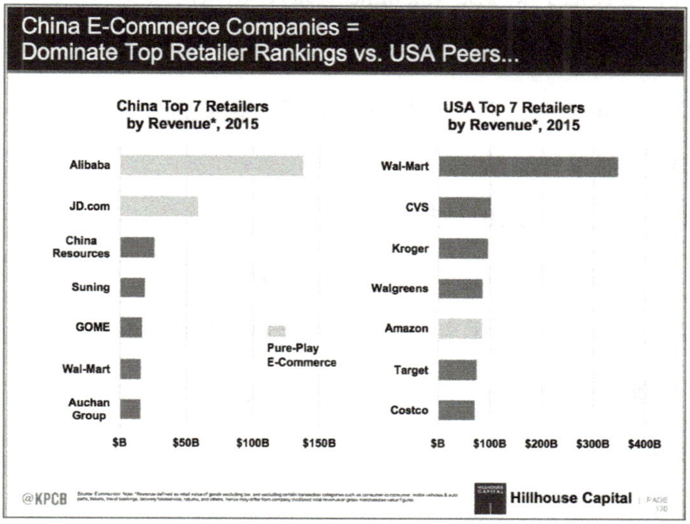

图 13-20

13.7.2　美国节日汇总

1 月 1 日，新年（New Year’s Day）

新年是全美各州一致庆祝的主要节日。在这一天，美国人通常会走亲访友，问候邻居。看望亲朋好友是新年最常见的活动之一，这种习俗叫作“门户开放”（Open House）。元旦游行也是新年庆祝活动的重要部分。加利福尼亚州有玫瑰花车游行，这是美国规模最大的新年庆典。在费城，有长达 10 小时之久的化装游行。

1 月的第三个星期一，马丁路德金日（Martin Luther King Day）

这是唯一一个纪念美国黑人的联邦假日。

1 月 20 日，总统就职日（Inauguration Day）

总统就职日是美国新当选总统宣誓就职的日子。宣誓就职是在上一年的 11 月举行总统选举之后进行的。

2 月 12 日，林肯纪念日（Lincoln's Birthday）

总统林肯诞辰现为美国除南部外的 26 个州的法定纪念日。

2 月 14 日，圣瓦伦丁节（St. Valentine's Day，也叫情人节）

作为情人们的节日，情侣们会在这一天互赠糖果、鲜花或其他礼物。

2 月的第三个星期一，乔治 · 华盛顿诞辰（Washington's Birthday）/ 总统日（Presidents' Day）

这是联邦节日，美国的 10 个法定节日之一。

3 月 17 日，圣帕特里克节（St. Patrick's Day）

纪念爱尔兰守护神圣派特里克。在节日当天通常要举行游行，去教堂礼拜。

4 月 1 日，愚人节（All Fool's Day / April Fool's Day）

民间传统节日。

一般春分月圆后的第一个星期日，复活节（Easter Day）

宗教节日，为纪念耶稣基督。节日活动是制作彩蛋。

5 月的第二个星期五，植树节（Arbor Day）

州定节日，各州不一，没有全美统一规定的时间。

5 月的第二个星期日，母亲节（Mother's Day）

母亲们通常在这一天会收到礼物，也是各大商家举行母亲节特惠礼物活动的时间。

5 月的最后一个星期一，阵亡将士纪念日（Memorial Day）

向为国捐躯的军人表达哀思和敬意。

6 月 14 日，国旗日（Flag Day）

美国国旗的起始日，每年的这一天都会让所有的美国人想起星条旗被定为国旗的日子。

6 月的第三个星期日，父亲节（Father's Day）

7 月 4 日，独立日 / 美国国庆节（Independence Day）

美国主要法定节日之一，为了纪念 1776 年 7 月 4 日在宾夕法尼亚州费城大陆会议上签署的《独立宣言》。游行、野餐和放烟火是庆祝美国国庆的活动方式，大多数城市会举办烟火表演供居民观赏。

9 月的第一个星期一，劳动节（Labor Day）

美国全国性节日，为了颂扬美国所有的劳工者，届时会有一天的假期。

10 月 12 日或 10 月的第二个星期一，哥伦布纪念日（Columbus Day）

纪念哥伦布 1492 年首次登上美洲大陆。

11 月 1 日，万圣节（Halloween）

万圣节是西方的传统节日。在万圣节前夜，即 10 月 31 日夜晚，是儿童们纵情玩乐的好时候。美国的学校和家庭通常会在万圣节前夜组织丰富多彩的晚会派对和娱乐活动。

11 月的第一个星期二，选举日（Election Day）

11 月 11 日，退伍军人节（Veterans Day）

美国联邦假日，是美国重要的全国性节日之一。11 月 11 日最初称为“停战日”，是为了纪念一战结束和曾在战争中服役的退伍军人。在退伍军人节的上午 11 点，美国人都会默哀，以此纪念为和平而战的军人。退伍老兵会在这一天组织游行集会，全国各地的人们也会举行各种纪念活动来庆祝节日。在纽约市曼哈顿区的第五大道，每年都会举行退伍军人节游行。

11 月的最后一个星期四，感恩节（Thanksgiving Day）

全国性节日，是美国各家欢聚的节日。节日期间的“黑色星期五”是全民打折购物的时间。

12 月 25 日，圣诞节（Christmas）

美国最大、最热闹的节日，庆祝活动从 12 月 24 日夜间开始，午夜时分达到高潮，这一夜被称为圣诞夜。人们会通宵达旦地庆祝、聚餐和举行派对。

13.7.3 美国重要节日及商机发现

1．感恩节（Thanksgiving Day）

每年 11 月的第四个星期四是感恩节，它是美国重要的国定假日。美国作为移民国家，很多节日都是外来的。感恩节则是由美国早期移民创造的节日。美国人通常所说的感恩节起始于 1621 年，朝圣者在新大陆庆祝他们的第一次收获。在 1621 年的秋天，远涉重洋到达美洲的英国移民为感恩丰收举行了为时三天的庆祝活动，由此这种感恩庆祝丰收的活动便延续下来。1862 年，美国总统林肯把感恩节正式定为国定假日。1941 年 10 月 6 日，美国国会两院通过一项联合决议，确定从 1942 年开始 11 月的第四个星期四为感恩节，并且决议通过从 11 月的第四个星期四这一天起休假两天。感恩节这一天通常被认为标志着采购季节的正式开始，其举国同庆的形式不亚于中国人庆祝春节。

火鸡是感恩节的象征，也是感恩节大餐必备的传统主菜。除了感恩节的火鸡大餐，每年感恩节美国总统都会在白宫举行赦免火鸡仪式。按照活动传统，总统只需要赦免一只火鸡，但仍会留有另一只火鸡作为备选，以防第一只火鸡在不能履行其职责时作为替补。每年的火鸡赦免仪式由美国火鸡协会负责，被赦免的火鸡早在出生时就被选定。此后被选定的火鸡就开始享受听音乐、人工饲养等特殊待遇，并被训练习惯相机的闪光灯和噪音，以便在赦免仪式上能表现镇定不会出错。

纽约市梅西感恩节大游行是美国最有名的感恩节游行之一，这个传统始于 1924 年。每年的感恩节当日从最初的 25 万余人参与观看游行，到现在已有 350 多万人现场参与和 5000 多万人在电视机前观看。这个盛大的游行由美国梅西百货公司主办，早晨 9:00 点从纽约曼哈顿的上城出发，全程持续 3 个小时，行进 2.5 英里，到达曼哈顿中城的梅西百货公司结束。游行队伍以花车和卡通人物造型的气球为主，但每年主题不同，CBS 进行现场直播。梅西感恩节大游行不仅有穿着道具服装的表演者、巨型漂浮气球和学生仪仗队，还有电影、音乐、体育等领域的明星参与表演。

2．黑色星期五

在感恩节的第二天，也就是 11 月的第四个星期五，是美国人大采购的第一天。在这一天，美国的各大商场和品牌商都会推出大量的打折和优惠促销活动。因为美国的商场一般以红笔记录赤字，以黑笔记录盈利，而感恩节后的这个星期五人们疯狂地抢购会使得商场利润大增，因此被商家称作“黑色星期五”。商家们都期望通过从这一天开始的圣诞大采购为这一年获得最多的盈利。

在黑色星期五这一天，绝大多数商店都会在清晨五、六点钟开门，有些商店甚至在凌晨就开始营业。商家会提前在感恩节前几天的报纸媒体上刊登广告，发放优惠券，通过对商品大幅降价等措施来吸引顾客。很多消费者把这一天看作准备圣诞礼物或购买折扣商品的黄金时刻，由于降价商品数量有限，因此很多热门商店门前在前一天晚上就会排起长队。比如对于 Wal-Mart、BestBuy 等折扣较多的商家，有些消费者甚至会在打折开始前的几天就支起帐篷在门口排队等待购买打折商品。

3．网购星期一（Cyber Monday）

“网购星期一”通常是指每年感恩节后的第一个星期一，这个新兴的购物节日是由营销公司创造的，用此说服消费者进行网上购物。最初这个购物节日的名字是由艾伦·戴维斯创造的，首次亮相于 2005 年 11 月 28 日，题为“网购星期一”的新闻稿出现在 Shop.org 上，并迅速成为年度最大、最热门的网上购物节。

近几年来网购成为消费趋势，大部分商场和超商都投入创建了自己的购物网站，并花费更多的心思来促进网购消费。“网购星期一”更是激发了消费者的购物冲动，并且已经逐步发展成为全球性购物消费的节日。

13.8　葡萄牙语系国家节日及商机

13.8.1　语系介绍

葡萄牙语是世界上继英语和西班牙语之后分布最广泛的语言之一，全球有 2~2.5 亿人在使用葡萄牙语，并且绝大部分使用者在巴西，有 1200 万使用者在葡萄牙，还有少数使用者分布在安哥拉、莫桑比克、几内亚比绍、佛得角、圣多美和普林西比、东帝汶。下面就以巴西和葡萄牙这两个国家为例，从国家自然和人文概况、电子商务发展及主要节日商机几方面来详细分析葡萄牙语系国家的电子商务。

13.8.2 葡萄牙语系国家概况

1. 葡萄牙概况

葡萄牙共和国（Rep ú blica Portuguesa）位于欧洲大陆西南部，东北临西班牙，西南临大西洋。全年气候较为宜人，主要是海洋性气候向地中海性气候过渡，夏季较为干燥少雨，冬季温暖湿润。葡萄牙森林覆盖率达 35%，因此在少雨的夏天时有火灾发生。

葡萄牙人热爱运动，尤其是户外运动，生活水平较高，注重生活质量。足球是最受欢迎的运动，高尔夫、网球和水上运动是较为普遍的运动项目。所以，与这些运动项目相关的类目周边产品会很受欢迎。如果在速卖通上搜索户外或者运动，就会发现销量好的不管是户外背包还是运动服饰及周边产品，在葡萄牙都很有市场。

葡萄牙人尤其钟爱花公鸡，并且把花公鸡作为葡萄牙民族的吉祥物和非正式的国家形象代言。所以，以花公鸡为图案的周边产品都会很热销，比如带有花公鸡图案的衣服、手工艺品、饰品、钥匙挂链、毛绒玩具等。如果在速卖通上按照销量搜索花公鸡，就会发现花公鸡配饰和玩具是销量最高的，而且葡萄牙国家的消费者占比很大，可见葡萄牙人对花公鸡的喜爱。

葡萄牙人爱美食、爱甜食，也会自己做饭。所以厨卫用品有较大的市场，尤其是蛋挞烹饪、厨卫相关器皿和模具等。

2. 巴西概况

巴西联邦共和国（Rep ú blica Federativa do Brasil）地处南半球，是南美洲最大的国家，大部分地区处于热带，北部为热带雨林气候，中部为热带草原气候，南部部分地区为亚热带季风性湿润气候。巴西全年降水量充沛。在巴西，9 月 22 日至 12 月 21 日为春季，12 月 22 日至 3 月 21 日为夏季，3 月 22 日至 6 月 21 日为秋季，6 月 22 日至 9 月 21 日为冬季，正好与处于北半球的中国相反。

位于南半球的巴西对于季节性产品的需求正好与北半球国家相反，6 月至 9 月对冬季物品有需求，12 月至 3 月对夏季产品有需求。巴西市场对于中国卖家来说，春夏产品秋冬卖，秋冬产品春夏销。巴西买家喜欢追随欧美时尚，所以中国卖家在销售完春夏热品以后不要立即下架转卖秋冬款，而应把市场转向巴西，继续销售春夏产品，同时上新秋冬产品，充分利用好反季采购商机。

巴西地处热带地区，并且拥有世界上最好的沙滩，所以美丽的沙滩加上炎热的天气使得巴西人偏爱户外运动，尤其是水上运动。因此，泳衣在巴西需求很大，但绝对不能是保守型的泳衣，而必须是比基尼。简易式、开放性的比基尼，含运费价位在 6~8 美元是最受巴西人欢迎的。

巴西人对吉祥物蝴蝶特别钟爱，带有蝴蝶图案的服装、饰品、墙贴、装饰品、家居等都是巴西人购买的首选。

巴西气候炎热多雨，蚊虫肆虐，防蚊产品、风油精、蚊帐等在巴西很有市场。尤其是 2016 年里约奥运会的举行，中国国家队队员的蚊帐更是刷爆各种社交平台，巴西人不得不赞叹中国人的防蚊智慧，也大大刺激了他们对蚊帐和防蚊产品的需求。

在正式场合中，巴西男士一般穿西装，女士喜欢穿色彩艳丽的裙装和礼服。在日常生活中，巴西人穿着比较随意。据调查，几乎 80%的巴西消费者都有强烈的时尚意识，紧随潮流购买最新时尚服装。在巴西，“时尚”一词更是被列为首选商店的三大属性之一。目前只有本地零售商会始终如一地向大众市场上的客户群提供他们喜欢的时尚服装。

巴西各地区的电压规格各不相同，有 110V 和 220V 两种，如巴西利亚为 220V，圣保罗地区为 110V。一般巴西浴室采用直喷式电热水器，电压等级为 220V。所以，对于电器卖家来说，与巴西当地电压相符的电器和电压转换器在巴西市场是很受欢迎的。

因为巴西人对时尚的需求很大，喜欢紧跟时尚潮流，所以符合其时尚观念的服饰和饰品在巴西会很有市场。巴西之前是葡萄牙的殖民地，受西欧观念的影响比较深，很多有关时尚的观念和西欧相似，但是因为地域以及经济发展的局限性，往往发展比西欧慢半拍，所以中国卖家可以借鉴欧洲市场研究最新时尚或者欧洲刚刚过时的时尚开发巴西市场。另外，目前巴西仍有原始部落存在，当地土著居民的影响使得巴西人在风格和时尚方面又有所不同，他们喜欢追求与众不同，服装尤其偏爱休闲、大气、凸显自己身材、配饰夸张并且质感颜色丰富、紧跟潮流的商品。中国卖家可以多和巴西客户以及网红沟通建立良好的关系，通过他们透知巴西人的最新喜好，捕捉最新的时尚潮流。

巴西人对“裸露”情有独钟，脱毛产品在巴西是必需的。

巴西人结婚时穿白色婚纱，而且他们的宴会派对比较多，所以一般女性都会有几套礼服。但是在巴西购买婚纱和礼服特别贵，所以倾向于在速卖通上购买，而且她们喜欢包臀的展现自己身材的婚纱。

提起巴西，首先会想到奔放的桑巴舞和足球。巴西人喜爱各种运动，尤其爱足球，巴西更被誉为足球王国。据数据调查显示，有 8000 万巴西人至少参加过一次体育运动，大概有 450 万跑步爱好者，自行车在巴西也越来越受欢迎，巴西圣保罗的一些街道会定期举办专门的自行车比赛。60%的运动人群是 30 岁以下的年轻人，并且随着巴西人均收入的增加、运动概念的增强，爱运动的人会越来越多。在巴西举办的 2014 年世界杯和 2016 年里约奥运会更点燃了巴西人对运动的热爱，使得巴西运动服市场更加繁荣、需求更大，这对于中国速卖通卖家来说无疑是一个大好消息。目前，巴西人均支出用于购买运动服饰的金额较低，平均为 55 美元，但是他们更倾向于购买大品牌的运动服装，比如耐克、阿迪达斯等。因为运动服饰和运动鞋属于易耗品，巴西人的经济实力还不允许他们一直购买大品牌的服饰，但是随着速卖通在巴西的普及，越来越多的巴西人转向速卖通寻找中国品牌化高质量的运动服饰，所以中国卖家要抓紧机会提升自己的品牌经营能力，拓展巴西市场。

随着各个国家开始推行节能环保政策，尤其是发展中国家更需要注重节能，LED 照明设备成为重点推广对象。据 GSC Research 进出口数据显示，2015 年上半年，中国 LED 照明出口到巴西约 1 亿美元，相比 2014 年同期增长了 56.06%。但是本地批发商卖给巴西人的价格会远远高于速卖通上的价格，所以越来越多的巴西个人买家会在速卖通上采购 LED 照明设备。

13.8.3 电子商务市场发展

葡萄牙语系国家的电子商务市场主要集中在巴西和葡萄牙两个国家。葡萄牙和巴西在文化传统、语言、消费习惯等方面有很多共同点，但是因地理环境、人文、经济发展等其他方面的差异，又表现出很多各自的独特性。下面我们就葡萄牙和巴西两国情况来具体分析葡萄牙语系国家的电子商务市场发展。

1. 葡萄牙电子商务

据统计，葡萄牙常住人口超过 1000 万人，其中年龄在 15~65 岁之间的占 72.2%，网络覆盖率达到 64%，有将近 700 万人会上网，进行网购的约有 280 万人，占全国人口总量的 28%，全年人均网购支出大约为 967 欧元。葡萄牙传统电子商务市场（B2C+B2B+B2G）总规模为 440 亿欧元，约占 GDP 的 28%，并呈现出持续增长的良好势头。其中，B2C（企业与个人间网络交易）总额为 26.4 亿欧元，同比增长 11.3%，占 GDP 的 1.7%；B2B（企业间网络交易）和 B2G（企业与政府间网络交易）总额为 413.6 亿欧元，同比增长 12.6%，约占 GDP 的 26%。综上数据可以看出，和英国、德国等国家相比，葡萄牙的电子商务规模比较小，网民占比及网购支出还比较低。不过，这也意味着葡萄牙的电子商务市场仍有很大的发展潜力。

2. 巴西电子商务

巴西作为拉丁美洲最大的国家，拥有 2.01 亿人口，全国人口总数排名世界第五，其国内生产总值位居南美洲第一，西半球第二，排名世界第六。同时巴西作为第七大经济体，是“金砖五国”之一，也是世界上发展经济最快的发展中国家之一，拥有惊人的电子商务市场潜力。巴西的电子商务市场是拉丁美洲最大的市场，同时也是巴西国内增长最迅速的领域之一。巴西网民已达 1.02 亿人，超过人口总数的一半。男女网民比例为 49：51，15~44 岁的网民占比达八成。其中，18~24 岁的网民占 21%，25~34 岁的占 36%，35~44 岁的占 23%。近几年，巴西政府大力鼓励电子商务发展，再加上本身良好的电子商务基础，使得巴西电子商务销售额一直以两位数的幅度在增长。其中巴西网络消费的最大变化是开始大量从中国电商平台购物，中国电商产品因物美价廉已在巴西消费者中具有良好的口碑。预计到 2018 年，巴西电子商务销售额将达到 5453.3 亿美元，成为世界上第十大零售电子商务市场。

在巴西市场热销的产品主要有化妆品、香水、美容类产品、时尚配饰、电子产品、母婴产品、新上市的产品等。

13.8.4 葡萄牙与巴西节日汇总

葡萄牙节日：

1 月 1 日，Dia de Ano Novo——新年

2 月 14 日，Dia dos Namorados——情人节

2 月 17 日，Carnaval——狂欢节

3 月 8 日，Dia Internacional da Mulher——妇女节

3月15日，Dia Mundial dos Direitos do Consumidor——国际消费者权益保护日

3月19日，Dia do Pai——父亲节

3月21日，Dia Mundial da Árvore——世界植树节

4月1日，Dia das Mentiras——愚人节

4月3日， Sexta Feira Santa——基督受难日（复活节前的周五）

4月23日，P á scoa——复活节（每年春分月圆之后的第一个星期日）

4月25日，Dia da Liberdade（25 de Abril）——四二五革命纪念日（自由纪念日）

5月1日，Dia do Trabalhador——国际劳动节

5月14日至20日，Queima das Fitas——燃带节

6月1日，Dia Mundial da Criança——国际儿童节

6月10日，Dia de Portugal——贾梅士日暨葡侨日（葡萄牙日）

6月12日，Festa do Santa Antonio——圣安东尼奥节

6月22日，Corpo de Deus——基督圣体节（每年复活节后的第60天）

6月16日至24日，Dia de São João——波尔图节假日

7月的第一周，Santa Rainha——圣女王庆祝节

7月的第二周，流行庆祝活动

7月26日，祖父母日

7月底，Festival de Sardinha——沙丁鱼庆祝节

8月15日，Assunção de Nossa Senhora——圣母升天节

10月5日，Implantação da Rep ú blica——共和国日

10月5日，Dia Mundial do Professor——国际教师节

11月1日，Dia de Todos os Santos——万圣节

11月11日，Dia de São Martinho——圣马丁日

12月1日，Restauração da Independ ê ncia——恢复独立日

12 月 8 日，Dia da Imaculada Conceição——圣母无染原罪瞻礼

12 月 25 日，Natal——圣诞节

12 月 31 日，V é spera de Ano Novo——元旦前夕

巴西节日：

1 月 1 日，Ano Novo——新年

2 月 16 日，Fim do Hor á rio de Verão——夏令时结束

3 月 4 日，CARNAVAL——狂欢节（巴西人一年中最盛大、最重要的节日，每年狂欢节会举行 3 天）

4 月 1 日，Dia da Mentira——愚人节

4 月 18 日，Sexta-Feira Santa——耶稣受难日（复活节的前一个星期五）

4 月 20 日，P á scoa——复活节（每年春分月圆之后第一个星期日）

4 月 21 日，Dia de Tiradentes——独立英雄纪念日（拔牙者纪念日）

5 月 1 日，Dia do Trabalhador——劳动节

5 月 11 日，Dia das Mães——母亲节

6 月 12 日，Dia dos Namorados，Jogo do Brasil——巴西情人节

6 月 19 日，Corpus Christi——圣体节

8 月 10 日，Dia dos Pais——父亲节

9 月 7 日，Independ ê ncia do Brasil——巴西独立日（国庆日）

10 月 15 日，Dia do Professor——教师节

10 月 19 日，In í cio do Hor á rio de Verão——夏令时开始

10 月 28 日，Dia do Servidor P ú blico——公务员日

11 月 2 日，Dia de Finados——万灵节

11 月 15 日，Proclamação da Rep ú blica——共和国成立日

12 月 25 日，Natal——圣诞节

13.8.5 葡萄牙语系国家重要节日及商机发现

葡萄牙和巴西共有的重要节日：

Carnaval——狂欢节

Páscoa——复活节（每年春分月圆之后的第一个星期日）

Natal——圣诞节

葡萄牙独有的重要节日：

Queima das Fitas——燃带节

1. 狂欢节

狂欢节是一个饮宴和狂欢的节日，作为西方传统节日，广泛盛行于欧美地区和世界各地。节日为期 4 天，于每年的 2 月中下旬定期举行。原来的狂欢节是专属于基督教徒的宗教性节日，与庆祝耶稣复活的复活节有紧密关系。按照基督教习俗，在复活节之前所有教徒需要进行为期 40 天的大斋（四月斋），在斋戒期间，教徒们禁止进行任何娱乐和进食肉、蛋、奶等动物性蛋白，必须虔诚忏悔反省自己的过往并纪念复活节前 3 天遭难的耶稣，漫长的 40 天就算对于坚守清规戒律的教徒而言也是极为煎熬乏味的。所以在大斋期来临之前的 3 天里，教徒们会隆重地举行各种各样的舞会、游行、吃喝玩乐、纵情狂欢，放松自己以迎接严酷的大斋，狂欢节也因此得名。如今，狂欢节已是全新意义的节日，不只是基督教徒的狂欢，已发展为全民参与的狂欢，而且狂欢、舞会、游行等也更加丰富并且多样化。化装舞会、彩车游行、假面舞会、音乐表演和宴会是狂欢节鲜明的特色。在狂欢节来临之前，葡萄牙人和巴西人需要采购相关的装饰品和手工制作原材料、辅料来准备狂欢的服装和花车，以及假面具、宴会相关用品、化妆用品等。所以符合他们审美要求的狂欢节庆周边产品仍有很大的发展和开发潜力。

2. 燃带节

燃带节是葡萄牙独特的节日，起源于 1899 年，是欧洲历史最悠久、规模最大的学生节，于每年的 5 月 14 日至 20 日举行。

燃带节一般在大学学年年终和学生的期末考试月举行，大学生们身穿黑色西装校服，胸前别着彩带，手拿代表自己科系颜色的彩带聚集到当地的一些老教堂听传统歌曲，参加舞会、斗牛比赛等活动，在节日高潮时，大学生们将彩带点燃，欢快地进行花车游行、跳舞等庆祝学年结束，新学期、新生活开始。现在参加节日的不光有大学生，还有老师、家长、朋友等。每年 5 月，世界各地的很多游客也会慕名来到葡萄牙参加盛大的燃带节。

13.9 日本节日及商机

13.9.1 日本概况

日本由北海道、本州、四国、九州四大岛及 7200 多个小岛组成，总面积为 37.8 万平方公里，比中国的云南省略小一点。主体民族为和族，通用日语，总人口约有 1.26 亿。

日本的文化产业发达，尤其以动漫和游戏产业享誉世界。迅速跻身于发达资本主义国家行列的日本，西洋文明和亚洲传统和谐共生。同时，日本在环境保护、资源利用等方面堪称典范，其国民普遍拥有良好的教育、较高的生活水平和国民素质。至今仍较好地保存着以茶道、花道、书道等为代表的日本传统文化。

13.9.2 日本节日汇总

日本的主要节日可分成三类：日本政府通过法律规定的节日、普通民众惯常庆祝的传统节日、近年来由其他国家传入的流行节日。

按照时间顺序排列，大致如下。

大晦日：日本的除夕，每年的最后一天，即 12 月 31 日

元日：日本的春节，1 月 1 日

成人の日：成人节，1 月的第二个星期一

建国記念の日：建国纪念日，2 月 11 日

情人节：2 月 14 日

偶人节：3 月 3 日

白色情人节：3 月 14 日

春分の日：春分日，3 月 21 日前后

緑の日：绿化节，4 月 29 日

憲法記念日：宪法纪念日，5 月 3 日

国民の休日：国民休息日，5 月 4 日

子供の日：儿童节，5 月 5 日

端午の節句：端午节

七夕：七夕节，7 月 7 日

お盆：盂兰盆节，7 月 15 日

海の日：海之日，7 月的第三个星期一

中秋節：中秋节，8 月 15 日

敬老の日：敬老日，9 月的第三个星期一

秋分の日：秋分日，9 月 23 日前后

体育の日：体育节，10 月的第二个星期日

文化の日：文化节，11 月 3 日

七五三：七五三节，11 月 15 日

勤労感謝の日：勤劳感谢节，11 月 23 日

天皇誕生日：天皇生日，12 月 3 日

圣诞节：12 月 25 日

13.9.3 日本重要节日及商机发现

下面我们详细介绍几个重大的日本节日。

1. 大晦日、元旦

大晦日为每年的 12 月 31 日，是日本的除夕夜。1 月 1 日为新年。日本原先也有

旧历纪年的传统，明治维新之后将旧历节日统一改为新历日期。而自大晦日开始，长达 7 天的假期也是法律规定的新年里第一个黄金假期，俗称“正月”。

在过去，人们会身着传统服饰，并用寓意吉祥的饰物装饰在玄关处，吃新年特定的食物，并且孩子们都会玩特定的游戏，来迎接新年的到来。而现在，随着生活节奏的加快，大都市很少能见到这样传统的新年仪式了。人们更多参与的活动变成：新年倒数，去寺院、神社祈福，购买新年福袋，全家海外旅行，互寄贺年卡片。在更有人情味的小城市，也许还能见到传统习俗的传承。

御节料理是日本人在节日时所做的特殊料理，特别是过年时的主要料理，所以又称正月料理。御节料理一般由三层漆器食盒组成，每层食盒的食材都搭配精致、颜色美丽。以前，主妇们整年辛苦操持家务，为了能在正月里放松一下，从繁忙的家务里解脱出来，会提前做很多料理，用食盒装起来，留作过年期间食用。现在商业发达，人们可以在百货店预定御节料理。电商发展起来之后，更加便利，动动鼠标，就可以在家等待自己的御节料理了。在新年之前，各大商家都会与名家饭店合作，选用高级食材，推出不同理念的具有自家特色的料理，吸引眼球，扩大销售。

2．成人节（1 月的第二个星期一）

日本的成人节源于中国古代的“冠礼”，演化到现在，在日本则成为“成人式”。日本政府根据民俗规定满 20 岁的人要过“成人式”，目的是要让青年意识到自己已成为社会的正式成员。凡年满 20 岁的男女青年在成人节这一天都要身穿传统服装，参加官方或民间团体为他们举办的成人仪式，内容包括年轻人宣誓、长者的祝贺、参拜神社，以及参加各种传统的文娱活动等。从此之后，他们可以吸烟、喝酒和结婚，而违法则要负全责。

在成人式上，还有一个关注点就是参加仪式穿着的传统服饰。男性一般都穿西装，也可以身着日本传统服饰，而女性的服饰与装扮绝对是仪式上的一大亮点。一整套用于成人式的传统和服“振袖”价格不菲，好在现在很多商家都推出了专门的礼服租借。每到成人节前夕，可以看到商家们在各自的门店网页上挂出花纹繁复、颜色艳丽的各式礼服供客人选择。这个人生的重要时刻，又岂能少了留影纪念呢？各种摄影专门店竞相推出成人式礼服租借、头饰装扮、纪念写真一条龙服务，可谓贴心，全方位满足少女们的梦幻需求。而每年的礼服款式、头饰也很讲究流行趋势。可见这一节日在日本青年人心目中的隆重程度。

3. 盂兰盆节

佛教盂兰盆节在每年的 7 月 15 日举行，又称为中元节。日本是一个多宗教信仰的国家，道教、佛教、西方基督教在这片土地上和谐共存。日本国民无论是否是虔诚的佛教信徒，在这一天都会走上街头，集会庆祝。而各大企业也会将前后休息日稍作调整，整合出一个黄金周来欢度这个仅次于新年的第二大节日。

在盂兰盆节，鲜花、排位、烛台、香炉、铃和铃锤、应季水果是必不可少的。此外，在节日到来之前（一般在 13 日）就要早早地点上提灯，可以选择挂式提灯或台式提灯，在节日期间此灯常明，等节日过后（一般在 16 日）再熄灭。称之为神圣的"迎灯"和"送灯"。经台上供奉的蔬果有黄瓜和茄子，插上竹签，扮作"牛""马"的形象。同时，在节日期间，各家中每天都要更换餐食贡品，将每天新做的饭菜供于经台前。

13.10 泰国节日及商机

13.10.1 泰国概况

如图 13-21 所示，泰国（Thailand）是一个位于东南亚的君主立宪制国家，位于中南半岛中部，其西部与北部和缅甸、安达曼海接壤，东北边是老挝，东南边是柬埔寨，南边狭长的半岛与马来西亚相连。泰国实行自由经济政策，是世界上新兴工业国家和新兴市场经济体之一。泰国是东南亚国家联盟成员国和创始国之一，同时也是亚太经济合作组织、亚欧会议和世界贸易组织成员。

泰国是世界上最闻名的旅游胜地之一，佛教之国，大多数泰国人信奉四面佛，佛教徒占全国人口的九成以上。泰国素有"微笑国度"美誉。

曼谷是泰国的首都，地处湄南河三角洲，昭披耶河东岸，是全国的政治、经济、文化、交通中心，东南亚第二大城市，全国最大的工商业城市，泰国人称它为"功贴"，意思是天使之城。其面积为 1.5652 万平方公里，人口约有 600 万。清迈是泰国第二大城市，坐落在湄南河支流滨河河畔，在历史上曾是泰国的古都，距曼谷约 800 公里，是泰国北部地区的政治、经济、文化中心。

图 13-21

据 2015 年统计，泰国总人口约有 6800 万。全国共有 30 多个民族，泰族为主要民族，占人口总数的 40%，其余为佬族、华族、马来族、高棉族，人均 GDP 约 5800 美元。泰国 90%以上的民众信仰佛教，马来族信奉伊斯兰教，还有少数民众信仰基督教、天主教、印度教和锡克教。

泰国人的服装比较朴素，在乡村多以民族服装为主。泰族男子的传统民族服装叫“帕农”纱笼和“绊尾幔”纱笼。帕农是一种用布缠裹腰和双腿的服装。绊尾幔是用一块长约 3 米的布包缠双腿，再把布的两端卷在一起，穿过两腿之间，塞到腰背处，穿上以后，很像我国的灯笼裤。由于纱笼下摆较宽，穿着舒适凉爽，因此它是在泰国平民中流传久远的传统服装之一。女筒裙是泰国女子下装，筒裙同纱笼一样，布的两端宽边缝合成圆筒状，穿时先把身子套进布筒里，然后用右手把布拉向右侧，左手按住腰右侧的布，右手再把布拉回，折回边，在左腰处相叠，随手塞进左腰处。穿时也可以用左手以同样的动作向相反方向完成。

随着社会的发展和外来的影响，当代泰国人的着装也发生了很大变化。农村青年穿西裤、衬衣，领带系不系均可。女子则喜欢穿西服裙，大概受女子传统服装筒裙的影响，西服裙一般裁剪得十分合体，紧紧围于臀部。裙子随年龄的差异长短有所不同，但上衣的式样就千变万化了。

受智能手机普及率上升及电商平台之间激烈竞争的影响，泰国移动电商市场的重要性将逐步提高，目前占全国电商市场的份额达 49%。这也符合当前平台的情况。有些类目，当前平台的移动端流量已经达到一半。相比于网上零售市场占整体零售市场达 15.9%的中国和 7%的美国，泰国仍然有很大的增长空间。

在泰国 4G 网络服务的助力下，泰国电商市场将迎来迅猛发展。泰国电商协会（Thai E-Commerce Association）主席 Pawoot Pongvitayapanu 称，泰国电商市场是东南亚地区发展最快的市场。目前，泰国有超过 50 万名电商用户。他说："泰国人会更加积极地参与网上购物活动。4G 会成为电商市场增长、线下业务转到线上的一个促进因素。移动设备的电商活动也将更加频繁。"

（以上资料数据来源：http://www.iyunying.org/seo/sjfx/42975.html）

13.10.2 泰国节日汇总

1 月：

公历 1 月 1 日，国际新年/元旦

3 月：

泰历 3 月 15 日，万佛节

4 月：

公历 4 月 6 日，节基皇朝开国纪念日

公历 4 月 13 日至 15 日，宋干节（泼水节）

5 月：

公历 5 月 5 日，泰皇登基纪念日

6 月：

泰历 6 月 15 日，佛诞节

8 月：

公历 8 月 12 日，母亲节

泰历 8 月 31 日，三宝节

泰历 8 月 16 日，守夏节

10 月：

公历 10 月 23 日，五世皇升遐纪念日

12 月：

泰历 12 月 5 日，泰国国王华诞纪念日（泰国父亲节）

泰历 12 月 15 日，水灯节

公历 12 月 10 日，宪法纪念日

13.10.3　泰国重要节日及商机发现

1. 泼水节

泼水节是泰国的传统风俗，也是泰国全境一年一度最有趣的节日，庆祝场面盛大而热烈。在泰国大部分地区，泼水节会持续 3 天。在这期间，还有盛大的宗教庆典、令人陶醉的选美赛和夜间游行等。泼水节原本是泰国旧历新年，也称作“宋干节”。自从 1940 年泰国改用公历后，将泼水节定为本国的传统节日，泼水是这个节日的核心活动，并以此传播喜庆的气氛。有些人礼貌、文雅互相溅洒，有些人用水枪，更有甚者用浇水的水管、水桶或者高压水枪直接给别人“沐浴”。毋庸置疑，泼水节是在一年当中最热的季节举行的，以对付火热的天气，带来凉爽的感觉。另外，泼水节还有一个更深层的意义，就是除了标志新的开始，还是感恩的时刻。每个人都在这个时候回忆自己经历过的善意、体贴的行为，并且铭记这些带来和平、快乐和安宁的慷慨、仁慈的举动。泼水节还是家人团聚、家族交流情感的好时机。泼水节的根本意义在于其清理和净化的过程，清除所有的邪恶、不幸和罪恶，并怀着一切美好和纯净开始新的一年。水在这个节日中代表了纯洁和清理的过程。

在节日期间，民众会采购新衣，男女老少都会穿着新衣。在一些城市也会举行游行、庆祝活动，所以一些节庆装饰礼品、游行用的派对用品也是有潜在商机的。同时会有大型的泼水活动，所以一些相关的泼水道具、工具、水盆、水枪等也有大量的需求。

2. 水灯节

在泰国的传统节日中，每年的 12 月 15 日是“水灯节”，这是一个充分体现泰国

青年男女旖旎恋情的节日。因为每逢水灯节的夜晚，无论是城市还是乡镇，河港或湖面上都会漂满水灯，闪亮着一片烛光，辉映着青年男女们双双的幸福靓影，在一片花香和轻快抑扬的“放水灯”歌声中，构成一个欢乐的水灯节之夜。

按照泰国传统习俗，泰国人将在水灯节当天把亲手制作的水灯放入河流中，以寄托心中美好的愿望和祝福。燃放孔明灯，也是庆祝的仪式之一。大家相信孔明灯会把一整年的晦气、厄运带到九霄云外。

在所制作的水灯中间，会插有香烛、鲜花和彩色的小纸旗，以表示礼佛，所以这类产品是非常有需求的。在水灯节期间也会有花车游行，游行民众会穿着传统的泰国民族服饰，手持花伞边走边舞，所以可以准备一些传统的泰国民族服饰。水灯节还是泰国的情人节，情侣间用来赠送的一些礼品，如手表、服饰、包包等也有市场商机。

13.11 土耳其节日及商机

13.11.1 土耳其概况

目前，土耳其是使用土耳其语的主要国家。塞浦路斯、阿塞拜疆、希腊、罗马尼亚等周边国家也使用该语言。

土耳其的全称为土耳其共和国（Republic of Turkey），全国共有 81 个省，国土总面积约有 78.36 万平方公里，其中 97%位于亚洲的小亚细亚半岛，3%位于欧洲的巴尔干半岛。目前，该国总人口约有 7700 万，以土耳其人和库尔德人为主。首都是安卡拉，著名港口伊斯坦布尔、安塔利亚等是该国的重要城市。土耳其国内的公路、航空建设都比较发达。高速公路、国家级公路、省级公路等在境内各个城市和村镇之间组成一个密集的公路运输网络。

由于土耳其有着较好的工业和农业基础，所以在经济方面工农业都比较发达。目前，该国工业产品和农副产品主要出口欧洲、中东、北非等地。此外，由于土耳其位于地理气候和人文文化的交汇地带，迷人的景色和灿烂的文化使其拥有得天独厚的旅游资源。每年的 4 月至 7 月是旅游旺季，各个著名景点都会吸引世界各地大量的游客来探索这个神秘的国度。因此，旅游业成为土耳其国家经济收入的重要外汇收入来源之一。

土耳其是一个多民族的伊斯兰教国家，土耳其族和库尔德族是土耳其的主要民族。作为伊斯兰教国家，土耳其有 98%的人口都是信奉伊斯兰教的穆斯林。土耳其国家现在依然遵循着伊斯兰教的各种传统，例如举行成人割礼和斋月等传统伊斯兰教文化的习俗仪式。同时，土耳其人也注意当地文化禁忌，例如当地人在日常生活中忌讳使用黄色和紫色，因为他们认为黄色代表着死亡。同时，土耳其人忌讳使用花色的装饰来布置客厅和房间，因为民间一直认为花色是不祥的颜色。这些都深深反映着土耳其文化本身所具有的独特性。

土耳其是一个地跨亚欧两大洲、隔海与非洲大陆相望的国家，它是进入欧洲的重要门户，同时也是连接亚洲、欧洲和非洲重要的交通和贸易枢纽。近几年来，土耳其电商市场的发展非常迅猛。作为东欧地区电子商务领域增长最快的市场，土耳其 B2C 电商市场的规模位居该地区前列，它拥有的潜在商机和发展潜力也开始受到世界关注。

但因为受到网络设备的普及、商品的可信度和支付系统的安全性等因素的影响，土耳其消费者的网购参与度普遍较低，社交媒体对商家和产品的宣传也对消费者做出购买决策形成重要的影响。据统计，2015 年土耳其的网络普及率为总人口比例的 50%左右，网络覆盖人数约为 3800 万人，但该国仅有约 33%的网民选择在网上进行购物。不过，随着网络覆盖率、消费者网购参与度和 VISA、MASTER、MangirKart 预付卡等支付方式的普及完善，土耳其的网购消费者对电商的概念逐步有了新的理解。其中，年轻消费群体成为促进网购消费和推动电子商务发展的主要力量。现在，当地年轻人在网上购买的产品以时尚服装、潮流配饰、移动通信和消费电子类产品为主。

土耳其虽然属于世界高消费国家之一，但是在购物消费方面，消费者却显得比较理性。随着消费者对产品要求的提高，年轻的消费者开始在互联网上寻求更多来自于国外的高质量、高性价比、差异化的产品。这为国外产品通过跨境电商进入土耳其带来了有利的契机。2015 年，我国成为土耳其的第一大进口来源地。作为“丝绸之路经济带”的沿线国家之一，我国和土耳其在 G20 领导人峰会期间，在土耳其安塔利亚签署了《加强网上丝绸之路建设，务实开展电子商务合作谅解备忘录》，这是中国首个涉及双边跨境电商贸易规则的框架性文件。随着我国和土耳其在电子商务方面的进一步合作，未来我国跨境电商产品在土耳其市场的进口清关、物流配套方面将会更有优势，跨境卖家在当地市场也会拥有更多的商机。

13.11.2 土耳其重要节日汇总

公历 1 月 1 日，新年

公历 4 月 23 日，国家主权日和国际儿童节

公历 5 月 19 日，国父纪念日、青年和运动节

公历 8 月 30 日，胜利日

公历 10 月 28 日至 29 日，土耳其独立日和国庆节

希吉来历 9 月，斋月（莱麦丹月）

希吉来历 10 月 1 日至 3 日，开斋节（糖果节）

希吉来历 12 月 10 日，古尔邦节（宰牲节）

13.11.3 土耳其具体节假日

1. 国际儿童节

我们都知道每年的 6 月 1 日是国际儿童节，但在不同的国家和地区，在不同的时间有属于自己的国际儿童节。儿童是国家的栋梁和未来，1929 年，现代土耳其“国父”凯末尔根据儿童保护组织的建议将这一天定为国际儿童节。从 1986 年起，土耳其政府开始在 4 月 23 日庆祝这个节日

土耳其人非常重视国际儿童节，每年 4 月 23 日这一天，土耳其各地都会为庆祝国际儿童节举办盛大的庆祝活动。这一天是土耳其儿童最开心和快乐的时间，孩子们会穿着漂亮的衣服唱歌跳舞来庆祝这个属于他们的节日。同时，他们会邀请世界各地的儿童到土耳其参加庆祝活动，来自于不同国家的儿童共聚一堂，大家共同感受世界各地的文化。当天，土耳其的各大城市都会举行热闹的街头巡游活动，孩子们在成人的陪同下穿着色彩斑斓且具有特色的服装在大街上载歌载舞，各种精彩节目表演让土耳其在这一天变成一个充满生机和活力的欢乐海洋。

2. 斋月

斋戒制度距今已有长达 1400 多年的历史，它是穆罕默德在迁到麦地那后的第二年（公元 623 年）规定的。伊斯兰教认为希吉来历的第 9 个月（又称：莱麦丹月）是

真主安拉降示《古兰经》给穆罕默德和世人的月份，这个“古兰经的春天”对于穆斯林来说是一个伟大、吉祥、尊贵的月份。在这个月，土耳其的穆斯林都会根据伊斯兰教的传统进行长达一个月的封斋。

斋月的开始以新月的出现为标志，结束也是如此。第一天见到新月的时候，就可以入斋了；当下一个月的新月出现的时候，斋月结束。如果乌云把月亮遮住了，就算满 8 月的 30 天。在斋月开始的前一刻，伊斯兰教的教长都会在清真寺的宣礼楼上仰望天空，等待那轮新月的出现。需要注意的是，不同的地区看到新月的时间是不同的，所以不同的伊斯兰教国家进入斋月的时间也是不同的。在莱麦丹月里，伊斯兰教规定每天从日出直至日落期间，除病人、旅行者、婴儿、孕妇、产妇以及作战的士兵等特殊人群外，成年的穆斯林必须严格遵守斋戒的传统，所以人们的很多正常活动在白天都会被限制。穆斯林在白天的时间里不能进食，不能抽烟以及饮酒，甚至连各种商业活动都会放缓。在这个月，穆斯林白天都会到清真寺里作祷告和学习《古兰经》。他们在太阳升起前会吃一顿“封斋饭”，然后在白天的时间里不能再次进食，直到日落以后，才开始进食以伊斯兰传统小吃为主的“开斋饭”。在斋月期间，土耳其穆斯林的活动主要集中在晚上。每天吃过“开斋饭”以后，当地穆斯林的生活便开始热闹起来，他们开始走访亲友、消遣娱乐和消费，热闹得如同我国的新年一样。

3. 开斋节

开斋节始于伊斯兰教纪元第二年。每逢此节，世界各地的穆斯林都以虔诚和兴奋的心情参加盛大的节日庆祝活动。现在开斋节已经成为伊斯兰民族的最重要的传统节日之一。在开斋节前夕，在外面工作的、做生意的和出差的穆斯林都会提前赶回家中和家人朋友一起度过开斋节。在节日期间，穆斯林家家户户都要炸油香、馓子，烹调佳肴和宴请宾客。相传，伊斯兰教先知穆罕默德圣人在一次战斗胜利后，凯旋归来时，穆斯林们争先恐后地邀请他到家里做客，但穆罕默德没有到富人家赴宴，却到了一位非常贫困的穆斯林老人家做客，而老人也没有美食佳肴招待他，只能端出香喷喷的“油香”让其品尝，穆罕默德圣人高兴地用右手撕了一块吃，其余的分给了围观的小孩。从此穆斯林形成了吃油香用右手撕的习惯。

这一天穆斯林们都会净身沐浴，穿上华丽的节日盛装，四处走亲访友，相互问候。他们还会到当地清真寺参加大型的开斋节会礼，听伊玛宣讲教义和参加盛大的节日聚礼活动。同时，有的土耳其的穆斯林青年男女特意选择在开斋节期间举行婚礼，以使自己的婚礼再增添些节日的喜庆。

13.12 印尼节日及商机

13.12.1 印尼概况

如图 13-22 所示，印度尼西亚共和国简称印度尼西亚或印尼，是东南亚国家，东盟成员国之一。首都是雅加达。印尼与巴布亚新几内亚、东帝汶和马来西亚等国家相接。印尼由约 17508 个岛屿组成，是马来群岛的一部分，也是世界上最大的群岛国家，疆域横跨亚洲及大洋洲，素有“千岛之国”的美称。印尼也是多火山、多地震的国家。

图 13-22

印尼人口超过 2.54 亿，仅次于中国、印度、美国，居世界第四位。其中爪哇族占人口总数的 45%，巽他族占 14%，马都拉族占 7.5%，马来族占 7.5%，华人约占 5%，超过 1000 万人。首都雅加达还有“中国城”和华人社区，通用印尼语。印尼是东南亚最大经济体及 G20 成员国，人均 GDP 约为 3500 美元。印尼的劳动力成本在亚洲国家中算是偏低的，得益于相对低廉的劳动力成本和逐渐完善的基础设施，近年来已有大量的制造加工企业在印尼开办生产加工基地。大多数发展中国家的宽带发展都是通过互联网逐渐走向移动互联网的。在这方面，印尼是一个例外，没有经历成熟的互联网而直接迈向移动互联网。印尼的年轻人普遍使用智能手机和社交软件与朋友联系沟通、网上购物，印尼的移动互联网普及率非常高。

现阶段，印尼的互联网用户总量达 8810 万，网络渗透率为 34%，互联网活跃用户同比增长 15%。印尼经济以 6%的强劲态势逐年增长，受益于此，作为消费主力军的中产阶级队伍以迅猛之势快速壮大。与此同时，印尼智能手机和平板电脑等互联网终端设备的用户数量也在逐步增长。这一系列因素催生了印尼电子商务的空前繁荣。业内普遍认为，印尼未来有可能成为东南亚最大的 B2C 电子商务市场，移动互联网和智能手机在印尼年轻人中普及率非常高，印尼国民也会通过社交平台购物，如 Facebook、Instagram 等平台。印尼本土也有一些电商平台非常受年轻一代的欢迎，如 Lazada、Tokopedia、Blibli。

目前印尼注册手机达到 2.2 亿部，网络普及率约为 20%，2015 年电子商务交易额达到 6.5 亿美元，出生于 1982—1992 年的年轻人已成为电子商务交易的主体。

13.12.2 印尼重要节日汇总

1 月 1 日，国际新年/元旦

2 月 8 日，圣纪节

7 月 6 日，开斋节

8 月 11 日，夜行登霄

8 月 17 日，印度尼西亚独立日

10 月 24 日，古尔邦节

12 月 25 日，圣诞节

13.12.3 印尼重要节日及商机发现

1. 开斋节

印尼是以伊斯兰教为国教的国家，开斋节是印尼最重要的节日。信仰伊斯兰教的人按照教规规定，凡男满 17 岁、女满 15 岁的穆斯林，每年都必须守斋一个月。在斋月期间，人们会坚持每天早晨四点之前就起床，沐浴祈祷，开始一天的斋戒。傍晚六点左右，夕阳把最后一缕余晖洒落下来，沉入到不远处的海平线下，随着清真寺、电视机和收音机里同时响起洪亮的宣礼声，宣布斋戒结束和开斋到来，饿了一天肚子的人一个个都欢天喜地，因为夜晚的到来意味着他们终于可以开始进食了。这时，人们往往会以饮料和甜食开斋，然后进行昏礼祷告，之后才正式用晚餐。近年来随着现代社会的发展，每日的开斋逐渐有了浓浓的社交和商业色彩。一到傍晚，人们都会约上亲朋好友、同事同学一起开斋，分享感悟，畅叙情谊。在斋月里，学校和许多单位一般都会调整上下班时间。印尼政府规定，开斋节放假 4 天，而多数企业往往会放假 1 周。

开斋节对于印尼穆斯林来说就如同中国的新年一样，当开斋节来临时人们都会购买新衣庆祝节日，所以具有印尼风格的传统服饰和穆斯林服饰有巨大的市场。同时在节日期间亲朋好友也会相互拜访，一些礼品和儿童玩具也会有大量的需求。年轻的印尼穆斯林也会购买一些流行时尚的装饰品，如用在穆斯林头巾上的时尚领夹等。

2. 国庆节

从 15 世纪开始，印尼先后被葡萄牙、西班牙和英国入侵。1596 年荷兰入侵后，设立了荷属东印度殖民政府，统治长达 300 多年之久。1942 年日本入侵，1945 年日本投降，同年爆发了 8 月革命，并于 8 月 17 日宣布独立，成立了印度尼西亚共和国。

每当这一天到来的时候，在总统府前面的广场上都会举行盛大的仪式，全国各地都会升国旗，届时普天同庆，在大街小巷就可以感受到那份热闹和欣喜。在国庆期间，全国到处张灯结彩，成为红白的世界，国旗也可以幻化成蝴蝶结、彩绸等悬挂各处，各处装饰都是红白色。许多人穿着都是上身红色，下身白色。在每个小巷入口，都标明了国庆日期，每年都会刷新。甚至在国庆节到来的前一个月，印尼人就会陆陆续续地在房屋四周、机车或汽车上挂起国旗。学生在国庆节早上参加学校举行的升旗典礼，下午通常会有许多趣味竞赛，如徒手抓鳗鱼、拔河等以增进情感；而最具代表性的便是爬竿比赛，所有的参赛者都拼命往上爬，只求夺下绑满树头的礼物。

在国庆节期间，印尼民众需要大量的国旗挂于房屋四周，所以对国旗产品的需求是巨大的。同时印有印尼国旗风格的装饰品和一些节庆装饰礼品也有潜在的商机。

13.13　新加坡节日及商机

13.13.1　新加坡概况

如图 13-23 所示，新加坡共和国（Republic of Singapore）简称新加坡，别称狮城，位于马来半岛最南端，面积为 628.7 平方公里。新加坡有着优越的地理位置和特殊的自然气候，既是世界著名的航运枢纽、国际转口贸易的集散地，又是兼具东西方文化、容纳各国人口的一个国家。

图 13-23

由于特殊的历史背景与地理位置，成就了新加坡多种族、多语言、多文化的特点。在这座“花园城市”上，汇聚了来自于亚洲乃至东西方各地的人。在约 547 万人口总数中，仅华裔人口就占据 77%，而剩余的人口则由 14%的马来人、8%的印度人、1%的欧亚族人及其他民族构成。

新加坡的官方语言是马来语、英语、华语和泰米尔语。其中，马来语是新加坡的国语，英语则是当地的行政用语。

新加坡是一个由多元民族、多元文化构成的移民国家，国内具有宗教信仰的人数占总人口数的 83%。新加坡当地实行的是“宗教自由政策”，主要宗教有佛教、道教、伊斯兰教、基督教和印度教等。

在新加坡的全部人口中，25~54 岁的人群已经超过一半。数量庞大的年轻人加上当地互联网技术的广泛普及（普及率为 72%），使得新加坡的网民人数占全国总人口数的 70%以上。在所有的社交网络软件中，Twitter、Facebook、YouTube 等是新加坡人最会使用的主流互联网媒体。

新加坡主流互联网媒体使用情况如图 13-24 所示。

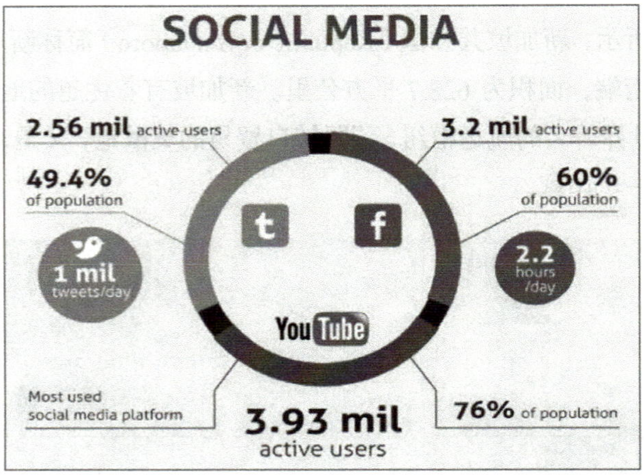

图 13-24

随着互联网的大量使用，近年来新加坡的电子商务市场也发展迅速，现已涌现出许多新的电商平台，比如广为人知的 Zalora、综合性的 B2C 平台 Qoo10、销售各类零售杂货的 Redmart 和美妆电商 Luxola 等。据数据统计，2015 年新加坡的电商销售额高达 44 亿新加坡元（约合 35 亿美元），其中，每个网购消费者的年均消费是 1422 新加坡元（约合 1120 美元），可以说是相当可观的一份数据。

就目前来说，新加坡的电商平台正呈现出三个趋势：移动电商发展迅猛、生鲜电商风头正盛、线上零售商线下开店已蔚然成风。但总体上，新加坡电商未来仍将以服装行业和电子设备行业的发展为主要趋势。

13.13.2 新加坡节日汇总

由于华裔在新加坡总人口中占绝大比重，因此，中国的节庆假日在当地也有着重大的意义。另外，新加坡也深受其他民族宗教与欧美国家的影响，在某些节日庆典上呈现出宗教化、西方化的特点。

下面我们就来看看新加坡的各法定假日及特殊节日。

1 月 1 日——国际新年（New Year）

1 月 15 日——丰收节（Pongal），又称桑格拉提节（Sankaranthi）

1 月 16 日至 24 日——新加坡艺术周（Singapore Arts Week）

1 月 24 日——大宝森节（Thaipusam）

2 月 8 日至 9 日——农历新年（Lunar New Year）

2 月 19 日至 20 日——新加坡妆艺大游行（Chingay Parade Singapore）

3 月 25 日——耶稣受难日（Good Friday）

3 月 25 日至 5 月 8 日——跨越时尚乌节路（Fashion Steps Out，FSO）

3 月 28 日至 4 月 24 日——新加坡世界名厨峰会（Singapore World Gourmet Summit）

4 月 5 日——清明节（Qingming Festival）

5 月——亚洲时尚交流季（Asia Fashion Exchange）

5 月 1 日至 3 日——劳动节（Labour Day）

5 月 12 日至 15 日——Savour 美食节（Savour Food Festival）

5 月 21 日——卫塞节（Vesak Day）

6 月 1 日——国际儿童节（Children’s Day）

6 月 3 日至 8 月 14 日——新加坡热卖会（Great Singapore Sale，GSS）

6 月 9 日——端午节（the Dragon Boat Festival）

7 月 6 日至 8 日——开斋节（Hari Raya Puasa）

7 月 15 日至 31 日——新加坡美食节（Singapore Food Festival 2016）

8 月 3 日至 31 日——中元节（Hungry Ghost Festival）

8 月 9 日——国庆节（National Day）

8 月 11 日至 9 月 17 日——新加坡国际艺术节(Singapore International Arts Festival)

8 月 19 日至 27 日——新加坡仲夏夜空艺术节（Singapore Night Festival）

9 月 12 日——哈芝节（Hari Raya Haji）

9 月 15 日——中秋节（Mooncake Festival）

10 月 26 日至 31 日——新加坡时装周（Singapore Fashion Week）

10 月 29 日——屠妖节（Deepavali）

11 月至 12 月——乌节大道圣诞欢（Christmas on a Great Street）

12 月——ZoukOut 户外热舞节

12 月 25 日——圣诞节（Christmas Day）

13.13.3 新加坡重要节日及商机发现

1．农历春节

自古以来农历新年（Lunar New Year）就是中国人最重大的传统佳节，以华人社会为主体的新加坡，自然也十分重视新一年的“开春首日”。为庆祝春节，新加坡全国将会有为期 3 天的法定假日，部分学校也会放假 1 周左右。

著名的“新春妆艺大游行”起源于 1905 年在槟榔屿举行的一场装饰彩车竞赛活动，这是新加坡春节欢庆活动的重要部分之一。当时的“新春妆艺大游行”活动包括踩高跷、大头娃娃、戏剧表演、舞狮舞龙等节目，旨在表现各种族之间的团结以及节日的喜庆氛围。如今，“新春妆艺大游行”已经走过相当漫长的发展道路，不但成为亚洲最盛大的街头游行活动，也被视作一场大规模的多元国际盛会，每一年电视与网络都会进行相关的现场直播。

除了大游行活动，新加坡的牛车水（即新加坡的“唐人街”，China Town）也是一个充满了新年气氛的地区。每当农历新年来临之际，牛车水的沿街就会高悬起无数彩灯，而人们将会在这里举行一年一度的除夕亮灯仪式，拉开庆祝新春的序幕。亮灯仪式后，牛车水也将沉浸在连续 52 天的明亮灯饰中。

此外，河畔两侧也会举行一些“春到河畔迎新年”活动，主要就是一些大型的歌舞活动、类似庙会的游乐。

对于新加坡华人和中国人来说，春节是一个熟悉的节日。在这个特殊的节日，只要根据市场的习惯制订销售方案即可，一些寓意吉祥、幸福，或者具有年味的物品都是出口的最佳选择，比如对联、红灯笼、窗花、年货（包括甜品、装饰品、腊鸭、水果干、盆栽、衣服）等。除此之外，还应注意到在类似于“新春妆艺大游行”等活动中对装饰品、彩灯、花车、舞龙舞狮等用品的需求。在此基础上，创新性地结合时尚的中国元素与新加坡的文化特色，一定能更好地让新加坡华人感受到华夏血脉的亲切气息。

2. 新加坡热卖会

新加坡是著名的国际都会城市，不但汇集了世界各国的百货商品，而且更是一个购物者的“免税天堂”。每年 5 月下旬至 7 月（每年举办的具体时间不同）举办的“新加坡热卖会”，就是由新加坡旅游局以及众多零售商、公司共同举办的回馈消费者、刺激贸易增长、促进当地经济和旅游发展的一个节日。在热卖会期间，大大小小的折扣招牌随处可见，顾客们花少量的价钱，就可以买到最实惠的产品。

新加坡热卖会已演变成国内最重大的现代节日之一，连续 8 周的全城折扣狂潮，吸引了世界各地的游客与消费者。此时，数千家商店都会对其商品进行打折销售——无论是购物的黄金地段还是普通小区的购物广场，无论是新加坡本地的品牌还是国际大牌，几乎都有一定的优惠活动，部分折扣甚至会高达 70%以上。因此，每年都会有来自于东南亚和世界各地的购物发烧友，如潮水般涌入新加坡疯狂抢购。

调查发现，在热卖会期间服装类、鞋类、纪念品类、手工艺品类、皮制品类、特色小吃类、化妆品类、电子产品类、运动器材类和奢侈品类产品尤其受到游客的青睐。外贸商可以在热卖会前期给予关注，根据自己的产品以及市场需求，做出适当的调整。在热卖会后期，新加坡的跨境商品输出将处于一个相对不利的时机——因为当地人对部分产品的需求已经达到较为饱满的状态，外部的商品难以进入当地市场。因此，建议电商卖家在这个时候可以转战他国市场，或者寻求新加坡国内新的消费热点。

3. 中元节

中元节（又称“鬼节”）是华人的一个重要节日。在新加坡，中元节并不像中国一样单指农历 7 月 15 日这一天，而是从农历 7 月第一天开始，直到最后一天结束这一整个月的时间。因为人们相信阴历七月初一是鬼门关大开的日子，此后一个月的时间鬼魂是可以自由出入阴阳两界的。所以在此期间，人们将以“欢庆”中元节的方式从死者那里祈福，来确保幽灵不会打扰他们。

在中元节期间，新加坡的大街小巷都弥漫着烧纸味。很多人家会在自家的门前插上蜡烛和线香，点烛焚香祭拜，完毕以后再把纸钱放到焚烧桶去烧。此时，新加坡的一些寺庙还会举行“盂兰盛会”或者“普度会”，在这些祭会上会有所谓的“抢孤”活动——“抢孤”，也被称为“祭生幽”，就是指寺庙在空旷的场地上架起高棚，并且将各种祭品置于棚顶，在所有的祭祀仪式完成后，任由信众抢夺祭品。据说这些祭品都具有神性，吃了之后能保证身体健康等。

此外，在新加坡华人居住的社区内，也会有一系列的祭拜活动。虽然是祭奠死者，但人们大多采取的是在街巷间为“孤魂野鬼“举办音乐会、表演华文戏曲、木偶剧以及庆祝宴会等比较“融洽”的形式。在表演的间歇，社区还会有”投标福物“的竞价活动。这些“福物”大多是一些普通的、代表着“好彩头”的民间艺术品（比如发财炉、金银山、旺梨之类的），投标竞争成功的居民便能获得这份好运气。最后，竞价所得的钱将被全部捐给公益机构，以体现人们的乐善好施。所有种种，都构成了新加坡中元节的主要景象，每时每刻都让人感受到节日的气氛。

因为中元节的特殊性，决定了很多产品并不适合在这个时候通行，但电商卖家可以在一些祭祀物品上花些心思，比如用作供品的道具花、祭祀用的香烛与黄表纸，以及一些用于拍卖的“福物”等。

又因为新加坡当地庆祝中元节的时间长、范围广，并且新加坡人还有举办“中元会”的宴会习惯，所以电商卖家也可以针对食品、餐具等商品进行市场定位。

4. 屠妖节

屠妖节（Deepavali）又被称作“排灯节”“万灯节”或者“光明节”，通常在每年公历 10 月末到 11 月初（即印度历 7 月的第一天）举行，是印度教徒一年中最看重的印度节日。屠妖节对身居新加坡的印度教众来说意义可媲美华人的新年，因此，它也是新加坡当地的公共假日之一。

在屠妖节到来的那一天，印度人在新加坡的常居地——小印度（Little India）将会一改往日冷清的模样，变身成为屠妖节最热闹的狂欢集中地。“屠妖节亮灯仪式”（Deepavali Light－up）标志着庆祝活动的开始。彼时，小印度的大街小巷、大小庙宇都会升起幡带、点亮灯火，并且挂起绚丽缤纷的彩灯与各式各样的装饰品，如五彩的街道拱门、新鲜的花环、陶瓷做成的油灯、印度神像图案的屠妖节贺卡等充斥着人们的眼球；随处可见的印度服饰与街边摊档上的印度工艺品，让小印度整个地区都充满了异国的风情；街头游行、倒计时音乐会等活动也点燃了小印度的节日气氛……

庆祝屠妖节的小印度，是新加坡当地最令人瞩目的一个旅游热点。来到小印度的游客，在感受完印度的特色风情后，必定不会错过到慕斯达发中心（Mustafa Centre）狂购一番的机会。慕斯达发中心位于繁华的小印度区，在新加坡的购物目的地中是人们最喜爱的一个去处。虽然慕斯达发不像新加坡其他一些商场那样华丽或时髦，但它在物品的选择和价格上弥补了设计上的不足——这里的商品无所不有，价格也很实惠，如家庭摆设、装饰用品、包装和新鲜的食品、印度香料、衣服、纺织品、纪念品、电子产品、化妆品、糖果，甚至减价的食品和日用百货等。此外，集声、色、香于一体的竹脚中心（Tekka Centre）也很受游客的欢迎，在竹脚市场内有众多出售印度、马来西亚和中国食品的摊位，吸引来自于新加坡各地的人群前来大快朵颐。

屠妖节是一个印度味道比较浓郁的节日，但中国电商也依然能从中寻到部分商机。总体上，在屠妖节时期，新加坡市场以经济、实惠的小商品和有传统艺术价值的纪念品为主，可适当针对外来的游客群体出口自己的产品，但最好能融入印度元素。

此外，对于当地的印度教徒来说，那些带有印度特色的手工艺品、传统的艺术品或装饰品，在屠妖节前夕（或当日）需求量都会比较大。因此，对于屠妖节前期的市场，可以基于价格和设计考虑，把握新加坡印族人的需求而进行调整，如出口一些祷告时使用的花环、彩灯、油灯，或者用于打扮的装饰品、布匹织物、时装首饰等。

13.14　意大利节日及商机

13.14.1　意大利概况

意大利共和国是欧洲最发达的资本主义国家之一，也是欧盟和北约的创始会员国之一。其领土由南部亚平宁半岛和位于地中海的西西里岛、萨丁岛共同组成，北部阿尔卑斯山区与斯洛文尼亚、奥地利、瑞士和法国连接，还囊括了两个小国土面积国家——梵蒂冈和圣马力诺，其国土总面积为 30.1333 万平方公里。意大利的首都罗马，一直以来都是西方欧洲的政治文明中心，也曾是大罗马帝国的首都。意大利民族文化璀璨，如闻名世界的罗马文化和伊特拉斯坎文明。意大利也是世界上拥有联合国教科文组织世界遗产最多的国家。在艺术和时尚行业的造诣上也名列世界前茅，如米兰，既是国家工业和经济中心，又是世界驰名的时尚之都。

意大利人口共有 6148.2 万（2013 年 7 月），94%的当地居民是意大利人。意大利的主要语言是意大利语，少数边境地区讲法语和德语。在意大利国家流行宗教是天主教，天主教受到罗马教和意大利主教的精神指引，是普世罗马天主教的一部分。意大利宗教对其文明建设十分重要，如世界闻名的教堂建筑就非常壮观，尤其是佛罗伦萨圣母百花大教堂、罗马圣伯多禄大殿、威尼斯圣马可教堂等。

意大利人非常注重服饰，认为服饰能体现一个人的修养品味。他们穿衣不受性别、年龄限制，中老年男人也穿碎花衬衣。意大利服装可分民族服装、普通服装、流行服装和正装。在重大节日时，人们会穿上缤纷的传统服装。平时男士穿棉织衬衣、夹克及长裤等，女士穿绣花衬衣、棉麻丝绸上衣和连衣裙等。青年爱穿流行时装，有知名国际品牌 Gucci、Valentino、Giorgio Armani 等。在正式场合，男性穿三件套西装，系领带；女士穿套裙，很少穿长裤。意大利服饰以手工精巧、用料讲究、款式新颖而闻名。

13.14.2 意大利节日汇总

意大利节日之多，在欧洲国家中首屈一指。大部分是宗教及民间传统节日。主要节日如下：

1 月 6 日，主显节

复活节前 40 天，狂欢节

3 月 22 日至 4 月 25 日，复活节

4 月 25 日，解放日

6 月 2 日，国庆节

8 月 15 日，八月节

11 月 1 日，万圣节

12 月 25 日，圣诞节

13.14.3 意大利重要节日及商机发现

总体来说，意大利人注重文化修养，追求高品质的生活质量。因此，意大利人喜

欢与文化相关的装饰品、家居布置、服饰装扮、包包、鞋履等皮革制品（世界闻名）、美食美酒（葡萄红勤酒、冰淇淋、橄榄油、西红柿酱、巧克力、奶酪、意式浓缩咖啡等）、工艺品（罗马建筑复制品、玩具、摆件、中世纪风格人偶）、纸制品（佛罗伦萨以其精美的大理石花纹纸著称，书、手工笔记本、相框、工艺品等很多都是用佛罗伦萨的优质纸张制作的）、梵蒂冈邮票、奢侈品、名牌腕表、面具、匹诺曹玩偶、古董、足球纪念品、法拉利纪念品、树胶水彩画、玻璃制品等。意大利人热爱度假，在假期推出特色旅行商品，如旅行套装、行李箱、露营帐篷等会很受欢迎。

1．主显节

每年纪念耶稣显灵的节日，同样是意大利的儿童节，是基督教新年的第一个节日，正教称为洗礼节，新教称为显现日。在意大利这一天还是小朋友们最喜爱的巫女节（La Befana），在意大利的传说中，这一天骑着扫帚的巫女贝梵纳从烟囱钻进屋里，把礼物装在靴子里送给孩子们，淘气的孩子会收到样子像黑炭块的糖。

这一天是意大利的公众假日，大家不需要工作或者上学，而且各个地区都会举行欢庆活动，装扮成巫女的人将会在路上向小朋友们分发糖果，小朋友们起床时也会发现挂在壁炉上的长袜中有给自己的糖果和礼物。在威尼斯大运河会有帆船赛，人们穿着节日盛装观看比赛。在米兰地区，摩托车手齐聚米兰，举办慈善游行，从 Duomo 大教堂出发，环绕米兰城，分发食品和礼物给慈善中心与养老院。而在佛罗伦萨，人们会身着文艺复兴时期的服饰，从 Palazzo Pitti 穿城而过，庆祝圣婴与东方三贤士的相遇，在乌菲兹美术馆附近会有节目表演。

传统的黑炭块糖、与巫女主题相关的服饰、装饰品、纪念品，如扫帚、巫女靴子等，以及烟火、孩童玩具、孩童相关礼品、意大利文艺复兴传统服饰配饰等会很受欢迎。

2．狂欢节

欧洲狂欢节可以追溯到古代的神农节，是基督教四旬斋之前放纵狂欢和饮宴的节日。一般狂欢节从 2 月就开始了，大约是复活节前 41 天，也称作谢肉节。据基督教教义，这一天过后大斋期就开始了，因此教徒得抓紧时间尽情享乐。在狂欢节到来时，意大利各个城市都会组织各种庆祝活动，有文艺演出、化装游行、花车游街等。人们会精心打扮，相拥至步行街、广场、公园。有人会穿戴民族服饰，装扮成古人的模样；有人会打扮成各种动物的样子，风格各异；有人会扮演各界明星，十分神似；有人会戴着面具，脸上涂满了油彩，不分男女老少汇聚一堂，形成一个神奇而缤纷如童话般的世界。

意大利以狂欢节著称的城市是位于海滨的维亚雷吉奥。此外，威尼斯、罗马、米兰、佛罗伦萨的狂欢节也各具特色。其中，威尼斯狂欢节最大的特点是它的面具和华丽服饰，特色缤纷的节日活动吸引了世界各地的游客来到威尼斯。在威尼斯的大街小巷上，随处都能看到风格各异、琳琅满目的面具店。每家面具店都别具特色，有的专卖民族面具，有的收集时髦斗篷，有的销售高顶硬帽，也有现场表演面具制作的，如用纸浆、布料、塑料甚至瓷器和玻璃等制作而成。另外，“面具”还可以直接画在脸上，有简单的，也有画风精巧的。

在节日期间，意大利人会配合狂欢节活动来装扮自己，上街庆祝节日，因此节日消费倾向商品为意大利传统民族服饰、明星名人等装扮服饰和狂欢节特色服饰。其他受欢迎的商品还有装饰花车的物品、舞会礼服、烟花、巧克力糖果，以及各种狂欢节饰品及彩妆配套等。

3．八月节

八月节在意大利人的心目中是仅次于圣诞节的重要节日。这个节日是由奥古斯都大帝子在公元前 18 年创立的，当时日期定为 8 月 1 日，17 世纪末改为 8 月 15 日，人们要在八月节前后度假，以避过在一年中最热的时候工作，而充分体验炎热带来的激情与热烈。这一天又是圣母（耶稣的母亲玛利亚）的升天日。奥古斯都创立这个节日的目的是让古罗马人尽情地寻欢作乐，忘记人间的悲伤和烦恼。这种风俗一直沿袭至今。

在节日期间会举办盛大的八月节舞会（Gran Ballo di Ferragosto）。城市的许多广场，从市中心到郊区，都将举办专业的舞蹈表演，音乐由现场演奏，公众也被邀请加入到舞蹈中来。人民广场（Piazza del Popolo）是活动的中心。每个广场都有不同种类的舞蹈，从探戈到摇滚，从嘻哈到朋克等。

八月节是意大利的法定节日之一，国家公务人员和各单位职员都可以享受到这个假期。这个假期的休假时间分为两批，第一批是 7 月底至 8 月 15 日，第二批是 8 月 15 日至 8 月底。海滨、山区、乡下是意大利民众主要度假游览的地方，安静在城市中弥漫开来。因为意大利是地中海气候，夏季降水量比较少，有阳光的日子较多，所以海边的沙滩成了当地民众最喜欢去的地方。

在节日期间，大多数意大利人会选择出行，所以消费需求主要体现在海边度假游乐相关商品，如泳衣泳裤、游泳眼镜、游泳及潜水冲浪设备上。

8 月户外出行所需的相关商品还有太阳镜、遮阳帽、遮阳伞、旅行箱（袋）、手电筒、手机充电宝、便携性食物、应季服装等。

4．锡耶纳赛马节

赛马节在意大利民众的心中也是很重要的节日之一，这个节日于公元 11 世纪创立，也有其他资料认为始于公元 1200 年。刚开始时只是一种纪念城市保护圣母玛利亚的祭祀活动，赛马规则在 1729 年才被确定，形成了现在的这种模式。

在赛马当天，盛装打扮的意大利民众和世界各地慕名而来的游客把贝壳型的卡博广场完全填满。锡耶纳城划分为 17 个街区，每个街区都有区旗。各个街区轮流参加比赛，从四面八方而来的骑士会为自己的街区而战斗，场面宏大。

这个节日的主要活动是赛马大型赛事的观赏以及相关的庆祝活动，所以节日消费倾向主要是望远镜、彩旗、装饰品、赛马造型的工艺品等商品。

13.15　越南节日及商机

13.15.1　越南概况

越南社会主义共和国简称越南，位于中南半岛东部，北与中国的广西、云南接壤，是亚洲的社会主义国家之一。越南的首都河内不仅是历史名城，也是中央直辖市；而越南的经济中心，则是五个中央直辖市之一的胡志明市。

越南的人口结构以年轻人为主，他们十分愿意接受互联网与新鲜事物。有资料显示，越南的网民人数每年都在以 200 万至 300 万人的速度增长，截至 2016 年，已经有一半以上的越南人会上网；其中，60%的网民在购物前会通过网络了解信息。这些信息表明，越南国内高指标的互联网普及率，无疑为本国电子商务的发展提供了良好的条件。

越南民众的互联网普及率已经达到相当高的水平。据数据统计，越南人中 16~35 岁群体的智能手机使用率达到 70%左右，35~44 岁群众的普及率也有近 50%。智能移动端的广泛使用，无疑大大推动了电子商务的发展。

由于越南国内并没有大型的电子商务平台，于是有不少人就充分挖掘 Facebook 等这类社交网站的商用价值，利用网络社交平台开店来提供商品、服务。目前该项业务受到广大越南人的欢迎，也不失为推广产品的良好办法之一。

越南人在网上销售和购买的主要商品是服装和美容类的，相信只要抓住当地人喜欢的产品类型，好好利用各大社交网络，就一定能够创造商机。不过，需要注意的是，越南的基础建设尚不成熟，如果要做以 B2C 为主的生意，电商公司最好能在仓库、送货流程等方面做好工作。

13.15.2 越南节日汇总

由于越南与我国山水相连，民间风俗及节日受我国影响极大。越南民间的传统节日主要有春节、清明节、端午节、中秋节、盘古节和送灶王节等。除此之外，越南特殊的历史文化背景也为本国留下了许多值得庆祝的节日。

越南的重要节日如下：

1 月 1 日，国际新年/元旦（Tết Dương Lịch）

腊月下旬，盘古节（Pangea ng à y）

2 月 1 日（农历 12 月 23 日），斗牛日（Ông T á o chầu trời）

2 月 3 日，越南共产党成立日（Đảng Cộng Sản Việt Nam）

2 月 8 日至 9 日（农历大年初一），农历新年/春节（Tết Nguy ê n Đ á n）

3 月 8 日，妇女节（Quốc tế Phụ nữ）

4 月 5 日，清明节（Tết Thanh minh）

4 月 16 日，雄王节（Giỗ Tổ H ù ng Vương）

4 月 30 日，越南南方解放日（Ng à y giải ph ó ng miền Nam, thống nhất đất nước）

5 月 1 日，国际劳动节（Quốc tế Lao động）

5 月 14 日（农历四月初八），浴佛节（Lễ Phật đản）

5 月 19 日，胡志明诞辰日（Ng à y sinh của Chủ tịch Hồ Ch í Minh）

6 月 1 日，国际儿童节（Quốc tế Thiếu nhi）

6 月 9 日，端午节（Tết Đoan Ngọ）

8 月 3 日（农历八月初一），七月节/哈节（Lễ hội H à ）

8 月 17 日（农历七月十五），盂兰盆节/中元节（Lễ hội Obon）

8 月 19 日，八月革命节（Ng à y C á ch mạng th á ng T á m）

9 月 2 日，独立日/国庆节（Quốc kh á nh）

9 月 15 日，中秋节（Tết Trung Thu）

10 月 10 日，河内解放日（Ng à y Giải ph ó ng Thủđô）

10 月 20 日，越南妇女节（Ng à y Phụ nữ Việt Nam）

11 月 20 日，越南老师节（Ng à y Nh à gi á o Việt Nam）

12 月 2 日，网购星期五（越南用以促进当地电子商务发展的一个节日，为每年 12 月的第一个星期五）

12 月 22 日，越南建军节（Ng à y th à nh lập Quân đội Nhân dân Việt Nam）

12 月 25 日，圣诞节（Lễ Gi á ng Sinh）

13.15.3 越南重要节日及商机发现

1. 农历春节

春节是越南国内一个古老的传统节日，也是全年中最盛大、最热闹、最重要的节日，它象征着团结与兴旺，寄托着越南人对未来生活全新的希望。越南的春节在许多方面都与中国有着相似之处，但在具体的风俗习惯上也有着本国特殊的地方。

在越南，一到腊月初，大小城镇、街巷就会开始买卖各种过年用品。越南春节需要置办的年货有很多，包括吃喝、装饰、祭祀等物品，其中必不可少的传统食品是方形的绿年粽和圆形的糯米糕。越南人认为，方形的年粽象征着大地，而绿色则象征着生机勃勃，圆形的糯米糕象征着天，和年粽一起则有“天圆地方”之意。这两样物品寄寓着越南人希望来年风调雨顺、五谷丰登、大吉大利的美好愿望，因此也是春节祭祖时常用的供品。

越南人在春节十分喜爱的三样装饰品是金橘盆景、桃花和五果盘，它们在越南当地花市必不可少的，跨境电商可以在这方面获取部分商机。

除此之外，一些祭祀或者年货用品，如年画、对联等，也是春节前夕出口越南很好的选择。

2. 独立日

独立日（中文翻译）在越南又被叫作“节独立”“礼国庆”，该节日在越南的重要性堪比我国的国庆节。独立日成立于 1945 年 9 月 2 日，是主席胡志明发表独立宣言的日子，同时也是纪念越南劳动党主席胡志明逝世的日子。所以，“独立日”的另一个身份又是“胡志明忌辰日”。

在这一天，越南将举行隆重的阅兵与游行仪式。胡志明市的市民将会集中在庆会桥欣赏礼花。为庆祝独立日的到来，越南政府甚至还会对一些罪犯进行特赦。

一些带有越南印象的商品，如越南国旗、国徽等，都是这一时期比较好的选择。

3. 中秋节

越南中秋节同样深受中国的影响，与中国中秋节大体一致。较为特殊的是，越南中秋节更像是“较纯粹的儿童节”：一方面，中秋节是秋报祭祀活动的遗俗；另一方面，中秋节又是各家大人为前期忙于耕种、没有太多时间陪伴家中小孩玩耍而进行补偿的一个节日。而后者正慢慢成为现代越南中秋节的中心内容所在。在越南，“中秋节（Tết Trung Thu）”还有另外一个叫法，那就是与“六一”儿童节意义相似的“儿童节（tết Nhi Đồng）”。

除赏月以外，越南中秋节又是儿童和青少年的梦幻色彩世界。因此，很多相关的活动都是由儿童和青少年来唱主角的。这时候，越南的孩子们会和家长一起，在具有越南特色的竹篷下聊天、欣赏花灯、品尝特色小吃。

越南中秋节的另一个习俗是点彩灯。所谓“点彩灯”，还有一个由来已久的传说：相传过去越南有一条鲤鱼精作恶多端，每到夜晚就进入百姓家中害人，以至于家家都门户紧闭，不敢外出。后来，有一能人教百姓们制作鲤鱼型纸灯，并在鲤鱼型纸灯的腹部插入一根细棍，借助这盏纸灯照明出行。鲤鱼精见此纸灯，居然十分惧怕，再也不敢为非作歹了。从此，越南当地便流传下来在中秋节点彩灯的习俗。

除了传统的中秋节商品（如月饼等），一些儿童类产品（如娱乐性的纸灯、花灯等）与装饰性产品（如彩灯、贴纸等）也都是较好的出口选择。

4．清明节

越南是世界上少数几个与中国一样使用农历的国家之一，中国清明节传入越南以后，随着地理环境的变迁、社会历史的发展，也发生了一定的改变。但仍然相同的是清明节的初衷，同样都是作为民间祭扫先人墓和踏青的日子而存在的。在这一天，祭扫者会修理坟墓、清除杂草、焚香烧纸、献上鲜花；在越南国内的许多地方，还有着扫墓时燃放爆竹的习俗。

5．哈节

越南的“哈节”是为了纪念最先到达这里开辟天地的六位先祖，是京族人的传统节日。“哈”在越语中是“唱歌”的意思，所以“哈节”就是唱歌的节日。该节日以祭祀镇海大王、祈求神灵保佑为主旨。

“哈节”的具体时间每个地区都不相同，有的地方在农历六月初十过，有的地方则在八月初十过。对于京族人来说，在他们的村庄内都会建有一所“哈亭”，平时供人们乘凉、唱歌及青年男女进行社交活动。当 “哈节”到来时，哈亭就会成为举行迎祖、祭祖、饮宴、唱歌、跳舞、唱戏等活动的场所。

6．七月节

“七月节”是越南拉志族的节日，从农历七月初一开始，历时 13 天。在农历七月初一这一天，越南每户都将派一名男子携带酒肉到“波米如”（老父母）的家中，由波米如主持“迎祖”仪式。以后将按照波米如指定的日期，由每户轮流来举行“迎祖尝新”仪式，向祖先祭献供品。在七月节过去后两周左右的时间，节日的气氛将达到高潮，这时候人们将在波米如的家中举行隆重的“送祖”仪式。

13.16　英国节日及商机

13.16.1　英国概况

如图 13-25 所示，英国是英格兰王国的简称，其全名为大不列颠及北爱尔兰联合王国。英国东临北海，西邻大西洋，北面与冰岛隔海相望，西面北爱尔兰与爱尔兰接壤，东南面与多数欧洲国家隔海相望，其中包括挪威、瑞典、丹麦、德国、比利时、法国、西班牙。

图 13-25

英国本土由大不列颠岛上的苏格兰、威尔士、英格兰三部分，爱尔兰岛东北部的北爱尔兰，以及一系列的附属岛屿共同组成。另外还有 14 个海外殖民地。英国国土面积总计为 24.41 万平方公里，人口密度约为 255.6 人/平方公里。

英国作为世界经济强国，世界第五大经济体，经济高度发达，拥有完善的社会福利保障体系，2015 年 GDP 总计达 2.849 万亿美元，人均 GDP 高达 43734 美元，可以说是世界上最富裕、经济最发达和生活水平最高的国家之一。

英国经济以发达的工业和先进的服务业为主，其中，生物制药、航空和国防是英国最具创新和竞争力的产业，而以金融、旅游和商务服务为主的服务业则是英国的支柱产业。

英国作为电子商务起步较早的国家，电商基础设施建设比较完善，国际化程度也比较高，经济发展水平和电子商务发展及信息化都处于全球领先水平。近几年，零售电子商务更是发展迅猛。虽然英国总人口约为 7000 万，人口基数小，总消费体量比美国、巴西、日本等国家小，但是人均网购消费却高达 3652 欧元，超过澳大利亚、美国以及被认为全球网络活跃度最高的韩国，位居全球第一。根据 Ecommerce Foundation 发布的欧洲电商报告数据显示，英国约有 82%的网民经常在网上进行购物消费，是欧盟 28 个成员国中比例最高的。其中 70%以上的英国消费者拥有智能手机，大约有三分之一的人在移动设备上网购。根据英国贸易投资总署（UKTI）公布的数据显示，2016 年，网络零售额占英国总零售额的比例将从 2010 年的 13.5%上升至 23%，总值超过 2000 亿欧元，在 G20 国家中相当靠前。

同时，英国政府还大力支持电子商务的发展，通过财政支持普及公共上网地点，开展各种电子商务活动，建设新型电子商务园区等，并且通过立法来规范电子商务发展，保护生产销售商和消费者的合法权利，确保电子商务健康发展。这在很大程度上也大大促进了英国电子商务的迅速发展，尤其使得英国本土的电子商务创新发展在全世界具有领先地位。目前，英国有越来越多的卖家已经开始采取包含互联网、社区便利店、商业中心等的多渠道、全方位的零售模式。网上下单购买，实体店铺取货（Click&Collect）已经成为英国日益流行的购物方式，而这一模式正是其他国家电商正在发展的目标。

13.16.2　英国节日汇总

1 月 1 日，新年（New Year’s Day）

2 月 9 日，忏悔星期二（Shrove Tuesday）

2 月 14 日，情人节（St.Valentine’s Day）

3 月 8 日，世界妇女节（International Working Women’s Day）

3 月 17 日，圣帕特里克日（St Patrick’s day）

每年春分后月圆的第一个星期日，约在 3 月 21 日左右，复活节（Easter）

4 月 1 日，愚人节（April Fool’s Day）

4 月 24 日，伦敦马拉松（London Marathon）

5 月 1 日，世界劳动节（May Day or Labour Day）

5 月第二个星期日，母亲节（Mother’s Day）

5 月 14 日，欧洲歌曲大赛（Eurovision）

6 月 10 日至 7 月 10 日，欧洲足球锦标赛（UEFA EURO）

6 月的第三个星期日，父亲节（Father’s Day）

6 月 27 日至 7 月 10 日，温布尔登网球锦标赛（Wimbledon）

7 月 12 日，奥兰治日（Orangemen’s Day）

8 月最后一个星期一，夏季银行假日（Summer Bank Holiday）

10 月 31 日，万圣夜（Halloween）

11 月 5 日，盖伊福克斯之夜（Guy Fawkes Night）

12 月 25 日，圣诞节（Christmas）

12 月 26 日，节礼日（Boxing Day）

13.16.3 英国重要节日分析

1. 复活节

复活节（Easter）是英国春季的第一个长假，一般是从星期五一直到复活节后的星期一。复活节前后，人们除了举行传统活动如大扫除、准备新衣、绘制彩蛋、游行等之外，亲朋好友还会一起组织郊游外出踏青。复活节前的星期四，每年英国女王都会访问一座不同的大教堂，发放金钱作为复活节的礼物和救济金。

2. 万圣节

西方的“鬼节”是英国的重要节日之一，主要是做南瓜灯、点篝火驱赶鬼魂，年轻人会举办化装舞会，穿上五彩的化妆服，带上千奇百怪的面具，提着点亮的南瓜灯去各家各户索取礼物，并且捣蛋。除此之外，人们还喜欢搞各种恶作剧，打扮成妖魔鬼怪、海盗等吓人的样子，在窗前门口吊挂着面目可憎、龇牙咧嘴的南瓜灯和尸骨等配着热闹的摇滚音乐狂欢。

13.17 以色列节日及商机

13.17.1 以色列概况

以色列是一个位于西亚黎凡特地区的国家，地处地中海的东南方向，北靠黎巴嫩，东边濒临叙利亚和约旦，西南边则是埃及。1948 年以色列宣布独立。2016 年以色列总人口有 850 万，其中犹太人口共 637.7 万，是世界上唯一以犹太人为主体民族的国家。

耶路撒冷是以色列的首都和中央政府所在地。以色列是中东地区唯一一个自由民主制国家。以色列工业化程度较高，总体经济实力较强。除此之外，以色列也是中东地区经济发展程度、商业自由程度、新闻自由程度和整体人类发展指数最高的国家。

以色列是全球网购比例最高的国家，跨境海淘只因生活成本太高。虽然以色列的人口基数小，看起来对电商市场似乎无利可图，但是其国内的特殊环境，使得以色列成为一个很有潜力的跨境电商市场。

由于高增值税和很多日常消费品处于垄断状态，以色列本国产品的价格比外国产品高出很多。据以色列互联网协会表示，75%以上的以色列人进行网购。

在整个中东地区，虽然以色列以创新和尖端技术著称，但是它的日常消费品质量一般比外国产品差，而且价格更贵。以色列人迫切希望从国外购买一切生活用品，从牛仔裤、鞋子到厨房用品等。中国电商巨头阿里巴巴投资了几个以色列科技初创公司，以色列人喜欢从阿里巴巴购物，阿里巴巴是以色列非常重要的电商购物平台。

访客量最大的以色列本土电商网站是 Shufersal Yashir（本国最大的超市连锁店的电商分支）。以色列公司 Buy2Networks 正尝试向大多数城市推行"一日送达"服务。有三分之二的购物者称网购可节省大笔费用，因为国外网站上的时装和电子设备价格更低。

根据统计数据显示，2016 年以色列电商交易额达到 36 亿美元，2020 年将增长到 49 亿美元，复合增长率为 8.3%。消费类电子产品和媒介产品是销量最大的两个类别，占总电商收入的 32%；食品和饮料是第二大消费类别。以色列人均年收入为 904 美元。25~44 岁的网购消费者大多数是男性，16~24 岁的网购消费者大多数是女性。

13.17.2　以色列节日介绍

以色列的节日很多，如果你在以色列生活一段时间，就会很容易地感受到以色列人似乎是从一个节假日到另一个节假日地生活着。从秋季的新年和赎罪日、冬季的哈努卡节、春季的逾越节和独立日到夏季的七七节，一年的生活就是围绕着这些具有特殊纪念意义的节日向前推进的。

以色列的节日采用的是犹太历，也叫希伯来历（是目前以色列国家使用的古老历法，是一种阴阳合历。每月以月相为准，和伊斯兰历一样，以新月初升为一月的开始，但设置闰月，使每年和太阳周期一致。以每年秋分后的第一个新月为一年的开始，设置闰月和中国农历一样，每 11 年 4 闰，但闰月统一放到闰年的第 6 个月之后。纪年以《圣经》中的上帝开始创造世界的第一个星期日为开始，犹太教徒认为是在公元前 3760 年。全世界的犹太教徒都依据希伯来历计算犹太教的节日）。

1．犹太新年（Rosh Hashana）

犹太新年约在每年公历 9 月。犹太新年为犹太历（太阴历）一年的开始，是犹太人最重要的节日之一。在节日期间，全国放假两天。教堂里吹起羊角号，取意与上帝通话，期望得到上帝的祝福。朋友见面问新年好（Shana Tova）。根据传统，人们在新年期间要吃蘸了蜜的苹果，预示新的一年甜甜美美。

2．赎罪日

赎罪日约在每年公历 10 月。赎罪日是犹太新年过后的第 10 天，是重要的宗教节日。犹太人设此节日是为了向上帝忏悔，请求宽恕。犹太教规定，在赎罪日期间要禁食一天，在教堂祷告、思过。人们在教堂相遇时，彼此祝愿得到上帝良好的评价。赎罪日在傍晚悠扬的羊角号声中结束。

3．住棚节（也译为结茅节）

住棚节约在每年公历 10 月。此节日是为了纪念犹太教先祖摩西带领犹太人出埃及后，在流落西奈 40 年期间住草棚的生活。因为此节正赶上收获季节，所以也被称为收获节。住棚节的主要特征是家家户户搭草棚。该节日庆祝 8 天，在此期间，国防军通常在特拉维夫市市政广场举办坦克展览。

4．诵经节

诵经节约在每年公历 9、10 月。犹太教徒诵读犹太经典“Torah”通常需要一年的时间，诵经节即为庆祝读完“Torah”而设，宗教气氛浓厚。诵经节是欢乐愉快的节日，因此人们（主要是教徒）要唱歌、跳舞、吃甜食。在庆祝仪式中，一个必不可少的项目是取下经卷，并拿在手中走 7 圈。

5．点烛节（也称灯节）

点烛节约在每年公历 12 月。此节日是为了纪念马卡比抗击希腊侵略者的起义成功，犹太人重获自由而设的。传说在犹太圣殿时期，圣殿中的 7 支橄榄油灯长明不灭，但后因希腊侵略者的破坏而中断。马卡比起义胜利后，希望重新点燃油灯。人们找遍四周，只找到够点一天的橄榄油，但这点橄榄油竟奇迹般地点了 8 天，直到新橄榄成熟后，有新油续上。此后犹太人便设此节日纪念这个曾得到上帝帮助的日子。点烛节共 8 天，首尾放假两天。其主要庆祝仪式是每天点燃一支蜡烛，带有 9 个烛座的烛台是专门为此节日而制作的。其中，中间较高的一支是为点燃其他 8 支而设的。在节日开始时，人们要吃一种特制的土豆饼，之后交换礼物。

6．普尔节

普尔节（Purim）约在每年公历 2、3 月。Purim 意为抽签。据说，一恶官因痛恨曾得罪过他的一个犹太人而以抽签方式确定了一个杀害所有犹太人的日子，一个做了王后的犹太女子通过周旋，处死了恶官，挽救了犹太人。在节日期间，通常剧院会上演有关这一故事的剧目。人们（主要是儿童）还戴上故事中有关人物的面具参加晚会，因此也有人称这个节日为化妆节。晚会上，人们通常吃一种特殊的三角甜饼，代表恶官的耳朵或帽子。

7．逾越节

逾越节约在每年公历 3、4 月。源于《圣经》出埃及记——摩西带领犹太人出埃及走至红海时，举起手杖，使红海分开一条路，犹太人顺利走出红海，而追击的埃及军队被淹没在海水中。该节日庆祝 8 天，首尾放假两天。在节日前，人们要清除家中所有的发酵面食。在节日期间，禁止出售和食用发酵食品，只能吃一种被称为 Matsa 的特制无酵薄饼，以纪念犹太人出埃及时因时间紧迫而吃不上发酵饼的日子。

8．燔祭日（也称大屠杀纪念日）

燔祭日约在每年公历 4 月。为纪念 1933—1945 年间惨遭纳粹杀害的 600 万犹太人，以色列议会于 1951 年通过法令，确立犹太历尼散月 27 日为大屠杀纪念日。在节日期间，全世界的正统犹太教徒要禁食一天。家家点燃蜡烛，诵读犹太经卷“卡迪什”。国内要举行有总统、总理等重要人物出席的集会或游行，以悼念受害者，庆祝犹太民族的生存。当天上午 10 时，全国鸣笛 2 分钟，国民停止一切工作，向死难者伫立默哀。

9．阵亡将士纪念日

阵亡将士纪念日设在独立日前一天，是为了纪念解放战争以来，为保护国家安全而献身的国防军将士。在节日的前一天晚上 8 时，全国鸣笛 1 分钟，国民伫立默哀。国防军也于同日 8 时举行正式的纪念仪式，总统出席。次日上午 11 时，再次鸣笛 2

分钟。

10．独立日

独立日在每年公历 4 月，为纪念以色列于 1948 年独立而设。在节日的前一天晚上 8 时，以色列议会在耶路撒冷城赫茨尔山举行正式的庆祝仪式，议员及内阁成员参加，仪式包括点燃 12 支火把及鸣礼炮等。在节日当天主要活动包括国防军列队游行、飞行表演、总统为外交使团及优秀将士举行招待会、国际圣经比赛及“以色列奖”颁奖仪式等。此外，各市政府还举办娱乐晚会、燃放烟火等。

11．篝火节

篝火节即逾越节首日后的第 33 天。相传犹太拉比阿奇瓦（Akiva）在此日组织犹太人从罗马人手中夺回耶路撒冷城后，点起篝火通知周围村庄。从此犹太人以篝火纪念拉比阿奇瓦和他夺回耶路撒冷城的故事。

12．耶路撒冷日

耶路撒冷日约在每年公历 4、5 月，是为纪念 1967 年以色列统一耶路撒冷而设的节日。在节日期间，耶路撒冷城内通常要举行盛大的庆祝活动，主要庆祝仪式于前一天日落时在西墙前进行。在仪式开始前，首先点起 18 支火烛，以纪念在夺回耶路撒冷城的战斗中牺牲的战士，随后是感恩仪式。在节日当天，还要举行群众游行等欢庆活动。

13．五旬节

五旬节即逾越节首日后第 49 天，约在公历 5 月，是纪念摩西获得“十戒”的日子。因为此节正赶上小麦和水果收获，所以也叫作丰收节。这是一个欢乐的节日，人们要用鲜花把家中装饰一新，在节日的前一天晚上要吃丰盛的节日饭，饭中要有牛奶和奶酪。在节日当天要诵读“十戒”。目前，五旬节已基本演变成孩子们的节日。

14．禁食节

禁食节即犹太历阿夫月第 9 天。相传两次犹太圣殿被毁均在这个日子，犹太人以禁食纪念这一悲伤的日子。